U0853476

新编21世纪社会工作系列教材

社会保障概论

Introduction to Social Security

王延中　龙玉其　主编

中国人民大学出版社
·北京·

主编简介

王延中　山东东平人，北京大学社会学博士，中国社会科学院民族学与人类学研究所所长、研究员，中国社会科学院研究生院政府政策与公共管理系教授、博士生导师，社会工作硕士教育中心硕士生导师，《民族研究》主编，兼任中国民族研究团体联合会会长、中国人类学民族学研究会副会长、中国人民大学兼职教授，发表《经济组织与城乡发展》《中国的劳动与社会保障问题》等论著，主编《中国社会保障发展报告》和《中国民族发展报告》，主持“21世纪初中国少数民族地区经济社会发展综合调查”“民族团结云南经验”等重大项目和中国社会科学院西藏智库办公室工作，获国务院政府特殊津贴、“新世纪百千万人才工程”国家级人选、文化名家暨“四个一批”人才、国家“万人计划”哲学社会科学领军人才等称号。

龙玉其　湖南邵阳人，中国人民大学管理学博士，民政部政策研究中心在站博士后，首都师范大学管理学院副教授、硕士生导师，社会保障研究中心主任，社会保障学科负责人。中国社会保障学会、中国行政管理学会、中国劳动学会劳动科学教育分会、北京市政治学行政学学会会员，中国社会保障学会青年委员会委员。主持国家社科基金项目2项、北京市社科基金项目1项、北京市社科联青年社科人才资助项目1项、首都师范大学博士科研启动项目1项。入选首都师范大学哲学社会科学青年学者拔尖人才、北京市青年拔尖人才培育对象。作为核心研究成员参与了省部级以上项目共20项。发表学术论文近50篇，出版专著2部，主编教材1部，参编著作12部。

内容简介

在社会工作的人才培养中，应该将社会保障作为重要的学习内容，使学生充分了解社会保障的理论与政策，使社会工作更好地推动社会保障实践发展。本教材紧扣社会工作专业特点，注重社会保障与社会工作的有机联系，系统介绍和分析社会保障的基本概念、发展演变、政策现状、问题与展望等内容，既注重对基本概念、知识与政策的阐释，也注重对相关问题的分析，强调对学生专业思维与能力的培养。本教材的内容涉及理论与实践两个部分，既涉及社会保障的理论内容，包括社会保障制度的产生与发展、社会保障基金、社会保障管理与法制等内容，还涉及社会保障的具体业务和实践，包括社会保险、社会福利、社会救助、补充保障、扶贫开发与反贫困等内容。各章均包含学习目标、本章小结、思考题目、案例讨论、推荐文献等栏目。

前　言

社会保障是民生建设的重要内容，事关人民生活与家庭幸福，事关国家长治久安。党和政府一直以来高度重视社会保障体系建设，尤其是进入 21 世纪以来，我国加快了社会保障体系建设的步伐，着力加强社会保障制度建设，不断扩大社会保障覆盖范围，稳步提高各项社会保障待遇水平，统筹城乡的社会保障体系框架基本建立。中国已经建立起世界上覆盖人群最多的社会保障制度，编织了世界上最大的社会保障安全网。但是，我国社会保障体系的发展依然面临不少问题与挑战，与人民群众日益增长的社会保障需求相比，还有较大的差距，尤其是在我国发展进入新常态、人口老龄化、城市化、全球化等背景下，社会保障的改革有待于进一步深化。“十三五”规划明确提出，要坚持全民覆盖、保障适度、权责清晰、运行高效，稳步提高社会保障统筹层次和水平，建立健全更加公平、更可持续的社会保障制度。

社会工作与社会保障是现代社会解决社会问题的两大举措，二者均有助于提升国民尤其是弱势群体的生活质量与福利水平。社会保障的发展离不开社会工作的发展，社会保障需要与社会工作协同推进，才能更好地保障和改善国民生活，提升社会福祉水平。社会工作对于满足劳动者和居民的社会保障需求，尤其在服务保障和精神保障方面可以发挥其独特作用，有利于推动社会保障的发展更加全面、更加公平、更加高效。因此，在社会工作的人才培养中，应该将社会保障作为重要的学习内容，使学生充分了解社会保障的理论与政策，使社会工作更好地推动社会保障实践发展。

本教材是高等学校社会工作专业的核心课程系列教材之一，紧扣社会工作专业特点，注重社会保障与社会工作的联系，系统介绍和分析社会保障的基本概念、发展演变、政策现状、问题与展望等内容，既注重基本概念、知识与政策的分析，也注重对相关问题的分析，注重强调学生专业思维与能力的培养。

本教材的内容涉及理论与实践两个部分，既涉及社会保障的理论内容，包括社会保障制度的产生与发展、社会保障基金、社会保障管理与法制等内容，同时还涉及社会保障的具体业务和实践，包括社会保险、社会福利、社会救助、补充保障、农村扶贫开发与反贫困等内容。各章均包含学习目标、本章小结、思考题目、案例讨论、推荐文献等栏目。

与国内相关学者编写的同类教材相比，本书充分吸取这些教材的精华，同时强调社会工作专业的适用性，针对社会工作专业特点选取资料和内容。本书编写组成员主要来自各高校社会保障、社会工作专业的教师，均具有博士学位，有比较丰富的社会工作和社会保障教学经验，为本教材的编写奠定了良好的基础。

本教材的编写首先由王延中提出教材编写大纲的指导思想和具体思路，龙玉其根据意见形成编写大纲初稿，经过编写组对编写大纲初稿开会讨论后修改、完善，最后由王延中审阅确定了编写大纲。各位作者根据编写大纲撰写教材初稿，初稿完成后，龙玉其对教材初稿进行了初次审阅并将修改意见反馈给各位作者修改完善，然后提交编写组会议讨论集体审稿，再次将会议审稿意见反馈给各位作者进一步完善。龙玉其再次审读了全部文稿，最后由王延中审定教材终稿。历时一年半多，通过多次修改完善和审定，最终提交给中国人民大学出版社。

本教材各章节的撰写分工如下：

第一章：王延中（中国社会科学院民族学与人类学研究所所长、研究员，研究生院政府政策与公共管理系教授、博士生导师，社会学系硕士生导师）、龙玉其（首都师范大学管理学院副教授、硕士生导师）。

第二章：姚建平（华北电力大学人文与社会科学学院教授、硕士生导师）。

第三章：魏霞（内蒙古师范大学社会学民俗学学院副教授）。

第四章、第十三章：赵宝海（内蒙古大学民族学与社会学学院讲师、硕士生导师）。

第五章、第九章：龙玉其。

第六章、第七章、第八章：徐强（华南农业大学公共管理学院副教授）。

第十四章、第十六章：江翠萍（中国人民公安大学犯罪学学院博士、讲师）。

第十章、第十一章、第十二章：夏艳玲（广西财经学院财政与公共管理学院副教授）。

第十五章：丁怡（中央财经大学博士、讲师）、龙玉其。

第十七章：单大圣（国务院发展研究中心副研究员）。

本教材的编写占用了各位作者宝贵的教学、科研工作时间和假期的休息时间，各位作者积极配合，按要求认真完成了书稿，在此我们深表感谢！感谢中国人民大学出版社对本教材出版的支持，尤其要感谢本教材的策划编辑潘宇、盛杰女士和宋义平先生，以及责任编辑黄超女士。本教材可能还存在一些不足之处，请各位读者批评指正。

王延中　龙玉其

2016 年 12 月 26 日

目　录

第一章　导　论

第一节　社会保障概述 …… 2
第二节　社会保障制度的产生与发展 …… 8
第三节　社会保障的相关关系 …… 13
第四节　社会保障的学科特点与研究方法 …… 18

第二章　扶贫开发与反贫困

第一节　贫困及成因 …… 26
第二节　社会工作与反贫困 …… 29
第三节　我国的贫困状况与反贫困策略 …… 34
第四节　我国农村扶贫开发 …… 38

第三章　最低生活保障制度

第一节　最低生活保障制度概述 …… 46
第二节　最低生活保障对象的识别与调整 …… 48
第三节　我国最低生活保障待遇的确定 …… 51
第四节　我国最低生活保障制度的建立与发展 …… 55

第四章　灾害救助

第一节　灾害与灾害救助 …… 62
第二节　灾害救助的主要内容 …… 66
第三节　我国灾害救助的管理与法制 …… 73

第五章 养老保险

第一节 养老保险概述 …… 86
第二节 养老保险的筹资、给付与管理 …… 89
第三节 我国养老保险制度体系的现状 …… 95
第四节 我国养老保险制度的成就、问题与改革 …… 99

第六章 医疗保险

第一节 医疗保险概述 …… 110
第二节 医疗保险的筹资与给付 …… 115
第三节 我国医疗保险制度的现状 …… 117
第四节 我国医疗保险制度的成就、问题与展望 …… 121

第七章 失业保险

第一节 失业保险概述 …… 130
第二节 我国失业保险的制度建立、发展与现状 …… 132
第三节 我国失业保险制度的问题与展望 …… 134

第八章 工伤保险

第一节 工伤保险概述 …… 142
第二节 我国工伤保险制度的建立、发展与现状 …… 145
第三节 我国工伤保险制度的成就、问题与展望 …… 148

第九章 老年人福利

第一节 老年人与老龄化 …… 156
第二节 老年人福利的概念与主要内容 …… 159
第三节 养老服务方式与老年社会工作 …… 161
第四节 我国老年人福利事业的现状与未来 …… 165

第十章 残疾人福利

第一节 残疾人与残疾人福利 …… 176

第二节 残疾人福利的主要内容及发展现状 …… 181
第三节 我国残疾人福利的问题与未来发展 …… 187

第十一章 妇女福利

第一节 妇女与妇女福利 …… 196
第二节 妇女福利的主要内容 …… 199
第三节 我国妇女福利的现状与未来 …… 201

第十二章 儿童福利

第一节 儿童与儿童福利 …… 210
第二节 儿童福利的主要内容 …… 213
第三节 我国儿童福利事业的发展 …… 215

第十三章 住房保障

第一节 住房保障概述 …… 226
第二节 住房保障的构成 …… 229
第三节 中国住房保障的发展 …… 232

第十四章 教育福利

第一节 教育福利概述 …… 242
第二节 我国教育福利制度的发展变迁 …… 245
第三节 我国教育福利的政策现状与问题 …… 248
第四节 我国教育福利的未来展望 …… 252

第十五章 补充保障

第一节 补充保障概述 …… 258
第二节 补充保险 …… 259
第三节 员工福利 …… 262
第四节 慈善事业 …… 268

第十六章　社会保障基金

第一节　社会保障基金概述 …… 276
第二节　社会保障基金的筹集与给付 …… 278
第三节　社会保障基金的投资 …… 285
第四节　社会保障基金监管 …… 287

第十七章　社会保障管理与法制

第一节　社会保障法制 …… 296
第二节　社会保障管理 …… 299
第三节　我国社会保障管理体制及改革思路 …… 302

第一章

导论

【学习目标】

1. 掌握社会保障的内涵、外延、特点与功能；
2. 从国际视角把握社会保障制度的历史沿革；
3. 熟悉中国社会保障制度的发展变迁过程；
4. 理解社会保障的若干相关关系；
5. 了解社会保障的学科特点与研究方法。

发展和完善社会保障是防范个人和社会风险的必然要求，是国家和政府保障国民生活的重要职责，是现代社会文明进步的重要标志。社会保障从无到有、逐步改革和完善。我国政府高度重视社会保障体系建设，社会保障的发展取得了巨大成就。学习、研究社会保障，首先需要明确社会保障概念的内涵和外延，正确审视社会保障的特点、目标与功能，准确了解国际、国内社会保障的发展演变过程，理清社会保障的相关关系，了解社会保障的学科特点，并且运用相关方法分析社会保障问题，从理论和实践层面推动社会保障体系的不断完善。

第一节 社会保障概述

对社会保障概念的理解是学习、研究社会保障的基础，也是推动社会保障实践不断发展的基础。

一、社会保障的概念

对社会保障概念的理解，存在较大的差异，国内外不同学者从不同的视角出发，有不同的理解和认识。从实践来看，由于国情不同，不同国家社会保障体制存在较大差异。甚至一个国家不同时期对社会保障的认识与实践也存在较大差异。

从国内学者对社会保障概念的理解来看，陈良瑾认为："社会保障是国家和社会通过国民收入的分配与再分配，依法对社会成员的基本生活权利予以保障的社会安全制度。"[①] 强调了社会保障的主体是国家和社会，社会保障具有收入分配与社会保护的作用。孙光德、董克用认为："社会保障制度是以国家或政府为主体，依据法律规定，通过国民收入再分配，对公民在暂时或永久失去劳动能力

① 陈良瑾. 社会保障教程. 北京：知识出版社，1990.

以及由于各种原因生活发生困难时给予物质帮助，保障其基本生活的制度。”[①]强调了社会保障的国家责任或政府责任，并强调社会保障的收入再分配作用。郑功成认为：“社会保障是各种具有经济福利性的、社会化的国民生活保障系统的统称。”[②]强调社会保障的经济福利性和社会化特征，社会保障是国民生活保障的系统，体现了保障内容的全面性。

从国外相关学者和机构对社会保障的理解来看，国际劳工组织《社会保障（最低标准）公约》认为，社会保障是指通过一定的组织对这个组织的成员在面临某种风险时提供保障，为公民提供保险金、预防或治疗疾病，失业时资助并帮助他重新找到工作。美国社会保障总署编写的《全球社会保障制度》认为，社会保障系指根据政府法规而建立的项目，在个人谋生能力中断或丧失时给予扶助，还为结婚、生育或死亡而需要某些特殊开支时提供保障。《贝弗里奇报告》将社会保障概括为，国民在失业、疾病、伤害、年老以及家庭收入锐减、生活贫困时予以生活保障。

从国外社会保障的发展实践来看，一些国家尤其是福利国家更加强调社会保障的福利性和公平性，用“社会福利”的概念代替“社会保障”，使社会保障的概念广义化，覆盖的对象和范围更广。总体来看，发展中国家较多使用“社会保障”的概念，而一些发达国家更加强调“社会福利”的概念。

我们认为，社会保障是国家和社会依据相应的法律法规和政策，运用国家公共资源与社会资源，通过收入再分配的机制，在国民遭受老年、疾病、伤残、失业、生育、贫困及意外事件等风险时，通过一定的方式方法，运用资金、实物、服务等手段保障国民基本生活并提高其生活水平，促进社会安全稳定的社会制度。社会保障的主体是多元的，最重要的主体是国家和社会，不仅包括政府或其中的某一个主体，还包括单位、社区、家庭、个人等主体。社会保障的对象应该是全体国民，不同社会保障项目的具体对象有所不同，重点针对弱势群体和有需要的人群。社会保障需要运用来自国家和社会的相关资源，通过收入再分配的方式使资源和收入在不同人群之间转移。社会保障的内容包括国民生活需求与风险保障的各个方面，是一个复杂的系统。社会保障的目标是预防和化解生活风险、保障国民的基本生活、提高国民的生活水平。

二、社会保障的构成

社会保障是针对国民生活需求而言的，涉及国民生活的方方面面。人的生活需求主要包括经济需求、服务需求、医疗需求、精神需求等方面，社会保障体系也包括四大方面的内容。

一是经济保障。经济需求是国民最基本的需求，经济保障主要是在劳动者或

---

① 孙光德，董克用．社会保障概论．北京：中国人民大学出版社，2004：4.

② 郑功成．社会保障学——理念、制度、实践与思辨．北京：商务印书馆，2000：11.

国民由于种种原因不能工作而失去收入来源或收入锐减时对其给予适度的经济支持，确保其基本生活或最低生活水平，社会保险制度、最低生活保障制度是经济保障的核心制度安排，也是目前我国社会保障体系的核心制度。

二是服务保障。随着国民经济的快速发展和城乡居民收入水平的提升，经济保障的紧迫性逐步下降，而其他需求日益凸显。尤其是一些老年群体、患病人群、残疾群体等特殊人群，除了经济保障的需求外，更加需要服务保障，包括医疗服务、养老服务、康复服务等。社会福利是服务保障的核心制度，如老年人福利、残疾人福利、妇女福利、儿童福利等。

三是医疗保障。健康是每个人的追求，关系到千家万户的幸福。由于生活习惯、食品安全、环境污染、人口流动等原因，人们面临着越来越多的疾病风险。患病后尤其是患大病后，病人不仅要经受身心的痛苦，而且面临着沉重的医疗支出负担，容易导致一些家庭“因病致贫、因病返贫”。看病贵、看病难是我国社会保障领域的重要问题，未来需要完善医疗保障体系，推动实现城乡居民“病有所医”的目标。

四是精神保障。精神需求是比经济需求、服务需求层次更高的需求。在现代社会，尤其是在城市化、工业化、家庭小型化的背景下，精神保障的需求越来越明显。随着经济的发展和人们生活水平的提高，人们不仅需要基本的物质生活与服务，而且越来越追求充实的精神生活，政府和社会应该通过制度化的措施为人们提供精神保障。

经济保障、服务保障、医疗保障和精神保障是相互联系的，不能相互替代。经济保障的好坏直接影响到服务保障和精神保障目标的实现。医疗保障与服务保障直接关联。服务保障、医疗保障的好坏也直接或间接影响到个人经济保障与精神保障的满足程度。

我国社会保障是一个多层次的系统，由多个项目组成，主要包括社会保险、社会福利和社会救助三大核心内容，此外，还包括社会优抚、慈善事业、职业福利，甚至包括商业保险。这一系统通过多个项目共同预防和化解国民生活风险，保障国民基本生活。

社会保险是国家和社会依据一定的法律法规，通过资金的筹集与分配，对遭遇年老、疾病、伤残、失业、生育等风险而减弱或失去收入来源的公民（在一些情况下还包括其家属），给予经济支持，保障其基本生活的社会保障制度。社会保险包括养老保险、医疗保险、失业保险、工伤保险等项目，目前我国正在将生育保险制度合并至医疗保险项目中去，探索建立护理保险制度。社会保险是目前我国社会保障的核心和主体，它强调权利与义务的结合，享受社会保险待遇的前提是履行缴费义务。社会保险的重点是经济保障，确保劳动者的基本生活。

社会福利是国家和社会通过公共资源与社会资源的筹资，以老年人、残疾人、妇女、儿童等特殊人群为主要对象，面向全体公民，以提供实物、服务、资金等手段提高特殊人群和国民生活质量的社会保障制度。社会福利的最大特点就是福利性，个人不需要缴费，更加强调公共资源的投入，更加强调对特殊人群的帮助。社会福利应该包括老年人福利、残疾人福利、妇女福利、儿童福利、住房福利、教育福利等内容。

社会救助是国家和社会面向贫困人口与不幸人群，在其遭遇各种风险和意外事件而失去收入来源或者难以维持最起码的生活时，给予其资金、实物和服务帮助，保障其最低生活水平的社会保障制度。社会救助是社会保障安全网的网底，重点在于保障国民的最低生活，免除其生存忧虑。社会救助是一个综合系统，包括最低生活保障、特困人员供养、受灾人员救助、医疗救助、教育救助、住房救助、就业救助、临时救助等内容。

社会保险、社会福利和社会救助三者的具体保障目标、原理和机制是不同的，因此责任主体与分担机制不同、保障对象存在差异、保障程度各有侧重。三者共同构成了我国社会保障体系的核心，不能相互替代，应该相互促进、协调发展。

除了以上三大核心内容外，社会保障体系还包括社会优抚、慈善事业、职业福利、商业保险等内容。社会优抚是指国家和社会为军人及其家属所提供各种优待、抚恤、养老、就业安置等帮助的社会保障制度。社会优抚，其对象比较特殊，具有福利性、保障性和激励性。慈善事业是基于仁爱、互助、利他的理念，以民间公益组织为主体，遵循一定的规范和制度安排，以社会捐赠为基础，向社会筹集资金和物资资源，为脆弱者和不幸人群提供帮助的保障行为。职业福利是基于职业身份，由雇主设立、国家支持，面向组织内部成员，具有保障和激励功能的福利项目。商业保险主要是遵循权利与义务的对应性，通过市场化的方式为劳动者和城乡居民提供的保障方式。商业保险的发展有助于促进社会保障效率的提升，满足不同人群差异化的保障需求。

三、社会保障的特点

社会保障具有以下几个方面的特点：

一是福利性。社会保障强调发挥政府的作用，加强公共资源与财政投入。虽然在社会保障的实施过程中，要求一些保障对象履行相关义务，尤其是社会保险一般要求参保对象履行缴费义务，才能获得补偿和相关待遇，但即使如此，缴费义务与获得待遇并非一一对应的关系。从总体上来看，保障对象的付出一定小于其获得的收益，甚至不需要缴纳任何费用就可以获得国家和社会的经济帮助，特别是针对一些贫困和低收入人口的帮助，比如最低生活保障制度、老龄津贴制度。社会保障是一种重要的资源分配方式，在一定程度上是“按需分配”，而非“按能力分配”，必然调节居民之间的收入分配，体现福利性。[①]

二是公平性。社会保障应该在创造起点公平、维护过程公平、实现结果公平方面发挥重要作用。社会保障的公平属性要求公平对待全体国民，让全体国民公平享有社会保障，实现社会保障的广覆盖、全覆盖。社会保障的重要功能就是通

---

① 龙玉其．社会保障在收入再分配中的作用．前沿，2013（11）：99-102.

过对贫困、弱势群体的帮助来实现社会的公平正义，而国家和社会对贫困、弱势群体的帮助就必然存在着收入分配调节的因素，即通过向高收入者和普通国民征税，并通过科学的制度设计来实现对贫困、弱势群体的帮助，进而实现全体国民整体福利水平的提高。公平性必然体现在任何时代、任何国家都会存在的一些因自身原因或社会因素而面临生活困境和意外事件、需要帮助的人身上，尤其是随着工业化进程的加快，人们面临的风险日益增加，这就更加需要发挥社会保障的互助共济作用，体现公平性。① 社会保障的公平性，并不排斥其效率性，应该坚持公平优先，兼顾效率。

三是法制性。从国际经验来看，凡是社会保障发展比较成熟、社会保障体系比较健全的国家，都建立和完善了一套比较科学的法律法规，甚至强调立法先行，通过法制建设推动社会保障的实施与科学运行。我国在社会保障改革与发展过程中，积极重视加强法制建设，并取得了重要进展，《社会保险法》《军人保险法》《慈善法》《社会救助暂行办法》已经出台，其他法律法规也处于不断完善过程中。法制建设不仅有利于明确社会保障的制度模式、主要内容和运行机制，而且有利于明确不同社会保障主体的权利与义务，更加有效地保护国民的社会保障权益。

四是社会性。社会保障是一个社会化的保障系统，理应具有社会性。社会保障的社会性首先应该强调社会保障作为一项非常重要的社会事业，有助于推进社会建设、促进社会和谐，应该强调社会保障的社会属性与社会价值。从社会保障的内容来看，不同社会保障项目均具有较强的社会价值，尤其是服务保障和精神保障，对于防范和解决社会问题具有重要意义。其次应该强调社会保障与社会工作的协同作用，共同推进社会发展。社会保障的主体是国家和社会，具体包括社会中的各类组织和个人。社会保障的对象应该是全体社会公民，对全体社会公民应该一视同仁，不因身份差异而产生歧视。社会保障的资源应该来自社会，由全体社会成员共享。社会保障的管理与监督应该实现社会化，由独立的、专业化的机构来经办，而不应该由单位包办。社会保障的相关信息应该向社会公开，确保对象的知情权，吸纳相关主体加强对社会保障的监督。

五是综合性。社会保障的综合性体现了社会保障的全面性，涉及生活需求的方方面面，不同的社会保障项目具有不同的生活保障功能和保障目标。如前所述，社会保障包括了社会保险、社会福利、社会救助等内容，下面分别包含了不同的社会保障项目，这些项目是不能相互替代的，而是相互联系、相互促进、相互补充的关系。在把握不同社会保障项目的具体功能时，应该充分发挥这些社会保障项目的合力。在明确社会保障的综合性特点的同时，应该注意不同社会保障项目发展的协调性，推进社会保障的统筹发展。

六是多层次性。由于不同人群的特点不同，社会保障的需求呈现多样化，尤其是不同人群之间收入水平存在差异性，对社会保障的需求水平也不同。社会保

---

① 龙玉其．社会保障在收入再分配中的作用．前沿，2013（11）：99-102.

障的发展要兼顾不同人群需求的差异性，必然要建立和完善多层次的社会保障体系，通过多层次的制度体系来满足不同群体的差异化需求。多层次社会保障体系建设要求政府与市场的有效结合。其中基本社会保障层次必须坚持公平优先的原则，强调政府责任；补充性保障层次应该强调效率，遵循市场化的原则，政府应该给予积极支持和激励，为补充性社会保障的发展创造条件。

四、社会保障的功能

社会保障在预防和化解国民生活风险、保障国民生活、提高国民生活质量的同时，具有以下几个方面的功能。

（一）政治功能

社会保障的政治功能主要包括体现政治合法性、维护政治稳定与政府形象、增强政治的延续性、推动提升执政能力等方面。建立和完善社会保障制度是各国政府的核心职能之一，一个国家社会保障制度的有无和好坏直接关系到该国政府的合法性程度，一个合法的政府必然充分考虑该国国民的生活问题，不断提升国民的生活水平。一般来说，福利制度比较完善和科学的政府容易得到国民的支持与认可，反之，则容易受到国民的批评与指责。社会保障是政治“黏合剂”或“融合器”，通过发展和完善社会保障体系，可以增进社会团结，维护政治稳定，增强政治的延续性，尤其是在个人遇到各类风险、个人生活难以维持的时候，如果得不到妥善处理，这类人群就容易揭竿而起，威胁政治统治。社会保障也是国家和政府形象的重要体现，无论是对内还是对外，一个负责任的政府都应该积极推进社会保障制度建设。此外，社会保障有利于社会问题的解决、社会风险的预防和化解，在一定程度上推动了政党执政能力的提升。

（二）经济功能

从社会保障建立、改革与发展的实践来看，社会保障在体现自身规律的同时，与经济发展密不可分。社会保障是经济发展的“推动器”“调节器”。作为“推动器”，社会保障通过预防人们的生活风险、提升人力资本水平、加强基金投资等方式直接或间接促进经济的发展。作为“调节器”，社会保障通过调整收支行为和基金投资适应和推动经济发展，促进经济效率的提升。在经济危机时期，可以通过加强社会保障基金投资、增加社会保障支出、降低或延缓社会保障缴费来减少企业与个人的负担，从而度过困难时期，促进经济的恢复。社会保障的发展必须适应经济发展，不能过度超前，也不能落后于经济发展，否则都是不可持续的；而且经济发展模式对社会保障模式的选择与运行也会产生影响。

（三）社会功能

作为社会系统的构成要素之一，社会保障的社会功能更是不言而喻的。社会保障是社会发展的“减震器”“稳定器”。社会保障起始于社会问题的产生，社会保障的科学发展有助于推动社会问题的解决。在社会发展与运行的过程中，社会问题层出不穷，尤其是与人们生活息息相关的养老、医疗、教育、就业、住房等领域更是存在诸多现实问题，迫切需要通过完善社会保障、社会政策、公共服务等措施来解决。预防和解决社会问题、促进社会良性运行与协调发展，必然要求发展和完善社会保障体系。在社会问题较多、社会风险较大的社会，社会保障的作用显得更加重要。社会公平是社会发展程度的重要体现，公平正义是社会发展的重要目标，社会保障可以通过资金与资源的再分配，扶弱济困，保障和提高中低收入者尤其是贫困人口的收入水平与生活水平，促进社会公平正义。

第二节 社会保障制度的产生与发展

学习、研究社会保障，需要准确了解社会保障的发展历史，只有这样，才能真正全面理解社会保障的发展。既要基于国际视野准确了解世界社会保障制度的产生与发展，也要熟悉我国社会保障制度的产生与发展。

一、世界社会保障制度的产生与发展

世界社会保障制度的产生与发展可以分为以下几个阶段。

（一）世界社会保障制度的萌芽

蒸汽机和纺织机的发明大大解放了人类生产力，催生了机器大革命，为欧洲工业革命奠定了基础。从 16 世纪开始，英国率先推进机器大革命和工业革命。“羊吃人”的圈地运动和“机器吃人”的工业化运动给英国经济的发展带来了强大动力。随着英国工业化进程的逐步推进，英国的生产力水平和物质财富得到了前所未有的提升和增加；与此同时，也带来了巨大的社会风险，社会问题频发，一些人流离失所，生活难以保障，贫富差距日益加大，工业伤亡不断增加，疾病风险加大，阶级矛盾日益凸显。一边是生产力的发展和物质财富的增加，一边是贫困问题和社会问题的产生，社会动荡不安，危及社会稳定和政治统治的延续。为此，当时的统治者开始筹集资金，通过各种方式对那些贫困人口和弱势群体给予帮助。1601 年英国颁布了《济贫法》，对流浪人口与贫困者给予生活救助，推动了济贫制度的产生，标志着政府正式开始大规模介入贫民问题，开启了制度化救助的先河，为后来社会保障制度的正式建立奠定了基础。当然，济贫制度依然存在诸多问题，难以满足广大劳动者的生活需求，难以应对工业化进程中的各类生活风险。后来，一些行业互助组织，比如友谊社、互助会等，通过行业互助的方式筹集资金，当劳动者及其家属遭遇年老、疾病、伤残等风险时给予一定的补偿，帮助其渡过难关。

(二) 世界社会保障制度的建立

18 世纪以后，起源于英国的工业化扩散到欧洲各国，呈现快速推进的态势。欧洲工业化进程的加快，为各国带来了巨大的物质财富，同时社会问题也日益增加，社会风险呈现扩大趋势。个人和家庭在面对风险方面显得力不从心，济贫制度与行业互助也难以有效满足各国劳动者与公民的生活需求，这就要求政府通过制度化的举措来预防和化解劳动者的生活风险。尤其是当社会问题和社会矛盾危及政治统治的时候，当时的统治者更加意识到问题的重要性，因而积极采取有效措施来稳定社会，使政治统治得以延续。当时的统治者主要通过“胡萝卜加大棒”的措施加以应对：一方面，通过暴力手段对那些造反者进行残酷镇压；另一方面，通过建立和完善相关社会政策来提高人们应对风险的能力，解决生活困难者的燃眉之急。社会保障制度就是在这样的背景下产生的。19 世纪末期，现代社会保障制度率先在德国建立，德国颁布了《疾病保险法》《工伤事故保险法》《老年和残疾保险法》，建立了现代社会保障制度。除了经济因素的推动外，德国社会保障制度是政治、经济、宗教、文化、社会等诸多因素综合作用的产物。19 世纪末期至 20 世纪初期，其他欧洲国家也逐步建立了各项社会保障制度，甚至一些发展中国家也在探索建立社会保障制度。

(三) 世界社会保障制度的发展

第二次世界大战以后至 20 世纪 70 年代之前为世界社会保障制度的发展时期。随着战争的结束，各国开始将重心放在国内经济社会发展方面，积极推进社会保障制度建设。战后各国经济的快速发展为社会保障制度的建立和完善创造了良好的经济条件和物质基础。社会保障项目体系不断完善，社会保障的覆盖面不断扩大，保障水平不断提高，各国对社会保障的支出也快速增长。在 20 世纪 40 年代末，英国率先宣布成为世界上第一个福利国家，随后，北欧一些国家也先后建成福利国家，形成了项目完善、水平较高的社会保障体系，极大地保障和改善了国民的生活。社会保障体系的完善为世界各国经济的发展创造了良好的社会环境，为维护社会稳定、安定政治环境发挥了积极作用。

(四) 世界社会保障制度的改革

随着社会保障体系的日益完善，各国社会保障的支出快速增长，政府支出膨胀，社会保障制度的发展开始出现危机。20 世纪 70 年代中期以后，世界经济环境发生了变化，结束了战后经济发展的黄金时期。随着石油危机的出现，西方一些国家的经济发展出现了滞胀现象，更加凸显了社会保障的危机。此外，随着各国人口预期寿命的延长和人口老龄化进程的加快，国民对社会保障的需求日益增长，进一步暴露了社会保障的问题与不足。因此，一些国家开始对社会保障制度进行改革和调整，一直持续到现在。目前，各国社会保障制度的改革依然在进行。各国社会保障制度的改革措施多种多样，包括改革制度模式、筹资机制、待遇计发机制、调整退休年龄等方面，社会保障制度改革的直接目标就是“增收节支、开源节流”，通过各种措施增强社会保障的财务可持续性，实现社会保障的可持续发展，追求社会保障与经济发展的良性互动。

二、我国社会保障制度的产生与发展

纵观我国社会保障制度的发展，可以划分为以下三个阶段。

（一）计划经济时期的社会保障：新中国成立初期至改革开放之前

新中国成立初期，我国生产力水平十分落后，一穷二白，百废待兴。党和政府高度关心国民生活问题，努力发展经济，采取有效措施保障和改善民生。1949年的《中国人民政治协商会议共同纲领》就明确提出要建立劳动保险制度。1951年，政务院颁布了《劳动保险条例》，对超过一定规模的企业职工的养老、遗属、伤残、疾病、生育、工伤、待业等社会保险项目做出了规定。1953年，《劳动保险条例》被修改，逐渐扩大了劳动保险的覆盖范围。到1956年，加上签订集体劳动保险合同的职工，享受保险待遇的职工人数相当于国营、公私合营和私营企业职工总数的94%。①

1955年12月，《国家机关工作人员退休处理暂行办法》和《国家机关工作人员退职处理暂行办法》两个文件的发布标志着机关事业单位养老保险制度的正式建立。1958年2月，国务院发布了《关于工人、职员退休处理的暂行规定》，3月，发布了《关于工人、职员退职处理的暂行规定》，这两个文件的发布标志着机关事业单位人员与职工养老制度从分立走向统一。

“文化大革命”的爆发使得我国各项事业的发展遭遇严重挫折，社会保障的发展也同样如此。受意识形态的影响，主管社会福利、救灾救济等事务的内务部，负责劳动保险事务的工会停止活动，使得社会保障工作陷入混乱。1969年，财政部规定不再向国营企业提取“劳动保险费”，企业支付的退休金改在“企业营业外列支”，劳动保险的社会统筹机制被破坏，沦为企业保险。②

我国在发展城镇社会保障的同时，在农村主要实行集体保障的模式。新中国成立后，由村集体对农村中生活没有依靠的老、弱、孤、寡、残疾的村民给予五个方面的保障，形成了具有中国特色的五保供养制度。各地相继兴办了敬老院，逐步形成了集中供养和分散供养相结合的五保供养模式。在医疗保障方面，主要依托农村集体经济大力发展农村合作医疗制度，为保障农民的健康和农村医疗卫

① 严忠勤．当代中国的职工工资福利和社会保险．北京：中国社会科学出版社，1987：306-307.

② 王延中．社会保障的改革与发展．经济学动态，2008（10）：11-15.

生服务体系的完善发挥了重要作用。到20世纪70年代中期，绝大多数农村建立了合作医疗制度。

计划经济时期，我国的城镇社会保障属于典型的国家-单位保障模式，农村主要实行集体保障。传统的社会保障制度主要是以计划经济和集体经济为支撑的，为稳定和发展国民经济、保障城乡居民的生活发挥了积极作用。

（二）社会保障的恢复与改革探索：改革开放之后至20世纪末

改革开放之后，传统的计划经济模式开始逐步松动，引入了有计划的商品经济。20世纪80年代中期以后，我国正式实施城乡经济体制改革，在农村主要实行家庭联产承包责任制，在城镇主要推进国有企业改革。我国经济体制改革的目标是建立和完善社会主义市场经济体制。传统的国家-单位保障和集体保障模式已经失去了赖以存在的经济基础，难以适应经济体制改革的需要，迫切需要进行改革。

1986年，我国在推进国有企业改革的过程中，打破了“铁饭碗”“终身制”，引入劳动合同制，并且开始探索建立国有企业职工待业保险制度。国民经济和社会发展第七个“五年计划”提出建立现代社会保障制度的目标任务，包括社会保险、社会福利、社会救助、社会优抚等项目体系，并明确提出要建立社会养老和医疗保险制度。在改革中，探索实行城镇职工养老保险和医疗保险社会统筹，一些地方开始探索试点改革。

1993年，党的十四届三中全会在《中共中央关于建立社会主义市场经济体制若干问题的决定》中把社会保障制度单独拿出来，同现代企业制度、统一的市场体系、宏观调控体系、收入分配制度并列为构筑我国社会主义市场经济框架的重要组成部分，标志着我国社会保障体制改革从为国有企业改革配套转变为为建立社会主义市场经济体制服务；提出根据中国国情建立现代社会保障体系的基本原则，提出按照“社会统筹与个人账户相结合的原则”建立基本养老保险制度和基本医疗保险制度。[①]

在农村社会保障制度方面，由于农村集体经济的衰落和解体，传统的农村合作医疗制度也随之衰落，农村合作医疗的覆盖率迅速下降，农村居民的医疗支出主要由个人和家庭负担，农民的医疗负担日益沉重，不利于农村居民的健康保障。20世纪80年代中后期，民政部开始探索建立农村社会养老保险制度，并在一些地方进行试点。1992年，民政部颁布了《县级农村社会养老保险基本方案（试行）》，准备在农村全面建立社会养老保险制度。由于各种原因，农村社会养老保险制度进展不顺利，最终宣告失败。

这一时期我国经济社会环境发生了重大变化，城乡经济体制改革稳步推进，在“文化大革命”时期中断的社会保障事业获得了恢复。当然，不是原搬照抄，而是进行了一些调整和变革。为配合经济体制改革而进行的社会保障制

① 王延中．社会保障的改革与发展．经济学动态，2008（10）：11-15.

度改革探索，明确了改革的方向，将建立现代社会保障体系作为改革的重要目标。

（三）现代社会保障体系的形成与完善：20世纪末至今

20世纪90年代中后期以后，我国经济体制改革进入了攻坚克难的时期，社会保障体制改革也逐步深入，着力构建适应我国国情和经济社会发展的现代社会保障体系。特别是1997年以来，我国社会保障制度建设在总结前期试点经验的基础上，加快制定实施社会保险、社会救助、社会福利、农村社会保障等方面的法律法规，基本形成了现代社会保障体系框架。

在养老保险制度方面，经过20世纪90年代的改革探索，1997年国务院颁布了《关于建立统一的企业职工基本养老保险制度的决定》，标志着城镇职工基本养老保险制度正式建立，明确了城镇职工基本养老保险制度的制度模式、覆盖范围、筹资方式、待遇计发、制度转轨、基金管理、统筹层次等内容。自此以后，城镇职工基本养老保险制度"社会统筹与个人账户相结合"的基本模式不断完善。经过八年的运行，针对实践中出现的各种问题，2005年国务院颁布了《关于完善企业职工基本养老保险制度的决定》，进一步扩大基本养老保险覆盖范围，在逐步做实个人账户、加强基本养老保险基金征缴与监管、改革基本养老金计发办法、建立基本养老金正常调整机制、加快提高统筹层次、发展企业年金等方面做出了明确规定。在机关事业单位养老保险制度方面，自20世纪90年代中期开始，一些地方相继发布了有关机关事业单位养老保险改革的文件，试点探索机关事业单位养老保险制度改革。2008年，国务院通过了《事业单位工作人员养老保险制度改革试点方案》，准备在全国五个省市探索机关事业单位养老保险制度改革，但是进展不太顺利。2015年1月14日，国务院发布了《关于机关事业单位工作人员养老保险制度改革的决定》，正式明确了制度改革的适用范围、制度模式和具体设计，徘徊中的"双轨制"改革终于取得了重大进展。在城乡居民养老保险制度方面，2009年，国务院发布了《关于开展新型农村社会养老保险试点的指导意见》，探索建立个人缴费、集体补助、政府补贴相结合的新农保制度，实行社会统筹与个人账户相结合，与家庭养老、土地保障、社会救助等其他社会保障政策措施相配套，保障农村居民老年基本生活。2011年，国务院发布了《关于开展城镇居民社会养老保险试点的指导意见》，建立个人缴费、政府补贴相结合的城镇居民养老保险制度，实行社会统筹与个人账户相结合。在此基础上，2014年国务院发布了《关于建立统一的城乡居民基本养老保险制度的意见》，对城乡居民养老保险制度进行统一合并实施，力争在2020年前，全面建成公平、统一、规范的城乡居民养老保险制度。

在医疗保险制度方面，改革传统的公费医疗与劳保医疗制度。1998年，国务院颁布了《关于建立城镇职工基本医疗保险制度的决定》，标志着城镇职工基本医疗保险制度的正式建立，城镇所有用人单位及其职工都要参加基本医疗保险，实行属地管理。基本医疗保险基金实行社会统筹与个人账户相结合。基本医疗保险费由用人单位和职工共同缴纳。用人单位缴费率应控制在职工工资总额的6%左右，职工缴费率一般为本人工资收入的2%。21世纪以来，机关事业单位公费医疗制度逐步改革，统一参加城镇职工基本医疗保险制度。在农村医疗保障方面，2003年开始进行新型农村合作医疗制度试点，通过实践不断完善制度设计和运行机制，新型农村合作医疗制度在政府的财政支持下得到了快速发展，得到了广大农村居民的认可。

在其他社会保险制度方面，失业、工伤、生育制度也逐步建立。1999年，国务院颁布了《失业保险条例》，规定了失业保险的基金来源、支出内容、待遇水平等内容，标志着失业保险制度正式建立，从原来的待业保险制度正式过渡到失业保险制度，为解决国有企业改革过程中的下岗失业问题做出了重要贡献。2003年，国务院颁布了《工伤保险条例》，并于2010年对该条例进行了修改，工伤保险制度的建立和完善为解决工业化加速推进过程中的工伤问题发挥了积极作用。企业职工生育保险制度初步建立，并处于调整、完善过程中。

在社会福利方面，我国积极推进社会福利社会化进程，在老年人福利、残疾人福利、妇女儿童福利制度建设方面取得了积极进展。尤其是在老年人福利方面，强调政府、社会、社区、家庭、个人多主体参与，探索建立以居家为基础、社区为依托、机构为补充的多层次养老服务体系。

在社会救助方面，上海市率先于1997年建立了城市居民最低生活保障制度。1999年，国务院颁布了《城市居民最低生活保障条例》，正式建立了面向全国的城市居民最低生活保障制度，具体规定了城市居民最低生活保障的资格标准、资金来源、待遇水平等内容。自2007年起，在全国农村全面建立农村居民最低生活保障制度。2014年，国务院发布了《社会救助暂行办法》，构建了包括最低生活保障制度、特困人员供养、受灾人员救助、医疗救助、教育救助、住房救助、就业救助、临时救助等在内的综合救助体系。

在社会保障的制度体系日益完善的过程中，我国积极推进社会保障管理体制改革，推进社会保障制度整合，加强社会保障经办服务能力建设。社会保障法制建设逐步推进，《社会保险法》《军人保险法》《慈善法》的颁布将进一步推动社会保障体系的定型和成熟。

第三节 社会保障的相关关系

社会保障的发展既具有其独立的发展规律，也受诸多因素的影响，与相关要素紧密相连。在社会保障的发展过程中，要处理好社会保障与经济发展、劳动就业、收入分配、社会工作等方面的关系，使之相互促进、良性互动，共同推进国民福利水平的提高。

一、社会保障与经济发展

经济发展是社会保障发展的基础和前提，科学、完善的社会保障体系可以推动经济的持续发展。纵观社会保障的发展历史，生产力的快速发展直接推动现代社会保障制度的产生和发展。在经济发展较好的时期，社会保障的发展也比较顺利；在经济发展遇到困境的时期，社会保障也需要随之进行调整。社会保障要适应和促进经济发展，需要与经济发展水平相适应。既不能过度超前于经济发展，超越经济的承受能力，使得社会保障的发展难以持续；也不能落后于经济发展，难以满足国民的社会保障需求，难以让国民共享发展成果。

从理论上来讲，社会保障在体现自身规律、保障和改善国民生活的同时，具有明显的经济功能，可以扩大消费从而促进经济增长，也可以成为经济增长的“推动器”“调节器”。但是，这一目标的实现取决于社会保障与经济发展的动态调整，取决于科学的社会保障制度设计和高效的社会保障管理服务。国家在促进经济发展的过程中，需要充分、合理地考虑国民的社会保障权益，考虑社会保障的适度、可持续发展。

二、社会保障与劳动就业

社会保障与劳动就业不可分割。社会保障对劳动就业的影响主要通过三个方面来体现：劳动力供给、劳动力需求、劳动力流动。一个科学的社会保障体系可以促进劳动就业、增加劳动就业的机会、改善劳动就业的质量；相反，不科学、不合理的社会保障体系只会损害劳动者的就业权利、损害劳动力市场的健康运行。

从劳动力供给来看，社会保障既可能促进和增加劳动力供给，也可能减少或抑制劳动力供给。科学、完善的社会保障体系通过预防和化解劳动者的生活风险、保障劳动者的基本生活、减除劳动者的后顾之忧、提升劳动者的素质技能，来提高劳动者的就业积极性和效率，增加劳动力供给。相反，不科学、不合理的社会保障的筹资水平和待遇水平可能降低劳动者的劳动就业意愿。社会保障的筹资水平过高，使劳动者的当期收入减少，从而降低劳动力供给。当然，也不排除收入效应的产生，劳动者会更有压力、更加努力地工作。而社会保障的待遇水平过高，会导致“养懒汉”。

从劳动力需求来看，社会保障是劳动力成本的重要组成部分，劳动力成本的高低直接影响雇主的用工意愿与用工行为。如果劳动力成本过高，雇主则会用机器取代工人，或者直接减少产量而减少用工，从而降低对劳动力的需求。如果社会保障水平适度、制度体系科学，则可以促进国民消费和经济增长，增加就业岗位。

从劳动力流动来看，合理的劳动力流动是促进劳动力市场一体化、提高人力资源配置效率、激发经济社会活力的重要前提。在经济社会利益的驱使下，劳动者普遍具有较强的流动意愿，尤其是向上流动的意愿。这种意愿的实现，不仅取决于个人的努力和素质，而且受到社会政策和制度的影响，社会保障制度就是其中的一个重要变量。科学的社会保障制度设计、转移接续机制有助于促进劳动力的自由流动，相反，则会阻碍或延缓劳动力的流动。社会保障的转移接续办法和统筹层次对劳动力流动产生着直接的影响。在我国，由于社会保障制度不完善、转移接续不畅通、统筹层次较低，在一定程度上阻碍了劳动力的流动。

三、社会保障与收入分配

社会保障调节收入分配的功能体现在收入分配的多个层次中，包括初次分配、再分配，甚至三次分配，其中，社会保障在促进居民收入再分配方面的作用更加明显。①

在初次分配领域，社会保障发挥着直接或间接的调节作用，社会保险和职业福利可以影响和改变初次分配的格局。② 通过包括工资、福利、保险等在内的薪酬体系的设计，可以提高劳动者的总体报酬，进而实现初次分配领域中的调节。间接地看，社会保障通过合理的制度设计对低收入群体、贫困人口、失业人员、患病人员等群体提供帮助，可以促进其素质技能的提高和人力资本的提升，增加个人和家庭的收入；通过免除劳动者的后顾之忧而为其提供良好的劳动环境，进而提高劳动效率、增加个人收入。

在再分配领域，社会保障通过发挥政府的主导和调节作用，运用社会保障的资源和机制，扶弱济困，保障各类风险；通过政府对社会保障的财政转移支付机制和社会保障的资金筹集与待遇支付机制，实现对弱者和贫困人口的直接帮助，进而实现不同人群之间的收入分配调节。其中，社会保险通过权利与义务关系的非完全对应性进行资金筹集与待遇支付，可以体现其调节收入分配的作用；社会福利和社会救助由于显著的福利性，其收入分配调节作用更加明显和突出。社会保障调节收入分配的作用是多方面的，覆盖范围、筹资机制、补偿机制、融合性与便携性、转轨方案都可能不同程度地影响其收入分配调节作用。

从三次分配或四次分配③来看，社会保障主要体现在慈善事业和民间互助方面，在政府的政策支持和直接投入下，通过社会和民间自愿的捐赠来筹集资金，帮助社会脆弱群体，进而实现更高层次的收入分配。

四、社会保障与社会工作

从某种意义上来看，社会保障与社会工作具有同质性。社会工作与社会保障

① 王延中，龙玉其．社会保障与收入分配：问题、经验与完善机制．学术研究，2013（4）：31－37．
② 郑功成．论收入分配与社会保障．黑龙江社会科学，2010（5）：123－126．
③ 青连斌．国民财富的四次分配．人民论坛，2009（19）：4．

是现代工业社会解决社会问题的两大举措和手法，是对社会中处于困境的人提供援助的有效机制。社会工作是建立在“以人为本”“助人自助”理念基础上的专业性和职业化助人活动；社会保障是以立法为基础，以普遍性为原则，以制度化为保证的社会政策和社会安全制度。社会保障与社会工作的共同目标是提升国民尤其是弱势群体的生活质量与福利水平。①

社会保障的发展离不开社会工作的发展，社会保障需要与社会工作协同推进，才能更好地保障和改善国民生活，提升社会福利水平。社会保障包括经济保障、医疗保障、服务保障、精神保障等方面，主要是通过制度化的举措来为国民提供经济支持，目前的社会保障在服务保障和精神保障方面有待改进。社会工作对于明确和满足劳动者、居民的社会保障需求，尤其是对于服务保障和精神保障可以发挥其独特的作用，与社会保障制度协同发力，全面保障国民的生活。社会工作介入社会保障，有利于提升社会保障的公平性与效率性。

在具体的社会保障项目发展中，社会工作在社会救助和社会福利方面的作用更加明显。在贫困救助方面，社会工作可以更好地识别贫困对象和贫困的原因，准确把握贫困人口的收入水平与生活需求，为采取有效的社会保障措施提供依据，实现精准救助。在灾害救助方面，社会工作对于灾民服务、心理干预等具有重要意义。在以服务提供为主体的社会福利方面，社会工作通过其独特的、专业化的工作方式来改善国民的生活质量，为老年人、残疾人、妇女儿童等特殊人群提供服务支持。

五、社会保障的其他关系

除了以上相关关系外，社会保障的发展还应该处理好与人口政策、公共财政的关系，处理好社会保障发展过程中公平与效率、政府与市场的关系。

（一）社会保障与人口政策相互影响

社会保障的发展应该适应人口政策的调整，比如我国在实行计划生育政策时，出现了家庭小型化、核心化的趋势，导致许多空巢老人的出现，社会保障尤其是养老保障制度应该为这些家庭提供相应的支持和帮助，加强社会保障与计划生育政策的协调。计划生育政策的推进，加快了我国人口老龄化的进程，带来了巨大的社会保障需求，社会保障体系也需要采取有效措施应对人口老龄化的挑战。社会保障体系的完善程度也直接影响着人们的生育意愿，社会保障体系的不健全、不完善不利于计划生育政策的实施，可能出现“越穷越生、越生越穷”的恶性循环。此外，还可以通过相应的社会保障制度设计来促进或抑制人口的增

① 周沛．社会工作和社会保障的同源性及其在和谐社会构建中的重要意义．江苏社会科学，2006（2）：62－67.

长，比如一些国家通过建立子女津贴制度来促进生育和人口增长。

(二) 社会保障与公共财政密不可分

政府是社会保障的重要主体，社会保障的发展离不开政府的财政投入。社会保障与财政的紧密程度在不同国家的体现不同，与各国的社会保障模式、财政体制、行政体制等因素有关。财政投入是体现社会保障公平性的重要因素，尤其是对于一些基本社会保障项目和基本公共服务，更加需要提高政府财政投入，完善财政转移支付机制。当然，也不是投入越多越好，而是需要有效平衡社会保障需求与供给的关系，充分考虑财政实力和承受能力，考虑社会保障的可持续发展。财政投入既要尽力而为，又要量力而行。需要完善财政投入机制，明确不同层级政府的投入责任，加强财政投入监管，提高财政投入的绩效水平。

(三) 社会保障发展中的公平与效率

公平与效率是社会保障发展过程中难以处理的一对关系。公平、正义、共享是社会保障制度必须坚持的重要价值准则。社会保障的公平是指平等地对待每一个国民并保障满足其基本生活需求，普遍性地增进国民福利，不因身份、性别、民族、地域等差异而歧视或者排斥任何人。[①] 公平是一个动态概念，在不同时代和发展阶段，公平的内涵会有所变化。但是，社会保障追求公平发展的属性是永恒的。强调公平，并不意味着社会保障不需要效率，相反，高效率有利于更好地实现公平，有利于充分利用有限的社会保障资源实现更好的保障效果，有利于为保障对象提供优质的社会保障服务。高公平与高效率是社会保障发展的理想状态。

(四) 社会保障发展中的政府与市场

政府与市场是两种不同的资源配置方式，政府主要承担着为民众提供基本公共产品与公共服务的责任，利用行政手段加强公共资源的配置，追求资源配置的公平、公益性，追求社会效益。市场主要生产私人产品和非基本公共服务，追求经济效益的最大化。社会保障的发展必须强调政府的主导责任，发挥政府在宣传引导、资金筹集、制度设计、监督管理等方面的作用。特别是一些针对贫困人口的社会保障项目，尤其需要发挥政府的作用。在社会保障社会化和责任共担的背景下，政府不应该是社会保障的唯一主体，需要有效利用市场机制和社会资源。可以通过政府向市场购买服务的方式来发展社会保障，提高社会保障的效率。社会保障是一个复杂的、多层次的系统，市场机制的完善有利于满足不同人群多样化、差异化的社会保障需求。当然，引入市场机制不等于搞市场化、产业化，必须坚持社会保障的公平性、公益性与福利性。

---

① 郑功成．中国社会保障改革与发展战略——理念、目标与行动方案．北京：人民出版社，2008：17.

第四节 社会保障的学科特点与研究方法

学习社会保障这门课程，需要准确了解社会保障的学科特点，掌握基本的学习、研究方法，有针对性地开展学习，才能更好地达到学习目标。

一、社会保障的学科特点

社会保障的学科特点主要体现在以下几个方面：

一是理论性。社会保障制度从无到有、从传统到现代，经历了较长的发展变迁过程。从17世纪开始，社会保障制度以《济贫法》和互助保险为萌芽，随着工业化进程的推进，在政治、经济、文化、宗教、社会、理论等因素的作用下产生，随着各国发展环境的变化不断调整、改革和完善。社会保障制度在建立、发展和改革的过程中，一方面受理论因素的驱使，比如新历史主义理论、马克思主义理论、政府干预理论、需求层次理论等；另一方面又产生出具有自身特点的社会保障理论，比如国家保险思想。社会保障的理论基础受政治学、经济学、社会学、管理学、法学等学科的理论影响，具有丰富的理论来源。学习社会保障这门课程，应该掌握基本的社会保障理论。作为非社会保障专业的学生，也应该在学习过程中主动了解、学习社会保障的相关理论，以便于更好地理解社会保障的实践。

二是法制性与政策性。社会保障是一项法制性较强的事业，需要通过相应的法律法规来对不同主体的权利与义务进行规定，对社会保障的运行机制进行规范。法律法规的健全程度是社会保障制度成熟程度的重要体现，实现社会保障的法制化是我国社会保障的重要发展方向。在现实中，在社会保障法律法规体系不完善的背景下，社会保障的内容主要通过政策文件来规定，具有较强的政策性。社会保障的相关工作主要是社会保障政策的制定、实施、管理与监督。因此，需要准确理解社会保障的政策演进过程及其经济社会背景，把握社会保障政策体系的内容现状，熟悉社会保障政策的实施过程与实施方法。

三是应用性与实践性。社会保障的最终目标是通过相应的方法，运用社会保障的相关资源来实施社会保障项目，为保障对象提供有关支持和服务，保障和改善受助者的生活。社会保障政策的制定与实施、社会保障需求的把握、社会保障资源的分配、社会保障的管理服务都具有很强的实践性与应用性。学习社会保障理论的最终目标也是运用，用理论指导实践，要求理论联系实际，开展调查研究，充分了解社会保障政策及实施现状，准确了解不同人群的社会保障需求，培养和提高社会保障政策运用与实践能力。

四是综合性与交叉性。由于社会保障理论的多元性、社会保障内容的多样性、社会保障影响因素的复杂性和多样性，社会保障学科具有较强的综合性与交叉性特点。社会保障与社会学、政治学、经济学、法学、管理学、保险学、财政学等学科密切关联。经济学是社会保障的重要理论基础，尤其是福利经济学直接推动社会保障制度的建立和发展。社会保障的法制性特点必然涉及法学的相关理论与方法。社会保障在防范和化解社会风险、解决社会问题的过程中，需要运用社会学的相关理论与方法。社会保障作为国家一定政治制度形态下的政策安排，与政治学密切关联。作为社会保障核心内容的社会保险是传统社会保障与现代商业保险精算技术的产物，需要运用保险学的相关理论与方法。社会保障的实施需要有科学、高效的管理服务，才能产生良好的社会保障效果，因而需要有管理学的理论与方法作为支撑。此外，社会保障还与财政学密切联系，在社会保障财政投入的过程中，需要运用财政学的相关理论与方法。

五是动态性。社会保障的环境不断变化，社会保障的发展需要随着经济社会的发展而调整、变革。变化是社会保障的常态，对社会保障的学习需要与时俱进，在变化中把握社会保障的发展规律。在社会保障的理论学习与实践过程中，需要准确了解社会保障发展环境的最新变化，掌握社会保障的动态信息，了解社会保障需求的变化，及时调整社会保障的相关法律法规与政策，增强社会保障的针对性和有效性。当然，社会保障的动态性不是指社会保障的临时性、随意性。

二、社会保障的主要研究方法

基于社会保障与社会保障学科的特点，在学习的过程中应该运用以下方法：

一是理论研究与实践研究相结合。由于社会保障具有理论性与实践性的特点，在学习、研究社会保障的过程中，需要理论联系实际。一方面，需要全面、充分、准确地掌握社会保障的基本理论、基本概念；另一方面，需要密切关注经济社会发展与社会保障的现状，加强调查研究。可以运用个案访谈、问卷调查、座谈会等方式了解民众的社会保障需求及其对社会保障政策的评价。应该运用社会保障的理论分析、解决社会保障的现实问题。作为一名社会保障的学习人员，应该积极关注社会保障的现实，关心社会保障事业的发展。

二是定性研究与定量研究相结合。学习、研究社会保障需要准确研判社会保障的发展状况，需要有理论的积累和定性的认识。要对社会保障发展过程中存在的问题进行总结、分析，为促进社会保障的公平发展提出科学、合理的对策。同时，还应该结合相关调查资料和统计数据对社会保障进行定量分析，佐证定性研究的观点，为社会保障政策制定和相关决策提供定量依据，增强决策的科学性。这两类方法不存在优劣之分，定量研究必须与定性研究有效结合，不能为了定量而定量，也不能仅仅凭借经验和主观判断就下结论。

三是宏观研究与微观研究相结合。社会保障的发展是国家发展的重要组成部分，需要基于国家发展的宏观层面和战略层面对社会保障体系的发展进行分析和思考，从长计议，加强宏观战略研究，开展社会保障的顶层设计，使社会保障与其他系统相协调，服务于国家的发展战略。在宏观战略研究的同时，需要从宏观到微观、从抽象到具体，将社会保障的战略举措加以落实，对不同的社会保障项目进行具体研究，对社会保障的相关参数进行设计，对社会保障实施过程中的细节问题进行分析，准确了解不同时期、不同地区、不同人群的社会保障需求，并及时有效地采取相关措施。微观研究是宏观研究的基础，宏观研究可以为微观研究提供指导，二者相互促进。

四是国际研究与国内研究相结合。学习、研究社会保障需要立足我国国情，把握我国经济社会的发展历史、现状与未来趋势，准确了解我国的社会保障需求与资源供给状况，结合国情开展社会保障制度设计，探寻中国特色的社会保障发展道路。在此过程中，需要加强社会保障的国际比较研究，充分借鉴国外社会保障的发展经验。国际比较包括典型国家的社会保障研究、社会保障参数的比较研究、不同社会保障项目的比较研究、社会保障发展环境的比较分析等方面。

五是跨学科交叉研究相结合。社会保障与多个学科关系密切，在学习、研究社会保障的过程中，应该运用多学科的理论和方法，从多个维度全面审视社会保障的发展。尤其是要掌握和运用经济学、社会学、保险学、法学等学科的方法来分析、解决相关社会保障问题。

【本章小结】

社会保障是国家和社会依据相应的法律法规和政策，运用国家公共资源与社会资源，通过收入再分配的机制，在国民遭受年老、疾病、伤残、失业、生育、贫困及意外事件等风险时，通过资金、实物、服务等手段保障国民基本生活并提高其生活水平，促进社会安全稳定的社会制度。社会保障包括四大方面的内容：经济保障、服务保障、医疗保障、精神保障。主要包括社会保险、社会福利和社会救助三大核心内容，还包括社会优抚、慈善事业、职业福利、商业保险等。社会保障的特点包括：福利性、公平性、法制性、社会性、综合性、多层次性。社会保障在预防和化解国民生活风险、保障国民生活、提高国民生活质量的同时，具有政治功能、经济功能、社会功能。世界社会保障制度的产生与发展可以分为萌芽、建立、发展、改革等阶段。纵观我国社会保障制度的发展，可以划分为三个阶段：计划经济时期的社会保障，即新中国成立初期至改革开放之前；社会保障的恢复与改革探索，即改革开放之后至20世纪末；现代社会保障体系的形成与完善，即20世纪末至今。社会保障的发展尤其要处理好社会保障与经济发展、劳动就业、收入分配、社会工作等方面的关系，还应该处理好与人口政策、公共财政的关系，处理好社会保障发展过程中公平与效率、政府与市场的关系。社会保障的学科特点包括：理论性、法制性与政策性、应用性与实践性、综合性与交叉性、动态性。在学习、研究社会保障的过程中应该运用以下方法：理论研究与实践研究相结合、定性研究与定量研究相结合、宏观研究与微观研究相结合、国际研究与国内研究相结合、跨学科交叉研究相结合。

【思考题目】

1. 什么是社会保障？社会保障包括哪些内容？
2. 社会保障的特点包括哪些？社会保障具有哪些功能？
3. 世界社会保障制度的建立与发展分为哪几个阶段？
4. 中国社会保障制度的建立与发展可以分为哪几个阶段？
5. 社会保障与经济发展、劳动就业、收入分配、社会工作的关系如何？
6. 社会保障发展过程中公平与效率的关系、政府与市场的关系如何？
7. 社会保障的学科特点与主要研究方法有哪些？

案例讨论

案例一：发挥社会保障调节收入分配的作用

税收和社会保障是再分配环节调节收入分配的主要制度安排，而社会保障对收入分配的调节作用在很多国家超过了税收。因此，应高度重视并发挥好社会保障调节收入差距、改善收入分配的功能和作用。

最低生活保障制度对收入分配的影响明显而直接。最低生活保障制度对收入低于贫困线的居民给予生活救助和保障，解决社会贫困问题，针对性强。新中国在成立之初就建立了对农村无劳动能力、生活无保障的老年、残疾和未满 16 周岁成员的五保制度，在 20 世纪 90 年代建立了最低生活保障制度。2011 年，全国 7 582.5万城乡居民享受低保待遇，另有 551 万农村五保供养人员和 19.3 万城市“三无”救济人员。各级财政用于城乡低保和农村五保供养支出 1 449.3 亿元，平均为每人增加收入 1 782 元，直接提高了他们的生活水平。

公平合理的社会保险制度在缩小收入差距方面作用显著。包括养老保险、医疗保险、工伤保险、失业保险在内的社会保险制度，是基于社会风险的大数法则设计的人群之间的风险共担机制和收入延期支付制度。很多国家社会保险支出占财政支出的 1/3 甚至 1/2，占 GDP 的 1/5 甚至 1/3，对收入分配的影响很大。调查显示，2012 年社会保险收入占调查对象人均收入的 14.5%，已成为城乡居民收入的重要组成部分和部分老年居民收入的唯一来源。根据测算，社会保险收入使全部样本的基尼系数下降了 0.04，起到了缩小收入差距的积极作用。但是，社会保险中一些项目如果待遇差距过大、基金积累型制度比重过高，也会对收入分配产生逆调节作用。调查发现，城乡养老保险制度的介入实际上扩大了城乡居民收入差距，住房公积金、企业年金、职工养老及医疗保险个人账户也在一定程度上扩大了收入差距。

社会福利保证收入较低的人群能够得到基本公共服务，有利于缩小收入差距。社会福利既是社会保障体系的重要组成部分，又是基本公共服务的主要内容。除了面向老人、儿童、妇女、残疾人、优抚对象等特殊群体的狭义福利，还有面向全体社会成员的广义福利，比如教育福利、基本公共卫生服务等。社会福利保证收入较低的人群能够与其他社会成员一样得到基本公共服务，相当于以公共财政的方式为他们购买公共服务，向他们转移收入。一个国家和地区基本公共服务或社会福利水平越高，其转移收入、调节收入分配的能力就越强。当然，一些高福利国家的经验教训表明，不考虑经济效率和承受能力的高福利是不可持续的。目前，我国社会福利总体不足，仍需大力发展。

资料来源：王延中．发挥社会保障调节收入分配的作用．(2013-04-03) [2017-07-22]．http://theory.people.com.cn/n/2013/0403/c40531-21008770.html.

思考题：

社会保障调节收入分配的具体机理是什么？我国社会保障调节收入分配的现状如何？

案例二：欧盟高福利拖累竞争力？

何谓福利国家？尽管说法不一，但学界普遍认可的一个定义是，长期实行大规模社会福利和保障政策的国家可称为福利国家。“福利国家的概念是欧洲社会创造的，一般是指为国民提供从摇篮到坟墓福利待遇的国家。福利国家也可以量化，即很多经济学家定义的那样，把国民生产总值20%及以上用于社会福利和教育的国家就是福利国家。”伯森斯向本报记者解释道，欧盟人口占世界9%，国内生产总值占全球25%，而福利开支却占世界50%，因此欧盟多数国家是福利国家。

西班牙国家研究理事会下属研究机构公共产品与政策研究所资深研究员路易斯·莫里诺撰文指出，福利国家出现于二战之后的西欧，英国于1948年率先建成福利国家，之后西欧各国纷纷效仿，再之后西欧国家的福利制度又受到欧洲其他资本主义国家的推崇。1945年到1975年这30年是欧洲福利制度的“黄金时代”，从战争创伤中恢复元气的欧洲工业化国家经济向好，通过税收等途径掌握了大量的社会财富，使政府有能力实行再分配和大规模的转移支付。

“欧洲的福利制度虽然很诱人，但因为其不可持续性，在一阵风光之后便步入下行通道。”莫里诺认为，1976年至2007年是欧洲福利制度的“白银时代”，该制度在继续带来积极效果的同时，其弊端和缺陷也日益显现。“高福利是建立在高税收之上的，如果没有了高税收，高福利便成为空中楼阁。高税收导致富人和资本外逃，资本不足又导致经济增长乏力，工人失业严重，从而导致更多的社会福利需求，结果政府不得不提高税收以支撑福利开支。高税收则进一步逼迫资本外逃，如此反复，福利国家的经济就陷到难以自拔的恶性循环之中。”

莫里诺在文章中重点指出，2008年之后，欧洲福利制度便一头栽进“青铜时代”。“在‘白银时代’，如果及时调整，欧洲福利制度还是有重新焕发生机的可能，但在‘青铜时代’，这一制度的所有弊端集中爆发，所以它距离寿终正寝不远了。”网络杂志《美国思想者》载文断言，欧洲福利制度不仅是欧债危机的罪魁祸首，而且至今拖累欧元区经济一蹶不振。“欧洲福利制度没有未来，因为它是一朵恶之花，会从根本上侵蚀欧洲的竞争力。”

资料来源：任彦．人民日报深度观察：欧盟高福利拖累竞争力．(2015-08-21) [2017-07-22]．http://opinion.people.com.cn/n/2015/0821/c1003-27496921.html.

思考题：

社会保障与经济发展的关系如何？福利制度是欧债危机的根源吗？

推荐文献

1. 陈良瑾．社会保障教程．北京：知识出版社，1990.

2. 龙玉其．社会保障在收入再分配中的作用．前沿，2013（11）：99－102.

3. 青连斌．国民财富的四次分配．人民论坛，2009（19）：4.

4. 孙光德，董克用．社会保障概论．北京：中国人民大学出版社，2004：4.

5. 王延中，龙玉其．社会保障与收入分配：问题、经验与完善机制．学术研究，2013（4）：31－37.

6. 王延中．社会保障的改革与发展．经济学动态，2008（10）：11－15.

7. 严忠勤．当代中国的职工工资福利和社会保险．北京：中国社会科学出版社，1987：306－307.

8. 郑功成．论收入分配与社会保障．黑龙江社会科学，2010（5）：123－126.

9. 郑功成．社会保障学——理念、制度、实践与思辨．北京：商务印书馆，2000：11.

10. 郑功成．中国社会保障改革与发展战略——理念、目标与行动方案．北京：人民出版社，2008.

11. 周沛．社会工作和社会保障的同源性及其在和谐社会构建中的重要意义．江苏社会科学，2006（2）：62－67.

第二章

扶贫开发与反贫困

【学习目标】

1. 掌握贫困的概念、贫困的原因及贫困的测量方法；
2. 理解社会工作反贫困的领域、方式以及国外相关经验；
3. 了解中国的贫困状况和主要反贫困策略；
4. 了解中国农村扶贫开发历程；
5. 分析中国农村扶贫开发面临的主要问题。

第一节 贫困及成因

一、贫困的概念与类型

（一）贫困的概念

贫困的内涵可以从四个方面来理解。一是物质匮乏。贫困通常是指生产和生活资料不充足或家庭收入过低以致难以维持基本的生活需求。也有一些研究者认为，贫困是指由于物质资源的匮乏而使生活水平低于社会可接受的最低标准。二是相对剥夺。彼得·汤森认为，贫困是指因为缺乏资源而被剥夺了享有常规社会生活水平和参与正常社会生活的权利。三是能力缺乏。阿马蒂亚·森认为，贫困可以用可行能力的被剥夺来合理识别。他认为尽管低收入与“能力”之间有密切的联系，但贫困的实质不是收入的低下，而是可行能力的缺乏。四是相对贫困。按照这种理解，贫困是指与社会平均水平相比其收入少到一定程度时维持的那种社会生活状况，这在一定程度上反映了各个社会阶层之间的收入差异。

（二）贫困的类型

根据贫困程度，可将贫困分为绝对贫困和相对贫困。绝对贫困是指个人或家庭的收入、拥有的消费资料和得到的服务不能维持最基本的生存需求。绝对贫困的特征主要表现为两个方面：在消费方面，贫困人口或贫困家庭的收入难以满足衣食住行等人类基本生存需要。在生产方面，贫困家庭由于缺乏扩大再生产的物质基础而难以维持简单再生产。相对贫困是与社会其他成员比较而言的贫困，即与一定时期内社会经济发展水平或其他社会成员相比较仍处于较低的生活水准。

根据贫困的原因，可以将贫困划分为资源性贫困、主体性贫困、制度性贫困等。资源性贫困指由于自然环境恶劣而引发贫困问题。例如，我国特困地区与该地区自然资源不能满足人类物质生产实践活动的需要密切相关。主体性贫困指劳动者自身的原因导致的贫困，包括受教育程度低、身体残疾、思想观念和生活方式落后等。制度性贫困指由于某种具体的经济制度、政治制度等不合理，社会经济和劳动生产发展长期落后，导致多数劳动者处于贫困状态。

根据与生态环境之间的关系，贫困大体可以分为土地石漠化贫困、水资源缺乏贫困、环境污染贫困、自然灾害贫困等。石漠化贫困是指在喀斯特地貌脆弱的生态环境下，人类不合理的社会经济活动造成植被破坏、水土流失、岩石逐渐裸露、土地生产力衰退等环境问题而引发的贫困。水资源缺乏贫困是指农业、畜牧业和工业生产等因为缺水而受到严重影响，导致社会经济难以发展，使得人们难以摆脱贫困。环境污染贫困指由于工业污染造成大气、水、土壤等的污染，导致企业周围耕地减产或绝收而形成贫困问题。自然灾害贫困指自然灾害发生后造成人员伤亡或重大财产损失，使家庭基本生活陷入贫困状态。

二、贫困的原因

（一）城市贫困原因

从计划经济到改革开放初期，城市贫困人员主要是没有工作的“三无”人员（无生活来源、无劳动能力、无法定抚养义务人），这些人大都是民政部门的救助对象。20 世纪 90 年代以来，市场经济转型导致大量企业人员下岗失业，成为城市贫困的重要原因。由于下岗失业人员导致的贫困不同于以往传统城市贫困，因此又被称为转型贫困。城市下岗失业人员贫困问题产生的原因有二：一是宏观制度原因。改革开放初期，计划经济时期的终身雇佣制是企业低效率的根本原因之一，因此建立市场经济体制首先需要改革劳动用工制度。为了促进劳动力流动和工作激励，政府颁布了一系列关于雇佣、解雇、破产和劳动合同的政策。到 20 世纪 90 年代，随着大批国有企业在市场竞争中不断关停和倒闭，大规模的下岗职工开始在城市出现并成为城镇居民陷入贫困的重要原因。二是个人微观层次原因。劳动素质低的人也最容易成为企业下岗分流的对象。当年这些下岗工人中以女性偏多，并且文化程度偏低，通常为 40～50 岁。

随着下岗失业现象逐渐成为历史，城市新的贫困群体主要是那些由于个人素质和专业技术水平都很低，无法适应市场竞争、获得经济来源的人员。对城镇居民而言，工作收入是其主要的生活来源，一旦失业就相当于失去了谋生的手段，不可避免地要陷入贫困。总体看来，城市贫困人员可以分为两类：第一类是没有劳动能力或只有部分劳动能力的人，如老年人、儿童、因病或因残疾丧失劳动能力的人等。这些人不能就业或就业难度大，主要依靠社会救助或家庭成员的帮助来维持生活。第二类是具有完全劳动能力者。这些人虽然能通过自己的劳动获得少量收入，但是他们的劳动收入仍然不足以维持基本生活，因而陷入贫困。

(二) 农村贫困原因

农村贫困与当地自然条件、社会环境、政策制度、历史和现实等诸多因素密切相关。这些致贫因素大体可以分为客观和主观两方面。

一是客观致贫因素。农村贫困地区大都自然条件严酷，生态环境脆弱，农业生产基础条件差。中国迄今为止仍未脱贫的地区几乎都是自然环境恶劣的地区。这些贫困地区由于在经济基础、自然环境、交通条件、信息通信和市场等方面的劣势而导致经济发展落后，难以融入竞争开放的市场经济中，使得整个地区处于贫困状态。另外，贫困地区的经济体制和经济政策方面的落后也是造成这些地区贫困的重要原因之一。

二是主观致贫因素。贫困地区农民受教育程度普遍偏低、思想观念落后，一定程度上阻碍了科技知识和先进生产方式的普及推广，成为制约农村经济发展和脱贫致富的重要原因。由于思想观念守旧，一些贫困地区的农民宁愿把资金用在婚丧嫁娶仪式等方面，也不愿意花钱购买先进生产工具来改变生产方式。另外，贫困地区不少农民习惯于传统生活方式，甘愿守着土地受穷，不愿冒险出外经营、打工赚钱。这些思想和行为习惯一定程度上也导致了农村贫困。

三、贫困的测量

贫困测量不仅可以为理解和分析贫困提供有效工具，也可以为制定反贫困政策提供科学依据。贫困测量方法主要有以下几种。

一是世界银行“1天1美元”法。为了评价和比较全球的贫困状况，1990年，世界银行按1985年的购买力平价（PPP）计算出每年370美元的消费支出，作为衡量各国贫困状况的国际通用标准，这个标准很快被简化成“1天1美元”的贫困标准。2008年，世界银行以2005年的购买力平价进行测算，将国际贫困标准提高到“1天1.25美元”。2015年，世界银行又宣布，按照购买力平价计算，将国际贫困线标准从此前的一人一天1.25美元上调至1.9美元。

二是市场菜篮法。市场菜篮法又叫标准预算法，最早由英国人朗特里在1601年提出。他当时按照营养学家给出的一个人每天需要的各种营养要素，将它们折合成相应的食品，再根据对实际生活的调查，确定一个家庭在非食品方面的最低消费。在此基础上，按照市场上最经济的价格将这些基本的消费品折算成货币单位，以此作为划分贫困线的标准。市场菜篮法计算的结果是绝对贫困标准，目前也被世界上很多国家用来制定贫困线。

三是基本需求法。基本需求法是由伦维克和伯格曼于1993年提出来的。这种方法是根据人们对某些商品和劳务的最低需要来确定的。它首先要确定哪些商品和劳务是人们为满足这些最基本需要所花费的支出，然后将这些支出加总起来，所得之和即为贫困线。基本需求最早定义了六大类，即食物、居住、交通、健康照顾、儿童照顾、个人照顾。

四是恩格尔系数法。19世纪德国统计学家恩格尔经过大量调查研究发现，一个家庭用于食物支出的比例大体可测定家庭的生活水平。贫困线的确定则是以食品消费支出除以已知的恩格尔系数求出所需的消费支出。根据联合国粮农组织提出的标准，恩格尔系数在60%及以上为绝对贫困，50%～59%为温饱，40%～49%为小康，30%～39%为富裕，低于30%为最富裕。

五是国际贫困标准法。国际贫困标准法是一种收入比例法，最早由欧洲经济合作与发展组织提出。欧洲经合组织认为，社会的平均收入水平在一定程度上反映了一定生产力水平下满足社会成员基本生活需求所要求的平均消费价格，而这种消费价格是社会的平均水平。国际贫困标准法是以一个国家或地区社会平均收入的50%～60%作为这个国家或地区的贫困线。

六是多维贫困法。收入贫困只是贫困的基本表现之一，贫困还包括教育贫困、健康贫困、信息贫困、生态贫困等。在多维贫困视角下，经济目标只是追求之一，健康、教育、不受他人压迫、自由迁徙、自由表达以及自我实现等也是多维贫困法追求的目标。因此，多维贫困法测量贫困更加科学全面。牛津大学贫困与人类发展研究中心曾经提出用“三维＋十个指标”的方法来衡量多维贫困水平。三维分别是健康、教育以及生活标准，十个指标包括营养、儿童死亡率、入学年限、儿童入学率、烹饪燃料、卫生间、水、电、地板以及资产等。十个指标中，三个以上不达标即可被列入贫困。

第二节 社会工作与反贫困

一、社会工作介入反贫困的意义

社会工作与反贫困具有很强的相关性。社会工作主要是为贫困群体或极易陷入贫困的弱势人群解决实际问题，提升他们的个人能力，增进其社会资本并促进其融入社会。从我国的实践看，社会工作介入反贫困是一个必然的选择，社会工作介入反贫困的意义主要包括以下几个方面。

第一，促进贫困者的能力建设。从社会工作的价值观来看，社会工作不是单方面的给予或单纯的施惠，而是充分发挥个人、团体、社区乃至社会解决困难的潜能。社会工作通过充分调动贫困人员的主动性、积极性和创造性，增加他们的知识和技能，培育贫困者的社会资本，为贫困者脱贫营造良好的社会环境。社会工作者通过贫困者的能力建设，实现求助者自助并帮助他们在自助中发展。

第二，推动反贫困社会参与。反贫困并不是政府单方面的行为，而是政府、贫困者以及非贫困者之间的复杂的互动行为。贫困者也不只是被动接受援助的客体，贫困者本身也是反贫困的行动主体之一。反贫困事业需要动员全社会的广泛参与，社区组织自觉有效地开展工作尤其重要。各种非政府组织、社区组织在整合、调动扶贫资源方面具有灵活性和可行性。社会工作者在促进贫困者的社会参与、提高其参与能力、增强其在脱贫工作中的主动性等方面具有专业优势。

第三，帮助解决具体贫困问题。从技术的角度来看，专业社会工作者可以运用个案工作方法、小组工作方法和社区工作方法等社会工作方法，解决各种与贫困相关的具体社会问题。同时，专业社会工作者还可以采用社会行政、社会政策等方法，通过对社会福利行政、社会保障政策等施加影响，最大限度地预防和解决贫困问题。

二、社会工作介入反贫困的领域与方式

（一）社会工作介入反贫困的领域

从社会剥夺的角度来看，贫困不仅指经济收入过低，而且体现为人们各种发展机会的缺少、发言权利的不足、社会地位的低下、资源的缺乏以及被社会忽视和排斥。他们长期生活在特定的生活方式、行为规范和价值观念体系中，最终被限制了自主选择权。社会工作介入反贫困是以人为中心，以专业技能和优势，不断挖掘人自身的各种潜能，通过在健康、教育、居住、信息、社会交往等方面的改善，使其最终能够自己解决自己的问题。目前中国反贫困政策措施主要包括农村扶贫开发和社会救助两个方面，社会工作在这两个领域均可以发挥专业优势，为反贫困事业做出贡献。

第一，社会工作介入农村扶贫开发领域。改革开放以来，中国政府一直致力于通过经济开发的方式来实现农村反贫困，并取得了举世瞩目的成就。然而，扶贫开发本身有一定的缺陷与不足，需要专业社会工作的介入。扶贫政策往往具有统一性，不能适合于每一个人的具体情况。特别是贫困人员的精神和心理需求很难得到满足，不能激发他们摆脱贫困的创造性和主动性，因此就需要为贫困者提供有针对性的、差异化的、个性化的社会服务。另外，扶贫资金到了贫困户手中之后，并不必然产生良好的扶贫效果。我国迄今为止尚未脱贫的贫困户中，一部分是由于年老或残疾而失去劳动能力的贫困人口，还有相当一部分虽有劳动能力却劳动意愿不足。因此，扶贫开发战略要想取得成效，关键是要提高农民的自我发展能力和劳动意愿，而开发贫困者的潜能、提高他们的劳动意愿和劳动能力则需要社会工作的介入。另外，社会工作介入民族贫困地区的扶贫事业也大有作为。由于民族地区风俗习惯和宗教信仰比较特殊，这就要求扶贫工作充分了解贫困家庭的文化背景，尊重少数民族的风俗习惯，否则将很难解决贫困问题，甚至会影响到民族团结和社会稳定。社会工作者在民族贫困地区农村社区中开展反贫困工作，可以充分考虑到贫困家庭的民族特点和生活习惯，为他们提供差异化的扶贫服务。

第二，社会工作介入社会救助领域。社会工作可以在以下三个方面发挥专业

优势介入社会救助。首先，社会救助政策往往具有统一的标准和规则，难以充分考虑到每个贫困家庭的具体状况。社会工作者可以针对每个救助对象的具体情况进行个案管理，专业社会工作者的介入可以使社会救助更加人性化和专业化。其次，社会工作者介入反贫困行动，可以随时监控和追踪贫困的发生和发展，敏锐地预防可能发生的贫困，并对短期贫困做出及时反应，提供救急等临时性帮助，避免转化成长期贫困。再次，社会工作者参与反贫困过程，可以将个体和社区的需求以政策倡导的形式提供给政府，参与政府反贫困政策的制定，使政策更科学，更符合贫困群体的需要。同时，社会工作者也能够将政策传达给贫困者，使贫困者对政策的认识更准确、更深入，提高双方的互动效率。

(二) 社会工作介入反贫困的方式

社会工作方法主要包括个案工作方法、小组工作方法和社区工作方法。

第一，个案工作方法的介入。个案工作以个人、单个家庭、单个组织等为工作对象，建立一对一的专业助人关系。社会工作者在专业的知识和技能的指导下，通过与服务对象面对面的交流，帮助其获取更多的社会资源和发展机会，预防和解决问题。具体到反贫困领域，社会工作者可以运用专业知识与实务工作技巧帮助贫困者改善环境、协调社会关系、建立良性互动网络、提高生活适应能力、促进其人格发展。社会工作者也可以根据贫困案主的状况对政府进行建议，以实现其利益诉求，或者针对案主的情况发动社会资源为其募捐，解决其面临的问题。

第二，小组工作方法的介入。社会工作者可以将不同类型的贫困个人和家庭组织成相应的小组，让大家通过在一起学习和交流，从而获得脱贫的经验，解决自己的贫困问题。具体说来，社会工作者在专业理论的指导下，借助团体的力量发展贫困群体的社会支持网络，如选择运用支持小组、自助小组、赋权小组、成长小组、教育小组等各种类型的小组，帮助贫困群体获得改变，摆脱贫困。

第三，社区工作方法的介入。社区工作方法并不直接解决个人和家庭的贫困问题，而是以整个社区为工作对象，从宏观上解决贫困问题。具体来说，社会工作者可以为贫困社区争取更多的经济援助和优惠政策，协助有关组织和机构为社区优先安排和重点支持交通、水利、能源、通信等基础设施建设项目，建造好的基础设施，帮助社区脱贫。社会工作者也可以帮助社区进行教育、医疗、卫生等社会层面的发展，组织调动政府和社会资源，来参与解决社区的贫困问题。

三、社会工作介入反贫困的国际经验

由于政治经济和历史文化等方面的差异，各国在社会工作介入反贫困领域各有特点。以下以英国和美国为例阐述西方发达国家社会工作介入反贫困的做法和经验。

（一）英国社会工作介入反贫困的做法及经验

社会工作最早起源于英国工业化初期的慈善救助活动，并随着救助活动的规范化和制度化逐渐发展为专业化的社会工作。英国是最早进行工业革命的国家，济贫事业也最早发展起来。1601 年颁布的《济贫法》正式承认政府对济贫的责任，并通过国家法律将解决贫困的问题委托给教区，这一做法催生了英国的社会工作，使英国成为社会工作的发源地。《济贫法》将穷人分为“值得救助的穷人”和“不值得救助的穷人”两大类，并针对孤、寡、老、弱、病、残、儿童和体格健壮者等有不同的济贫规定。这些详细的法律规定既划分出了济贫事务的不同种类，也让服务于同一人群的志愿者拥有了统一的工作程序，为后来社会工作专业领域的形成和专业方法的提炼奠定了基础。英国的社会工作实践在经历了大约 4 个世纪的发展历程之后，体系已相当完善。社会工作从当初对贫穷和困苦问题的关注，扩展到了如今对全社会所有弱势人群的照顾，包括贫困家庭、儿童、老人、残疾人、失业人员等。2000 年，英国上下两院通过了《健康及社会照顾法案》和《照顾标准法案》。2001 年，根据《健康及社会照顾法案》，政府专门设立“全国社会照顾委员会”，专门负责管理社会工作专业人才队伍及其服务质量，保护那些接受社会照顾服务的公民的权益。

英国的社会工作在介入反贫困问题之后发展壮大。当前英国的社会工作已经不局限于贫困群体，而是在此基础上扩展到了所有的弱势群体。目前英国的社会工作与贫困高度相关并具有一定的特色，主要体现在以下两个方面。

第一，社会工作专业领域划分十分清楚。根据英国现行的《健康及社会照顾法案》和《照顾标准法案》，英国社会工作大致分为 3 个领域，每个领域中包含若干更细的分工。（1）儿童与家庭领域：根据儿童和家长的不同需求提供照顾，改善家庭环境，实现“儿童利益最大化”。这个领域包括家庭支持、领养、寄养、私人寄养、支持性生育、失依儿童照顾、青少年儿童精神卫生、教育社工和失足青少年帮教等。（2）成人实务领域：为一切处于脆弱状态的、需要照顾的成年人提供照顾，如老人照顾、医疗社工服务、精神健康服务、学习障碍成年人服务、社区照顾、婚姻咨询、残障康复、物理治疗等。（3）犯罪司法领域：主要针对犯罪司法系统内人员的需求提供服务，主要服务对象包括毒品和酒精依赖人员、流浪人员、无家可归人员、失业人员等，为其中相关人员提供儿童保护、教育机会和福利服务等。在这一领域中，青少年犯罪一直受到高度关注和重视。

第二，社会工作具有高度专业化特征。在英国，社会工作者获取教育资质有职业教育和学历教育两个渠道。全英职业资格考试和苏格兰职业资格考试是英国全国承认的两大职业考试，每种考试都分三个等级，适用于那些想从事社会工作的新手。如果想成为注册社工，则必须按照“社会工作教育标准”修完学士或硕士课程，拿到学位。从 2005 年开始，英国政府要求所有从事社会服务的社工注册。所有的在校本科、硕士生均可注册登记。对于在职社工，注册机构需要根据申请表审核其实务工作年限和教育背景，通过审核者注册有效期为 3 年。

(二) 美国社会工作介入反贫困的做法及经验

美国最大的社会工作者组织美国社会工作者协会（NASW）对社会工作者的描述是照顾人们一生中从儿童到老年的各个阶段，帮助他们应对最艰难的挑战，解决他们在日常生活中遇到的各种麻烦，包括贫困、压力、歧视、成瘾、虐待、沮丧、身体疾病、失业、离婚、残疾、死亡、精神疾病。可见，解决贫困问题是社会工作者首要的任务之一。从社会工作发展的历史来看，解决贫困问题也是美国社会工作起源的主要原因。

美国南北内战之后，尽管经济和社会得到了较好的发展，但这一时期美国的贫困和失业问题却不断恶化。要解决这些社会问题，仅靠以前的教会力量是不够的。在这种情况下，美国教会体系之外的民间团体积极行动起来。例如，1877 年在布法罗出现了第一个以解决贫困问题为目标的慈善协会。它将不同的民间福利服务机构组织起来，根据服务对象和目的，募捐资金、协调人员，以便更有效地帮助穷人摆脱贫困。到 1900 年，美国慈善协会几乎在所有的州都有分支机构。民间团体成员和之前的教会慈善人员是不一样的。他们在服务的过程中，不是只要有宗教信仰、有博爱的胸怀就可以，而是要根据所属机构的工作目标来工作，需要具备与贫困、社区、家庭、儿童成长等相关的知识，因而成为美国最早的社会工作者。美国农村社会工作的起源和发展也与农村贫困问题密切相关。20 世纪 30 年代以前，美国政府并不认为政府有责任为困难人群提供福利服务。因此，这一时期的美国农村并没有严格意义上的社会工作，更多的是志愿性和行政性的福利服务。20 世纪 30 年代“大萧条”时期，美国政府成立联邦紧急救助局以帮助那些因失业而生活困难的人们。随着政府救助工作的展开，民间机构在农村提供的服务逐渐被取代，社会工作者在乡村的各种事务中也越来越活跃。1964 年，美国总统约翰逊宣布“向贫困开战”，并制定了一系列与农村社会相关的政策措施，包括建立就业服务中心、社区行动中心，提供流动人口服务和建立服务祖国义工团（VISTA）等。这些项目都需要专业社会工作者的参与，因此极大地促进了美国农村社会工作的复兴发展。由于经济和社会形势的变化，美国从 20 世纪 70 年代末期开始反省福利政策，缩减福利开支。农村社会工作受这种变化影响较大，开始呈现出平稳状态。

当代美国社会工作所覆盖领域更加广泛，具体包括儿童和青少年、社区、家庭、矫治、医疗卫生、精神健康、公共救助和福利、老人服务、药物滥用、残疾服务等。总体看来，美国社会工作与贫困问题高度相关，并形成了自己的特色，主要表现在以下两方面。

第一，农村社会工作的模式与城市有明显差异。城市社工的工作范围划分得比较清晰，服务对象比较单一，对服务技巧的要求比较高。比如，医疗社工分为精神健康医疗社工、临终关怀医院社工、普通医院的住院社工和儿童医疗社工等，而在精神健康医疗社工里还会有更细的分工。这种分工细致、多元的服务方式被称为“专才模式”。美国农村社会工作服务采用的却是“通才模式”。一名社会工作者既要能开展社区工作，又要能到政府那里为社区居民的权益或需求呼吁，也要能处理儿童受虐案，还要有能力调解邻里纠纷，甚至学龄儿童的入学问题也是其分内职责，等等。

第二，社会工作高度专业化。美国社会工作者协会将社会工作视为一种职业，可以直接给用户提供服务或治疗，社会工作职业有独立的知识体系、道德规范、行为标准、资格认证、正式执照及全国公认的教育规划系统。社会工作者可能出现在公共代理处、私营企业、医院、诊所、学校、疗养院、公安部门、法院等各种场所，服务于个人、家庭和团体。要成为社会工作者，必须在美国社会工作教育委员会（NCSWE）批准的学院或大学中取得社会工作本科或本科以上的专业学位。尽管各个州的标准不一致，但多数州要求社会工作从业人员必须得到许可证、资格鉴定或被登记在案。

第三节 我国的贫困状况与反贫困策略

一、我国的贫困历史

从新中国成立之初到整个计划经济时期，我国大多数人处于绝对贫困的状态之中，并且这种普遍贫困和绝对贫困现象在农村更加典型。1978 年，我国农村贫困人口大约 2.5 亿人，约占当年农村总人口的 30.7%。改革开放以后，政府开始大规模扶贫并将全部工作重点放在农村。1982 年，党中央、国务院将全国集中连片最为贫困的甘肃定西、河西和宁夏西海固地区作为“三西”专项建设列入国家计划，标志着我国政府区域性开发型扶贫正式拉开序幕。通过一段时间大规模的开发扶贫，我国农村绝对贫困人口由 1978 年的 2.5 亿人减少到 1985 年的 1.25 亿人。为进一步加大扶贫力度，我国政府自 1986 年起采取了一系列重大措施。到 1994 年前，农村绝对贫困人口又减少了近 1/3，由 1.25 亿人减少到 8 000 万人。以 1994 年 3 月《国家八七扶贫攻坚计划》的公布实施为标志，我国的扶贫开发进入了攻坚阶段。截至 2000 年年底，我国已基本解决了农村贫困人口的温饱问题。农村绝对贫困人口由 1994 年的 7 000 万人减少到 2000 年的 3 000 万人，贫困发生率下降到 3%。进入 21 世纪以来，我国农村贫困人口的减贫速度明显趋于缓慢，农村贫困问题出现了从区域性贫困向阶层性贫困变化的新特点。总体看来，经过 30 多年的大规模农村扶贫开发，我国农村贫困问题得到了极大缓解。

我国改革开放后，城市贫困问题的产生与国有企业职工下岗密不可分。1981 年，我国城市贫困人口的规模为 390 万，贫困发生率为 1.9%。1986 年时，城市贫困人口数下降到最低点 50 万，贫困发生率为 0.2%。但是到 20 世纪 90 年代，随着企业改革导致国有企业大量职工下岗，城市贫困问题突然变得严重起来。城市贫困人口由 1990 年的 130 万猛增到 1995 年的 1 910 万，五年内贫困人口增长了近 14 倍，贫困发生率也由 0.4%上升为 5.4%。在 90 年代中后期和 21 世纪初期，城市贫困人口规模始终保持在 1 000 万以上。城市新增的贫困人口主要是那些不适应市场竞争，亏损、停产、半停产甚至破产企业中的下岗、放长假、停发或减发工资乃至失业的职工家庭和离退休人员家庭。为了应对大规模下岗工人带来的城市贫困问题，政府决定采取新的反贫困政策，其中最重要的举措是建立城市低保制度。根据民政部公布的数据，1996 年全国接受低保的城市居民只有 84.9 万。1999 年国务院颁布《城市居民最低生活保障条例》以后，受保人数随着低保制度的完善迅速增长。1999 年低保覆盖人数为 265.9 万，2000 年增长了近一倍，为 402.6 万，2001 年又增长了一倍多，达到 1 170.7 万，2002 年在 2001 年的基础上再次翻倍，达到 2 064.7 万，并且基本上保障了城镇所有贫困人口，实现了应保尽保。此后一直持续到 2008 年，我国城市低保人口总数基本上维持在 2 000 万～3 000 万人。2008 年以后，城镇低保人数开始有所下降，到 2014 年已经只有 1 877 万。

二、我国的贫困现状及特点

(一) 我国的贫困现状

1. 农村贫困现状

根据 2014 年国家统计局的统计监测公报数据，按照年人均收入 2 300 元的农村扶贫标准，我国目前还有 7 017 万贫困人口。这些贫困人口主要分布于历史上的极贫地区，包括 14 个集中连片特困地区，592 个国家扶贫开发工作重点县，12.8 万个贫困村。从地理分布上讲，7 000 多万贫困人口当中，河南、湖南、广西、四川、贵州、云南 6 个省份的贫困人口都超过 500 万人。除京津沪三个直辖市外，其余 28 个省级行政区都存在相当数量的生活在贫困线以下的群众。从绝对数量上看，农村贫困人口虽然呈逐年递减的趋势，但仍然是一个庞大的群体。

总体看来，目前农村贫困程度仍然比较深，脱贫难度较大。农村贫困人口大多生活在地理位置和自然资源条件较差、土地贫瘠、可耕地少、干旱缺水、灾害频发的地区。这些区域农产品商品化、市场化程度不高，基础设施建设投入小，进展较缓慢，贫困的区域化趋势十分明显。贫困地区农民整体素质较低，文盲、半文盲人数所占比例较高。这些地区农村医疗卫生基础比较薄弱，社会保险和农村新型合作医疗制度覆盖面窄，医疗卫生资金投入不足，卫生人才匮乏，农民因病致贫、返贫问题比较突出。农村获得信息的渠道极其狭窄、网络覆盖率不高，村民难以获得发展生活和脱贫致富的信息。脱贫人口的抗风险能力弱，一旦遭遇天灾人祸或社会经济环境的波动，就很容易出现返贫现象。

2. 城市贫困现状

目前城市贫困也是政府和社会关注的重要问题。根据民政部发布的《2014年社会服务发展统计公报》，截至2014年年底，全国共有城市低保对象1 026.1万户、1 877.0万人，救济城市“三无”人员7.6万人。从群体构成来看，城市贫困人员主要是以下几类：一是老弱病残等基本上丧失了劳动能力人员，主要包括“三无”人员、特困家庭人员（包括老弱病残孤等无劳动能力、无法定扶养或赡养人的城镇居民）、退休人员中的贫困者等。二是下岗失业人员。在下岗失业人员中，20世纪90年代原属国有、集体企业的下岗失业人员及其家属仍然没有被完全消化，尤其是那些计划经济时期的老工业基地的下岗失业人员，仍然是许多城市贫困人口的主体。随着我国经济体制改革的推进，那些无法适应市场竞争的脆弱群体处境最为艰难，是城市中最主要的贫困群体。三是贫困的城镇外来务工人员。改革开放以来，由于地区间经济发展的不平衡和城乡差别的利益驱动，大量农村劳动力不断涌入城镇寻找工作机会，并由此形成了规模庞大的外来务工群体。由于自身素质、社会排斥和制度障碍等原因，外来劳动力在城镇很难得到与城镇居民同样的平等待遇。他们中的很多人在城镇从事劳动强度大、收入低的职业，成为我国城市中重要的贫困群体。

(二) 我国的贫困特点

现阶段我国的贫困状况仍然十分复杂，并且出现了新的特点，表现在三个方面。

第一，绝对贫困和相对贫困共存。绝对贫困是指基本需求（如食品、住房和衣着等）得不到满足而难以维持生存最低的生活标准。目前我国剩余的7 000多万现行标准下的贫困人口主要是绝对贫困人口。随着2020年全面小康社会的建成，我国将基本上消灭绝对贫困。但是在绝对贫困现象逐渐消失的同时，相对贫困将成为我国贫困状况的另一个显著特征。由于财富分配存在显著差距，我国不管在城市还是在农村都存在庞大的低收入群体，他们将处于相对贫困之中。

第二，农村贫困与城市贫困共存。改革开放以前，我国贫困的总体特征是普遍贫困，并且主要集中在乡村。尽管经过30多年的扶贫开发，农村贫困现象大大缓解，但农村贫困问题仍将长期存在。与此同时，在工业化和城市化进程中，农村剩余劳动力涌入城市成为农民工，他们待遇低、工作辛苦、职业不稳定，成为城市贫困人口的一个组成部分。城市下岗职工、无固定工作的低收入人员、没有劳动能力的人仍然是城市最贫困的群体。特别是在经济不景气时期（如金融危机），激烈的市场竞争会导致大量城市失业人员，进而增加城市贫困。

第三，阶层性贫困特征明显。改革开放30多年来，我国在经济快速发展和人民生活水平不断提高的同时，贫富差距也在逐步扩大。国际上通用的衡量收入差距的指标是基尼系数。20世纪80年代初，全国收入差距的基尼系数是0.3左右，而2014年我国的基尼系数是0.469，接近0.5的基尼系数是一个比较高的水平。在收入差距扩大的同时，我国还面临财产差距扩大的问题，而且这一问题正变得越来越严重。在财富分配不平等的趋势下，阶层性贫困也已出现。贫困阶层主要包括农村贫困农民、农民工、失业或无业人员、低收入老年人、残疾人等。

三、我国的反贫困策略与实践

(一) 农村反贫困策略与实践

一是生产性扶贫开发，从根本上解决贫困问题。发展生产是贫困人口最终摆脱困境，进而进入小康社会的根本途径。我国扶贫开发主要采用的是区域性经济开发模式。从 1982 年起，国家每年拿出 2 亿元专项扶贫资金帮扶“三西”地区可以看作区域性扶贫开发的起点。1986 年，国务院贫困地区经济开发领导小组成立后，确定了 331 个县作为国家专项扶贫资金投放的重点对象。“八七”扶贫攻坚结束以后，新世纪扶贫开发由以贫困县为重点，逐步转为以贫困村、贫困户为重点。通过大规模生产性扶贫开发，我国逐步改变了贫困地区社会、经济、文化的落后状况，提高了贫困人口的生活质量和综合素质。

二是实施异地搬迁和农村剩余劳动力转移。集中连片贫困地区贫困群众大都生活在边远、高寒、地质灾害严重、地方病易发地区，生产生活条件十分艰苦，生存环境极其恶劣。异地扶贫搬迁是将居住在不宜居住地方的贫困群众，搬迁安置到自然和基础设施条件较好的地方，为他们脱贫致富创造条件。实践证明，异地扶贫搬迁是一条让贫困群众从根本上摆脱贫困、走向富裕的有效捷径。

三是建立和完善社会保障体系。社会保障可以防止非贫困的社会成员沦为贫困阶层，还可以帮助贫困的社会成员摆脱生活困境。目前中国农村已经建立了新型农村社会养老保险、新型农村合作医疗以及最低生活保障制度等，这对于缓解和预防农村贫困问题有重要意义。

(二) 城市反贫困策略与实践

一是就业培训和创业扶持。贫困者往往面临失业威胁，很多人因为难以找到稳定的工作而陷入贫困。由于贫困者是劳动力市场的弱势群体，因此政府有必要在就业政策和就业培训方面向他们倾斜。早在 20 世纪 90 年代中后期，为应对大规模城镇下岗失业问题，我国政府曾实施以提供就业岗位和就业培训为主的“再就业工程”。创业也是解决城市贫困者问题的根本途径之一。进入 21 世纪以来，青年人失业非常严重，政府就业政策重点从以提供就业岗位为主转向创业扶持。但是，由于贫困者自身在资金、人力和创业方向选择上往往处于劣势，因此，政府在信贷、税收、保险等方面给予优惠政策，可以为城市贫困人员创业提供更多的扶持和帮助。

二是以建立最低社会保障制度为核心的社会救助体系。20 世纪 90 年代初期，面对大规模的城市下岗失业贫困人口，政府不得不放弃原有的单位保障模式，开始建立城市居民最低生活保障制度。城市居民最低生活保障制度于 1993 年开始在上海试点，到 2004 年基本上覆盖了所有城镇贫困人口。进入 21 世纪，为适应新时期城市反贫困的需要，我国又开始构建以最低生活保障制度为核心的社会救助体系，以满足贫困人员各个方面的基本需求。2014 年 2 月，国务院公布了《社会救助暂行办法》，并于 2014 年 5 月 1 日起施行。《社会救助暂行办法》第一次以行政法规形式确立了最低生活保障、特困人员供养、受灾人员救助、医疗救助、住房救助、教育救助、就业救助和临时救助等八项社会救助制度，标志着我国反贫困的社会救助体系基本建成，形成了一个几乎包含贫困群体所有基本需求的安全网。

第四节 我国农村扶贫开发

一、我国农村扶贫开发的历程

尽管新中国成立后我国政府就开始了扶贫历程，但是真正着手解决农村贫困地区问题并形成制度性扶贫战略是在 20 世纪 80 年代。从 1978 年至今，农村扶贫开发大致经历了四个阶段。

一是体制改革推动扶贫阶段（1978—1985 年）。按照国家统计局在 1978 年确定的贫困标准计算，当时我国农村贫困规模为 2.5 亿人，占全国人口总数的 25.97%，占农村人口总数 30.7%。当时导致农村大范围贫困的主要原因是“人民公社”体制不适应生产力发展的需要，严重挫伤了农民的生产积极性。因此，这一时期主要是通过农村经济体制改革来推动扶贫工作，具体措施包括：变革土地经营制度，大力推行家庭联产承包责任制；大幅度提高农副产品收购价格，降低农用生产资料价格；逐渐缩小农产品统购派购的范围和数量；大力发展乡镇企业；等等。通过这些改革措施，农民的生产热情空前高涨，农村生产力获得解放，农村贫困现象大幅度缓解。

二是大规模开发式扶贫阶段（1986—1993 年）。20 世纪 80 年代中期，全国农村的贫困问题已经得到明显缓解，贫困人口大幅度减少。但是，自然条件和生态环境差、经济发展相对滞后地区的贫困问题日益凸显出来，地区差距逐渐拉大。为适应当时促进地区经济协调发展的战略，政府对农村的扶贫开发也做了相应的调整。1984 年 9 月，中共中央、国务院联合发出了《关于帮助贫困地区尽快改变面貌的通知》，该文件明确指出了“七五”期间贫困地区的发展目标：解决大多数贫困地区人民的温饱问题，使贫困地区初步形成依靠自己力量发展商品经济的能力，把解决贫困地区人口温饱问题与对贫困地区进行全面开发结合起来，在全国农村范围内开展有组织、有计划、大规模的扶贫开发。从此，我国农村的扶贫由体制改革推动扶贫转向大规模开发式扶贫，标志着我国的扶贫开发进入了一个新的历史时期。

三是扶贫攻坚阶段（1994—2000年）。经过大规模扶贫开发，农村的贫困状况大为改观。但从1991年起，我国农村贫困人口减少的速度明显减缓，东西差距进一步拉大，贫困发生率开始向中西部倾斜。针对这种情况，1994年，国务院正式公布实施了《国家八七扶贫攻坚计划》。该计划明确要求集中财力、物力和人力，从1994年到20世纪末，用7年的时间基本上解决8 000万贫困人口的温饱问题，并改变贫困地区经济、文化和社会的落后状态，缓解乃至消灭贫困。《国家八七扶贫攻坚计划》在总结经验的基础上，提出了一系列扶贫开发的新政策和新措施，在扶贫资金的使用管理、组织安排和扶持方式等方面都做了重大调整和改变。《国家八七扶贫攻坚计划》是我国历史上第一个有明确目标、明确对象、明确措施和明确期限的扶贫开发行动纲领。从此，中国农村的扶贫开发进入扶贫攻坚阶段。

四是以建设小康社会为目标的综合扶贫阶段（2001年至今）。进入21世纪，我国农村的扶贫开发面临机遇和挑战并存的局面。过去扶贫开发的实践已经创造和积累了很多成功经验，但剩余尚未脱贫的农村贫困人口扶贫难度更大。有鉴于此，2001年，国务院颁布了《中国农村扶贫开发纲要（2001—2010年）》，这是继《国家八七扶贫攻坚计划》之后，又一个指导我国农村扶贫开发工作的纲领性文件，标志着我国农村的扶贫开发工作进入了一个新时期。《纲要》明确提出到2010年，农村在基本解决贫困人口温饱的基础上，进一步巩固扶贫成果，提高贫困人口的生活质量和综合素质，加强贫困乡村的基础设施建设，改善生态环境，逐步改变贫困地区经济、社会、文化的落后状况，为农村小康社会建设创造条件。在具体措施上，中央政府根据集中连片的原则，把贫困人口相对集中的中西部少数民族地区、革命老区、边疆地区和特困地区确定为扶贫开发的重点，并在上述四类地区确定了592个国家扶贫开发工作重点县，通过促进贫困地区经济社会协调发展和全面进步，提高贫困地区可持续发展能力。

二、我国农村扶贫开发的问题与展望

（一）我国农村扶贫开发存在的问题

我国农村扶贫开发存在的问题主要表现在以下几个方面。

一是长期扶贫开发形成的政府主导下的“包揽型”贫困治理模式有一定弊端。政府不愿意放权，管得过多，方式老化和单一，容易造成扶贫开发的过程缺乏活力和创新，扶贫效率低下。政府“包揽型”的贫困治理模式，不仅在很大程度上限制了社会组织的广泛参与，也容易导致扶贫对象缺乏自主参与意识和动力，不愿意回应和参与政府的扶贫项目。

二是扶贫主体之间权责“错位”容易造成资源整合不到位、扶贫效率低下。当前我国政府各部门针对农村的扶贫政策和惠农政策非常多。在这些政策的执行过程中，各级政府之间、政府各部门之间以及政府与社会组织之间的权责关系尚未完全明晰，这容易导致在扶贫开发过程中的资源整合力下降，很多人力、财力、物力得不到及时全面的供给。资源整合不到位最终导致扶贫项目效率低下，影响着我国农村贫困治理的成效。

三是精准扶贫存在困境。早期区域性开发式扶贫政策对贫困地区的经济发展起到了显著的促进作用。但是，从 20 世纪 90 年代后期以来，由于贫困人口大幅度降低，扶贫开发带来的效益可能更多地被贫困地区内部的中等甚至高收入家庭获得。正因为如此，我国扶贫瞄准方式也始终处于不断调整之中。1986—1989 年期间的扶贫战略是区域瞄准，1990—1995 年期间调整为区域瞄准与群体瞄准相结合，1996 年以后再调整为瞄准贫困村和贫困户。特别是近年来，国家又提出了精准扶贫的概念，从而很大程度上改变了过去区域瞄准的做法，转而直接瞄准贫困户。但是，尚未脱贫的 7 000 多万贫困人口，其致贫原因不同，各个贫困区的具体情况也不一样，贫困户对帮扶的需求也不同。因此，精准扶贫不仅要准确找出贫困户，还要根据不同贫困家庭的需求为他们制定个性化的扶贫方案，其工作量和工作难度都非常大。

（二）对我国农村扶贫开发的展望

全面建成小康社会关键在于农村贫困地区农民脱贫。随着我国经济发展进入新常态，经济发展对减贫的边际效应也逐年递减。同样的投入和方法，往往难以取得与以往相同的减贫效果。党和政府已经提出，从 2015 年到 2020 年的 6 年间要实现现有标准下 7 000 多万贫困人口全部脱贫，这意味着每年要减贫1 170万人，平均每月减贫 100 万人。2015 年 11 月 27 日至 28 日，习近平在中央扶贫开发工作会议上强调：我们要清醒认识到，当前我国脱贫攻坚形势依然严峻。“十三五”期间脱贫攻坚的目标是，到 2020 年稳定实现农村贫困人口不愁吃、不愁穿，农村贫困人口义务教育、基本医疗、住房安全有保障；同时实现贫困地区农民人均可支配收入增长幅度高于全国平均水平、基本公共服务主要领域指标接近全国平均水平。在新形势下，扶贫开发作为“十三五”规划一项重要内容，已经被赋予了新的措施和政策，其中最重要的是精准扶贫概念的提出，具体包括扶贫对象精准、项目安排精准、资金使用精准、措施到户精准等。在具体扶贫战略和措施上又提出“五个一批”脱贫路径：通过扶持生产和就业发展一批，为贫困群众打造“造血”能力；通过异地搬迁安置一批，挪出“穷窝”斩“穷根”；通过生态保护脱贫一批，以生态补偿反哺贫困地区；通过教育扶贫脱贫一批，发展职业教育、技术培训提升就业技能；通过低保政策兜底一批，保证困难群众“一个都不能掉队”。有了这些保障，2020 年我国全面建成小康社会、农村贫困人口全部脱贫的宏伟目标完全可期。

【本章小结】

贫困概念可以从物质匮乏、相对剥夺、能力缺乏和相对贫困四个视角来定义。从贫困的致贫原因来看，城市贫困主要是失业造成的，而农村贫困与自然生态环境恶劣密切相关。目前国际上主要的贫困测量方法，包括世界银行“1天1美元”法、市场菜篮法、基本需求法、恩格尔系数法、国际贫困标准法和多维贫困法。社会工作介入反贫困的意义主要在于提升贫困者的自我发展能力、实现助人自助的目的。目前我国社会工作介入反贫困领域主要包括农村扶贫开发和社会救助两个方面，具体方式包括个案工作方法、小组工作方法和社区工作方法。计划经济时期我国农村处于普遍贫困和绝对贫困之中。改革开放后实施的农村扶贫开发极大地缓解了农村贫困问题。城市贫困问题是伴随着20世纪90年代国有企业体制改革带来的大规模下岗职工而凸显的。针对城市贫困问题，政府主要策略包括就业培训、创业扶持以及建立社会救助体系等。我国农村扶贫开发历程大体经历了体制改革推动扶贫、大规模开发式扶贫、扶贫攻坚和以建设小康社会为目标的综合扶贫四个阶段。当前农村扶贫面临的任务和问题仍然严峻，但是通过精准扶贫国家战略的实施，2020年我国将全面建成小康社会、实现农村贫困人口全部脱贫。

【思考题目】

1. 贫困的内涵包括哪四种理解？
2. 我国城市贫困和农村贫困的致贫原因有何不同？
3. 贫困测量方法主要有哪几种？
4. 社会工作介入反贫困的领域和方式有哪些？
5. 我国城市和农村反贫困策略有何差异？
6. 简述我国农村扶贫开发的历史进程及其特点。

案例讨论

案例一：城市贫困家庭致贫原因

我以前是在五金公司里上班。由于单位不景气，1997年我被买断工龄，单位一次性补助一些钱算是工龄补偿，以后就无业在家。丈夫早期是在首钢工作，20世纪70年代的时候，要带户口援助西藏，没有去，就被公司除名了。他是初中毕业，后来在外地（唐山）工作。在这以后，他干了临时工，关系好多年不知道在哪里，后来才在派出所找到。他在1997年患上肝硬化、肝腹水。我是10月份买断工龄，他12月份就得病，动了大手术。手术之后平时还要吃药，把以前攒的钱都花了进去，我买断工龄得到的钱也花在他身上。我母亲那年得了淋巴瘤，花了十三四万，都是小妹出的钱。现在复查，按规定要半年查一次，但现在都两年了，才去复查，要做CT，很贵，我们只能做一个胸部CT，就要1 500元，腹部的就不能做了，打算只做一个透视算了，这些至少也要花2 000元。

资料来源：李彦昌．城市贫困与社会救助研究．北京：北京大学出版社，2004：191-192.

思考题：

案例中所显示的我国城市贫困家庭的致贫因素主要有哪些？

案例二：农村金融扶贫实践

竹溪县中峰镇邓家坝村距离县城8.5公里，距离镇政府1.5公里，毗邻305省道，全村通村水泥路3.2公里。邓家坝村全村地形地貌属于山区。2010年该村经济总收入919.7万元，乡村人口人均纯收入3 606元。该村在产业结构上以农业为主，工业为辅，第三产业逐渐起步。在农业生产中，主要产业以农业种植业为主，主导产业建设项目为贡米种植及蔬菜种植。本村工业产业以建材制造为主，兼顾发展建筑业，有红砖烧制厂一家。本村第三产业发展较慢，以运输服务、餐饮服务和打工经济为主。

2008年，在县扶贫办的帮助指导下，该村采取“财政扶贫资金＋社员缴纳的入社股金＋接受社会和个人捐赠＋占用费”的扶贫互助运行模式，正式成立运行扶贫互助社。截至2010年年底，该村共计筹集扶贫互助金16.9万元，其中省级财政扶贫资金15万元，农户缴纳互助金1.2万元（120户，每户100元），累计占用费0.7万元。贫困户累计借款81人次，总计发放贷款24.3万元，到期累计还贷19万元，呆账、坏账率为0。在扶贫互助社成立之初，该村干部群众对互助资金项目的成立和管理运行都知之甚少，基本都是第一次从县扶贫办工作人员那里才听说了解到这样的项目。为了深入推进互助资金的成立，县扶贫办、镇扶贫办和村两委先后进行了三次培训和宣传发动。第一次由县扶贫办组织，对镇扶贫办及该村两委班子进行了相关业务培训，详细解答了互助资金成立及管理中的各种问题；第二次由镇扶贫办组织，深入到该村，积极召开由村两委干部、党员代表、群众代表参加的宣传培训会，进一步讲明互助资金成立对群众生产生活带来的好处，同时也对互助资金的管理和运行情况进行详细介绍，消除了群众代表的疑虑；第三次由村两委自行组织，通过安排村两委干部、党员代表、村民代表入户宣传讲解，村务公开栏布告等方式宣传扶贫互助金工作的优越性，确保群众积极参与入社。在扶贫互助社组建成立后，该村两委还多次积极邀请县、镇扶贫办工作人员深入到村开展扶贫互助社知识讲座，帮助群众了解认识扶贫互助社，让群众明白如何通过扶贫互助社申请利用资金开展生产、经营。

该村扶贫互助社设在行政村内（中峰镇邓家坝村委会），扶贫互助社以农户家庭为单位，凡满足以下条件者，均可提出申请：年满18周岁，不分民族性别，遵纪守法，诚实守信，具有民事行为能力，在种植业方面具有一定技术特长；入社农户缴纳互助金100元以上，作为发展资金；有加入本社的意愿，接受扶贫互助社的章程，执行扶贫互助社决议、决定，完成扶贫互助社的工作任务。提出申请后，经扶贫互助社理事会讨论通过登记后即为社员，发给社员证。目前全村356户群众中有120户群众参加了扶贫互助社，全村139户贫困户中有115户参加了扶贫互助社。入社贫困户的认定程序为：由本人进行申请，村两委召开会议，由党员代表和村民代表集体进行评议，评议结果公示后，由村委会上报至镇扶贫办审核批准，方可入社，并上报至县扶贫办进行备案。在县扶贫办的主导下，在镇扶贫办的直接参与下，该村扶贫互助社在成立之初就十分注重建设完善互助社的管理机构，由村两委召开党员代表、群众代表大会，选举产生了由党员、群众代表和村干部组成的理事会和监事会，并明确分工，各司其职。在扶贫互助金管理使用过程中，该村主要按照“以培植壮大贡米产业为目标，统筹兼顾种植业和养殖业，有序推进工业和第三产业”的发展思路开展借款，所以本村各年度农户借款主要用途均集中在种植业和养殖业的发展及第三产业发展。但是也有部分农户因病、因灾或因事等急需资金，扶贫互助社也进行了借款。

三年来，该村扶贫互助社累计发放贷款 24.3 万元，有效解决了农户生产发展资金不足的难题，示范作用初步显现，12 户实现了脱贫，60 余户实现了增收，发挥了较好的扶贫效益。扶贫互助社的成立，进一步培育了该村农民的成本意识、效益意识、风险意识和诚信意识，缓解了该村贫困户、产业大户生产发展资金缺乏、贷款难问题，增加了贫困群众收入，提高了该村群众自我积累、自我管理、互助互济和持续发展的能力，基本实现了扶贫互助社的服务宗旨和预期目标。但是，由于扶贫互助社贷款额度过低，群众贷款积极性不高。按照扶贫互助金运行之初的规定，最高贷款限额为 3 000 元，难以解决群众发展产业的现实困难，影响了群众贷款的积极性。

资料来源：湖北省竹溪县人民政府扶贫开发办公室．[2016-03-21]．http://fpb.zhuxi.gov.cn/E_ReadNews.asp?NewsID=199.

思考题：

政府在农村金融扶贫中如何发挥作用？扶贫互助社在农村扶贫过程中有哪些优势和劣势？

推荐文献

1. 童小军．美国社会工作的起源．中国社会报，2007-02-05（4）；2007-02-12（4）；2007-03-05（4）．

2. 童小军．英国社会工作的概况．中国社会报，2007-12-13（4）．

3. 吉尔伯特．社会福利的目标定位——全球发展趋势与展望．北京：中国劳动社会保障出版社，2004.

4. 唐钧，沙琳，任振兴．中国城市贫困与反贫困报告．北京：华夏出版社，2003.

5. 时正新．中国社会救助体系研究．北京：中国社会科学出版社，2002.

6. 王小林．贫困测量：理论与方法．北京：社会科学文献出版社，2012.

7. 李培林，李强，孙立平．中国社会分层．北京：社会科学文献出版社，2004.

8. 陆学艺．当代中国社会阶层研究报告．北京：社会科学文献出版社，2002.

9. 杨国涛．中国西部农村贫困演进与分布研究．北京：中国财政经济出版社，2009.

10. 瑞沃林．贫困的比较．北京：北京大学出版社，2005.

11. 谢若登．资产与穷人——一项新的美国福利政策．北京：商务印书馆，2005.

12. 迪顿．逃离不平等：健康、财富及不平等的起源．北京：中信出版社，2014.

13. 缪尔达尔．亚洲的戏剧——南亚国家贫困问题研究．北京：首都经济贸易大学出版社，2001.

14. 森．贫困与饥荒．北京：商务印书馆，2001.

第三章
最低生活保障制度

【学习目标】

1. 掌握最低生活保障、低保线、家计审查的概念；
2. 理解中国划定低保线的方法，以及家计审查的要点与难点；
3. 掌握最低生活保障对象的识别方法；
4. 了解低保办理的行政流程；
5. 了解中国城乡最低生活保障制度的历史与制度脉络；
6. 分析我国最低生活保障制度存在的主要问题。

第一节 最低生活保障制度概述

一、最低生活保障制度的概念与特点

(一) 最低生活保障制度的概念

最低生活保障制度是指当家庭或个人收入低于一定水平时由政府和社会按照法定标准向其提供差额物质援助，以保证最低生活所需的社会救助制度，简称“低保”。依据 2014 年国务院颁布的《社会救助暂行办法》，低保救助是我国社会救助制度的一部分，也是社会保障体系的重要组成部分。

从反贫困的角度看，低保制度的基本功能是生存维持，使贫困的家庭或个人能在市场中购买生活必需品。生存权是基本人权。我国《宪法》第四十五条规定：“中华人民共和国公民在年老、疾病或者丧失劳动能力的情况下，有从国家和社会获得物质帮助的权利。”低保制度是保证公民能从政府和社会那里获得维持生存所需物质帮助权利的具体体现。

低保制度源自英国《济贫法》中的院外救济制度。18 世纪末，因拿破仑实行大陆封锁政策以及英国农业歉收，英国粮食价格飞涨，但同期工人工资没有同步上涨，劳工的生活因此变得更为艰难，很多地区出现哄抢面包的现象。1795 年，一些济贫官员在伯克郡的斯宾汉姆兰（Speenhamland）村开会，商讨缓解谷价上涨带来的社会危机。会议决定对劳工家庭给予补贴，史称“斯宾汉姆兰制度”。这项补贴的额度与物价挂钩：当二等面粉制成重量为 8 磅 11 盎司的面包的价格为 1 先令时，每个劳动者每周必须得到 3 先令的生活费，受其供养的妻子及其他家人每人则需要得到 1 先令 6 便士的生活费；当劳动者通过诚实劳动无法获得相应的收入时，可以从济贫税中得到补助；面包价格每上涨 1 便士，对每个贫困劳工的补贴增加 3 便士，对其家庭成员的补贴增加 1 便士。在 19 世纪初的 20

年，英国大部分地区实施了斯宾汉姆兰制度。

（二）最低生活保障制度的特点

低保受益不以缴费为必要条件，仅以家庭或个人收入水平为准入标准，具有公正优先、福利色彩明显的特征。

低保是一种具有选择性且动态调整的福利制度，不具有普适性，也不实行轮候。对个人或家庭而言，低保制度具有临时性，当受益家庭或个人的收入有所增加、超过救助标准时，受益额度将相应降低，甚至不再享受低保待遇。对政府而言，像其他救助项目一样，低保也具有弹性强的特征。政府可以根据财政状况和现实需求，通过低保线、低保金给付额度等调整覆盖面以及所需财政资金的规模。

低保待遇主要通过现金或代金券兑现，主要功能是收入维持（income maintenance），可以说是一种应对贫困的消极方式，很难帮助受助者摆脱贫困，甚至有可能造成受助者的福利依赖，从而造就一种制度化的“贫困陷阱”。低保制度的运行过程有大量的行政工作，需要较多的人力。落实低保政策时，需要通过家计审查来甄别低保对象，这一行政程序会带来道德上的压迫感。①

二、社会工作与最低生活保障

通过专业服务提升弱势人群的福利水平，是社会工作者的基本使命。社会工作职业群体及民间社会福利组织在西方最低生活保障体系运作中承担了重要角色。个案工作就是在针对贫困家庭的友好访问活动中转化为社工的专业工作方法的；在低保制度普及之后，社工也可以承担这方面的行政工作。香港地区建立了完善的社区服务网络。市民可以直接到社区服务机构中提出补贴申请，社工向申请者提供高效的政策咨询等专业服务，同时进行家计审查等福利行政工作。另外，社工还通过各种专业服务对低收入的个人和家庭给予重点关照。

20世纪90年代以来，西方及我国港台地区出现了工作换福利的政策理念，将就业支援纳入低保项目中。1997年，美国将抚养未成年子女家庭援助计划（AFDC）改革为贫困家庭临时援助计划（TANF），要求补助金受益家庭中的家长参加就业培训、就业、社区服务、职业教育培训、给社区服务人员照顾孩子等，社工在其中起到了提供就业信息等行政辅助的职能。在这种家庭援助计划中，社工承担了提供就业信息、培训等服务职责。1998年，香港特区政府要求身体健康的综援申请人参加“投入社会自力更生支援计划”，交由社会福利组织承揽、实施这类就业援助项目，社工则负责提供鼓励、协助他们重新就业的具体服务。②

① 唐钧．城乡低保制度：历史、现状与前瞻．红旗文稿，2005（18）．

② 陈成文，石洋．就业援助：香港经验及其启示．理论月刊，2008（12）．

第二节 最低生活保障对象的识别与调整

一、最低生活保障对象的识别

(一) 贫困线

一般认为，贫困线即最低生活保障线。贫困线用于总体上区分贫困人口与非贫困人口。贫困线通常要结合最低营养摄取量、恩格尔系数等指标来确定，并根据通货膨胀和居民消费价格指数（CPI）做调整。

随着生活水平的整体提高，食物支出占家庭支出比例会相对下降，各国的贫困线总体上也会随之提高。但如果一个国家的贫困人口绝对数量过大、政府财政能力无力支撑普遍的生活救助，该国政府就不得不通过降低贫困线、缩小贫困救助的人群规模来缓解这种财政压力。

贫困线不等于福利行政部门具体执行的贫困救助标准。经济学家提出的贫困线计量方法多样而复杂，政府统计部门会提出自己的计算模型，而福利行政部门需要某种简便、稳定的快速评估方法。例如，美国联邦统计局制作贫困门槛(poverty thresholds)，联邦健康与人类服务部则提出贫困指导线（poverty guidelines）[①]；也有一些家计审查项目不使用贫困指导线，但总体上都以食物支出的三倍作为制定贫困线的参考指标。

世界银行向发展中国家推荐了绝对贫困线的简易计量方法：每人每天摄入2 150千卡的食物，农村、城市的恩格尔系数分别为63%、61%，将食物对应的货币价值除以恩格尔系数得到的数额即以货币为单位的贫困线。1961 年，美国社会保障总署提出将恩格尔系数作为贫困线的设定标准，即将两口或三口以上家庭税后收入中食品消费占总收入 33%或 27%的划定为贫困家庭。这显然是适用于发达国家的相对贫困线。2015 年，世界银行更新了国际贫困线标准，从 2005 年的每天 1.25 美元提高到每天 1.90 美元。2010 年，美国一个抚养两个子女的四口之家的贫困线为 22 113 美元，个人贫困线为 11 139 美元。依此标准，全美有 15.1%的人口生活水平在贫困线以下。2015 年，两项贫困线分别被调整为24 250 美元、11 770 美元，贫困发生率略有下降。

(二) 家计审查与核查

福利行政部门通常要通过入户访问等方式来核查申请者的收入情况，确认申请者是否有受益资格，该行政环节就是家庭经济调查（means test），即家计审查。申

① 杨立雄．美国贫困门槛的发展及对中国的启示．中州学刊，2013（3）．

请者有隐瞒自己收入与资产状况的可能；负责核实情况的一线工作人员有决定申请结果的自由裁量权，不论是否主观故意，他们都可能让不符合条件的申请者通过审核，从而导致低保制度的扭曲。为防止低保资金滥用，设有核查等行政环节。

香港社会福利署为综援救助金设定了一系列行政规范，以纠正申请资格确认环节的瞄准机制失灵问题：（1）法律责任申明，即在申请表的末尾明确提出警示，申请者隐瞒收入情况骗取综援救助金被发现后，将承担刑事责任，可能被判处最高 10 年的监禁；（2）细化收入申报内容，申请表主要包括“入息审查”和“资产审查”两部分，覆盖个人及家庭全部的收入与资产情况；（3）专人负责，由注册社工与申请者深入接触后，决定是否给予资格认定，并在申请者领取救助金期间进行跟踪访问；（4）专人复核，社会福利署成立两个诈骗案调查队、资料核对队、重点调查队等四个特别调查组，对申请者的家庭经济状况进行核实；（5）宣传教育，在各区社会保障办事处设有展示板，定期公布诈骗个案的情况，并发放已判刑的案件资料；（6）公共监督，社会福利署公布联络方式，接受市民举报信息，并定期在官方网站发布简报，公布市民举报（含综援救助金及公共福利金）以及诈骗个案判刑情况。① 在 2016—2017 财政年度，社会福利署共接到市民怀疑诈骗的举报 2 592 次；法庭判决 171 宗，其中入狱 136 宗，罪名不成立 6 宗。② 这些制度的运作，不但使救助金被有效地传递到贫困者手中，也有效地防止了社会福利的滥用，提高了福利行政部门的公信力。

二、最低生活保障的办理程序

下面以我国最低生活保障制度为例，介绍最低生活保障的办理程序。

（一）个人申请

个人申请是低保救助的起点。申请者需以家庭为单位，由户主向户口所在地的社区居委会或村民委员会提出申请。需要提交的资料有：申请书、居民户口簿、居民身份证、下岗证、结婚证、残疾证、就业状况证明、收入状况证明、劳动能力状况证明、事业保险证明等材料。

低保救助通常实行“属地管理”，要求申请者在社区中有一定的居住时限。在中国，这种“属地”等同于户口所在地而不是居住地。低保申请通常以家庭为单位。申请者提出申请时，通常要填写、提交说明家庭收入及资产状况的文字材料。福利行政部门通过公开化、流程化的行政过程来处理相关申请。

---

① 韩玲．家庭经济状况调查的制度完善——内地低保与香港综援制度的比较//杨立雄，刘喜堂．当代中国社会救助制度：回顾与展望．北京：人民出版社，2012：244 - 259.

② 社会福利署．举报涉嫌欺诈及滥用．（2017 - 07 - 20）［2017 - 07 - 23］. http：//www. swd. gov. hk/sc/textonly/site _ pubsvc/page _ socsecu/sub _ reportings/.

(二) 审查

福利行政部门对申请人提交的申请材料特别是收入、资产相关资料进行核实，对申请人进行必要的询问与调查，提出初审意见。

目前，我国低保申请初审由社区居委会完成。家计审查的具体工作方法有：(1) 入户调查，实地感受申请人的家庭生活状况，澄清书面材料的疑点；(2) 间接访问，向申请者的邻居、亲友、同事了解情况，印证书面资料的真实性；(3) 信息对比，即通过工商、税务、金融、公安、住房等部门查询申请者的收入与财产状况；(4) 消费跟踪，对申请者的家庭消费情况进行跟踪调查；(5) 民主评议，在熟人社区中由社区成员对申请者是否符合待遇条件进行评价；(6) 张榜公示，这是国内的普遍做法，但有学者认为此举有侵犯申请者隐私权的负面后果。

家计审查是低保行政过程中的一个普遍难题。家计审查首先要确定"家庭"成员的边界，特别是赡养、抚养、扶养关系，这在中国有一定的模糊之处。此外，还要确定在核实家庭经济状况和实际生活水平时的具体标准和计算方法。

我国《城市居民最低生活保障条例》规定了城市低保申请人家庭收入的计入范围和排除类型，前者包括退休金、养老保险金、馈赠和继承收入、赡养费、抚养费、扶养费等，后者包括优抚对象享受的各种抚恤金、优待金、补助金、护理费及临时生活救助金、军人转业费与复员费、新农合报销的医疗费与医疗救助费等。

(三) 评议

由社区居委会评议小组进行评议。评议小组由社区居委会主任等工作人员、居民小组长及居民代表组成。村委会也设立相同职能的评议小组。

评议小组对申请人的申报情况和询问、调查了解的情况进行综合分析，提出评议意见后报街道办事处或乡镇政府。评议结果在居委会内公示，公示时间不少于5天，公示内容包括户主姓名、家庭人口、家庭收入、拟享受生活救助标准等项。

(四) 复议

街道办事处评议委员会复议。评议委员会一般由街道办事处主任、生活救助站成员、司法助理、派出所民警、工商所和税务所等有关人员组成。

评议委员会根据居委会上报的评议资料进行综合复议，对有争议的情况进行重新调查，提出复议结论报县区民政局。复议意见在社区居委会张榜公示。

(五) 评审

县区民政部门收到申报材料后，由评审委员会评议，限30天内办理完毕。评审委员会由民政、工商、税务、劳动、银行等部门的工作人员组成，并可邀请人大代表、政协委员、民政社会监督员等参加。

评审委员会主要对街道、乡镇上报的评审资料和有争议的申请者进行评议，以及对特别城乡由县区以上部门进行协调审查的申请者进行资格评估，做出评审结论。该评审结果也要进行张榜公示。近期，省级民政部门还在官方网站上公开了低保名单，进一步拓宽了社会监督的渠道。

三、最低生活保障的动态管理

动态管理是指根据低保救助对象的家庭收入和实际生活水平的变化情况，对资格及待遇水平进行及时调整的管理工作，做到受益对象有进有出、待遇水平能升能降。

所谓“有进有出”，是指部分低保受益家庭在家庭收入提高到低保线之上后，或拒不履行社区服务、就业培训责任等时，通过审批程序，取消低保资格、停发低保金。同时，将新出现的符合申请标准的家庭纳为低保制度的受益对象。所谓“能升能降”，是指部分低保对象的家庭人口、收入、职业与资产、生活支出等情况发生变化之后，及时通过审批程序减发或增发低保待遇。

低保调整变更包括取消低保资格、停发低保金、增减低保金、变更户主等内容。动态管理有赖于定期的家计跟踪调查与复核工作，以及对符合条件的低保对象给予就业支持等配套措施。

家计跟踪调查体现分类管理原则，即对明显属于长期低保对象的家庭进行以季度或半年为间隔的跟踪核查，而对非长期低保对象、可能找到工作的低保对象每月进行核查，并督促其积极就业。美国的贫困家庭临时援助计划就规定，除了特殊情况，家庭领取 TANF 补助金的最高时限为 60 个月，而面向极端弱势群体的社会安全生活补助金（SSI）计划则没有时限规定。对部分低保对象进行严格的“渐退机制”，可以提高救助效率、实现底线公平、减少福利依赖。

第三节
我国最低生活保障待遇的确定

一、我国确定最低生活保障标准的依据和原则

我国的低保制度以保障城乡贫困居民的温饱问题为宗旨与目标，是最后一道保障网。我国低保制度的运行坚持政府、社会、家庭责任共担，低保救助与扶贫开发、促进就业及其他社会保障政策、生活补助计划相衔接，鼓励和支持有劳动能力的贫困人口生产自救、脱贫致富等。我国的低保标准由地方政府确定，民政部门会同统计、物价、经济、劳动与社会保障、财政等部门共同提出。

2010 年，党的十七届五中全会召开，对社会救助工作提出了“努力实现居民收入增长和经济发展同步、劳动报酬增长和劳动生产率提高同步，低收入者收

入明显增加”和“实现城乡社会救助全覆盖”的总体要求。根据2011年民政部《关于进一步规范城乡居民最低生活保障标准制定和调整工作的指导意见》精神，我国确定低保标准的原则为：

（1）科学性原则。保障贫困人口基本生活、维持温饱生活水平，使受益家庭免于饥寒交迫之苦，以维持当地居民基本生活所必需的消费品支出数据为基础，是低保制度的基本目标。低保线的确定，应参考国际通行的计算方法，科学测算，充分论证，既提高福利行政的科学化水平，也有助于提高政府的公信力。

（2）合理性原则。在满足困难群众基本生活保障需要的同时，也要统筹考虑当地经济社会发展水平、贫困人口的规模，以及地方政府的财政状况，保证相关支出在当地政府可承担的范围之内。与此同时，城乡低保标准也要与失业保险、最低工资、扶贫开发等政策标准合理衔接。

（3）动态性原则。建立和完善城乡低保标准与物价上涨挂钩的联动机制，并随着当地居民生活必需品价格的变化和人民生活水平的提高定期调整城乡低保标准。同时，要顾及不同类别低保对象的差异化需求，在保证底线公平的前提下，实行有条件的逐渐退出制度，减少部分低保对象的福利依赖与贫困陷阱问题，兼顾低保制度的效率与公平。

（4）规范性原则。制定和调整城乡低保标准要严格遵循有关政策规定和程序规范，确保公开、公正和透明。

二、我国最低生活保障标准的测定方法

（一）总体情况

各地方的计算方法有所不同。低保线由民政部门主要负责。各地民政部门制定低保线时，又主要以扶贫开发部门提出的贫困线为参照，在综合考虑当地工资水平、物价指数、地方财力等情况后提出；扶贫开发部门提出的贫困线主要基于统计系统的家庭经济调查，而民政部门又有相对独立的数据来源和计算贫困线的方法。总体而言，低保线高于贫困线。

（二）低保线的演进过程

1955年，国家统计局启动1.5万～2万户农村家计调查工作；1956年，国家统计局在北京、哈尔滨等27个主要城市建立经常性的职工家计调查。但相关成果没有公开发表。集体化时期，国家实施粮食配给制，灾害年份的城乡口粮配置标准可以推定为当时的最低生存保障标准。1959—1961年三年经济严重困难时期，粮食大规模减产，农村集体保留原粮的标准为：淮河以南的地区，人均不超过360斤；淮河以北地区，人均300斤。[①]

---

① 中共中央关于压低农村和城市的口粮标准的指示//中华人民共和国史全鉴编委会．中华人民共和国国史全鉴：第三卷（1960—1966）．北京：团结出版社，1996：2676-2678.

改革开放之后，国家统计局开始考虑贫困线问题，相关专家对恩格尔系数的适用性进行了研讨，认为直接运用恩格尔系数测定城市职工家庭消费结构存在失真，原因在于当时家庭消费中有相当部分的非货币支出。[①] 国家统计局根据1989年中国城镇居民家庭收支调查的数据，通过“以基本需求法为主，博采其他研究方法（比例测算法、恩格尔系数法、数学模型法）之长”的“综合测算法”，对5%最低收入户的贫困标准进行了测算。[②] 也就是说，在“八五”期间，国家统计部门关注的是5%最贫困的城市家庭。实际上，民政部、中科院等行政、政策咨询机构也各自提出了基于不同计算方法的贫困线标准。

1997年，国务院下发在全国建立城市低保制度的通知，授权地方政府自行确定贫困线，“本着既保障基本生活又有利于克服依赖思想的原则，按照当地基本生活必需品费用和财政承受能力，实事求是地确定保障标准”。1999年《城市居民最低生活保障条例》出台后，正式确定了定量画线的办法。

2002年，国务院发展研究中心在专项研究报告中指出，贫困线分为诊断性贫困线和贫困救助线两种，前者是为了确定哪些人是贫困人口，通常称之为贫困线，后者用于确定潜在的社会救助对象和救助力度，也就是救助线。该报告认为，鉴于当时大量职工下岗的情况，构建下岗人员生活费、失业保险和低保三道贫困线。[③]

1984年起，国家统计局开始编制居民消费价格指数（CPI）。1994年，国务院下发《关于加强对居民基本生活必需品和服务价格监审的通知》，要求各地对面粉、籼米、粳米、食用植物油、猪肉或牛羊肉、鸡蛋、牛奶及民用煤、学杂费等20种生活必需品和服务价格进行跟踪，并在必要时进行引导和干预。2004年3月起，依劳动与社会保障部的《最低工资规定》，全国实行最低劳动报酬制度，最低工资标准由地方政府负责制定，参照最低生活费用、城镇居民消费价格指数。

2002年，大连市将当地2001年度城乡居民人均消费支出乘以30%～35%的系数，得到2002年城乡低保标准的参考值，并根据现实情况加以微调；在元旦、春节等特殊时段或年内发生较大物价变动的情况下，政府还另外发放物价补贴。2010年，沈阳市也将临时性的物价补贴作为低保制度的补充机制。[④]

2014年12月，福建省下发《关于进一步做好社会救助工作的意见》，对2015年全省的低保线提出规定：(1) 城市低保标准按当地最低工资标准的36%～42%确定，农村低保标准按不低于当地上年度农民人均生活消费支出的25%确定（2015年按不低于2 300元的标准确定比例），实行与物价上涨挂钩联动机制。(2) 属农村五保供养的特困供养人员标准按不低于当地农村居民家庭上年度人均生活消费支出的70%确定，属城市“三无”人员的特困供养人员标准按不低于当地城市低保标准的130%确定。

---

① 邵宗明，周金城．恩格尔定律在我国的适应性．统计研究，1985 (1)．

② 国家统计局《中国城镇居民贫困问题研究》课题组．中国城镇居民贫困问题研究．统计研究，1991 (6)．

③ 国务院发展研究中心．中国城市贫困问题研究．调查研究报告，2002 (137)：1-21.

④ 边恕，孙雅娜，郝悦．城市居民低保标准确定及指数化调整机制设计——以辽宁省为例．人口与经济，2015 (1)．

(三) 民政部的指导意见

2011年民政部《关于进一步规范城乡居民最低生活保障标准制定和调整工作的指导意见》指出:“从全国情况看,城乡低保标准的制定和调整工作还存在一些需要规范的问题。如,一些地方缺乏必要论证和科学测算,简单参照扶贫标准或全国平均低保标准来制定和调整低保标准,难以真实反映当地居民的基本生活需求,甚至导致保障面过宽而影响了低保对象劳动就业的积极性;还有一些地方没有及时根据经济社会发展水平和财政承受能力,随着生活必需品的价格变化和人民生活水平的提高而适时调整低保标准,影响了低保制度实施效果和困难群众基本生活保障力度。”

为了规范各地方低保线的制定工作,民政部在该文件中推荐了三种相对方便的计算方法:

(1) 基本生活费用支出法。根据当地居民必需食品消费支出和非食品类生活必需品支出两部分支出来计算。其中,必需食品消费支出通过市场调查确定当地食品必需品消费清单(即标准食物清单),根据中国营养学会推荐的能量摄入量(见表3-1)、相应食物摄入量以及食物的市场价格计算得出;非食品类生活必需品支出根据调查数据确定维持基本生活所必需的衣物、水电、燃煤(燃气)、公共交通、日用品等消费清单测算支出数额。

(2) 恩格尔系数法。根据当地居民必需食品消费支出和上年度最低收入家庭恩格尔系数确定。其中,必需食品消费支出的确定方法同基本生活费用支出法。采用的恩格尔系数一般为0.6。

(3) 消费支出比例法。已按基本生活费用支出法或恩格尔系数法测算出城乡低保标准的地区,可将此数据与当地上年度城乡居民人均消费支出进行比较,得出低保标准占上年度城乡居民人均消费支出的比例。在今后一定时期内再次计算城乡低保标准时,可直接用当地上年度城乡居民人均消费支出乘以此比例。

表3-1　中国居民膳食能量推荐摄入量(千卡/日)

分类	性别	
	男	女
轻体力活动	2 400	2 100
中体力活动	2 700	2 300
重体力活动	3 200	2 700

注:(1) 表中所列为18~49岁成年人膳食能量推荐摄入量;(2) 综合考虑轻体力活动男、女膳食能量推荐摄入量,建议以2 200千卡/日作为测算城乡低保标准时的参考数据。

资料来源:中国营养学会.中国居民膳食营养素参考摄入量.北京:中国轻工业出版社,2001:18.

为了顾及各地方的特殊性,民政部还允许各地参考当地上年度城乡居民人均消费支出、城镇居民人均可支配收入、农民人均纯收入、城乡低收入居民基本生活费用等经济指标对当地的低保标准予以适当调整。2014年,民政部、国家发改委等部门联合下发通知,要求各地在2014年3月底前完善社会救助和保障标准与物价上涨挂钩的联动机制,要求各地以居民消费价值指数(CPI)同比涨幅连续3个月超过3%~4%,或CPI中粮食价格同比涨幅连续3个月超过10%为临界条件，启动联动机制，向困难群众发放价格临时补贴。

三、最低生活保障的资金来源

根据1999年《城市居民最低生活保障条例》和2007年国务院《关于在全国建立农村最低生活保障制度的通知》等规范，我国城乡低保经费列入地方政府预算，实行专项管理，专账核算，专款专用。

在城市低保制度建立之初，资金投入由市、区（县）各承担50%，于是出现了低保资金难以落实的情况。1999年起，中央财政开始向地方提供低保专项补贴。2001年，国务院办公厅下发文件，提出3年内中央财政负担的低保经费要连续翻番的目标，同时要求各地增加低保的财政投入，提高保障水平，扩大覆盖面，做到“应保尽保”。全国低保对象从2000年的402.6万人增加到2002年的2 064.5万人，2003年又增加到2 246万人，各级财政支出从2002年的108亿元增加到2003年年底的151亿元，中央财政投入力度也有所加强，从2002年的46亿元增加到2003年的92亿元。

农村低保制度在建立之初也以地方筹资为主。2004年，浙江省农村低保共出资4.47亿元，其中省级财政占16.5%，设区市配套10%，其余部分由县、乡两级财政分摊；各地县、乡财政分摊比例不尽相同，有5∶5、4∶6、3∶7，也有的全部由县财政承担。2005年，辽宁省农村低保投入共2.54亿元，其中由农业税费改革转移支付中切出的“特困户救助金”为1.62亿元，市、县财政列支农村低保专用资金0.62亿元，省财政补助农村低保资金0.3亿元。这种筹资结构给地方财政带来了较大压力。

随着中央政府财政能力的增强，转移支付的力度也在加大，以地方为主的城乡低保筹资方式发生了明显转变。目前，中央财政支出占全国低保经费总支出过半，省、市、县级财政投入也占有一定比例。在经济基础薄弱、地方财政收入有限的地区，中央政府的转移支付资金占当地低保支出的比例相对较高。以城市低保为例，2000年，全国共投入27亿元，中央财政、地方财政占比分别为27.0%、73.0%；2006年，全国共投入224.2亿元，中央与地方财政的占比调整为60.7%、39.3%。各级财政的投入都在增加，中央政府的转移支付增长比例更高，占总投入的比例从不足三成提高到六成左右。

第四节 我国最低生活保障制度的建立与发展

一、城市居民最低生活保障制度的建立与发展

以20世纪90年代的下岗失业潮与通货膨胀为背景，国务院于1993年颁布

《国有企业职工待业保险规定》，向下岗待业者发放待业救济金；同年，上海市首次设立城市最低生活保障制度，以月收入120元为贫困线，向市民发放现金补贴，当年共有2 680位城市居民得到了低保救助。随后，大连、厦门、青岛、广州等经济发达地区的地方政府也建立了低保制度。1995年，民政部在全国推广低保制度。

1997年，共有206个城市建立了低保制度；同年，国务院下发《关于在全国建立城市居民最低生活保障制度的通知》，要求"九五"期间在全国所有的城市和县治所在的镇建立低保制度。依照文件要求，城市低保制度受益对象从传统的"三无"特困人员，进一步扩大到市场化过程中出现的失业及低收入群体：(1) 领取失业救济金期间或失业救济期满仍未重新就业，家庭人均收入低于生活保障标准的居民；(2) 在职职工和下岗人员在领取工资和最低工资、基本生活费后以及退休人员领取退休金后，其家庭人均收入仍低于最低生活标准的居民。到1999年新中国成立50周年前夕，民政部宣布：全国668个城市和1 638个县政府所在地的建制镇已经全部建立起城市居民最低生活保障制度。国务院出台《城市居民最低生活保障条例》，详细规定了城市低保制度的享受范围、申请标准以及管理制度等，标志着低保制度成为我国的一项基本的社会保障制度。

2003年之后，民政部逐步深化"分类救助"和"配套措施"，对老人、未成年人、残疾人等人群给予特殊政策，建立基本生活保障之外的教育、住房与医疗等方面的专项救助。2009年年底，全国共有1 141.1万户、2 345.6万城市低保对象，包括在职人员、灵活就业人员、老年人、登记失业人员、未登记失业人员、在校生、其他未成年人等类型。依据民政部公报，截至2014年年底，全国共有城市低保对象1 026.1万户、1 877.0万人，全年各级财政共支出721.7亿元，其中中央财政补助资金518.88亿元，占总支出的71.9%，月人均保障标准为411元，月人均补助水平286元。

二、农村最低生活保障制度的建立与发展

我国最低生活保障制度是一种城乡分割的制度设计。农村低保制度的雏形是20世纪50年代起成型的农村五保制度。《1956年到1967年全国农村发展纲要》规定："农业合作社对于社内缺乏劳动力、生活没有依靠的鳏寡孤独的社员，应当统一筹划，指定生产队或者生产小组在生产上给以适当的安排，使他们能够参加力能胜任的劳动；在生活上给以适当的照顾，做到保吃、保穿、保烧（燃料）、保教（儿童和少年）、保葬，使他们的生养死葬都有指靠。"1956年的《高级农业生产合作社示范章程》中也有依靠公益金救助村社内困难家庭的规定。农村实施家庭联产承包责任制之后，1982年，《全国农村工作会议纪要》提出了在公共提留新安排五保相关费用的筹资方法，延续了村社互助的传统。1994年，国务院发布《农村五保供养工作条例》，规定了以"从村提留或者乡统筹费中列支"为主的筹资方法。五保户的救助方法有分散的家内救助和在敬老院集中供养两种

方式。1997 年，民政部颁布《农村敬老院管理暂行办法》，规范了敬老院的建设与管理。

2002 年全国农村税费改革之后，五保制度面临筹资渠道萎缩的危机。2004 年，民政部等部门联合发文，要求各地从县乡财政转移支付资金中安排五保供养资金。截至 2005 年年底，全国共有五保供养对象 328.5 万人，年人均供养水平为 989.7 元，共建有 32 572 所农村敬老院，集中供养五保对象 63.2 万人。2006 年，国务院修订《农村五保供养工作条例》，将农村五保供养纳入公共财政范畴，政府成为五保制度的责任主体，所谓农村"集体福利事业"转变为国家福利保障项目。依据民政部年度社会服务发展统计公报，2014 年，全国有农村五保供养对象 529.1 万人，全年各级财政共支出农村五保供养资金 189.8 亿元。其中，农村五保集中供养 174.3 万人，年人均供养标准为 5 371 元；农村五保分散供养 354.8 万人，年人均供养标准为 4 006 元。

20 世纪 90 年代，一些省市开始探索面向更多低收入农村家庭的低保制度。1994 年，全国民政会议提出在农村建立社会保障制度的倡导；同年，山西省阳泉县开始农村社会保障制度的试点，其中包括农村低保的最初设想。1996 年全国民政会议后，民政部下发《关于加快农村社会保障体系建设的意见》，明确提出在全国探索农村低保制度。随后，北京、天津、上海、浙江、广东率先建立了农村低保制度。

2006 年，中央农村工作会议首次提出探索农村社会保障体系的建议。2007 年，国务院发出《关于在全国建立农村最低生活保障制度的通知》，在全国范围内普及这一制度，"将符合条件的农村贫困人口全部纳入保障范围，稳定、持久、有效地解决全国农村贫困人口的温饱问题"。2006 年，全国农村低保对象为 1 593.1万人；2014 年年底，全国农村低保对象为 2 943.6 万户、5 207.2 万人，全年各级财政共支出 870.3 亿元，其中中央补助资金 582.6 亿元，年人均补助标准为 2 777 元，月人均补助水平为 129 元。

三、我国最低生活保障制度的发展成效

我国的最低生活保障制度经历了从城市到农村、覆盖面逐步扩大、保障水平逐步提高、制度不断完善的发展过程，取得了重大成就。

20 世纪 90 年代国企改革浪潮中出现大量失业下岗群体，1997 年城市最低生活保障制度以及同期建立的失业保险、养老保险等社会保障制度就是在危机应对的情境中建立的。由于经济低迷，中央财政紧张，国家便将低保筹资的主要责任交给了地方政府，而同期地方财政也不宽裕，国企改革集中的地区尤为明显。因此，截至 2001 年 6 月底，全国只有 458 万城市居民享受到低保待遇，更多的城市居民低保需求无法得到满足。随着经济走出低谷，各级政府的税收规模明显增加，城市低保覆盖面的扩大与待遇水平的提高、农村低保制度的普遍建立、城乡低保待遇差距的不断缩减，都是政府财政能力提高的结果（见表 3－2）。

表 3-2　2006—2013 年城乡低保及五保人数（万人）

	2006 年	2007 年	2008 年	2009 年	2010 年	2011 年	2012 年	2013 年
城市低保	2 240.1	2 272.1	2 334.8	2 345.6	2 310.5	2 276.8	2 143.5	2 064.2
农村低保	1 593.1	3 566.3	4 305.5	4 760.0	5 214.0	5 305.7	5 344.5	5 388.0
农村五保	503.3	531.3	548.6	553.4	556.3	551.0	545.6	537.2

资料来源：据民政部网站相关数据统计。

一直以来，我国的城乡低保救助标准距离联合国推荐的绝对贫困标准有一定的差距。随着我国经济的发展与政府财政能力的增强，各地区不断提高低保水平(见表 3-3)。2011 年，我国大幅上调国家扶贫标准线，以 2010 年物价水平为基准，从 2010 年的农村人均收入 1 274 元提高到 2 300 元，约合 1 天 1 美元；全国贫困人口的数量也由 2010 年的 2 688 万人扩大到 1.28 亿人，约占内地农村总人口的 13.4%，最大限度地做到了“应保尽保”。

表 3-3　2015 年第 4 季度全国各省（市、自治区）城乡平均低保标准

省份	城市（元/月）	农村（元/年）	省份	城市（元/月）	农村（元/年）
北京市	710.00	8 520.00	湖北省	447.12	3 235.22
天津市	705.00	7 194.00	湖南省	359.78	2 446.36
河北省	441.37	2 670.74	广东省	513.83	4 489.88
山西省	413.18	2 757.79	广西壮族自治区	404.38	2 556.09
内蒙古自治区	508.01	3 891.18	海南省	466.84	4 168.42
辽宁省	493.49	3 548.47	重庆市	419.13	2 841.03
吉林省	401.59	2 721.16	四川省	367.03	2 409.10
黑龙江省	506.35	3 573.89	贵州省	453.42	2 620.00
上海市	790.00	9 480.00	云南省	395.85	2 341.90
江苏省	581.74	6 029.78	西藏自治区	589.32	2 348.12
浙江省	640.46	6 683.91	陕西省	460.71	2 654.23
安徽省	455.04	3 121.07	甘肃省	378.12	2 617.70
福建省	478.14	3 405.88	青海省	370.39	2 494.24
江西省	452.02	2 965.69	宁夏回族自治区	361.82	2 606.05
山东省	470.12	3 339.99	新疆维吾尔自治区	349.23	2 287.37
河南省	374.09	2 232.29			

资料来源：据民政部网站 2015 年第 4 季度“各省城市、农村平均社会救济标准”统计，不含台港澳地区。

【本章小结】

最低生活保障制度是指当家庭或个人收入低于一定水平时由政府和社会按照法定标准向其提供差额物质援助，以保证最低生活所需的社会救助制度。低保受益不以缴费为必要条件，仅以家庭或个人收入水平为准入标准，具有公正优先、福利色彩明显的特征。通过专业服务提升弱势人群的福利水平，是社会工作者的基本使命。社会工作职业群体及民间社会福利组织在西方最低生活保障体系运作中承担了重要角色。低保线是各地民政部门会同财政、劳动、统计等部门，根据本地情况制定的。最低生活保障实行属地管理，由申请者以家庭为单位，向户口所在地村（居）委会递交书面申请资料，详细说明家庭收入与资产状况、致贫原

因等事项，村（居）居委对申请者进行家计审查。依次经乡镇（街道）、县（区）政府相关部门对申请者的资料进行审查、核实并张榜公示无异议后，申请者获得低保待遇资格。之后，相关部门将根据申请者的经济收入或支出的变动情况，增减待遇给付，或取消低保资格。未来最低生活保障制度的重心将从绝对贫困问题转向相对贫困问题，贫困线、家计审查、动态管理等方面的制度细则也有待于进一步完善。我国的城市最低生活保障制度初建于 20 世纪末；2007 年，我国农村低保制度建立。我国的最低生活保障制度经历了从城市到农村、覆盖面逐步扩大、保障水平逐步提高、制度不断完善的发展过程，取得了重大成就。

【思考题目】

1. 什么是最低生活保障制度？最低生活保障制度有哪些特点？
2. 如何识别最低生活保障的对象？
3. 最低生活保障的办理程序有哪些？
4. 贫困线的确定需要考虑哪些因素？
5. 什么是家计审查？家计审查如何展开，有何难点？
6. 我国最低生活保障制度的建立与发展过程及其成效如何？

案例讨论

案例一：农村超生户的低保资格问题

2014 年 4 月 18 日，湖南武冈市晏田乡一半身瘫痪的农妇邓元姣被丈夫艾绍金遗弃在乡政府。70 多个小时后，邓元姣在乡政府办公室身亡。

湖南 2007 年发布《关于建立健全人口和计划生育长效工作机制统筹解决人口问题的决定》规定："违法生育且没有依法承担法律责任者，不能享受民政、教育等方面的奖励优惠政策。"艾绍金夫妇因生育了两个儿子而违反了计划生育政策，导致妻子重病后无法申请到低保。村里有一些比艾家条件差的，都因为超生没有享受到低保。但也存在没有超生但条件比艾家好的享受到了，所以艾绍金一直不能接受。于是，艾绍金便把妻子遗弃于乡政府。

不过，据晏田乡政府人大主席马清平介绍，艾家并不符合低保政策规定。"农村人均月收入低于 165 元的家庭可以享受低保，但根据武冈市民政局对艾绍金一家 9 口人收入的调查，两个儿子在外打工分别有 3 000 元、2 400 元的月收入，再加上家里的务农收入，人均月收入已远远高于低保标准。"记者另了解到，由于邓元姣患病导致家庭经济紧张，晏田乡政府曾为邓元姣争取到了 2 500 元重大疾病救助和困难补助。

资料来源：谢樱．湖南武冈一瘫痪农妇被丈夫遗弃在乡政府死亡事件调查．(2014－05－11)［2017－07－23］．http：//society. people. com. cn/n/2014/0511/c1008-25001924. html.

思考题：

如何识别低保对象？有何难点？

案例二：低保退出问题

低保政策实施多年，已为人们所熟知。即使在偏僻山村，一旦有家庭符合低保条件，镇民政办和村干部就会及时上门提醒申请，“漏保”情况越来越少。

符合条件的进低保容易，不再符合条件的退出，却难得多。“生活水平明显改善了，却没有一户愿主动退出。”市、镇民政工作人员和村干部都这样对记者说。

据了解，金城镇去年新增城乡低保141户、267人，同时取消低保218户、357人。该镇民政办主任储斌介绍，近几年涉及取消的低保户，40%左右源自群众以电话、书信的形式监督举报；更多的，则是民政办定期上门核查的结果。

如黄庄村一户家庭，儿子出任南京一企业副总，儿媳做教师，显然不再符合低保条件。民政办上门审核后，当即书面通知取消，对方自知理亏，平静接受。

更多“断奶”的低保户，尽管因子女就业等收入提高，但一开始仍表现出本能抗拒，或不在书面通知上签字，或干脆到民政办吵闹。民政工作人员要表现出足够的耐心，通过反复解释、多次对话，才能平息“风波”。

资料来源：进来容易退出难——低保机制难题怎样解决？. 常州日报，2014-05-11.

思考题：

如何看待低保对象的动态调整问题？

推荐文献

1. 森．贫困与饥荒．北京：商务印书馆，2001.

2. 波兰尼．大转型：我们时代的政治与经济起源．杭州：浙江人民出版社，2007.

3. 乐章．社会救助学．北京：北京大学出版社，2008.

4. 唐钧，沙琳，任振兴．中国城市贫困与反贫困报告．北京：华夏出版社，2003.

5. 杨立雄，刘喜堂．当代中国社会救助制度：回顾与展望．北京：人民出版社，2012.

6. 李迎生，韩央迪，肖一帆，等．超越统合救助模型：城市低保制度改革中的分类救助问题研究．学海，2007（2）.

7. 何植民，熊小刚，李彦娅．农村低保乱象：表现、成因及治理对策．山东行政学院学报，2015（2）.

8. 韩克庆，郭瑜．“福利依赖”是否存在？中国城市低保制度的一个实证研究．社会学研究，2012（2）.

9. 黄晨熹．城市低保对象求职行为的影响因素及相关制度安排研究——以上海为例．社会学研究，2007（1）.

10. 魏程琳．权力与关系网络中的农村低保．青年研究，2014（3）.

11. 刘晓梅．农村低保家庭收入核查机制研究．农业经济问题，2010（9）.

第四章

灾害救助

【学习目标】

1. 理解灾害与灾害救助的概念；
2. 认识社会工作在灾害救助中的作用；
3. 掌握灾害救助的主要内容；
4. 了解我国的灾害救助体系；
5. 分析我国灾害救助存在的主要问题。

第一节 灾害与灾害救助

一、灾害

(一) 灾害

灾害一直与人类相伴，传说中的大禹治水、诺亚方舟都是关于抗洪救灾的故事。洪水、地震、火山爆发等自然变异不直接等于灾害，只有当这种自然现象给人类社会带来剧烈的伤害时，才成为灾害。

中国古代将灾害源分为天灾（自然灾害）和人祸（人为灾害）两种，这种分类方法在今天仍然适用。依照灾害学的分类方法，自然灾害包括地质灾害、气象灾害、海洋灾害、生物灾害、森林及草原火灾等；人为灾害主要包括自然资源衰竭、环境污染灾害、交通灾害、核灾害等。另外，灾害还可以分为城市灾害和农村灾害。依照受灾的情况，灾害管理制度将灾害分为不同的等级；根据 2006 年国务院颁布的《国家自然灾害救助应急预案》，民政部对最低为第四级的灾害事件启动响应机制。

(二) 灾害的社会过程

灾害中的社会受害有多种体现，有着复杂的灾害链条。在个人层面，幸存者会因家破人亡、心理失衡而患上创伤后应激障碍（PTSD）等精神疾病。在社区层面，灾难会打乱、打断原有的生活秩序和社会网络，让人们流离失所、自顾不暇；一些地方文化资源会受到损害甚至消失；大型灾害出现之后，地方社会陷入恐慌，会出现物价上涨、抢夺物品等社会失序现象；政府行政系统也会在短时间内陷入混乱。灾害还会带来瘟疫和战争，触发整体性的社会危机、社会崩溃。

灾害的发生和演化与灾害源的危险程度、自然和社会系统的脆弱性（vulnerability）及暴露程度等因素有关。社会脆弱性是指承载体相关系统易于受到灾害影响与破坏的可能性。[①] 弱势群体更可能在灾害事件中受害，泰坦尼克号三等舱里的乘客就是一个著名的例子。在灾后重建过程中，弱势人群的需求更可能被忽视。

灾害会变成政治事件。1974 年，孟加拉国发生大规模灾荒，但政府予以否认，并阻挠国际社会的援助；在 1986—1988 年的苏丹饥荒、1996—1998 年的朝鲜饥荒中，政府呼吁国际社会进行援助，但救灾食品很少到达灾民手中；为了满足利益集团的私欲，利比里亚、塞拉利昂、苏丹南部等本不应当发生灾害的地区被人为地制造出饥荒事件。[②]

灾害的受害者不止于灾区的灾民。杜达斯克（Dudasik）认为，受灾者包括四种群体：（1）事件受害者，即那些在灾害事件中受到直接影响的人；（2）场合受害者（context victims），在灾害期间精神受到伤害、因社会文化环境被破坏而受到伤害的人；（3）边缘受害者，非当地居民但间接受害的人；（4）因参加救灾活动而承受巨大精神压力的救灾活动受害者。[③]

灾害被大众关注的过程也是社会建构灾害事件的过程。例如，中国北方地区历史上一直有沙尘天气，这种气象灾害的形成机制早已不是无法破解的自然秘密，但直到 2000 年前后，“沙尘暴”才成为媒体和社会各界关注的灾害问题。

灾害救援与灾后重建也是灾害社会过程的一部分。人类社会在灾害风险面前有各种脆弱性，同样，人类社会中也内含着恢复力（resilience），即激发人类的主体性与社会力量、降低受害程度并从灾难中重新获得生机的能力。[④] 人类有自组织能力、社会学习与适应能力，也有通过制度应对风险、控制风险的思想与能力。在现代社会之前，基于血缘、亲缘、地缘的社会关系网络中规定的互助的义务与行动机制就是一种恢复力。在现代社会中，由政府主导、民间力量参与的灾害管理体系也是恢复力的体现。

二、灾害救助

（一）灾害管理与灾害救助

现代国家试图通过灾害管理（disaster management）制度将灾害应对机制常态化，控制灾害对社会的冲击。灾害管理是由应急准备（preparedness）、应急响应（response）、恢复重建（recovery）和过渡缓和（mitigation）等四个阶段组成的长期事务，又被称为“灾害管理循环”。灾害是公共紧急事件的一种类型，中国、美国等国家将灾害管理纳入突发公共事件管理的范畴。依照我国的相关法律，突发公共事件包括自然灾害、事故灾难、公共卫生事件、社会安全事件四大

---

① 商彦蕊．灾害脆弱性概念模型综述．灾害学，2013（1）：112－116.

② 布吕尔．饥荒与政治．北京：社会科学文献出版社，2010.

③ DUDASIK S W. Victimization in natural disaster. Disasters，1980，4（3）：329－338.

④ 刘婧，史培军，葛怡，等．灾害恢复力研究进展综述．地球科学进展，2006（2）：211－218.

类；社会安全事件中的暴恐事件也是一种灾害（disaster），但部分经济安全事件、涉外突发事件可能不是“灾难”或“灾害”。

社会保障制度框架下的灾害救助（disaster relief）是国家或社会对因遭遇各种灾害而陷入困境的个人、家庭和社区进行援助的制度体系，对应的是灾害管理中应急响应与恢复重建两部分，又可以分为紧急救援、过渡安置和永久安置三个阶段。灾害救助制度体系主要包括三种救助活动：政府实施的救灾行动，民间组织参与的救灾行动，由个人、家庭、邻里以及地方自治组织实施的自救活动。在日本，灾害救助分为公助、共助和自助三大模块，对应的就是这三种救灾活动。部分国家有政府提供高额补贴的灾害保险制度。由商业保险公司向投保灾民赔付保险金的活动也是一种救灾活动。

(二) 基本流程

从现代国家的角度看，灾害救助是以重建灾区社会秩序为目标的系统工程，等同于灾害管理体系，包括法律体系（如紧急状态授权）、财政及救灾物资储备体系、信息沟通机制、人力资源及物资储备体系等内容；从一线救灾工作者的角度看，救助活动包括生活救助、医疗救助、卫生防疫、心理辅导、住房建设等多项内容，涉及灾民生活的方方面面。尽管灾害救助的具体工作千头万绪，但也有基本的流程可以遵循。

（1）紧急救援期（灾后 1 个月）。灾难发生后 72 小时内，主要任务为抢救生命；灾后 1 个月内，疏散人群、清理道路、供应食物、建立临时避难所、恢复基层组织、心理安抚、卫生防疫等。

（2）过渡安置期（灾后 1 个月到半年）。建设临时住所，安置灾民，或者回迁安置；同时进行灾情评估、恢复生产、编制灾后重建计划等。

（3）永久安置期（灾后 6 个月到 3 年）。全面恢复灾区的生产生活秩序，为失去家园的灾民建设住房，为失去工作的灾民提供就业岗位等。

(三) 资金筹集

在现代国家中，政府负有筹集救灾资金的主要责任。日本政府的防灾救灾开支由中央政府和地方政府共同分担：中央政府的灾害管理预算约占每年总预算额的 5%，主要用于科研、防灾、国土保全、灾后重建四个方面。地方政府每年按前三年地方一般税收平均值的 5‰将资金纳入灾害救助基金进行积累，其中部分资金用于购买储备应急物资。地方政府也可以将财政盈余或其他收入纳入复兴基金，用于灾害救助和灾后重建。如果灾后重建资金超出防灾预算，各级政府可发行债券，中央政府也向地方提供长期贷款。在支出方面，灾后 10～15 天的应急阶段费用原则上由都道府县承担，中央政府可提供最多 90%的补贴。临时安置阶段的救助资金项目包括灾害抚恤慰问金、民宅重建支援、教育救助等。受灾基础设施依据“复原如旧”原则进行原址重建。①

---

① 冯俏彬，侯东哲．财政救灾的国际比较．电子科技大学学报（社会科学版），2011（6）：19-24.

民间募集的善款也是重要的救灾资金来源。善款以实物、现金、服务等形式被传递到灾区，具体的渠道有：通过非政府组织（NGO）在灾区的分支机构分发；募集资金的 NGO 以项目发包的方式购买其他 NGO 的服务，交由其分发现金或实物；NGO 募集资金后，将现金或购买的物品交由地方政府相关部门代为分发。

灾害保险也是筹集救灾资金的补充方式。因灾害风险有预期损失难以估计、风险过于集中以及逆向选择等特点，私营保险公司承接灾害保险业务的积极性不强。对此，美国形成了由政府补贴的多层次的灾害保险项目，主要包括农业巨灾保险（CAT）、洪水保险计划（NFIP）、航空战争风险保险（AWIP）以及加利福尼亚州的地震保险等。这些保险由商业保险公司承销，享受税费优惠，政府还提供再保险保障。1992 年，芝加哥期权交易所发行巨灾期权，随后形成了包括债券、期货等在内的巨灾风险金融衍生品市场。

三、社会工作与灾害救助

救灾一线的民间团体有很多种，社工组织是其中之一。“科学的慈善”是西方社会工作从业者在追求专业化、职业化的过程中对自身使命的修正与提升；相比之下，同样从事慈善事业的各种 NGO 也在努力地将自己的社会服务专业化、科学化。因此，社会工作者和其他社会服务从业者在术业有专攻的同时，也共享很多工作技巧、术语与理论、理念；特别是在社区工作领域，社工只是众多“社区工作者”群体的一部分。[①] 因此，在严格意义上，灾区社工组织是参与灾害救助活动的“第三部门”的一部分而不是全部，并从属于灾害管理制度体系。

灾区的社工团队由督导、社工和志愿者组成，并进一步与其他志愿组织以及政府部门连接成网络。灾害社会工作是专业社工组织及其工作者为受灾个人、家庭、组织、社区提供支持与服务的统称。灾害社会工作可以追溯到美国内战期间的医疗救护服务；专业服务特别关注灾区各种弱势人群的需求满足，向他们提供多种支持与服务。[②]

对社会工作者而言，救灾与灾后重建是一种非常态的工作场景。一些学者希望社工组织积极探索介入灾害管理各个环节的具体策略：（1）在应急准备阶段，进行大众教育、防灾演习和警报处理等活动，培育应急能力；（2）在紧急救助阶段，向灾民提供食物、水和临时避难所等慈善援助以及医疗服务、危机咨询与心理疏导等服务，减少生命和财产损失，临时安置灾民；（3）在灾后重建阶段，提供重建家园和恢复生计方面的服务；（4）在过渡缓和阶段，协助制作、修订危机

---

① 特韦尔威特里．社区工作．北京：中国社会出版社，2002.

② ZAKOUR M J. Disaster research in social work. Journal of social service research，1997，22（1-2）：7-25. PYLES L. Community organizing for post-disaster social development locating social work. International social work，2007，50（3）：321-333.

应对方案等。

在紧急救助阶段，社工要对受灾个人和家庭给予必要的生活照顾和心理抚慰方面的服务与支持，防止出现更严重的身心健康问题，预防出现家庭瓦解的情况。同时，社工也要增进灾民与各种救灾组织间的信息沟通，通过资源链接提升整个一线救灾工作者的工作效率，增加救灾物资与服务的可及性。为了完成这些工作，社工应收集尽可能多的信息和资料。

在灾后重建阶段，特别是在结合都市更新、旧城改造计划的城市重建项目中，政府部门在基础设施与房屋重建事务上有明显的优势，社工组织可以重点参与其中的沟通、倡导与服务环节，也可以专注于个案和家庭服务。在农村地区，生计重建是灾后重建的核心，需要社工驻村开展发掘当地文化资源、促进生态保护的生计小组等工作。[①]

灾害社会工作所需的实务技能非常广泛。在 1992 年美国安德鲁飓风灾后救援中，社工就提供了儿童服务、妇女服务、长者服务、残疾人服务、家庭服务和心理辅导等项目，运用了陪伴、评估、介入、政策倡导、个案管理等多种工作手法。[②] 在这些服务中，社工除了承担传统的救助服务供给者角色外，还承担了支持、需求反应、个案管理、资源整合、社区组织、行政管理和政策倡导等多方面的实务工作。

第二节 灾害救助的主要内容

一、生命救助

很多灾害中有房屋倒塌、人员被困等危险情况。这类灾害发生后短期内的主要任务为生命救援、搜救（search and rescue）幸存者，相关工作依次分为三个子模块：定位，救出，紧急医疗救护。根据救援医学（EMS）的经验，灾害或意外事件发生后 72 小时之内，各种建筑物、构筑物内的幸存者、处于开阔地带但无法自救的伤员或其他受灾者有很高的生存率，应尽可能地在这个时间段内展开搜救工作，这个紧迫的救援周期又被称为“黄金 72 小时”。

（一）专业搜救

定位和营救需要掌握专门技术，配备搜救犬、生命探测仪、金属切割机以及

---

① 张和清，裴谕新，古学斌，等．灾害社会工作——中国的实践与反思．北京：社会科学文献出版社，2011.

② PEACOCK W C，et al. Hurricane Andrew：ethnicity，gender and the sociology of disasters. New York：Routledge，1997.

吊车、直升机等重型设备的专业人员；救援队主要来自消防队、工程兵部队以及受过专业训练的志愿团队。救援队将幸存者从建筑物、构筑物里营救出来之后，医疗队接手进行紧急医疗救护。

军队和武警是我国大型灾害中抢险救援的主要队伍。2000 年，中国国家地震灾害紧急救援队组建成立，对外称中国国际救援队（CISAR），队员主要来自工程兵部队，现已获得国际重型救援队资格认证。CISAR 隶属于中国武警总医院灾害救援医学研究所，武警总医院另设有红十字医疗救援队。2007 年，民间紧急救援公益组织蓝天救援队（BSR）成立；目前，BSR 已在 31 个省市自治区建立了分队，成员规模超过 3 万人。2008 年汶川地震之后，政府开始推动专业救援队伍建设。2013 年，中国红十字会将 21 支救援队评为“中国红十字救援队”，其中包括综合性的蓝天救援队、4 支赈济救援队、3 支医疗救援队、3 支供水救援队、3 支大众卫生救援队、3 支心理救援队、3 支水上救援队、1 支通信救援队；各地还有几百支中小规模的应急救援队。目前，“紧急救助员”是我国的一种正式职业，人力资源与社会保障部已制定了相应的职业技能标准。

美国建有受过严格训练、岗位职权明确的消防队、城市搜救队、医疗队等应急救援队，消防队中又有火灾、危化品、地震救援等不同功能小组。在必要的情况下，联邦政府将调用空军和陆军工程兵部队参加救灾活动，而州政府也会调用国民警卫队参与救援。民间救灾组织也以专业见长。全美救灾志愿者组织联盟（NVOAD）成立于 1970 年，2016 年，联盟成员有全国组织 57 家、地方组织 56 家。美国红十字会在善款募集、物资发放、志愿者管理、紧急医疗救助、家庭服务等方面也起到了非常重要的作用。

（二）自救

在专业救援人员赶到之前，人们需要尽可能进行自救。个人自救不止于逃生的本能反应。个人自救能力的核心是各种危机情形中的逃生技巧，受困时搜寻、储备食物和水以维持生存的技能，以及护理自己及他人伤病的基本技能。根本而言，个人有序自救的技能是通过系统的防灾教育获得的。日本政府开展了广泛的防灾教育。防灾教育从儿童抓起，贯穿学校教育的始终。在公共防灾教育方面，各地普遍建有向公众开放的灾害博物馆、防灾中心；各地方定期举办防灾演习，民众广泛参与其中；每次灾害发生后，大众媒体上的详尽报道也有防灾教育的效果。政府还鼓励民众自购紧急自救所需物品，以备不时之需；超市中就出售家庭用的灾害应急包，包括压缩饼干、糖块、水、蜡烛与火柴、超薄雨衣、应急药品及绷带、剪刀、手套、高频口哨、手摇电灯等物品。掌握自救技能将有效增大受灾者的生存机会。

社区防灾体系也是居民自救的重要依托。根据《灾害对策基本法》，日本基层自治组织町内会组建“自主防灾会”，设有本部、信息组、消防组、救护组、避难引导组和饮食供应组；社区成员被分配到不同的小组中，每年定期进行防灾演习。针对高龄老人、残疾人和语言不通、不熟悉当地情况的外国人等特殊人群，防灾会还会建立特别名单，定期进行家访、传达防灾信息。[①]

与自救技能相比，安全生产、稳固的建筑、高标准的防波堤等大型防灾设施、充分考虑灾害风险的城市规划是集体生命安全的最大保障。1995 年阪神地震后，为提高建筑物特别是学校建筑物的抗震强度，日本政府提出了"校舍补强计划"，要求所有学校建筑达到抗 7 级地震的水平，同时依据《建筑基准法》，由政府派专人对所有建筑物进行抗震性检查。在 2011 年东日本大地震和 2016 年熊本地震中，没有出现校园建筑物倒塌导致的严重伤亡事件。

二、生活救助

生活救助贯穿整个救灾过程，紧急救助和临时安置阶段的生活援助需求相对集中。受灾者通常需要食物、水、衣物、药品及避难所等现金、实物援助以及相关服务，紧急疏散时还需要交通服务。

（一）应急物资储备

为了提高救灾物资的运送与发放效率，一些国家建立了应急物资储备制度。中国目前正在完善这种制度。

日本已建成了完善的防灾物资储备体系。各地的大型防灾仓库建在交通枢纽附近，中小学校、幼儿园及公园也有小型储备仓库，由志愿者负责日常维护。防灾物资定期更换或检修，其中，食品保质期为 5 年；部分防灾物资在防灾演习中被消耗；物品数量、保存期限等详细信息在互联网上公开。以东京都江东区为例，该区有约 46 万人口，现建有 6 处防灾用品展示场所、23 个防灾仓库（其中 9 个超过 200 平方米）、84 个储备仓库。仓库中储备的物资种类齐全，顾及了老人、儿童的需求，包括食品（9 种）、生活必需品（33 种）、器械（39 种）三大类共 81 种，有苏打饼干、馒头、米饭、咖喱、奶粉、卫生筷、成人尿布、塑料桶，以及发电机、毛毯、草席、担架、简易厕所、造水机、塑料布、救生艇等。小型储备仓库主要储备食品和生活必需品。[②] 灾害发生后，在救援人员到达之前，人们就可以利用这些物资维持基本生存，同时展开自救活动。

（二）灾后生活救助

如果没有应急物资储备，或者应急物资储备不足，或者储备库距离灾区较远、需要长途运输，那么，在灾后 1 个月左右的紧急救援期中，生活救助所需物资的筹集、运输、分发工作将变得非常紧迫。

---

① 伍国春．日本社区防灾减灾体制与应急能力建设模式．城市与减灾，2010（2）：16－20.

② 江東区の防災対策・計画．備蓄倉庫と備蓄物資．（2015－11－25）［2017－07－27］．http：//www. bosai-koto. lg. jp/kotoHP/info _ 7055 _ 7063. htm.

2008年汶川地震之前，国家已经开始实施中央应急物资储备计划，但当时成都市未被列入该计划，而四川各地也没有普及应急物资储备制度。地震之后，城市中的食品、水等物资被一抢而光；农村灾区物资供应则基本处于中断状态，交通中断地区的情况尤为严重。震后5个半小时后，成都出现了向灾区运送方便食品和水的出租车志愿队伍。民政部发出调令，向汶川灾区调运救灾物资。在10日内，共向灾区调运救灾帐篷40.334万顶、被子230.5884万床、衣物305.2万件，第一批约38.4万吨中央储备粮在调运中。红十字会等慈善机构也组织了募捐活动，截至5月22日，共募款214.16亿元，其中到账125.79亿元，但仅向灾区拨付了19.15亿元。各地出现大量自发的个人志愿者和临时的志愿者组织，向灾区运送食品、衣物、帐篷、药品等应急物资。

在2005年的卡特里娜飓风灾害救援中，美国政府已经提前发出了撤离警报，相关部门和民间组织也做了救灾准备，但灾情的严重程度超出了各方预期。飓风之后，美国灾害管理部门（FEMA）及美国红十字会向每个受灾者发放了2 000美元的紧急救助金，一个月后再次发放了2 358美元。美国红十字会短期内募集了21亿美元善款，在27个州和哥伦比亚特区的近1 100个避难所为受灾民众提供了342万个住宿点，与南部浸信会一起为受灾民众提供了5 200万份食物。救世军调用了178个每天能提供5 000份食物的流动食堂以及11个每天能提供20 000份食物的流动厨房，为灾民提供食物。天主教慈善会、联合会、国家灾难行动志愿者组织和众多中小民间组织也提供了大量衣、食、住、行方面的紧急救助。[①] 老人、儿童、残疾人等群体的转移及生活救助工作需要特别的安排。因在残疾人撤离及避难所建造、救灾物资发放等方面表现不力，美国红十字会主席玛莎·埃文斯在救灾过程中引咎辞职。

在过渡安置期，生活救助主要集中在住房、教育、工作等问题上。政府及社会组织向受灾家庭提供过渡性住房服务，包括可拆卸的简易房以及防雨、保温效果较好的帐篷等。在很多灾害事件中，学校因建筑被毁长期停课，一部分学生也跟随家长搬到其他地区，有必要为相关家庭提供教育支出方面的补贴，或者过渡性的教育或学业辅导服务。另外，针对很多人因受灾失去工作或收入来源的情况，政府及社会也有必要为相关个体及家庭提供生活救助金，并提供就业方面的服务，以协助他们尽快摆脱灾害带来的经济困境。

三、公共卫生救助

灾害会导致各种污染源的增加，加上灾民营养状况的下降，灾区容易出现传染病的爆发与流行。瘟疫也是独立的灾害源。历史上，黑死病（鼠疫）、霍乱、天花都曾夺走大量生命。为了防止灾后出现疫情，或控制已发生的传染疾病，需

① 郑琦．灾难过后的反思：关于美国卡特里娜飓风的研究综述．中国非营利评论，2008（2）：241-250.

要动员公共卫生方面的防治力量。

（一）灾后紧急卫生防疫

根据相关规程，洪灾、震灾等灾害的救援部门要在灾后1周内对灾区进行全面的卫生防疫和消毒；如果灾区有气温较高、灾区人口密集、灾区近期有流行病史等情况，则需要及早展开此项活动。

现代公共卫生与防疫医学总结出了一套成熟的应对策略，具体措施包括：（1）建立疫情监测与预警系统，及时发现、治疗和隔离患有严重腹泻、高烧、急性呼吸道感染等疾病的患者；（2）为灾民普遍接种麻疹、伤寒等疫苗，发放补充维生素的药品或营养品；（3）对滋生蚊虫、污染物较多的水体进行大面积消毒，如喷洒长效杀虫剂；（4）及时火化或深埋受难者遗体；（5）定时掩埋或焚烧垃圾，对生活区内及周边的厕所、粪池、牲畜棚圈、禽舍、下水道等蚊蝇滋生的场所进行定期清理、消毒；（6）深埋动物尸体等。

受灾者自助实施的食品和饮水消毒也是灾区卫生防疫工作的重要一环。在农村救灾过程中，工作人员应当向灾民宣传保证食品和饮水安全的基本技巧，并提供明矾、含氯消毒片等消毒物资，以及尽可能充分的洁净食物。

（二）突发公共卫生事件应对

我国自然灾害及应急事务管理的基本法令也适用于高致病性传染病的防控。与地震等自然灾害相比，此类危机事件有特殊的公共受害特征。在现代社会中，人们密集地集中在城市里，城市内和城市间的人流、物流输送快捷，疾病传播链难以监测与管制，这对流行病防控体系构成了极大的挑战。2003年的SARS病毒传播事件出现后，我国的公共卫生应急体系受到严重冲击，整个经济社会都为此付出了沉重代价。

在已确认疫情的地区，政府要采取果断措施，隔离传染源，切断传染链，并进行必要的基层社会动员。在应对SARS疫情的过程中，医院环节的做法主要有：建立隔离区（发热门诊），集中收治疑似病人、确诊病人；建立专门的医疗团队，对医护人员采取严密防护措施，包括服用预防药物等，降低医护团队感染的概率；采用提高救治成功率的医疗方案，降低死亡率。在公共传播环节，通过各种大众传播渠道，普及预防SARS的知识，减少恐慌情绪。在社会动员环节，开展爱国卫生运动，消除社区的卫生死角；控制流动人口，减少人口流动；在非疫区建立疫情监测网络、普及基本疫情监测设备；很多地区实施了社区主动隔离措施，对来自疫区的人员进行重点监测，防止输入性的疫情散播。

四、灾后心理危机干预

灾害会给幸存者乃至整个社会带来心理创伤。大部分心理危机当事者在没有专业人员帮助的情况下能自愈其心理创伤；小部分当事者会或多或少地出现一定程度的心理问题，如焦虑、抑郁、进食障碍、睡眠障碍等，属于创伤后应激障碍(PTSD)。未成年人的心理创伤问题需要特殊对待；救灾工作人员的心理健康问题也需要关注。

(一) 心理危机干预

灾后心理危机干预是向受灾者特别是儿童提供的心理援助服务，意在帮助其恢复心理平衡、重塑心理结构、渡过心理危机。美国国家儿童创伤应激中心(NCCTS)和美国国家PTSD中心制定了《心理急救(Psychological First Aid)现场操作指南》，详细地规划了灾后心理干预的操作规程，并提出了四项原则：与相关科学研究结论的一致性，在实地场合的实用性，根据年龄和发育设计的合理性，按照文化背景诠释的灵活性。[①] 在有宗教传统的受灾社区，宗教组织在抚慰受灾者心灵的各种工作中有不可替代的作用。

心理援助团队需在第一时间进入救助一线，对危机事件类型、心理刺激强度、受灾人群数量与类型划分、现场资源等现场情况进行快速评估；之后，根据心理动力模型等工具快速制订干预方案。2008年汶川地震灾后救助中也有心理危机干预服务。由于工作者缺少相关实务经验，灾区出现了“防火、防盗、防心理咨询”的说法；灾民觉得完成测试后这些心理专家会给他们带来帮助，结果是专家们很快离开了，灾民觉得没有得到真正的帮助。[②] 2015年天津港“8·12”爆炸事件之后，心理咨询工作者组织展开了消防员家属心理咨询、逝者家属哀伤辅导、伤员及家属心理安抚等服务，没有出现“防心理咨询”式的批评。

(二) 心理重建

由于应急救援有各种仓促之处，很多灾后PTSD患者错过了治疗的第一时间。在日本阪神大地震的受灾者中，一些个人或家庭花了10年甚至15年的时间才完全复原。因为没有进一步的心理重建援助，一些受灾者承受着巨大的心理创伤之苦。在1999年台湾地区的“9·21”地震后一年中，灾区民众患抑郁症的比例、自杀率都明显增加。

社区工作者可将PTSD患者转介到正式的心理诊所，接受专科化的心理治疗。另外，有必要在学校和社区中展开疏导心理的各种活动。在中小学中，可由教师组织讲故事、评论新闻、辩论、演戏剧、绘画等课堂活动，为孩子们表达自己的想法、感受和情绪创造机会。这些活动都有心理学、教育学等理论的支持。在“9·21”地震后，台湾地区教育部门组织了社会团体和大专院校戏剧科系，设计了专门的剧目，到灾区学校演出，以此种方式帮助受灾儿童心理

---

① 美国国家儿童创伤应激中心，美国国家PTSD中心．心理急救：现场操作指南．2版．(2006-07)[2017-07-27]．http://www.nctsn.org/sites/default/files/assets/pdfs/PFA_in_Simplified_Chinese.pdf.

② 古学斌．灾后社区工作与社区重建//张和清，裴谕新，古学斌，等．灾害社会工作——中国的实践与反思．北京：社会科学文献出版社，2011：3-25.

重建。[①] 社区中也可以组织各种团体活动，在修复社区关系、增进社区团结的同时，重建社区集体记忆、纾解集体伤痛。由灾民集体参与的戏剧工作坊是一种可行的方案。[②]

五、灾后重建

灾后重建从灾害发生后就已经开始，通常要延续多年，是一个复杂而连续的过程。灾后重建包括心理、社会关系、住宅和生计多个层面，而住宅重建和生计重建是政府和受灾者关注的重点问题。

(一) 住宅重建

住宅重建涉及重建风险评估、资金筹集与监管、土地规划、环境规划、住宅建造与分配、基础设施建设、社区文化资产保存等多项内容。为了尽可能减少规划环节造成的各种问题，有必要让社区、公益组织参与其中，并尽可能做到信息公开、透明。社会参与不但有助于避免专家的盲区，减少规划失败的风险，更有助于激活社区活力，增加政府和专家的公信力。

从选址的角度看，住宅重建包括原址重建和异地重建两种。灾害会导致家庭自发的迁移行为，政府可对其进行异地安置；由政府统一安排的异地重建往往意味着非自愿性移民，重建风险评估判定原住地不再适合居住是选择异地重建的主要理由。但是，异地重建不但要投入巨大的财力，还让居民面临社会资本流失、文化疏离等问题，甚至会出现受灾者因贫困化放弃新家园、返回原住地的情况。因此，世界银行等国际组织以及日本政府都优先推荐原址重建。

(二) 生计重建

城市受灾者在灾后可能面临失业问题。政府的以工代赈项目有助于拉动地方就业，但不一定能惠及特定的受灾者。因此，政府相关部门和非政府组织应当采取培训、介绍工作等积极措施，增加受灾群体的就业机会。

除福岛核泄漏导致土地污染等极端情况，农村受灾家庭在灾后仍然需要继续经营原来的土地。由于灾害带来的各种损失和地方经济萧条等原因，为增加收入，农村家庭需要解决更多的生计重建问题。台湾地区“9·21”地震后，南投县的桃米村在城市文化精英团体的协助下，通过挖掘乡村遗产，创造性地发展出了专注于特色乡村旅游的“桃米生态村”模式。[③]

---

① 张晓华．教育剧场（TIE）在心灵重建上的应用：以九二一灾后巡演为例．艺术教育研究，2001（2）：37－66.

② 张霭珠．绽放在生命与记忆断层的花朵：“九二一地震”心灵重建戏剧工作坊．中外文学，2002（8）：132－157.

③ 林吉郎，杨贤惠．台湾社区产业发展中非营利组织角色之研究：以新故乡文教基金会辅导桃米社区为例．通识教育学报，2005（7）：41－73.

第三节 我国灾害救助的管理与法制

一、我国灾害救助制度的发展

(一) 荒政及其现代转型

在中国古代，由于交通、通信等条件的限制，帝国行政体系实际的灾害管理能力比较有限，又加上天灾即天谴的观念，当灾害发生时，皇帝常以罪己诏检讨政德，而应急事务则交由地方政府权变处理，是为"荒政"。《周礼·地官司徒·大司徒》归纳了地方政府应对灾荒的12种措施："以荒政十有二聚万民：一曰散利，二曰薄征，三曰缓刑，四曰弛力，五曰舍禁，六曰去几，七曰眚礼，八曰杀哀，九曰蕃乐，十曰多昏，十有一曰索鬼神，十有二曰除盗贼。"兴建粮仓、储粮备荒也是一种积极的防灾措施，而组织受灾民众"移民就食"则是安置灾民的重要方法。民国时期的学者邓拓将这些举措背后的理念归纳为三种类型：天命主义禳弭论、消极救济论、积极预防论。①

1840年之后，西方慈善救助模式传入中国，荒政体制逐渐向现代灾害救助体制转变。1894年甲午战争期间，日本赤十字社在辽东战场上救护中日军民数万人，让中国第一次感受到红十字会在战争救护中的重要作用。1904年日俄战争期间，上海成立东三省红十字普济善会；中、英、法、德、美五国人士还创办了"上海万国红十字会"。1910年，"大清红十字会"关防正式启用，但清政府有将绅办民间事业收归国有的意图，红十字会运行陷入低谷。辛亥革命期间，沈敦和发起组织万国董事会、修订章程，官办色彩明显淡化。抗战期间，中国红十字会组织的战争救护取得了很大成绩。

除了继承积谷防饥、平抑粮价等传统赈灾方式之外，民国政府还尝试建立一些现代救灾制度。北京国民政府和南京国民政府都颁布了《勘报灾歉条例》，规范灾情汇报制度。1929年，导淮委员会成立，利用英国返还的庚子赔款在淮河流域兴修水利、纾解水患，但此举遭到地方的各种抵制，进展缓慢。② 1931年，长江、淮河流域发生洪灾，国民政府以高价向美国赊购了45万吨小麦用于救灾，并委托华洋义赈救灾总会开展工赈和农赈。虽然美麦姗姗来迟，但据华洋义赈总会报告，此次受救恤者涉及269个县的500多万人。此次赈济的代价也很沉重，约有1/4的小麦被直接兑换为现金，灾民领取赈济粮后也常低价出售，多省粮价因此大幅下跌，众多农民利益受损。1935年，南京国民政府颁布《实施救灾准

---

① 邓拓．中国救荒史．武汉：武汉大学出版社，2012.

② 佩兹．工程国家：民国时期（1927—1937）的淮河治理及国家建设．南京：江苏人民出版社，2011.

备金暂行办法》，规定了中央和省区两级政府筹建救灾基金及中央财政向地方财政进行补贴的筹资制度。

在根据地时期，共产党除了发动群众进行互济互助、调剂粮款外，还采取了兴修水利、抢种补种、发展副业、消除蝗灾等生产自救措施，形成了政府动员、以生产自救为核心的救灾机制。①

（二）新中国成立以来的灾害救济事业

新中国成立后，中央政府延续了根据地时期的救灾理念。在 1950 年 4 月中国人民救济代表会议上，董必武在报告中提出了灾害救济的性质与定位："在政府领导下，以人民自救自助为基础开展人民大众的救济福利事业。"在 1958 年农村建设"人民公社"期间，救灾工作继续以生产自救为主："依靠群众，依靠集体，生产自救为主，辅之以国家必要的救济。"1983 年，第八次全国民政工作会议将救灾工作方针修订为："依靠群众，依靠集体，生产自救，互助互济，辅之以国家必要的救济和扶持。"

以生产自救为中心的救灾理念与政府主要关注的灾害问题、救灾能力及政治经济形势有关。农业灾害一直是中国主要的灾害类型，每年都有大大小小的农业灾害发生，而中央政府财政能力有限，只能将有限的人力、物力投入到抓粮食生产和抢险、救人上。同时，新中国成立后逐步形成了高效的社会动员机制，政府有信心通过群众动员将救灾机制地方化。另外，由于特殊的国内国际政治局势，中国政府在改革开放之前一直实行灾情信息管制，特别是三年自然灾害和 1976 年唐山大地震期间，中国政府谢绝了国际援助。近年来，随着政府财政能力的增加，以及城市灾害问题的显性化，政府调整了灾害管理体制，开始主动寻求国际人道主义援助，并逐步解除了灾情信息管制。

二、我国关于灾害救助的法律法规

1990—1999 年间，国内学界以"国际减灾十年活动"为契机，引进西方综合减灾的灾害管理理念。1991 年和 1998 年，中国先后两次发生大洪灾；2001 年，美国发生"9·11"恐怖袭击事件；2003 年夏，中国受到 SARS 病毒传播的严重冲击；2008 年奥运会开幕前三个月，汶川发生大地震。在这些事件背景下，中央政府强化了防洪立法和水土保持方面的生态保育资金投入，开始逐步从强调地方特别是社区责任的生产自救体制转向强调政府责任的综合减灾体制，并将灾害管理制度进一步纳入紧急事务应对这一顶层设计中。

1997 年，国务院公布《中华人民共和国减灾规划（1998—2010 年）》，确立了分级管理与分区管理、工程减灾与非工程减灾并重，加强科学研究与国际合作等灾害管理的制度框架；同年，全国人大通过《防震减灾法》，规范了地震救灾

---

① 高冬梅．抗日根据地救灾工作述论．抗日战争研究，2002（3）：182－200.

制度。国务院2005年公布的《国家突发公共事件总体应急预案》与2006年公布的《国家自然灾害救助应急预案》，确立了灾害分类指标和四级应急响应与救灾机制。2007年，全国人大通过《突发事件应对法》，完善了政府为应对紧急事态而进行社会动员与局部管制时所需授权的法律基础。汶川地震后，国务院紧急颁布了《汶川地震灾后恢复重建条例》，规范汶川灾后重建的各项制度。2011年，国务院发布《国家综合防灾减灾规划（2011—2015年）》，提出了“十二五”期间的防灾减灾工作原则：“政府主导，社会参与；以人为本，依靠科学；预防为主，综合减灾；统筹规划，突出重点。”

在规范灾害管理制度的同时，我国政府还将灾害救助纳入社会保障的制度框架。2010年、2014年，国务院先后颁布《自然灾害救助条例》和《社会救助暂行办法》，确立了属地管理、分级负责的灾害救助总体原则，以及紧急救助、过渡期生活救助、农牧区冬春救助和倒损农房恢复重建等四部分内容。

中央政府及民政、水利等部门还针对地震灾害、水旱灾害等特定灾害类型以及灾情预报、物资管理等环节颁布了专门的法规、行政规程与紧急预案。另外，建筑安全与安全生产、慈善捐助等相关领域也包含了灾害救助的法律法规与行政规程（见表4-1）。

除了制定与中央政府规范性法律法规相应的地方配套法规外，一些地方政府还颁布了针对本地情况的地方法规或防灾计划、紧急预案。但这些与防灾减灾相关的法规、计划和预案需要大量财政资金去落实。以城市防洪工程为例，截至2013年，共计170座城市尚未编制出城市防洪规划，全国有340座城市（占总数的53%）没有达到国家规定的防洪标准①；近几年，仅有北京、上海、南京等城市在加强辖区内的防洪、排涝设施建设。

表4-1　我国灾害救助相关法律法规及国家规划

内容	法律法规及国家规划
综合	《中华人民共和国减灾规划（1998—2010年）》（1997）；《国家突发公共事件总体应急预案》（2005）；《突发事件应对法》（2007）；《社会救助暂行办法》（2014）等。
自然灾害救助	《民政部应对自然灾害工作规程》（2004）；《国家自然灾害救助应急预案》（2006，2011，2016）；《自然灾害救助条例》（2010）；《住房城乡建设部、民政部、财政部关于做好住房救助有关工作的通知》（2014）等。
救灾捐助	《红十字会法》（1993）；《国务院办公厅关于加强救灾捐赠管理工作的通知》（1998）；《公益事业捐赠法》（1999）；《救灾捐赠管理办法》（2008）；《慈善法》（2016）等。
灾情汇报	《统计法》（1983，1996，2009）；《地震灾情速报规定（试行）》（1999）；《国家保密局、民政部关于因自然灾害导致的死亡人员总数及相关资料解密的通知》（2005）；《自然灾害情况统计制度》（2008）；《特别重大自然灾害损失统计制度》（2014）等。

① 吴春．城市化地区防洪排涝规划研究．城市道桥与防洪，2014（3）．

续前表

内容	法律法规及国家规划
灾害保险	《民政部关于当前开展救灾合作保险试点工作的意见》（1988）；《国务院关于加快发展现代保险服务业的若干意见》（2014）等。
财政与物资保障	《中央级救灾储备物资管理办法》（2002）；《中央级防汛物资管理办法》（2004）；《救灾物资回收管理暂行办法》（2008）；《自然灾害生活救助资金管理暂行办法》（2011）等。
建筑与安全生产	《建筑法》（1997，2011）；《安全生产法》（2002，2009，2014）；《消防法》（1998，2008）；《环境影响评价法》（2002，2016）；《生产安全事故报告和调查处理条例》（2007）等。
地震灾害	《破坏性地震应急条例》（1995，2011）；《防震减灾法》（1997，2008）；《地震现场工作规定（试行）》（2000）；《地震应急检查工作制度》（2004）；《汶川地震灾后恢复重建条例》（2008）等。
水旱灾害	《水法》（1988，2002，2016）；《防汛条例》（1991，2005，2011）；《防洪法》（1997，2009，2015）；《抗旱条例》（2009）等。
气象灾害	《气象法》（1999，2009，2014，2016）；《防沙治沙法》（2001）等。
海洋灾害	《国家海洋局关于加强预防沿岸海域赤潮灾害的通知》（1990）；《国家海洋局海上应急监视组织实施办法（试行）》（1991）；《海洋环境预报与海洋灾害预报警报发布管理规定》（1993）等。
地质灾害	《地质灾害防治条例》（2003）等。
草原、森林火灾	《森林法》（1984，1998，2009）；《草原法》（1985，2002，2009，2013）；《森林防火条例》（1988，2008）；《草原防火条例》（1993，2008）等。
生物灾害	《植物检疫条例》（1983，1992）；《进出境动植物检疫法》（1991，2009）；《动物防疫法》（1997，2007，2013，2015）；《农业转基因生物安全管理条例》（2001，2011）等。

三、我国灾害救助的款物筹集

（一）物资储备

1998年河北省张北地震之后，民政部、财政部宣布建立中央级救灾物资储备制度。相关物资专项用于紧急救助、转移安置灾民，由中央财政安排资金，民政部负责采购、储备和管理。另外，各级地方政府也在加快救灾物资储备库建设。截至2014年，天津等18个城市建有中央救灾物资储备库，主要储备单帐篷、棉帐篷等重型物资以及棉被、棉衣裤、睡袋、折叠床、折叠桌凳等轻型物资；仅江苏一省，就建成了90个省级应急物资储备库。

1996年，国家防汛抗旱总指挥部办公室开始筹建中央防汛抗旱物资储备体系，中央财政安排专项资金，从特大防汛经费中列支，由水利部负责管理，现建有15个中央级防汛物资储备定点仓库。储备物资包括防汛物资和抗旱物资，前者包括编织袋、冲锋舟、应急灯、救生器材等，后者包括大功率水泵、深井泵、汽柴油发电机组、输水管等。中国红十字会系统也建成了应急物资储备网络，包括 6 个区域性备灾救灾中心，以及 15 个省级红十字会和 70 多个地市级、县级红十字会建成的备灾救灾中心或物资库。①

(二) 资金筹集

目前，中央政府和各级地方政府的财政资金是我国救灾各项支出的主要来源，中央政府向地方政府进行转移支付，另有对口支援这一横向转移支付制度。汶川地震之后，中央政府将 4 万亿中央投资计划中的 14%用作汶川重建基金，约 5 600 亿元；还安排全国 21 个省份对口支援四川省的重灾县市，甘肃和陕西的灾区也有对口支援。2012 年年初，国务院宣布，四川 142 个受灾县的恢复重建与发展重建总投资达 1.7 万亿元。

2011 年以来，自然灾害生活救助资金是紧急救助与临时安置阶段的专项资金，主要用于 7 类支出：(1) 灾害应急救助；(2) 向因灾死亡人员家属发放的抚慰金；(3) 临时安置期生活救助，主要帮助无房可住、无生活来源、无自救能力的群众；(4) 倒塌、损坏住房修复与重建补助；(5) 旱灾临时生活困难救助；(6) 冬春临时生活困难救助；(7) 中央级救灾储备物资采购和管理费。中央政府和地方政府也分担筹资责任。根据不同省区的不同财力，各省区在特大灾害的救助中分别承担 50%、40%、30%。当地方在执行第 3～6 项任务财力不足时，可逐级向上申请自然灾害生活补助资金；遭受重大灾害的省区可向财政部、民政部申请中央自然灾害生活补助资金。在灾后重建过程中，道路、管网、学校等基础设施和公益设施所需的资金，地方政府可向国家发改委申请中央预算内救灾应急补助专项资金。各种灾害涉及不同的行政部门，水利、海洋、林业、农业（含草原）等部门也有各自的救灾专项资金渠道。

社会捐赠也是我国救灾物资的重要来源，并受内地慈善捐赠相关法律的规范。捐赠者包括来自大陆、港澳台及海外的自然人、企业和其他组织。接受捐赠的主要是中国红十字会、中华慈善总会等社会慈善大型机构，灾区的地方慈善组织也接受捐赠，其他慈善组织也可以为特定灾害事件展开专项募捐活动。灾区的地方政府也从福彩公益金中划拨救灾资金。

四、我国灾害救助中的社会参与

(一) 灾害救助中的民间组织参与

灾害救助是一种公共产品。灾害发生后，市场机制失灵，媒体或民众往往期待政府充当救世主的角色。但政府在救灾的很多环节或领域中显得力不从心，效率与效果都可能出问题，前者表现为政令不通、信息沟通迟滞、部门权限冲突

---

① 刘利民，王敏杰．我国应急物资储备优化问题初探．物流科技，2009 (2)：39-41.

等，后者表现为重建资源分配不均、官员和利益集团在其中谋私利等问题。[①] 在2005年美国卡特里娜飓风之后的救灾行动中，就有政令混乱、分配不公的问题。[②] 政府和市场的失灵要求社会组织作为第三方参与其中。非政府组织有反应迅速、机动灵活、过程透明的特征，可以弥补政府的不足，形成政府与非政府力量协同应对灾害的机制。[③] 当然，民间机构也会有因资源有限而无法兑现组织承诺等失灵问题。

红十字会参与灾害救援的历史最为悠久。除了参与战争救援外，自然灾害救援也是红十字会的主要工作领域。在1995年阪神大地震之前，日本赤十字社一直是参加各种救援活动的主要民间机构。1905年，美国国会特许美国红十字会作为和平时期国内及国际救灾实务的主要协调机构；1906年，旧金山发生地震，25万人无家可归，红十字会在为灾民提供食物和临时住所方面起到了关键作用；在2005年卡特里娜飓风灾后救援中，美国红十字会为约120万家庭提供了经济援助，超过370万灾民接受了该组织的救助。[④]

时至今日，西方各国均已形成了发达的民间组织网络，在救灾中起到的作用也越来越大。以阪神大地震和2004年新潟中越冲地震为例，可以看到日本NGO参与救灾活动时的特征：紧急救援阶段需要大量人力，民间组织投入了大量人力；灾后重建阶段，大部分NGO撤离了灾区。[⑤] NGO有自己的相对优势项目，能够有效补充而不是取代政府紧急救援和灾民自救机制。[⑥]

NGO的制度化能力是其有序参与救灾活动的保证。从2007年新潟中越冲地震救灾活动可以看到当前日本草根NGO参与的框架和流程：震后4个小时内，半官方的新潟县社会福祉协会在新潟市成立“新潟县灾害救援志愿者本部”，并在灾区分设了4个志愿者中心，搭建了一个网络框架。志愿者中心的主要工作有：（1）志愿者招募与岗位分发。救灾活动需要大量普通志愿者，也需要看护员、助理看护员等专业志愿者，个人志愿者需要到中心登记，由中心分配具体的岗位或工作。（2）志愿者安全保障。向志愿者提供交通支援以防止发生交通意外，为志愿者购买专门保险。（3）需求调查。在救灾初期，中心志愿者团队努力调查避难所，展开入户访谈，了解受灾家庭的情况和需求。（4）地方志愿组织支

---

① FISCHER H W. Response to disaster：fact versus fiction and its perpetuation：the sociology of disaster. Lanham：University Press of America，1998：1-12.

② SCHNEIDER S K . Administrative breakdown in the governmental response to Hurricane Katrina. Public administration review，2005（65）：515-516.

③ 徐祖荣．非政府社会救助：社会救助主体多元化的必然选择．昆明理工大学学报（社会科学版），2007（4）：1-7.

④ 徐富海．城市化生存：卡特里娜飓风的应急和救助．北京：法律出版社，2012：191-192.

⑤ 李妍焱．日本志愿领域发展的契机——以阪神大地震对民间志愿组织起到的作用为中心．中国非营利评论，2008（2）：59-81.

⑥ 木村玲欧，田村圭子，井ノ口宗成，林春男，浦田康幸．災害からの被災者行動・生活再建過程の一般化の試み—阪神・淡路大震災、中越地震、中越沖地震復興調査結果討究．地域安全学会論文集，2010（13）：175-185.

援，为当地及邻近地区的地方支援团体提供信息交流平台。[①]

在 2008 年汶川地震救灾的过程中，人们除了在单位、社区中向公立基金会或民政部门捐助款物、加入共青团系统的志愿者队伍之外，还以各种方式志愿参与救灾活动。主要的参与方式有：

(1) 个人志愿行动。个人主动向基金会及灾区民政部门进行捐助；响应团委及其他 NGO 的志愿者招募信息，到灾区参加志愿活动；一些企业家也运用个人企业的资源参与救灾。

(2) 临时的组织化志愿行动。成都市出租车司机在灾后几小时内组成临时队伍向灾区运输食品和水；一些社会知名人士利用互联网平台募集款物后，又组织人力、物力将慈善款物送达灾区，分发给受灾群众。

(3) NGO 的组织化志愿行动。成都本地的草根 NGO 和国外 NGO 分支机构快速做出反应，利用互联网渠道向公众传播自救方法、避难所等信息，为灾民提供力所能及的各种援助，有的甚至将自己的家变成临时避难所。广东、上海及香港等地的社工组织和 NGO 也通过"援建"等方式前往四川，向灾区民众提供社会服务。NGO 还建立连接平台，协调与政府间的关系、整合需求信息与志愿资源。[②] 震后四个月左右，像阪神地震后救灾的情形一样，大部分 NGO 撤离了灾区；到 2009 年 4 月，灾区约有 50 家 NGO，志愿者不到 5 万人。[③]

(4) 民间公益基金的募捐活动。2007 年，李连杰团队在红十字会框架下发起了"中国红十字会李连杰壹基金计划"，在汶川震灾发生后，壹基金与各大网站联合发起募捐，首日收到善款超过 1 000 万元。非公募的南都公益基金会也提供了善款。

(二) 灾害社会工作的探索

2008 年汶川地震发生后，中国社会工作协会、中国社会工作教育协会以及上海、广东及香港、台湾地区的有高校背景的社工服务组织等共 40 余支专业团队参与了灾害救助服务工作，四川本地也出现了一批社工服务组织。

这些组织大部分在过渡安置和永久安置阶段获得当地政府的进驻准许，很多组织在灾区提供了 1～3 年的服务。经费紧张是相关组织普遍面临的问题。在灾区服务的初期，这些组织主要靠自筹经费、基金会赞助等维持运行；在社工服务逐步受到认可之后，一些社工组织获得了政府购买的社工服务项目，继续提供灾后重建阶段的服务。[④]

---

① 伍国春．志愿者服务及其制度化研究——基于日本中越冲地震灾害志愿者中心的实证分析．甘肃行政学院学报，2010 (5)：73-81.

② 朱健刚，赖伟军．"不完全合作"：NGO 联合行动策略——以"5·12"汶川地震 NGO 联合救灾为例．社会，2014 (4)：187-209.

③ 林闽钢，战建华．灾害救助中的 NGO 参与及其管理——以汶川地震和台湾 9·21 大地震为例．中国行政管理，2010 (3)：98-103.

④ 边慧敏，林胜冰，邓湘树．灾害社会工作：现状、问题与对策——基于汶川地震灾区社会工作服务开展情况的调查．中国行政管理，2011 (12)：72-75.

这些组织在城市中的集中安置社区、受灾农村社区、受灾学校中建立工作站，向受灾群众开展专业服务，以残疾人、老人、青少年与儿童、妇女等弱势受灾家庭与个人为重点服务对象。例如，香港理工大学水磨中学社工站为师生开展了生命教育、亲子互访、教师置换、教师精神卫生健康小记者、暑期课业辅导等服务；汶川大同社工服务中心为汶川县 13 个乡镇的孤儿与孤老等弱势群体提供了救助服务，并且为受灾群众、参与救灾工作的干部和援建工作者提供了心理压力疏导服务。[①] 这些服务主要集中在交通方便、人口集中的城镇中，而专门针对农村社区的灾害社工团队较少。中山大学和香港理工大学社工专业师生组成的团队在映秀灾区组织了手工小组、种植小组、民宿小组，探索出了发展可持续生计的农村灾后重建模式。[②] 总体而言，这些组织主要介入了社区照顾、儿童福利、心理辅导、残障康复、文化教育、社会救助等微观服务领域，而在灾后重建规划和政策倡导等宏观领域介入较少。[③]

五、我国灾害救助的问题及其完善

（一）我国灾害救助存在的主要问题

自 20 世纪 90 年代以来，我国逐步建立了以应急响应与综合救灾为中心的灾害管理法律与行政动员框架，也形成了社会力量参与救灾的组织与制度基础，可以说取得了巨大成就。但整个灾害救助体系的诸多关键环节仍存在一些问题。

第一，在灾害管理体制层面，已有防灾体制对农业时代的灾后救援问题给予了充分关注，但对城市灾害和工业灾害的预防问题关注不足。在 1976 年的唐山地震中，大片住宅和工业建筑倒塌，造成大规模的伤亡；2008 年，汶川地震中大量城市居民住宅倒塌；2012 年，北京市发生“7·21”暴雨洪灾；2015 年，天津滨海新区危险品仓库发生爆炸事故，导致附近大片居民区受灾。我国已初步建立、完善了相关法规，但从已有的救灾案例中可以看到，城市防灾减灾相关的城市区域环境安全、建筑安全、防灾基础设施建设、卫生防疫紧急响应等诸多领域存在规划落实不充分、基础设施投资不足等问题。

第二，在救灾资金筹集方式层面，救灾资金主要依靠政府资金，辅以社会捐助，缺少巨灾保险作为补充资金来源。各级政府都没有固定比例的常规防灾预算，资金筹措时明显具有应急财政的特征。

第三，在应急救助环节，政府救灾体系和社会的应急能力也有很大的提升空间。如，避难所数量明显不足。各级政府正在建设防灾物资储备库，储备物资的种类、数量、储存点分布等细节有待改善。专业应急队伍规模明显偏小、分工不

---

① 边慧敏，林胜冰，邓湘树．灾害社会工作：现状、问题与对策——基于汶川地震灾区社会工作服务开展情况的调查．中国行政管理，2011（12）：72-75.

② 张和清，裴谕新，古学斌，等．灾害社会工作——中国的实践与反思．北京：社会科学文献出版社，2011.

③ 柳拯．社会工作介入抗震救灾和灾后恢复重建报告．中国社会工作，2010（13）．

足，专业装备配备不足。这些情况在汶川地震救灾中有明显体现。目前，专业救援队伍有所增加，但营救环节的专业队伍仍然不足。在居民自救能力提升方面，学校教育尚未普及灾害教育，公共教育中仅有全国防灾减灾纪念日活动；社区自救更多依靠政府行政能力，缺少居民参与的基层自助式救灾组织。

第四，在灾后重建环节，民间组织在应急救助与临时安置阶段有较充分的参与，但在社区重建阶段，包括社工组织在内的民间组织的参与度明显不足。不仅如此，受灾居民在灾后重建各种规划决策中的参与度也比较低。

（二）我国灾害救助制度的完善对策

城市防灾减灾体系的完善，不仅需要制订规划，更需要落实规划。对于已建成的住宅、工厂和各种基础设施，各地政府应增加投资，新增、改造防灾减灾基础设施，强化城市防灾能力。事实上，建设防洪堤、排涝管道等设施需要大规模资金，这类公共投资也有拉动地方经济的效果。对于新建各种建筑和民用设施，监管部门应当以社会安全为底线，在建设、建造时依法落实安全标准。

改善资金筹集机制，提高筹集额度，是提升我国灾害管理能力的基本前提。日本不断遭受地震、海啸等灾害，美国存在区域性的灾害多发区；基于各自的国情和财政传统，日本建立了高比例投入的财政资金体制，而美国建立了政府筹资加巨灾保险的筹资模式。我国的情况与美国更相近一些，应当提高政府防灾减灾一般预算额度，以保证科研、防灾的持续投入，同时在灾害高发区推广灾害保险计划。

在灾害多发区，可适当增加应急物资储备库的数量。针对应急专业队伍规模偏小、营救能力不足的问题，可细化现有消防部队的专业分工，并配置适合城乡极端灾情的特种设备。另外，政府也可以支持蓝天救援队等民间志愿组织，特别是协助解决其设备投入问题。学校和社区中的防灾教育也应当常规化。

为了减少灾后重建各种规划的失败风险，有必要将受灾群众、民间公益组织等利益相关者纳入决策环节。受灾者不只是单纯的援助对象，也是重建过程的重要参与者，还是未来复建地区的主体，规划过程应当顾及他们的意见与想法。

【本章小结】

灾害是社会系统被骤然打乱并伴有生命和财产损失的社会事件。在灾害管理体系中，灾害救助包括救灾准备、应急救助和灾后重建三部分。从社会保障的角度看，灾害救助是由政府和社会向受灾个人及家庭提供现金、实物以及社会服务，以协助其渡过心理危机、重建社会关系以及生活秩序的整个过程。在救灾制度体系中，社会工作者也有一席之地，在紧急救援、过渡安置和永久安置阶段都有值得拓展的专业领域。总体而言，社会组织是灾区NGO的一部分；在提供服务的过程中，社工组织需要与其他NGO和政府部门建立网络，在其中获得资源并传递给受灾人群。发达国家和地区总体上加强了灾害管理制度建设，灾害救助筹资机制比较完善，也各有特点。近三十年，我国内地的灾害管理制度建设取得了明显成就，民间力量也在探索参与紧急救援及灾后重建的具体方法与路径。总体而言，我国灾害管理体系仍然有明显的临时应急、城市防灾减灾措施薄弱、社会力量参与不足等问题，在诸多制度层面有改善、提升的空间。

【思考题目】

1. 什么是灾害与灾害救助？
2. 社会工作在灾害救助中的作用如何？
3. 灾害救助的主要内容包括哪些？
4. 民间组织参与的救灾活动有何特点？
5. 近三十年来，中国灾害救助制度发生了怎样的变化？
6. 如何认识灾害救助中的社会参与？
7. 我国灾害救助的问题有哪些？如何改善？

案例讨论

案例一：汶川地震抗震救灾款物管理

在抗震救灾资金物资审计过程中，审计署已发布 3 次阶段性审计情况公告。2008 年 8 月 4 日后审计发现的主要问题如下。

(1) 个别地区灾情上报不准确。由于震后交通、通信不便，难以实地核实灾害数据和情况，部分地区、单位依据局部灾情对本地区、本单位损失情况进行推算、估算，以及对相关政策、要求的理解有偏差，导致了在抗震救灾初期上报的受灾损失和受灾人数不准确。

(2) 少数地区救灾资金拨付、使用不及时。一是救灾资金拨付不及时。如四川省财政厅对收到财政部安排的地震引发次生地质灾害调查评价经费 2 000 万元未及时拨付到位，造成省地矿局等项目实施单位不得不自行垫支经费开展工作。二是救助金发放不及时。

(3) 个别单位救灾物资管理不规范。一是个别救灾物资未纳入统计。截至 8 月 20 日，四川省彭州市抗震救灾抢险指挥部、市公安局接受捐赠的 302 万元移动电话充值卡收、发、余情况，未纳入救灾物资统计，也未对外公示和上报。二是由于接受物资的资产权属不清、缺少发票等原因，部分接受物资未入账核算。

(4) 少数单位救灾物资未按需采购，部分物资价格偏高。一是部门之间缺乏有效的信息沟通机制，导致救灾物资重复采购。二是采购价格明显偏高。

(5) 个别单位擅自改变救灾资金用途。一是四川省茂县卫生局将县财政拨入的捐赠资金 2.02 万元以会务费的名义列支，用于抗震救灾先进个人和集体奖励。二是共青团甘肃省委将上级拨付以及自行接受的救灾捐赠资金 86 万元下拨至基层单位用于工作经费。三是甘肃省陇南市交通征稽处将省交通征稽局下拨的抗震救灾专项补助款 4.96 万元用于奖励、发放职工补助和防暑费。

(6) 部分行业募集的本系统内职工捐款大量结存。四川省电力公司、成都铁路局等7家中央在川单位组织本系统职工为灾区群众和本系统内受灾职工捐献的救灾资金，截至8月底，尚有2 640.43万元存放在这些单位。

资料来源：汶川地震抗震救灾资金物资总体审计结果公布．(2008-12-31) [2017-07-27]．http：//www.chinanews.com/gn/news/2008/12-31/1511084.shtml.

思考题：

如何加强对灾害救助中款物的管理?

案例二：汶川地震中的心理干预

从汶川地震废墟走出的幸存者目睹了地震的惨烈，眼见亲人的生命被灾难吞噬，身体的伤痛和心理的伤痛极易产生惊慌、悲痛、恐惧等心理障碍；同时一些救援人员在救援过程中，也会生出焦虑、不安、厌食等一系列不良心理反应。要抚平这两类人群心灵的创伤，必须通过心理干预帮助他们走出大地震的阴影。

黄瑛，福建公安边防总队组建的救援队随队医生，在接受记者采访时说："我是在医疗救助过程中逐渐进行心理干预的，最早是从15日进入水磨镇时开始做。心理干预可以说是一种看不见的救治，但却对救灾起着极为重要的作用，我们主要是通过让受灾群众宣泄痛苦，跟他们握手、拥抱，鼓励等方式进行心理干预的。"

她给记者讲了几个感人的故事：都江堰新建小学，一共有400多人，但只有27人逃了出来，二年级的董学科是幸运者之一，地震发生时，董学科躲过了一劫，他跑出来再回头看时，学校已经变成了一片平地，很多同学、老师瞬间被埋在了废墟下，这种经历对8岁的董学科打击是沉重的，他变得不愿说话，很孤僻，害怕高楼。黄瑛见到孩子后主动和他交流，让孩子宣泄心中的痛苦，之后对他进行抚慰。

黄瑛亲切地对他说："你要坚强，活下来了就要好好珍惜，家园虽毁了，但只要有人在，就有希望在，振作起来好好学习，将来四川的建设还要靠你呢!"通过不断的交流、安慰，董学科逐渐走出了阴影。"他现在愿意和我说话了，而且能笑，能和我握手、拥抱，他跟我说要好好学习，长大了也想当兵，还想做官，做了官带领大家重建家园。"

在汶川县漩口镇有一位89岁的老人，他的一个孩子在地震中遇难了，其他子女下落不明。老人家震后由于悲伤、担惊受怕，出现了血压高、食欲缺乏的症状，黄瑛一边给老人检查身体，一边劝慰说："老奶奶，你要好好活着，保重身体，你的孩子在天堂才能安心。"说着，黄瑛从自己的挎包里摸出一根火腿肠塞给老奶奶，让她补充补充营养。

黄瑛说，部队官兵现在也需要心理干预，时间长了官兵们容易想家，而且连续的抗震救灾使很多官兵身心俱疲，针对这些情况，我们对官兵进行情感上的疏导，振奋他们的士气，而且我们还和他们做一些心理游戏，帮助他们减压。

资料来源：心理干预帮他们走出大地震的阴影——5名抗震救灾一线警察的救援"心经". (2008-05-22) [2017-07-27]．http：//news.sohu.com/20080522/n257005550.shtml.

思考题：

灾害救助中心理干预有何必要性？如何做好灾害救助中的心理干预工作？

推荐文献

1. 高冬梅．抗日根据地救灾工作述论．抗日战争研究，2002（3）．

2. 商彦蕊．灾害脆弱性概念模型综述．灾害学，2013（1）．

3. 吴滔．清代江南社区赈济与地方社会．中国社会科学，2001（4）．

4. 周秋光．晚清时期的中国红十字会述论．近代史研究，2000（3）．

5. 朱健刚，赖伟军．"不完全合作"：NGO 联合行动策略——以"5·12"汶川地震 NGO 联合救灾为例．社会，2014（4）．

6. 张宜君，林宗弘．不平等的灾难：921 地震下的受灾风险与社会阶层化．人文及社会科学集刊，2012（2）．

7. 林万亿．灾难救援社会工作：以台北县 921 地震灾难社会服务为例．台大社会工作学刊，2002（7）．

8. 张霭珠．绽放在生命与记忆断层的花朵："九二一地震"心灵重建戏剧工作坊．中外文学，2002（8）．

9. 林吉郎，杨贤惠．台湾社区产业发展中非营利组织角色之研究：以新故乡文教基金会辅导桃米社区为例．通识教育学报，2005（7）．

10. 任自力．美国洪水保险法律制度研究——兼论其变革对中国的启示．清华法学，2012（1）．

11. 徐祖荣．非政府社会救助：社会救助主体多元化的必然选择．昆明理工大学学报（社会科学版），2007（4）．

12. 张和清，裴谕新，古学斌，等．灾害社会工作——中国的实践与反思．北京：社会科学文献出版社，2011.

13. 朱健刚，王超，胡明．责任·行动·合作——汶川地震中 NGO 参与个案研究．北京：北京大学出版社，2009.

14. 伍国春．灾害救助的社会学研究——印尼、中国、日本案例比较．北京：北京大学出版社，2014.

15. 周利敏．西方灾害社会学新论．北京：社会科学文献出版社，2015.

16. 徐富海．城市化生存：卡特里娜飓风的应急和救助．北京：法律出版社，2012.

17. 布吕尔．饥荒与政治．北京：社会科学文献出版社，2010.

18. 魏丕信．十八世纪中国的官僚制度与荒政．南京：江苏人民出版社，2006.

19. 佩兹．工程国家：民国时期（1927—1937）的淮河治理及国家建设．南京：江苏人民出版社，2011.

第五章 养老保险

【学习目标】

1. 掌握养老保险的概念、特点、类型；
2. 熟悉养老保险制度的产生与发展进程及其背景；
3. 掌握养老保险的筹资机制与给付机制；
4. 准确把握我国养老保险的制度现状；
5. 总结我国养老保险制度的成就与问题；
6. 对我国养老保险制度的未来改革进行思考。

养老保险是社会保险和社会保障体系的重中之重，是加强老年人的经济保障、实现“老有所养”的重要制度安排。在我国人口老龄化的背景下，需要加快推进养老保险制度建设。

第一节 养老保险概述

对养老保险概念的理解是准确把握养老保险内容的基本前提。需要明确养老保险的概念及其特点，了解养老保险制度的类型，熟悉养老保险制度的历史沿革。

一、养老保险的概念及特点

（一）养老保险的概念

关于养老保险的概念，不同专家学者有不同的认识，分别在相关著作中对养老保险的概念进行了界定。综合相关学者的定义和国内外养老保险制度的发展实践，我们认为：养老保险是国家依据相应的法律法规和政策而设立，根据以责任共担为主的原则筹集资金，以收入再分配的方式，遵循一定的待遇计发规则，通过经办服务机构对那些达到法定退休年龄或者因年老、疾病、伤残等原因失去劳动能力、退出劳动领域的劳动者给予相应的收入支持，保障老年人基本生活、解除劳动者后顾之忧的一种社会保险制度。

这个定义包含了以下几个要素：第一，养老保险的主体是国家或政府，为劳动者提供养老保障是国家应尽的职责；第二，建立养老保险制度的依据是相应的法律法规和政策；第三，养老保险的主要筹资原则是责任共担，强调国家、雇主、个人等多个主体共同缴费，权利与义务相结合；第四，养老保险待遇的计发需要遵循一定的规则，而且是通过代际或代内收入再分配的方式来体现的；第五，需要设立相应的机构来经办相关养老保险事宜，实现养老保险的社会化；第六，获得养老保险待遇的基本条件，除了按要求履行缴费义务外，还需要达到法定退休年龄，或者因特殊情况提前退出劳动领域。

（二）养老保险的特点

养老保险具有以下几个特点：

一是需求普遍。年老是每个正常人的必经阶段，是人一生的基本生理规律。当达到一定年龄之后，人就会出现生理机能的减弱和衰退，劳动能力和生活自理能力减弱，劳动收入减少直至完全失去劳动收入，需要借助外部的帮助才能维持基本生活。老年人在应对生活风险方面的能力随着年龄的增长而逐渐减弱；在工业化的背景下，家庭的养老功能逐渐减弱。由于老年风险具有普遍性，养老保险需求也具有普遍性。

二是地位重要。老年风险是个人和家庭面临的重要风险，养老保险在整个社会保险和社会保障体系中的地位非常重要。随着人口预期寿命的延长，养老保险的重要性更加突出。养老保险的重要性具体体现在保障人数、筹资规模、待遇水平、支付期限等方面。因而社会各界对养老保险的关注度要明显高于其他社会保险项目。

三是长期积累。与其他社会保险项目不同的是，养老保险参保者在获得待遇领取资格之前，需要经过相当长时间的缴费积累，我国目前规定的最低缴费年限为 15 年，一些国家规定的最低缴费年限甚至超过 30 年。从现实来看，一般来说，劳动者在工作时期一直在缴费。积累的长期性是为了有效应对支付的长期性，加强资金积累也是许多国家应对人口老龄化的重要举措。

四是形式多样。作为应对老年风险的制度安排，养老保险的制度形式是多种多样的，在不同的国家，甚至在一个国家的不同时期，养老保险的制度形式也可能存在差异。养老保险的形式多样，不仅指制度类型多样，而且体现出多层次性，包括基本养老保险、补充养老保险、个人储蓄养老等多个层次，通过多元、多层次的制度安排满足不同人群的养老保险需求。当然，在一个国家内，养老保险的制度可以体现出多层次性，但不宜过于多样化。

五是管理复杂。养老保险制度涉及的人群多样、人数众多，需求差异大，资金规模大，积累和支付周期长，需要有一套科学、高效的管理体系。需要加强养老保险行政管理、业务管理、基金管理和监督管理工作，防范和应对制度内外风险，增强养老保险制度的可持续性。管理的核心和重点是养老保险基金管理，包括基金筹集、投资、管理、支付等方面。实践中养老保险诸多问题的产生正源于管理的不完善、不科学。

二、养老保险制度的类型划分

根据不同的标准，养老保险制度可以划分为不同的类型。

根据筹资方式划分，养老保险制度包括现收现付型、完全基金积累型和部分积累型三类。现收现付型养老保险制度主要追求短期的财务平衡，一般是在年度内保持收支平衡，没有结余资金或者只有极少的结余资金。完全基金积累型养老保险制度则是根据养老保险制度长期收支平衡的原则和将要提供的待遇水平而事先精算出一定的缴费水平，个人在就业期间为将来的养老进行缴费积累，实行完全的个人账户模式。部分积累型养老保险制度则是现收现付型与完全基金积累型的结合，综合体现了现收现付型和完全基金积累型的特点。

根据待遇确定的方式划分，养老保险制度包括缴费确定型、给付确定型和混合确定型三类。缴费确定型养老保险制度往往实行的是部分积累或完全积累的模式。给付确定型养老保险制度则事先有一个固定的给付标准，与个人缴费多少没有必然的联系，个人收益比较固定，体现了“以支定收”。混合确定型养老保险制度则综合了缴费确定型与给付确定型的特点。

以筹资方式和给付方式结合的主要养老保险制度包括缴费确定型的现收现付制、缴费确定型的基金积累制、给付确定型的现收现付制、给付确定型的基金积累制等类型。

此外，根据制度的层次，可以分为单一层次的养老保险制度和多层次的养老保险制度。根据养老保险制度的责任主体，可以分为国家法定养老保险制度、企业补充养老保险制度和个人储蓄养老保险制度。根据参与养老保险制度的自愿程度，可以分为强制性的养老保险制度和自愿性的养老保险制度。根据管理的主体，可以分为政府管理的养老保险制度和私人管理的养老保险制度。

三、养老保险制度的产生与发展

长期以来，各国老年人的晚年生活主要由家庭成员予以支持，称为“家庭养老”，家庭在养老方面的作用至今不可忽视，尤其是一些东方国家，受儒家文化的影响，家庭观念根深蒂固，家庭成为人们物质和精神生活的归宿。在今天看来，家庭养老这种非正式的、非制度化的养老形式已经开始动摇，养老形式逐步开始走向社会化、制度化。

家庭养老是农业社会的主要养老形式，农业社会时期的生产力发展到一定程度，但又处于欠发达的阶段。劳动者随着人身自由的获得和生产资料的获得，开始通过自己的劳动维持个人和家庭的生活。劳动者随着年龄的增长，各项技能更加成熟，经验更加丰富，拥有的可支配资源越来越多。正因为如此，老年人在家庭和社会中拥有较高的地位，社会和个人对老年人非常尊敬，老年人处于家庭的核心地位，赡养老年人成为后代应尽的义务，否则后代会丧失家庭财产，受到社会舆论的谴责。

但是，随着各国生产力的不断发展，人们的各类需求不断增长，原有的生产方式已经不能满足人们的各类需求。传统的农业、手工业作业形式已经不能满足发展的需要。以英国为首的西方国家率先开始探索发展现代工业，现代工业的发展对作为生产资料的土地和传统生产方式带来了极大的冲击。人们开始走出家庭、走向工厂，获取个人生存和家庭生活的来源。随着机器大工业的出现和现代科技的快速发展，老年人所拥有的传统技能已经不能适应工业发展的需要，老年人所拥有的财产、资源、权力和社会地位逐步下降。随着生活节奏的加快，年轻人在家陪伴、照顾老人受到了时间和距离的限制。由此可见，以家庭养老为养老的主要形式在工业社会已经越来越困难。

随着工业化进程的加快，各国开始探索在家庭之外建立社会养老保险制度。现代社会养老保险制度出现在19世纪末期，以1889年德国《老年和残疾保险法》的颁布为标志，德国对所有工人和普通官员实行老年和残疾社会保险制度，由国家、单位、个人三方共同负责筹集保险资金，其中以单位和个人缴费为主，政府给予适当补贴。劳动者退休后，根据在职时的工资领取退休金。凡是年满71岁，缴纳保险费30年以上者，均有权获得相应的退休待遇。① 此后，欧美其他一些国家相继建立了不同类型的社会养老保险制度。

二战以后，各国养老保险制度不断完善，养老保险待遇水平不断提高，国家、社会、单位、个人之间在养老保险制度方面的合作机制不断健全。尤其是二战以后西方纷纷掀起建立福利国家的浪潮，进一步推动了养老保险制度的发展。全球化、工业化、市场化、信息化进程的加快，对各国养老保险制度的发展提出了新的要求，经济社会的发展变化将促进各国养老保险制度的进一步改革和完善。无论如何，从家庭养老走向社会养老已经是各国养老保险制度发展过程中的不可逆转的趋势。

第二节
养老保险的筹资、给付与管理

筹资、给付与管理是养老保险制度运行的关键环节，在推进养老保险制度建设的过程中，尤其需要准确把握筹资、给付与管理的机制与实践。

一、养老保险基金的筹集

（一）筹资模式

养老保险的筹资模式主要分为现收现付制、部分积累制和完全基金积累制三类。前面在养老保险制度的分类中已经交代了不同筹资模式的内涵，这里只比较

① 姜向群．老年社会保障制度——历史与变革．北京：中国人民大学出版社，2005：23.

各种模式的特点及代表性国家。①

现收现付制模式实行社会统筹、互助共济原则，有利于不同群体和人群之间的收入再分配，体现社会公平；而且，这种类型的养老保险制度简单易行，操作起来比较方便，没有过多的资金积累，没有投资和保值增值压力，无须担心经济波动和通货膨胀产生的影响。但是，随着人口老龄化程度的加剧，这种类型的养老保险制度带来的负担越来越重，或者不断增加年轻一代的缴费用于养老金支出，或者由政府财政给予投入。二战以后，现收现付制成为工业化国家基本养老保险制度的主要模式，如英国、法国等。但是，随着20世纪70年代经济滞胀的出现和老龄化程度的加剧，这种类型的养老保险制度陷入了财务困境②，各国不得不对其进行改革。

完全基金积累制模式有利于调动个人的缴费积极性，受人口结构变化的影响较小，有利于应对人口老龄化的需要。但是，完全积累制缺乏互助共济性，再分配的效果较差，所积累起来的基金在经济波动、通货膨胀的情况下存在较大的风险，保值增值的压力较大。在历次金融危机中，实行完全基金积累制养老保险制度的国家受到了严重冲击，部分国家损失惨重。实行完全基金积累制的国家主要是拉丁美洲国家、东南亚国家和地区。

部分积累制的养老保险制度则综合了现收现付制和完全基金积累制的特点，实行社会统筹与个人账户相结合的原则，个人缴费部分用于当前的养老金支出，部分用于个人账户积累，实际上是养老保险的代际平衡和个人不同年龄段的横向平衡二者的综合。这种类型的养老保险制度既有互助共济的部分，也在一定程度上调动了个人的缴费积极性，其积累的基金比完全基金积累制要小，因而风险相对较小。实行部分积累制是目前世界各国养老保险制度改革的一个重要趋势，我国目前的基本养老保险制度实行的也是“社会统筹与个人账户相结合”的部分积累制模式。

（二）缴费率

缴费率是衡量养老保险筹资水平的重要指标，从各国养老保险的筹资来看，绝大多数国家建立了责任共担机制，主要由雇主与雇员共同分担筹资责任，承担缴费义务。至于具体的分担比例，各国有所区别，但总体上来看，多数国家实行雇主与雇员各分担一半的做法，也有一些国家的雇主缴费责任更大。从具体的缴费率水平来看，不同国家的养老保险缴费率不同，大多数国家的养老保险缴费率在20%左右（见表5-1）。

目前我国基本养老保险的缴费率存在人群差异，城镇职工与机关事业单位人员的养老保险缴费率为28%，其中城镇个人缴费8%，单位缴费20%。城乡居民养老保险的缴费主要由财政支持，个人缴费按固定数额分为不同档次。与国外相

---

① 王延中，等．中国老年保障体系研究．北京：经济管理出版社，2014.

② 穆怀中．社会保障国际比较．北京：中国劳动社会保障出版社，2002：170.

比，我国养老保险的缴费率略偏高，尤其是雇主的缴费责任较大。

表 5-1 **2014 年部分国家强制性养老保险缴费率（%）**

国家	公共养老保险缴费率		私人养老保险缴费率		合计
	雇员	雇主	雇员	雇主	
澳大利亚		9.5			9.5
比利时	7.5	8.86			16.36
加拿大	4.95	4.95			9.9
智利			11.2	1.15	12.35
丹麦	0.54	0.82		12.0	13.36
芬兰	7.05	17.75			24.8
法国	6.8	8.45	3.0	3.0	21.25
德国	9.5	9.5			19.0
冰岛		7.79	4.0	8.0	19.79
以色列	3.75	3.75	5.5	12.0	25.0
意大利	9.19	23.81			33.0
日本	8.737	8.737			17.474
韩国	4.5	4.5			9.0
卢森堡	8.0	8.0			16.0
荷兰	4.9	0.0		16.0	20.9
新西兰			3.0	3.0	6.0
墨西哥			1.125	5.15	6.275
波兰	9.76	9.76			19.52
瑞典	7.0	11.4		4.5	22.9
瑞士	4.2	4.2	7.7	10.4	26.5
土耳其	9.0	11.0			20.0

资料来源：OECD (various years), Taxing Wages; OECD (2013), Revenue Statistics; Social Security Administration, United States (various years), Social Security Programs throughout the World; OECD pension models and tax-benefit models.

二、养老保险的待遇给付

（一）待遇给付模式

如前所述，根据待遇确定方式划分，养老保险制度可以分为缴费确定型、给付确定型和混合确定型三类。

缴费确定型制度是根据个人缴费水平和投资收益来决定养老金待遇水平的养老保险制度，体现为“以收定支”。即事先确定一个缴费标准，根据责任分担机制的不同由不同的主体进行缴费，缴费可能进入社会统筹，也可能进入个人账户，或者二者相结合。个人在年老退出劳动力市场时，养老金待遇水平高低与个人缴费紧密联系。缴费确定型有助于提高个人缴费的积极性。

给付确定型制度事先有一个固定的养老金待遇给付标准，与个人缴费多少没有必然的联系，个人收益比较固定。给付确定型有利于缩小待遇差距，相对比较公平，但是对于个人缴费激励性不足。

混合确定型制度的待遇确定则结合了缴费确定型与给付确定型两种方式。一部分待遇是相对固定的，体现公平性，另一部分待遇则与个人缴费水平挂钩，体现对个人的激励。

（二）待遇给付条件

养老保险的待遇给付条件一般包含缴费年限、退休年龄等法定基本条件，达到相应的规定方可获得部分或全额的养老金。

获得养老金的基本条件就是按要求进行缴费，需要达到一定的缴费年限。从国外的情况来看，一些国家规定了最低缴费年限，一些国家规定了领取全额养老金的缴费年限；一些国家的最低缴费年限与领取全额养老金的缴费年限一致，但大多数国家领取全额养老金的缴费年限要明显高于最低缴费年限（见表 5－2）。

表 5－2　部分国家领取养老金的缴费年限要求（年）

国家	最低缴费年限	领取全额养老金的缴费年限	国家	最低缴费年限	领取全额养老金的缴费年限
俄罗斯	5	5	加拿大	10	40
澳大利亚	10	10	丹麦	10	40
新西兰	10	10	芬兰	3	40
爱沙尼亚	15	15	冰岛	3	40
希腊	15	15	日本	25	40
智利	20	20	卢森堡	10	40
英国	1	30	荷兰	1	40
阿根廷	30	30	挪威	3	40
捷克	35	35	瑞典	3	40
以色列	10	35	爱尔兰	10	42.5

资料来源：OECD.

养老金待遇给付的另外一个条件是退休年龄。较多国家要求领取养老金的年龄在 60 岁以上，还有相当一部分国家要求达到或超过 65 岁。在人口预期寿命延长和人口老龄化的背景下，退休年龄有逐步延长的趋势，一些国家的退休年龄已经从 60 岁延长到 65 岁或 67 岁。在对退休年龄的规定上，还有从男、女性不同走向男、女性相同的趋势。2014 年经济合作与发展组织（OECD）国家要求的男性平均退休年龄为 64.7 岁，女性为 63.5 岁（见表 5－3）。

表 5－3　2014 年部分国家领取基本养老金的退休年龄要求（岁）

国家	男	女	国家	男	女
澳大利亚	65.0	65.0	挪威	67.0	67.0
奥地利	65.0	60.0	波兰	65.0	60.0
比利时	65.0	65.0	葡萄牙	66.0	66.0
加拿大	65.0	65.0	斯洛伐克	62.0	62.0
智利	65.0	60.0	斯洛文尼亚	65.0	65.0

续前表

国家	男	女	国家	男	女
捷克	62.7	61.3	西班牙	65.2	65.2
丹麦	65.0	65.0	瑞典	65.0	65.0
爱沙尼亚	63.0	61.0	瑞士	65.0	64.0
芬兰	65.0	65.0	土耳其	60.0	58.0
法国	61.2	61.2	英国	65.0	62.0
德国	65.3	65.3	美国	65.0	65.0
希腊	65.0	65.0			
匈牙利	62.5	62.5	OECD 平均	64.7	63.5
冰岛	67.0	67.0			
爱尔兰	66.0	66.0	其他经济体		
以色列	67.0	62.0	阿根廷	65.0	60.0
意大利	66.3	62.3	巴西	65.0	60.0
日本	65.0	65.0	中国	60.0	60.0
韩国	65.0	65.0	印度	58.0	58.0
卢森堡	65.0	65.0	印度尼西亚	55.0	55.0
墨西哥	65.0	65.0	俄罗斯	60.0	55.0
荷兰	65.2	65.2	沙特阿拉伯	60.0	55.0
新西兰	65.0	65.0	南非	60.0	60.0

资料来源：OECD.

(三) 待遇计发规则

养老金待遇计发是养老保险制度的落脚点，需要通过科学的待遇计发机制设计来为参保者提供可靠的养老保障，促进养老保险制度的可持续发展。待遇计发机制的设计受诸多因素的影响，尤其受制度模式与筹资机制的影响较大。

在计发基数的选择方面，主要包括终身平均收入、退休前最后一年的收入、退休前若干年的平均收入、社会平均工资等。在待遇计发基数的选择方面，需要区分基本工资、工资、收入等概念，基数的选择不同会导致养老金的名义水平不同。

在实行完全基金积累制或个人账户制的国家，影响养老金计发和待遇水平的一个重要因素是个人账户基金投资收益率，因而科学、安全、高效的基金投资非常重要。经济的周期性对养老金水平的影响比较明显，在经济危机中，大多数国家的养老金投资收益率不理想，甚至处于亏损状态，直接影响到个人的养老金权益。

从养老金待遇的构成来看，包括基本养老金和补充养老金。基本养老金水平强调公平分配的原则，保障水平不会太高；补充养老金水平则根据职业特点和个人收入情况而定，体现激励和效率原则，满足差异化养老需求。在实践中，需要处理好基本养老金与补充养老金的关系，对其进行准确定位。

（四）待遇调整机制

建立科学的待遇调整机制是养老保险制度建设的重要任务，是确保老年人共享发展成果的重要举措。总体来看，养老金待遇水平具有刚性增长的特点，随着经济发展水平的提升，养老金的待遇水平也会增长。对养老金待遇的调整需要建立科学化、规范化的机制，降低待遇调整的随意性。养老金待遇调整主要有三种：根据工资水平进行调整、根据物价水平进行调整、结合工资与物价水平进行调整。其中，根据工资水平进行调整是使养老金的增长与在职职工的工资增长同步，调整的幅度较大；根据物价水平进行调整主要是确保老年人的基本生活水平不因物价增长而降低。

三、养老保险的管理

科学、高效的管理是实现养老保险制度目标的重要保障。从内容来看，养老保险管理主要包括行政管理、业务管理、基金管理、监督管理等方面。养老保险的行政管理主要是指由政府行政部门负责的养老保险规划与法制建设、养老保险的政策制定与实施、财政投入、监督管理、设施建设等方面。养老保险的业务管理主要是指养老保险的具体经办服务事项，包括基金收缴、信息管理、待遇审核与发放等事项。基金管理是养老保险管理的重要环节，直接关系到参保者未来的养老金水平，其目标是实现基金的安全与保值增值。监督管理是通过多个利益主体的参与和多种形式防范养老保险制度的内外风险，实现养老保险的可持续发展。

从国外养老保险管理的实践来看，养老保险管理主要有三种模式：

一是政府管理模式。即养老保险的各项管理事务主要由政府相关行政部门负责，体现出较强的行政色彩和政府责任，由政府行政部门或相关机构制定养老保险制度，主导筹资、给付与基金投资等管理事务。

二是行业自治管理模式。即养老保险的各项事务由行业协会或者其他行业自治机构负责，不同的行业设有不同的管理机构，行业自治管理的内容主要是除行政管理之外其他事务的管理。

三是私营管理模式。即养老保险的管理运营事务交给市场化的私营机构来管理，具体负责养老保险费的征缴、待遇给付、基金管理与投资。在养老保险实行私营管理模式的国家，政府依然是养老保险的重要责任主体，只是责任的形式不同而已，除了相关的具体事务不由政府负责外，政府依然负有资金筹集、政策支持、加强监管等责任。

此外，还有单位管理模式，即养老保险的具体经办事务由单位负责，实行单位管理。实行这一模式的主要是一些社会主义国家，我国在计划经济时期也曾经实行单位管理模式。

第三节
我国养老保险制度体系的现状

我国为不同身份的人群制定了不同的养老保险制度，基本实现了制度全覆盖，建立了覆盖城乡居民的养老保险制度体系。目前我国的基本养老保险制度主要包括机关事业单位养老保险制度、城镇职工基本养老保险制度、城乡居民养老保险制度。这里只介绍基本养老保险制度，补充养老保险制度的相关内容在后续“补充保障”一章中介绍。

一、机关事业单位养老保险制度

目前我国正在推进机关事业单位养老保险改革，主要依据《国务院关于机关事业单位工作人员养老保险制度改革的决定》(国发〔2015〕2号)。

(一) 资金筹集

机关事业单位实行社会统筹与个人账户相结合的基本养老保险制度。基本养老保险费由单位和个人共同负担。单位缴费率为本单位工资总额的20%，个人缴费率为本人缴费工资的8%。按本人缴费工资8%的数额建立基本养老保险个人账户，全部由个人缴费形成。个人工资超过当地上年度在岗职工平均工资300%以上的部分，不计入个人缴费工资基数；低于当地上年度在岗职工平均工资60%的，按当地在岗职工平均工资的60%计算个人缴费工资基数。

(二) 待遇计发

制度改革后参加工作、个人缴费年限累计满15年的人员，退休后按月发给基本养老金。基本养老金由基础养老金和个人账户养老金组成。退休时的基础养老金月标准以当地上年度在岗职工月平均工资和本人指数化月平均缴费工资的平均值为基数，缴费每满1年发给1%。个人账户养老金月标准为个人账户储存额除以计发月数，计发月数根据本人退休时城镇人口平均预期寿命、本人退休年龄、利息等因素确定。

(三) 转移接续

参保人员在同一统筹范围内的机关事业单位之间流动，只转移养老保险关系，不转移基金。参保人员跨统筹范围流动或在机关事业单位与企业之间流动，在转移养老保险关系的同时，基本养老保险个人账户储存额随同转移，并以本人改革后各年度实际缴费工资为基数，按12%的总和转移基金，参保缴费不足1年的，按实际缴费月数计算转移基金。转移后基本养老保险缴费年限、个人账户储存额累计计算。

(四) 经办服务

人力资源和社会保障部负责在京中央国家机关及所属事业单位基本养老保险的管理工作，同时集中受托管理其职业年金基金。中央国家机关所属京外单位的基本养老保险实行属地化管理。

二、城镇职工基本养老保险制度

20世纪80年代以后，我国逐步推进城镇职工基本养老保险制度改革，实现从计划经济时期的国家-单位保险模式向社会化养老保险模式的转型。1986年国务院颁布《国营企业实行劳动合同制暂行规定》指出，"国家对劳动合同制工人退休养老实行社会保险制度"。1991年6月国务院颁布了《关于企业职工养老保险制度改革的决定》，要求逐步建立起基本养老保险与企业补充养老保险和职工个人储蓄性养老保险相结合的制度。在此基础上，1995年国务院发布了《关于深化企业职工养老保险制度改革的通知》，进一步规定了企业职工养老保险制度改革的目标、原则与内容，对实行社会统筹与个人账户相结合提出两个实施办法，供各地区参考。1997年国务院颁布了《关于建立统一的企业职工基本养老保险制度的决定》（国发〔1997〕26号），标志着我国城镇企业职工养老保险制度的正式建立，明确了企业职工基本养老保险的覆盖范围、制度模式、筹资机制、待遇给付机制、管理服务等内容。2005年年底，国务院颁布《关于完善企业职工基本养老保险制度的决定》（国发〔2005〕38号），扩大覆盖范围，对做实、做小个人账户进行了规定。2009年人力资源和社会保障部制定了《农民工参加基本养老保险办法》《城镇企业职工基本养老保险关系转移接续暂行办法》，对企业职工基本养老保险制度做了进一步完善。

目前我国的城镇企业基本养老保险制度主要依据的是在国务院《关于建立统一的企业职工基本养老保险制度的决定》（国发〔1997〕26号）基础上的《关于完善企业职工基本养老保险制度的决定》（国发〔2005〕38号）。

(一) 覆盖范围

企业职工基本养老保险覆盖城镇各类企业职工、个体工商户和灵活就业人员。

(二) 资金筹集

企业缴费为工资总额的20%，个人缴费为8%。城镇个体工商户和灵活就业人员参加基本养老保险的缴费基数为当地上年度在岗职工平均工资，缴费比例为20%，其中8%计入个人账户。从2006年1月1日起，个人账户的规模统一由本人缴费工资的11%调整为8%，全部由个人缴费形成，单位缴费不再划入个人账户，逐步做实个人账户。

(三) 待遇计发

在国发〔1997〕26号文件实施后参加工作、缴费年限累计满15年的人员，退休后按月发给基本养老金。基本养老金由基础养老金和个人账户养老金组成。退休时的基础养老金月标准以当地上年度在岗职工月平均工资和本人指数化月平均缴费工资的平均值为基数，缴费每满1年发给1%。个人账户养老金月标准为个人账户储存额除以计发月数，计发月数根据职工退休时城镇人口平均预期寿命、本人退休年龄、利息等因素确定。在国发〔1997〕26号文件实施前参加工作、国发〔2005〕38号文件实施后退休且缴费年限累计满15年的人员，在发给基础养老金和个人账户养老金的基础上，再发给过渡性养老金。在国发〔2005〕38号文件实施后到达退休年龄但缴费年限累计不满15年的人员，不发给基础养老金，将个人账户储存额一次性支付给本人，终止基本养老保险关系。在国发〔2005〕38号文件实施前已经离退休的人员，仍按国家原来的规定发给基本养老金，同时执行基本养老金调整办法。

(四) 统筹层次

明确省、市、县各级人民政府的责任，建立健全省级基金调剂制度。在完善市级统筹的基础上，尽快提高统筹层次，实现省级统筹。

三、城乡居民养老保险制度

城乡居民养老保险制度的发展经历了一个曲折的过程，从无到有，从城乡独立到城乡统一，逐步完善。在计划经济时期，农村居民的养老主要由集体和家庭来保障，主要针对那些无依无靠、无生活来源的贫困孤寡老人实行五保供养制度。1986起实施的“七五”计划提出“建立中国农村社会保障制度雏形”的任务，民政部牵头开展了一些探索工作。20世纪90年代，国务院及主管农村养老的民政部出台了一系列规范性文件。1992年1月，民政部印发了《县级农村社会养老保险基本方案（试行）》，各地开始探索建立农村社会养老保险制度。由于种种原因，农村社会养老保险制度遭遇困境。2002年11月，党的十六大报告提出：“有条件的地方，探索建立农村养老、医疗保险和最低生活保障制度。”2009年国务院发布了《关于开展新型农村社会养老保险试点的指导意见》，个人缴费、集体补助、政府补贴相结合，社会统筹与个人账户相结合，探索进行新型农村社会养老保险试点。为解决无养老保障的城镇居民的养老问题，国务院决定建立城镇居民社会养老保险制度，于2011年发布了《关于开展城镇居民社会养老保险试点的指导意见》，建立个人缴费、政府补贴相结合的城镇居民养老保险制度，实行社会统筹与个人账户相结合。

在总结新型农村社会养老保险和城镇居民社会养老保险试点经验的基础上，2014年，国务院决定将“新农保”和“城居保”两项制度合并实施，在全国范围内建立统一的城乡居民基本养老保险制度。

(一) 制度模式

合并后的城乡居民养老保险坚持社会统筹与个人账户相结合的制度模式，个人缴费、集体补助、政府补贴相结合，基础养老金和个人账户养老金相结合。

(二) 覆盖范围

统一覆盖全体城乡居民，具体包括年满16周岁（不含在校学生），非国家机关和事业单位工作人员及不属于职工基本养老保险制度覆盖范围的城乡居民。

(三) 基金筹集

城乡居民养老保险基金由个人缴费、集体补助、政府补贴构成。参加城乡居民养老保险的人员应当按规定缴纳养老保险费。缴费标准目前设为每年100元、200元、300元、400元、500元、600元、700元、800元、900元、1 000元、1 500元、2 000元12个档次。参保人自主选择档次缴费，多缴多得。有条件的村集体经济组织应当对参保人缴费给予补助。政府对符合领取城乡居民养老保险待遇条件的参保人全额支付基础养老金，其中，中央财政对中西部地区按中央确定的基础养老金标准给予全额补助：对东部地区给予50%的补助。地方人民政府应当对参保人缴费给予补贴，对选择最低档次标准缴费的，补贴标准不低于每人每年30元；对选择较高档次标准缴费的，适当增加补贴金额；对选择500元及以上档次标准缴费的，补贴标准不低于每人每年60元。对重度残疾人等缴费困难群体，地方人民政府为其代缴部分或全部最低标准的养老保险费。国家为每个参保人建立终身记录的养老保险个人账户，个人缴费、地方政府的缴费补贴、集体补助及其他对参保人的缴费资助，全部计入个人账户。

(四) 待遇计发

城乡居民养老保险待遇由基础养老金和个人账户养老金构成，支付终身。中央确定基础养老金最低标准，建立基础养老金最低标准正常调整机制，根据经济发展和物价变动等情况，适时调整全国基础养老金最低标准。个人账户养老金的月计发标准，目前为个人账户全部储存额除以139。参保人死亡，个人账户资金余额可以依法继承。参加城乡居民养老保险的个人，年满60周岁、累计缴费满15年，且未享受国家规定的基本养老保障待遇的，可以按月享受城乡居民养老保险待遇。“新农保”或“城居保”制度实施时已年满60周岁的，不用缴费，可以按月领取城乡居民养老保险基础养老金；距规定领取年龄不足15年的，应逐年缴费，也允许补缴，累计缴费不超过15年；距规定领取年龄超过15年的，应按年缴费，累计缴费不少于15年。

四、不同群体基本养老保险制度的比较

机关事业单位、城镇职工和城乡居民基本养老保险制度的差异主要体现在以下几个方面：

一是筹资机制不同。主要体现在缴费主体、费率和费基的差别上。在缴费主体方面，机关事业单位人员的养老保险主要由政府财政负担，个人缴费相对较少。城镇职工基本养老保险则由企业和个人缴费组成，其中企业缴费占大部分。城乡居民养老保险的个人账户部分主要由个人缴费构成。在费率方面，机关事业单位、城镇职工的基本养老保险费率水平基本一致，社会统筹部分为20%，由国家和单位缴纳，个人账户为8%，主要由个人缴费；城乡居民养老保险则分为12个档次，供自由选择。在费基方面，机关事业单位、城镇职工以单位总工资和本人工资为费基，而城乡居民没有设定费基，主要为固定缴费。

二是待遇享受不同。主要体现在计发办法、待遇水平和待遇调整机制的差别上。在计发办法方面，机关事业单位和城镇职工的基本养老金由基础养老金和个人账户养老金组成。基础养老金月标准以当地上年度在岗职工月平均工资和本人指数化月平均缴费工资的平均值为基数，缴费每满1年发给1%；个人账户养老金月标准为个人账户储存额除以计发月数。城乡居民则从60周岁以后开始，根据交费的标准、年限，确定支付标准。在待遇水平方面，由于计发办法不同，待遇水平自然有所差别，且待遇水平的差距比较大。在待遇调整机制方面，机关事业单位和城镇职工退休人员，根据职工工资和物价变动等情况进行调整，调整幅度为省、自治区、直辖市当地企业在岗职工平均工资年增长率的一定比例。城乡居民无明确的待遇调整机制。

三是统筹层次不同。不同群体之间差别较大，机关事业单位和城镇职工基本养老保险规定为省级统筹，并探索实现基础养老金全国统筹。城乡居民社会养老保险的统筹层次相对较低，处于市、县（区）级统筹状态。

第四节
我国养老保险制度的成就、问题与改革

经过若干年的改革与发展，我国养老保险制度取得了明显成就，为保障和改善老年人的生活、防范老年经济风险发挥了积极作用。当然，我国养老保险制度也存在不少问题，有待于未来进一步改革和完善。

一、我国养老保险制度取得的成就

改革开放以来，我国养老保险制度发展取得的成就主要体现在以下几个方面：

一是实现了制度模式的整体转型。20 世纪 80 年代中期以后，我国积极推进养老保险的社会化改革，探索建立社会化的养老保险制度。经过若干年的改革实践，我国实现了养老保险的制度模式转型，从计划经济时期的国家-单位保险模式走向社会养老保险模式，从现收现付制走向部分积累制。目前我国的养老保险实行的是社会统筹与个人账户相结合的部分积累模式，并在坚持这一模式的过程中逐步改革和完善。

二是建立了养老保险的责任共担机制。我国养老保险制度改革的一个重要目标就是建立责任共担机制，让不同主体合理分担养老保险成本，尤其是坚持权利与义务相结合，引入个人缴费责任，建立个人账户。同时，国家依然是非常重要的责任主体，尤其是对于城乡居民和公职人员来说，国家负有主要的筹资责任。

三是建立了覆盖城乡居民的养老保险制度框架。在养老保险制度改革的过程中，我国为不同身份的人群建立了不同的养老保险制度，包括机关事业单位养老保险制度、城镇职工基本养老保险制度和城乡居民养老保险制度。各类养老保险制度的建立为保障劳动者和城乡居民的老年生活奠定了重要的制度基础。我国积极推进养老保险制度的城乡统筹发展，建立了统一的城乡居民养老保险制度。

四是养老保险“双轨制”改革迈出重要步伐。长期以来，我国实行的是针对不同身份人群的碎片化的养老保险制度，尤其是机关事业单位与城镇职工养老保险制度相互独立，形成了养老保险的“双轨制”，并且待遇水平差距较大，引起了社会的广泛关注，要求进行机关事业单位养老保险制度改革。自 20 世纪 90 年代起，我国就开始探索机关事业单位养老保险制度改革，到 2015 年，国务院出台了机关事业单位养老保险制度改革方案，并且开始在全国实施，“双轨制”改革迈出了重要步伐，将有助于提升养老保险制度的公平性。

五是养老保险制度的覆盖面和基金规模不断扩大。随着养老保险制度的建立和完善，参加养老保险的人数不断增加，尤其是随着城乡居民养老保险制度的建立和推进，在政府的积极支持和投入下，广大城乡居民获得了养老保险的机会和权利。随着养老保险覆盖面的不断扩大，基金规模不断扩大，目前已经积累了数万亿的养老保险基金。

六是养老保险待遇水平不断提高。在养老保险制度的实施过程中，我国不断调整养老金待遇，最近十多年连续提高企业职工养老金水平，让老年人分享改革发展成果。我国探索建立科学的养老金调整机制，实现待遇调整的规范化。

七是养老保险的管理服务体制逐步健全。我国不断推进养老保险管理体制改革，改变不同部门分别管理不同人群的养老保险制度的状况，推进养老保险管理体制的整合，将原来由人事部、劳动部、民政部分别管理的机关事业单位人员、企业职工、农村居民养老保险统一整合，由人力资源和社会保障部管理。

二、我国养老保险制度存在的问题

我国养老保险制度存在的问题主要体现在以下几个方面。

一是还有较多人未被纳入养老保险的覆盖范围。通过若干年的努力，我国养老保险已经实现了“制度全覆盖”，为不同身份的人员建立了不同的养老保险制度，越来越多的人加入了养老保险制度。但是，由于各种原因，还有较多人没有参加养老保险的机会，尤其是一些低收入者和贫困人口，由于收入水平较低，缴费能力受到限制，因而不能参加养老保险。一些进城农民工、非正规就业人员、中小企业职员也未能参加养老保险。

二是养老保险的公平性不足，再分配作用不理想。公平优先应该成为社会养老保险的首要原则，但是，由于制度设计和实施方面的诸多原因，养老保险的公平性不足，机关事业单位人员与企业职工之间、城乡居民之间以及不同群体内部的待遇水平差距较大，养老保险制度的收入再分配效果不理想。甚至有学者认为，养老保险制度呈现了“逆向再分配”的特点，在一定程度上加大了不同群体之间的收入差距。这也是社会各界强烈呼吁养老保险改革的重要原因之一。

三是养老保险统筹层次低，转移接续难。长期以来，我国城镇职工基本养老保险处于地市级统筹状态，虽然目前基本实现了省级统筹，但统筹层次依然较低；城乡居民养老保险甚至处于县级统筹状态，各地各自为政，进一步加剧了养老保险的制度分割与碎片化，不利于加强养老保险的基金筹资、管理与投资，不利于地区之间养老保险的转移接续，阻碍了劳动力的跨地区流动，也不利于养老保险的公平发展。

四是养老保险基金保值增值难。养老保险基金是养老保险制度运行的物质基础，养老保险基金的安全与保值增值直接关系到养老保险制度的运行与参保者的权益。目前我国的养老保险基金主要用于银行存款和购买国债，养老保险基金的投资收益率不太理想，尤其是在通货膨胀、经济不景气、银行利率下降的情况下，养老保险基金贬值较严重。基金保值增值难成为我国养老保险制度面临的重要困境，在未来的改革过程中，需要采取有效措施加强养老保险基金的管理与投资，实现基金安全与保值增值的目标。

五是对养老保险制度的债务问题处理不到位。我国在养老保险制度改革过程中，针对不同年龄群体采取不同的办法，即“老人老办法、中人中办法、新人新办法”，对“老人”和“新人”相对容易处理，而对“中人”的权益却没有进行妥善处理，对“中人”在制度改革实施之前的权益没有明确的处理方案。由于我国养老保险实行社会统筹与个人账户相结合的制度模式，在实践中出现了“统账不分”的问题，即用个人账户的资金发放社会统筹部分的养老金，导致个人账户的“空账”。由于以上原因，养老保险制度改革产生了大量的隐性和显性债务，这是制度转轨必须支付的成本。在制度设计中并没有对转轨的债务问题进行认真考虑，通过近些年来的改革探索，也没有形成一个明确的解决办法。

六是养老保险待遇调整机制不完善。虽然最近十多年来我国连续调整企业职工的养老金待遇，但是并未形成制度化、科学化的养老金待遇调整机制。待遇调整主要通过临时的政策文件来实施，体现出临时性、不规范性。调整的时间、调整的依据、调整的幅度、调整的具体办法并不明确。

七是多层次的养老保险制度体系尚未建立。我国在养老保险制度改革过程中，一直强调要建立和发展多层次的养老保险制度，除了基本养老保险制度之外，要大力发展补充养老保险制度。但是，到目前为止，我国的补充养老保险制度并不完善。企业年金制度经过十多年的发展取得了一定成效，但效果欠佳。职业年金制度的发展也有待于在实践中逐步完善。

三、我国养老保险制度改革的展望

我国养老保险制度改革与发展的任务依然艰巨，需要主动适应人口快速老龄化和经济社会发展的新常态，紧密结合我国城乡居民与劳动者的养老保险需求，继续深化改革，遵循“人人参与、人人出力、人人享受”的原则，建立更公平、更可持续的养老保险制度。

一是继续扩大养老保险的覆盖面。将全体国民纳入养老保险制度的覆盖范围是实现全民共享的重要前提，也是实现人人享有养老保障的重要途径。未来需要尽快填补目前养老保险制度覆盖面的空缺，让人人都被纳入养老保险的范围。需要通过各种努力，将农民、农民工、非正规就业人员、中低收入群体、中西部地区的城乡居民等群体纳入到已经建立的养老保险制度中来。对于一些没有能力参加养老保险的人，要通过非缴费性的制度安排或通过财政补贴帮助其参加养老保险。在扩大覆盖面和健全养老保险制度的过程中，需要各级政府加强相应的财政投入。

二是实现职工基础养老金全国统筹。需要进一步提升基本养老保险制度的统筹层次，尤其是要尽快实现基础养老金全国统筹的目标。实现职工基础养老金的全国统筹，需要“全国一盘棋”，增强基本养老保险制度的互助共济性，在全国范围内统筹考虑基础养老金的筹资、给付、管理与监督行为。职工基础养老金的全国统筹，要求建立与之相适应的养老保险筹资机制，建立和完善基本养老保险预算。规范养老保险收支行为，统一基本养老保险费基、费率与征收行为，需要统一基础养老金的支出行为，平衡不同地区之间的养老负担差异，需要建立合理的责任分担机制，明确中央和地方的关系以及地方政府间的关系。未来应该在职工基础养老金全国统筹的基础上继续推进实现整个基本养老保险制度的全国统筹。

三是建立基本养老金合理调整机制。需要在规范、完善养老金待遇计发办法的基础上建立和完善基本养老金待遇调整机制。根据国际经验来看，国外养老金待遇的调整主要有三种做法：依据在职人员的工资增长情况进行调整，根据物价水平进行调整，综合工资增长情况与物价水平进行调整。我国基本养老金待遇的调整不宜单一地依据工资增长或物价增长进行调整，而需要兼顾公平与效率，综合考虑财务可持续、人口预期寿命、地区经济发展水平、工资水平、物价水平等因素，建立科学的待遇调整指数，实现待遇调整的指数化、常态化、科学化。

四是加强和改进养老保险基金投资。未来需要建立科学、高效的养老保险基金投资体制，增强养老保险基金投资的专业化、独立性、多元化、社会性、法制化。需要完善养老保险的管理体制与管理模式，实现养老保险基金的筹资、管理、投资相互独立。发展一批专业化的基金投资机构，并实现适度、有序竞争，降低投资成本，提高投资收益。严格规范养老保险基金投资机构的准入机制。尝试建立养老保险基金投资最低收益担保机制。养老保险基金投资的多元化要求进一步拓宽基金投资渠道，完善投资组合策略，积极稳妥地推进养老保险基金进入资本市场，推进养老保险基金投资于国内重大公共工程。加强养老保险基金的投资，提高投资回报率，要求完善对养老保险基金投资的监管，建立养老保险基金投资风险防控机制。需要建立养老保险基金投资的信息披露机制，实现不同利益主体全过程参与对养老保险基金投资的监督，防范养老保险基金的投资风险，及时解决基金投资过程中存在的问题。

五是划转国有资本，充实养老保险基金和社会保险基金。完善养老保险筹资机制，拓宽养老保险筹资渠道，是人口老龄化背景下养老保险制度改革的必然要求。划转国有资本，充实养老保险基金和社会保险基金，是加强养老保险资金筹集、处理养老保险债务的重要举措。由于国有资本的公共属性，其资本收益应该归国家所有，惠及全民，是全民共享的财富。应该统筹考虑养老保险制度改革、国有企业改革和财税体制改革，逐步提高国有资本收益上缴公共财政的比例，以财政支出的方式充实养老保险基金，或者通过国有股持减的方式支持养老保险基金。国有企业不断发展壮大，积累形成巨额的国有资本，能为充实养老保险基金和社会保险创造条件。需要制定国有资本充实养老保险基金的具体方案，明确国有资本划转的程序、数额与比例，以及划转后的具体管理事项及相关配套工作。

六是渐进式延迟退休年龄。延迟退休年龄是未来我国经济社会发展的必然要求，是应对“人口红利”消失的需要，是充分利用人力资源的需要，是完善养老保险制度的需要。延迟退休年龄是一项事关各方利益的重要工作，应该积极稳妥推进，需要采取正确的策略和方案，兼顾各方利益和经济社会发展全局。应该采取渐进的方式延迟退休年龄，而不是一步到位。延迟退休年龄有不同的路径和方法，“先女后男、小步渐进”是一种可取的方式。应该在国家经济社会整体利益框架下充分考虑不同人群的利益，既考虑到部分人的就业意愿和发展需求，也考虑到部分人的休息意愿、健康权益和社会保障权益。应该实施弹性退休制度，改强制退休为自愿选择退休。在规定最低退休年龄、标准退休年龄和最晚退休年龄的同时，允许一部分人自愿选择提前退休，但需要达到标准退休年龄后才能领取养老金，鼓励有条件和有意愿的人群自愿延迟退休年龄。

七是完善多层次养老保险体系。未来需要积极发展职业年金、企业年金和商业养老保险。完善多层次养老保险体系，需要处理好基本养老保险与补充养老保险的关系，明确二者的功能定位，在完善基本养老保险的同时为补充养老保险制度的发展留下空间。需要处理好政府与市场的关系。应该加强多层次养老保险的制度建设，在政府的主导下制定和规范各项职业年金方案、企业年金方案和商业养老保险方案。需要完善税收政策支持，建立激励机制，为多层次养老保险体系的发展创造良好的环境。应该充分发挥市场的力量，调动个人的积极性，培育和发展多层次养老保险的相关专业机构，培养专业人才。

【本章小结】

养老保险是国家依据相应的法律法规和政策而设立，根据以责任共担为主的原则筹集资金，以收入再分配的方式，遵循一定的待遇计发规则，通过经办服务机构对那些达到法定退休年龄或者因年老、疾病、伤残等原因失去劳动能力、退出劳动领域的劳动者给予相应的收入支持，保障老年人基本生活、解除劳动者后顾之忧的一种社会保险制度。养老保险的特点有：需求普遍、地位重要、长期积累、形式多样、管理复杂。筹资、给付与管理是养老保险制度运行的关键环节，在推进养老保险制度建设的过程中，尤其需要准确把握筹资、给付与管理的机制与实践。养老保险的筹资模式主要分为现收现付型、部分积累型和完全基金积累型三类。根据待遇确定方式划分，养老保险制度可以分为缴费确定型、给付确定型和混合确定型三类。养老保险的待遇给付条件一般包含缴费年限、退休年龄等法定基本条件。待遇计发机制的设计受诸多因素的影响，尤其受制度模式与筹资机制的影响较大。建立科学的待遇调整机制是养老保险制度建设的重要任务，是确保老年人共享发展成果的重要举措。养老保险管理的内容主要包括行政管理、业务管理、基金管理、监督管理等方面。我国为不同身份的人群制定了不同的养老保险制度，基本实现了制度全覆盖，建立了覆盖城乡居民的养老保险制度体系。到目前为止，我国的基本养老保险制度主要包括机关事业单位养老保险制度、城镇职工基本养老保险制度、城乡居民养老保险制度。改革开放以来，我国养老保险制度的改革与发展既取得了重要成就，也存在诸多问题，有待于进一步改革、完善。需要主动适应人口快速老龄化和经济社会发展的新常态，继续深化改革，建立更公平、更可持续的养老保险制度。

【思考题目】

1. 什么是养老保险？养老保险有何特点？养老保险制度包括哪些类型？

2. 养老保险制度的产生与发展可以分为哪几个阶段？

3. 养老保险的筹资模式有哪些？分别有何利弊？分析国际上养老保险的费率水平及责任分担情况。

4. 养老保险的待遇给付模式有哪些？分别有何利弊？养老保险待遇给付的条件一般包括哪些？

5. 养老保险管理的主要模式与主要内容包括哪些？

6. 分析机关事业单位养老保险制度的发展演变过程及政策现状。

7. 分析城镇职工基本养老保险制度的发展演变过程及政策现状。

8. 分析城乡居民养老保险制度的发展演变过程及政策现状。

9. 我国养老保险制度发展的成就与问题包括哪些？未来如何推进我国养老保险制度的改革与发展？

案例讨论

案例一：养老保险模式之争

“中国社会科学院社会保障国际论坛2014暨《中国养老金发展报告2014》发布式——‘三中全会的理论突破与名义账户研讨会’”于2014年12月28日在北京召开。会议发布了以“向名义账户制转型”为主题的《中国养老金发展报告2014》，作为将“名义账户制”引入中国的第一位学者，中国社科院美国研究所所长郑秉文教授介绍到，十八届三中全会提出要完善个人账户制，养老保险要遵循精算平衡原则，是中国养老金改革的重要理论突破。在这个指导思想下，世界社保研究中心研究团队提出了“名义账户制”改革方向。

中国当前的基本养老保险实行社会统筹与个人账户相结合的模式。在制度建立之初，由于政府财政并未负担转制成本，个人账户的资金普遍被挪用于当期养老金发放，个人账户长期空账。自21世纪初，做实个人账户的试点工作逐步推开。但做实资金的规模十分有限，且迫于财政压力，做实个人账户的试点未有进一步扩大，陷入停滞状态。

在这种情况下，“名义账户制”受到学界追捧。该方案的核心在于放弃做实个人账户，延续“现收现付”的基本格局，但个人收益与缴费直接挂钩，即每个参保人享有一个“名义账户”，独立记账。这一方案的优势在于，可缓解当前做实个人账户试点中的财政压力，减轻资金保值增值的负担，有利于整合制度，形成“多缴多得”的激励机制。据了解，社科院、世界银行、国务院发展研究中心等机构均支持“名义账户制”。这也是养老保险改革中，各家机构分歧最大的地方。

对于这一分歧，人力资源和社会保障部发言人尹成基表示，“我国基本制度模式还要坚持，要改革完善”。他表示，统账结合的制度确实还不完善，一些制度要求还没有实现。“但是，基本制度的改变是一个重大的问题，要慎之又慎。”

关于做实个人账户，多年来中央和国务院的文件口径均无变化。尹成基表示“中央关于养老保险制度改革的要求是一贯的”，重点在于，“如何推进这些改革，完善这些制度，这需要进行具体深入的研究和论证”。

资料来源：《中国养老金发展报告2014》指出——养老金向名义账户制转型 高利率激励共享发展成果．(2014－12－29)［2017－07－29］．http：//world. people. com. cn/n/2014/1229/c190970-26294047. html. 蓝方．养老并轨学界达共识 基本模式存争议．(2013－10－23)［2017－07－29］．http：//china. caixin. com/2013－10－23/100594950. html.

思考题：

请结合目前我国养老保险模式的问题谈谈你对养老保险模式选择的看法。

案例二：个人账户空账何去何从

目前，中国城镇职工养老金实行社会统筹与个人账户相结合的制度，个人和企业分别按职工本人上年工资总额的8%和20%缴纳保险费，从理论上讲，计入个人账户基金的保险费为个人缴纳的8%，企业缴纳的20%全部划入统筹基金。

社会统筹是指由社会保险经办机构（各地社保局）依法统一征收（有的省份由地税部门征收）、统一管理、在属地范围内统一调剂使用，主要用于当期离退休人员的退休金发放。个人账户则是指社会保险经办机构以居民身份证号码为标识，为每位参加基本养老保险的职工个人设立的唯一的、用于记录职工个人缴纳的养老保险费以及利息金额的账户，其账户余额在参保人退休后归个人养老使用，发放的是账户养老金。但在实际运行中，个人账户基金被用于社会统筹账户的资金支出，出现了"个人账户空账运行"问题。

《中国养老金发展报告2012》（下称《报告》）显示，中国城镇基础养老保险个人账户空账额继2007年突破万亿元大关后，2011年突破2万亿元大关，达2.22万亿元（2.215 6万亿元）。2010年，中国养老金个人账户空账额为1.76万亿元。短短一年，空账额又增加了近5 000亿元。

中国社科院世界社保研究中心主任郑秉文详细介绍了《报告》，其中多个数据可用"令人忧心忡忡"来形容。数据显示，2010年、2011年养老基金余额分别为1.54万亿元、1.95万亿元，均低于当年空账额。实际上，2006年至2011年，养老基金余额一直低于空账额。此外，养老金当期（2011年）结余是4 130亿元，但是剔除高达2 200亿元财政补贴，再剔除补缴1 500亿元，当年收支余额仅400多亿元，再剔除预缴的以及清除历史债务，2011年结余几乎是零。除了空账数据，郑秉文还提及"收不抵支的省份数量越来越少，但是缺口规模越来越大"。数据显示，在32个统筹单位（31个省份加上新疆生产建设兵团）中，如果剔除财政补贴，中国城镇职工基本养老保险2011年收不抵支的省份为14个，较去年有所减少，但是收支缺口却高于2010年的679亿元，达到767亿元。具体看各省份数据，辽宁和黑龙江的养老金缺口均超过100亿元，天津、新疆生产建设兵团和吉林的缺口均在50亿～100亿元。河南、陕西、江西、湖南、广西、上海、海南和重庆的缺口均在10亿～50亿元。河北的缺口1.62亿元。而18个征缴收入大于支出的省份中，广东高达519亿元，浙江、江苏、北京和山东在200亿～300亿元。

郑秉文特别指出，财政补贴越来越多，从2002年的450亿元到去年的2 200亿元，前年是1 954亿元。负债的省份虽然越来越少，但是负债额却越来越大，在2002年的时候才400亿元，现在是700亿～800亿元。

资料来源：养老金个人账户空账2.2万亿 资金缺口越来越大.（2012-12-18）[2017-07-29].http：//money.163.com/12/1218/04/8IVV0KNI00253B0H.html.

思考题：

如何看待我国养老保险的个人账户"空账"问题？如何完善养老保险个人账户制度？

推荐文献

1. 邓大松．社会保险．北京：中国劳动社会保障出版社，2002.

2. 丁建定，郭林．论中国养老保险制度结构体系整合．武汉大学学报（哲学社会科学版），2013（6）．

3. 董克用，王燕．养老保险．北京：中国人民大学出版社，2000.

4. 姜向群．老年社会保障制度——历史与变革．北京：中国人民大学出版社，2005.

5. 龙玉其．中国公务员养老保险制度改革研究．北京：社会科学文献出版社，2016.

6. 穆怀中．社会保障国际比较．北京：中国劳动社会保障出版社，2002.

7. 孙树菡，朱丽敏．社会保险学．北京：中国人民大学出版社，2012.

8. 田雪原．人口老龄化与养老保险体制创新．人口学刊，2014（1）．

9. 王延中，等．中国老年保障体系研究．北京：经济管理出版社，2014.

10. 郑秉文，孙永勇．对中国城镇职工基本养老保险现状的反思——半数省份收不抵支的本质、成因与对策．上海大学学报（社会科学版），2012（3）．

11. 郑功成．从地区分割到全国统筹——中国职工基本养老保险制度深化改革的必由之路．中国人民大学学报，2015（3）．

12. 郑功成．社会保障学．北京：中国劳动社会保障出版社，2006.

13. 郑功成．中国社会保障改革与发展战略：养老保险卷．北京：人民出版社，2011.

第六章

医疗保险

【学习目标】

1. 理解医疗保险的含义及特点；
2. 了解现代医疗保险制度的产生与发展历程；
3. 掌握医疗保险的主要模式；
4. 重点掌握医疗保险基金的筹资以及待遇给付；
5. 把握我国医疗保险的制度现状；
6. 运用医疗保险相关知识和基本原理分析我国“看病难、看病贵”问题的现状及可能的解决途径。

第一节 医疗保险概述

由于疾病风险具有客观性和不确定性，因此需要建立一种疾病风险的分担机制来提供稳定的安全预期，而医疗保险就是最常见的疾病风险分担形式。本节主要阐述医疗保险的概念和特点、医疗保险的主要模式，并回顾现代医疗保险的产生和发展历程。

一、疾病风险呼唤医疗保险

疾病指的是在一定病因作用下自稳调节紊乱而发生的异常生命活动过程，并引发一系列代谢、功能、结构的变化，表现为症状、体征和行为的异常。疾病最常应用的定义是“对人体正常形态与功能的偏离”。疾病是与健康相对的概念。

风险，就是生产目的与劳动成果之间的不确定性，大致有两层含义：一层含义强调了风险表现为收益的不确定性；而另一层含义则强调风险表现为成本或代价的不确定性。若风险表现为收益或者代价的不确定性，则说明风险产生的结果可能带来损失、获利或是无损失也无获利，这一含义属于广义风险，所有人行使所有权的活动，均应被视为管理风险，金融风险属于此类。而风险表现为代价的不确定性，说明风险只能表现出损失，没有从风险中获利的可能性，这一含义属于狭义风险。

疾病风险主要是指人在生存过程中因各种疾病而遭受的经济上、生理上、心理上的损失。疾病风险危害的对象是人的身体和生命，属于人身风险。产生疾病风险的原因复杂，生理、心理、社会、环境、生活方式及自然老化等因素均可导致疾病风险。例如，身患癌症，除了生理原因以外，还与患者的饮食习惯、生活习惯等有关。疾病风险具有社会性和群体性，影响面大。例如，一些传染病不仅影响个人健康，还会威胁到他人和社会的整体利益，具有较强的外部性。由于疾病风险的客观性和不确定性，所有人都会面临疾病风险。为了避免疾病的发生给患者及其家庭带来由于医疗支出的不确定性而形成的风险，需要建立一种风险分担机制。而风险分担最典型的形式就是保险，医疗保险就是最常见的疾病风险分担形式。

二、医疗保险的概念与特点

（一）医疗保险的概念

医疗保险，也称健康保险或疾病保险，是为了应对疾病的发生所带来的无法预测的医疗服务需求，通过事先缴纳医疗保险费的方式而对参保人患病后的各种损失进行补偿的一种社会保险制度。根据医疗保险基金补偿范围的大小，可以将医疗保险分为狭义和广义两种。狭义的医疗保险仅仅补偿参保人的医疗费用支出，广义的医疗保险补偿范围较为广泛，除了医疗费用支出补偿外，还包括参保人因疾病所遭受的收入损失、卫生保健和康复服务支出补偿等。

（二）医疗保险的特点

根据实施主体的不同，医疗保险可以分为社会医疗保险和商业医疗保险两大类。本章重点分析社会医疗保险，它指的是国家通过立法形式强制实施，由政府、企业及个人按照一定的比例缴纳医疗保险费，建立医疗保险基金，当参保人患病接受医疗服务时，由社会医疗保险机构对其医疗费用进行补偿的一个险种。它属于社会保险制度的一个分支。它具有如下特点：

一是普遍性。虽然疾病的发生是不确定的，但是每个人在其整个生命周期内都不可避免地会发生疾病。疾病发生后，为了减轻由于医疗费用的支付而给整个家庭带来的经济负担，就需要发挥医疗保险医疗费用的补偿功能。全体社会成员都会面临疾病风险以及由此而来的医疗费用负担，这是无法避免的。因此社会医疗保险的覆盖对象就应该是全体社会成员，只有建立起具有普遍性的、覆盖所有社会成员的社会医疗保险制度，才能真正发挥社会医疗保险的功能。

二是强制性。所谓强制性，指的是所有符合参保条件的个人都必须依法参加社会医疗保险，履行缴费义务，同时按照政策规定享受相关的医疗保险待遇。由于每一个人发生疾病的概率和风险是不同的，只有实行强制参保，才能扩大社会医疗保险的覆盖面，在全体社会成员中建立起广泛的风险共担机制。同时，强制参保也可以有效地避免个别人群的短视行为，这些人不能认识到疾病风险的不确定性，认为自己身体状况较好，不必参加社会医疗保险。

三是公益性。公益性指的是医疗保险制度的实行会促进社会整体福利水平的提升，使全体社会成员从中受益。社会医疗保险制度的实行不仅可以有效地缓解由于疾病的发生而给家庭带来的医疗负担，促进患者尽快康复，而且有助于减少个别人群由于医疗费用负担重而不去医院就诊情况的发生，控制疾病的传染和流行，促进整个社会全体成员健康状况的改善。

四是复杂性。实行医疗保险必须处理好医、患、保、药等方面的关系。患病时每个人的实际医疗费用无法事先确定，支出多少不仅取决于疾病的实际情况，也取决于所采用的医疗处置手段和医药服务提供者的行为。由于在医疗服务消费中，医疗服务的提供者处于相对垄断地位，难以完全通过市场手段，由患者选择医疗服务的内容和数量，来控制医疗费用的支出。因此，医疗保险的支出管理有别于养老、失业等其他社会保险，需要对医药服务提供者以及医药服务的项目和内容进行管理，以提高医疗保险基金的利用效率。

三、现代医疗保险制度的产生

现代医疗保险制度最早产生于德国。1883 年，德国通过了《疾病社会保险法》，标志着德国社会保障制度的形成，同时也标志着世界上第一个医疗保险制度的产生。德国的医疗保险制度是以强制性的法定医疗保险为主、自愿性的私人保险为辅的医疗保险体系。医疗保险覆盖了 90%的德国公民，法律规定所有就业人员必须参加法定或私人的医疗保险，参保人有权在二者之间自由选择。德国医疗保险制度的建立，在缓和阶级矛盾、维护社会稳定、减轻居民医疗负担等方面起到了积极的作用。随后，丹麦（1892 年）、比利时（1894 年）、卢森堡（1901 年）、英国（1911 年）、意大利（1912 年）、日本（1922 年）等国家相继仿效德国并根据本国国情建立了适合自己的医疗保险制度。各国的医疗保险制度都是在改革中不断适应本国国情的变化的。

四、医疗保险的主要模式

根据支付模式及基金筹集方式的不同，国外医疗保险制度大体上可分为四种模式：社会医疗保险模式、国家医疗保险模式、商业医疗保险模式以及储蓄医疗保险模式。[①]

（一）社会医疗保险模式

社会医疗保险模式的代表性国家有德国、日本、韩国等。费用来源主要包括雇主和雇员缴费，政府适当给予财政补贴，体现了较强的互助共济特性。社会医疗保险模式运用风险分摊法则，将资金按“现收现付”的原则筹集并按“以收定支，收支平衡”的原则支付，将社会少数成员随机产生的疾病风险分摊到全体国民身上。德国是这种模式的最典型的代表。德国是世界上最早建立社会医疗保险制度的国家。现行的医疗保险制度主要由法定医疗保险、法定护理保险、私人医

① 梁云，邵蓉．国外医疗保险模式的比较及对我国的启示．上海医药，2007（6）．

疗保险及针对特定人群的福利型医疗保险组成，其中法定医疗保险覆盖了德国90%的人口。德国医疗保险金的筹集是按照收入的一定比例征收，但医疗保险金的支付则与缴费多少无关，体现了收入在高收入者和低收入者之间的转移支付。对于收入水平较低者，则个人无须缴费，完全由雇主承担医疗保险的缴费责任。失业者的医疗保险缴费绝大部分由政府财政承担，不足部分由医疗保险基金承担。

（二）国家医疗保险模式

国家医疗保险模式的代表性国家有英国、加拿大等，政府在该模式中起主导作用，是制度的组织者和维护者。它是一种以税收形式筹集资金，通过国家财政预算拨款向医疗服务机构或个人提供资金，由其为国民提供低收费甚至免费医疗服务的医疗保险形式。该模式资金来源稳定，主要通过国家财政预算，个人不承担或少量承担医疗费用；计划性较强，市场调节几乎不起作用。英国现行的医疗保险制度主要由英国国家医疗服务体系（NHS）、医疗救助制度和私人医疗保险制度构成。其中以NHS为主体，它通过两种途径向国民提供医疗服务：一种是由国家直接投资的公立医疗机构或与国家卫生服务有合同关系的营利医疗机构提供；另一种是由以日薪形式受雇于国家卫生服务机构的雇佣医生或与之有合同关系的独立医生提供。

（三）商业医疗保险模式

商业医疗保险模式是一种以市场为主导的模式，它将医疗保险作为一种商品，卖方是营利性或者非营利性的商业保险公司，买方既可以是政府、企业、民间团体，也可以是个人。商业保险公司与被保险人签订保险合同，缔结契约关系，约定由商业保险公司支付医疗费用。商业医疗保险模式与社会医疗保险模式一样，也是通过风险转移来化解疾病带来的经济损失，具有互助共济和补偿被保险人医疗费用的特点，不同的是它强调市场调节的作用。几乎世界各国都有商业医疗保险模式，但主要起一种补充作用，只有美国等少数国家将这种模式作为本国医疗保险的基本制度模式。美国的医疗保险制度主要由商业医疗保险、社会医疗保险及管理式医疗组织三个部分组成，其中商业医疗保险在美国医疗保险中扮演重要角色。商业医疗保险模式的特点在于自由、灵活，可以适应社会多层次的需要，医疗保险机构之间互相竞争，消费者自由选择，通过市场机制的发挥促使医疗服务提供者降低医疗服务成本，提供优质医疗服务。

（四）储蓄医疗保险模式

储蓄医疗保险模式是一种强制性储蓄积累模式，它以政府行政强制力为基础，强制雇员雇主双方缴费或者雇员单方缴费，以雇员的名义建立专门账户用于支付医疗费用。此模式是一种强制性的定期储蓄模式，它与其他三种医疗保险模式的“横向”筹资方式不同，是一种以个人或家庭为单位的“纵向”筹资方式，强调个人或家庭的责任感。医疗储蓄账户中的保险金只能用于本家庭成员，而不允许他人使用，所以不具备共济性的特点，缺乏社会公平性。目前，采用该模式的国家较少，主要有新加坡。新加坡的医疗保险制度主要分为强制性医疗保健储蓄、社会医疗保险和社会医疗救助三个部分。其中，医疗保健储蓄是强制性质的中央公积金制度的组成部分，它要求所有在职员工，按照一定收入比例定期缴纳公积金并根据不同年龄确定不同的缴费率，缴费由雇主和雇员各承担一半。在新加坡，每个居民都有自己的医疗保健储蓄账户，该账户只限于支付住院费用和少数昂贵的门诊费用，并有严格的启动和提取限额。

五、医疗社会工作

社会工作始于19世纪末20世纪初的西方国家慈善服务事业。医疗社会工作作为社会工作的一个重要实务领域，是伴随着社会工作的专业化而发展起来的服务于医疗卫生领域的社会工作。狭义的医疗社会工作指的是在医院范围内，围绕患者疾病的诊断、治疗和康复所开展的社会工作。广义的医疗社会工作指的是在整个医疗卫生事业中，运用社会工作的专业知识和技术，为服务对象所进行的一系列包括与疾病的预防、治疗、康复有关的生理、心理和社会方面的专业服务。[①] 简而言之，医疗社会工作是运用人道主义、助人自助的价值理念，帮助患者消除由于疾病而引起的各种社会问题，进而帮助其增强社会适应能力的活动。

从广义上看，医疗社会工作的服务领域包括医疗救治、精神健康服务、康复工作和公共卫生等领域。[②] 在医疗救治领域，医疗社会工作介入的内容包括对患者和家属进行心理疏导，改善患者的医疗和生活环境，通过介入医方、介入患者及引导舆论等协调医患关系，以及从事信息传达、个案管理等工作；在精神健康服务领域，医疗社会工作介入的内容包括帮助精神病患者消除孤独感和隔离感、帮助精神病患者融入家庭和社会等；在康复工作领域，医疗社会工作介入的内容包括提高残疾人的日常生活能力和改善残疾人的教育环境、就业环境及社会环境等；在公共卫生领域，医疗社会工作介入的内容主要包括疾病预防、处置突发公共卫生事件等。

自2000年上海东方医院正式成立我国首家医疗社会工作部以来，深圳、广州等地的社会工作服务也逐渐出现在部分医院，向患者提供社会支持和心理支持、医疗康复、医患关系协调等相关服务。但在我国，由于社会工作属于相对新兴的职业，想要介入医疗服务领域就必须得到政府的推动和政策的支持，而当前的医疗社会工作的社会认知度和接受度偏低，尚未形成统一的医疗社会工作价值

---

① 安民兵．医疗社会工作：现实意义和发展趋向．医学与哲学（人文社会医学版），2006（9）：20－22. 张文娇，李茂花．医疗社会工作在当今医院管理中介入的必要性与介入方式．中国药物经济学，2012（3）：398－401.

② 陈建平，张丽芬．论医疗社会工作的服务领域．社会工作，2014（2）：115－121.

理念，专业的医疗社会工作服务机构建设滞后、专业的医疗社会工作人才队伍欠缺等问题制约了医疗社会工作的进一步发展。而我国目前医疗服务领域存在的问题又是亟须解决的，因此探寻社会工作介入医疗服务领域的路径具有重大的理论和现实意义。目前来看，社会工作介入医疗服务领域需要借助三方面的努力，即医院设立社会工作岗位、政府购买社会工作服务、发展非营利组织等。2012 年，卫生部、民政部和财政部也先后发布了将社会工作引入医疗服务体系的相关文件，这些政策的推动，必然会促进医疗社会工作的发展。

第二节 医疗保险的筹资与给付

医疗保险制度的顺畅运行需要合理的筹资和给付机制。由于价值理念、经济状况、政治环境的不同，世界各国在医疗保险基金筹集方面存在较大差异，筹资对象、筹资比例、筹资方式各不相同，在医疗保险的待遇给付方面也存在不同的支付模式。

一、医疗保险的筹资方式

医疗保险基金的筹资方式主要包括以下几类：

一是现收现付制。即医疗保险基金通常以年度预算平衡为目标，根据支出的需求来确定收缴的额度，现收现付制一般与社会统筹账户制相联系。例如，英国通过税收的方式筹集医疗保险基金建立统筹基金。这种方式是立足于当年医疗保险资金支出的需要来确定资金的筹集额度，当年收缴，当年发放。这种方式往往与社会统筹账户制相联系，且多为实行医疗保险税收的国家所实行，如英国。

二是完全积累制。即医疗保险以长期纵向的收支平衡为目标，它是测算医疗保险需求者在保障期内对医疗保险资金的需求总量，并将其分摊至医疗保险需求者的缴费区间的一种筹资方式，完全积累制通常与个人账户相联系。例如，新加坡医疗保险缴费采取个人账户储蓄积累的方式。

三是部分积累制。它是完全积累制和现收现付制相结合的一种筹资方式，即将近期年度预算平衡与长期纵向的收支平衡相结合。部分积累制一般与统账结合制相联系，即是一种社会统筹和个人账户相联系的筹资方式。例如，我国目前的医疗保险制度就实行这种模式，企业缴费的一部分进入社会统筹账户，用于被保险人住院及大病医疗费用支出，个人缴费部分及企业缴费的一部分进入个人账户，用于门诊即小病的医疗费用支出。

二、医疗保险的待遇给付

医疗费用支付模式能在很大程度上影响患者医疗费用的高低水平，科学合理的支付制度能明显遏制医疗费用的过快增长。2009 年，中共中央、国务院《关于深化医药卫生体制改革的意见》指出，“完善支付制度，积极探索实行按人头付费、按病种付费、总额预付等方式，建立激励与惩戒并重的有效约束机制”，为医疗服务支付制度改革指明了大方向。①

（一）按服务项目付费

这是我国目前最主流、最基础的医疗付费方式。按医疗服务项目付费，项目明细一目了然，患者能清楚知道自己做了哪些检查治疗项目、使用了什么药品和卫生材料、享受了哪些医疗服务以及各个项目单价是多少等。同时，由于实行的是后付费方式，医院不存在风险，做了什么项目、使用了什么药品材料均可获得补偿，能在医疗服务供给不足的体系下最大限度地激励供方提高医疗服务数量和质量。这种模式也存在较多的不足。由于“医疗服务提供方诱导需求”现象的存在，该模式很容易导致“大处方”“乱检查”“过度检查”“过度治疗”等现象，直接导致患者医疗费用的增长，加剧“看病贵”现象，严重损害医疗服务需求方的利益。在该模式下，医疗服务提供者利用其信息优势，在医疗服务过程中为实现自身利益最大化，诱导超过最佳治疗需要的需求。此外，此种支付模式过于细化，患者处于信息弱势地位，容易滋生乱收费现象，对此监管成本高，人力资源等消耗非常大。

（二）按病种付费

2004 年，国家卫生部开始实行按病种付费的尝试。按病种付费指的是对于部分诊断明确、病情单一、治疗相对简单、无其他并发症的符合临床路径标准的病种进行打包付费。由于该模式是实行打包付费的预付制，费用相对固定，因此可以有效地规避医疗服务提供方的道德风险，杜绝“乱检查”“大处方”情况的发生，从而在一定程度上缓解人民群众的“看病贵”问题。但该模式适用范围有限，诊断不明确、病情复杂的患者无法被纳入此种支付模式。同时，该模式还可能导致医疗服务提供方拒绝接受重症患者、治疗不彻底、材料或药品以次充好等情况的发生，且有可能降低医疗服务提供方研发使用新技术、新方法的意愿，不利于医学科学的创新发展。

（三）按疾病诊断相关组付费

按疾病诊断相关组付费从本质上讲也属于按病种付费。该模式是按照国际疾病诊断分类标准，将患者根据诊断、年龄、性别以及病种轻重程度，结合循证医

---

① 孙咸红，彭庭波，赵娜，等．医疗费用支付模式的现状与展望．医院管理论坛，2013（4）．

学依据测算出病种每个组各个分类级别的医疗费用标准，并预先支付给医疗服务机构的医疗保险费用支付方式。由于该模式属于预付费制度，能有效地约束医疗服务提供方的行为，避免过度治疗，从而起到控制医疗费用不合理增长的目的。该模式被各国政府和卫生管理界公认为比较先进的医院效率质量控制制度和医疗费用支付模式。但是按疾病诊断相关组付费使支付管理变得更加复杂，前期基础工作量巨大，需要定期更新和完善，维护成本高，同时医疗服务提供方为了获得尽可能多的补偿，容易导致诊断升级，特别是在诊断界限不明确时。

除了上述三种支付模式外，还有按服务单元付费、按人头付费、总额预付制等支付模式。① 实际上，不同的支付模式各有其优缺点，医疗社会保险机构应该根据不同情况的需求选择不同的支付模式。同时，由于单一支付模式很难完全解决所有类型的医疗行为费用补偿问题，因此在实践中通常是两种或者两种以上的支付模式混合使用。

第三节
我国医疗保险制度的现状

目前，我国已形成以城镇职工医保（城镇职工基本医疗保险制度）、新农合（新型农村合作医疗制度）、城镇居民医保（城镇居民基本医疗保险制度）为主体的医疗保险体系。

一、城镇职工基本医疗保险制度

1992 年，深圳市在全国率先开展了职工医疗保险改革，从而拉开了对我国职工医疗保障制度进行根本性改革的序幕。党的十四届三中全会提出要在我国建立社会统筹与个人账户相结合的医疗保险制度。1998 年，国务院发布了《关于建立城镇职工基本医疗保险制度的决定》（国发〔1998〕44 号），要求在全国范围内建立覆盖全体城镇职工的基本医疗保险制度，我国城镇职工基本医疗保险制度进入一个新的发展阶段。

（一）覆盖范围

城镇所有用人单位，包括企业（国有企业、集体企业、外商投资企业、私营企业等）、机关、事业单位、社会团体、民办非企业单位及其职工，都要参加基本医疗保险。乡镇企业及其职工、城镇个体经济组织业主及其从业人员是否参加

① 仇雨临．医疗保险．北京：中国劳动社会保障出版社，2008.

基本医疗保险，由各省、自治区、直辖市人民政府决定。

(二) 资金筹集

基本医疗保险费由用人单位和职工共同缴纳。用人单位缴费率控制在职工工资总额的6%左右，职工缴费率一般为本人工资收入的2%。

(三) 待遇支付

统筹基金和个人账户要划定各自的支付范围，分别核算，不得互相挤占。要确定统筹基金的起付标准和最高支付限额，起付标准原则上控制在当地职工年平均工资的10%左右，最高支付限额原则上控制在当地职工年平均工资的4倍左右。起付标准以下的医疗费用，从个人账户中支付或由个人支付。起付标准以上、最高支付限额以下的医疗费用，主要从统筹基金中支付，个人也要负担一定比例。

(四) 基金的管理和监督

基本医疗保险基金被纳入财政专户管理，专款专用，不得挤占挪用。社会保险经办机构负责基本医疗保险基金的筹集、管理和支付，并要建立健全预决算制度、财务会计制度和内部审计制度。社会保险经办机构的事业经费不得从基金中提取，由各级财政预算解决。

(五) 医疗服务的控制与管理

基本医疗保险实行定点医疗机构和定点零售药店管理，并制定科学合理的医疗费用结算办法。包括：职工可在定点医疗机构就医、购药，也可持处方到定点零售药店购药；制定基本医疗保险的药品目录、诊疗目录和医疗服务设施标准及相应的管理办法，不符合药品目录、诊疗项目和医疗服务设施标准范围的医疗费用，不在基本医疗保险的支付之列；实行医、药分开核算，分别管理。

二、新型农村合作医疗制度

新型农村合作医疗制度，简称“新农合”，是指由政府组织、引导、支持，农民自愿参加，个人、集体和政府多方筹资，以大病统筹为主的农民医疗互助共济制度。新农合采取个人缴费、集体扶持和政府资助的方式筹集资金。2002年10月，中共中央、国务院《关于进一步加强农村卫生工作的决定》明确指出：要“建立以大病统筹为主的新型农村合作医疗制度”，“到2010年，新型农村合作医疗制度要基本覆盖农村居民”，“从2003年起，中央财政对中西部地区除市区以外的参加新型合作医疗的农民每年按人均10元安排合作医疗补助资金，地方财政对参加新型合作医疗的农民补助每年不低于人均10元”，“农民为参加合作医疗、抵御疾病风险而履行缴费义务不能视为增加农民负担”。这是我国政府历史上第一次为解决农民的基本医疗卫生问题进行大规模的投入。从2003年开始，本着多方筹资、农民自愿参加的原则，新型农村合作医疗的试点地区不断增加，试点地区的经验总结，为将来新型农村合作医疗在全国全面开展打下了坚实的理论与实践基础。

自2012年起，各级财政对新农合的补助标准从每人每年200元提高到每人每年240元。其中，原有200元部分，中央财政继续按照原有补助标准给予补助，新增40元部分，中央财政对西部地区补助80%，对中部地区补助60%，对东部地区按一定比例补助。农民个人缴费原则上提高到每人每年60元，在有困难的地区，个人缴费部分可分两年到位。个人筹资水平提高后，各地要加大医疗救助工作力度，资助符合条件的困难群众参合。新生儿出生当年，随父母自动获取参合资格并享受新农合待遇，自第二年起按规定缴纳参合费用。

2013年9月11日，国家卫生和计划生育委员会下发《关于做好2013年新型农村合作医疗工作的通知》：自2013年起，各级财政对新农合的补助标准从每人每年240元提高到每人每年280元。政策范围内住院费用报销比例提高到75%左右，并全面推开儿童白血病、先天性心脏病、结肠癌、直肠癌等20个病种的重大疾病保障试点工作。

2014年4月25日，财政部、国家卫生和计划生育委员会、人力资源和社会保障部发布《关于提高2014年新型农村合作医疗和城镇居民基本医疗保险筹资标准的通知》，2014年新型农村合作医疗和城镇居民基本医疗保险筹资方法为：各级财政对新农合和居民医保人均补助标准在2013年的基础上提高40元，达到320元。其中，中央财政对原有120元的补助标准不变，对200元部分按照西部地区80%和中部地区60%的比例安排补助，对东部地区各省份分别按一定比例补助。农民和城镇居民个人缴费标准在2013年的基础上提高20元，全国平均个人缴费标准达到每人每年90元左右。个人缴费应在参保（合）时按年度一次性缴清。

2015年，国家卫生和计划生育委员会、财政部印发《关于做好2015年新型农村合作医疗工作的通知》，提出各级财政对新农合的人均补助标准在2014年的基础上提高60元，达到380元。

三、城镇居民基本医疗保险制度

2007年，国务院颁布《关于开展城镇居民基本医疗保险试点的指导意见》，决定在有条件的省份选择2至3个城市启动试点，2008年扩大试点，争取2009年试点城市达到80%以上，2010年在全国全面推开，逐步覆盖全体城镇非从业居民。要通过试点，探索和完善城镇居民基本医疗保险的政策体系，形成合理的筹资机制、健全的管理体制和规范的运行机制，逐步建立以大病统筹为主的城镇居民基本医疗保险制度。不属于城镇职工基本医疗保险制度覆盖范围的中小学阶段的学生（包括职业高中、中专、技校学生）、少年儿童和其他非从业城镇居民都可自愿参加城镇居民基本医疗保险。

各地根据当地的经济发展水平以及成年人和未成年人等不同人群的基本医疗消费需求，并考虑当地居民家庭和财政的负担能力，恰当确定筹资水平；探索建立筹资水平、缴费年限和待遇水平相挂钩的机制。城镇居民基本医疗保险以家庭缴费为主，政府给予适当补助。参保居民按规定缴纳基本医疗保险费，享受相应的医疗保险待遇，有条件的用人单位可以对职工家属参保缴费给予补助。国家对个人缴费和单位补助资金制定税收鼓励政策。

城镇居民基本医疗保险基金重点用于参保居民的住院和门诊大病医疗支出，有条件的地区可以逐步试行门诊医疗费用统筹。城镇居民基本医疗保险基金的使用要坚持以收定支、收支平衡、略有结余的原则。

城镇居民基本医疗保险的医疗服务管理，原则上参照城镇职工基本医疗保险的有关规定执行，具体办法由试点城市劳动保障部门会同发展改革、财政、卫生等部门制定，整合、提升、拓宽城市社区服务组织的功能，加强社区服务平台建设，做好基本医疗保险管理服务工作。

四、我国城乡医保的整合之路

21 世纪初，城镇职工医保、新农合、城镇居民医保这三项基本医保制度逐渐落地。三大医保的整合一直是医保改革的一个重要话题。

2012 年前后，“十二五”规划和党的十八大报告进一步要求，整合城乡医保制度。2013 年 3 月召开的第十二届全国人民代表大会第一次会议审议通过的国务院机构改革和职能转变方案曾提出，城镇职工医保、城镇居民医保、新农合的职责要整合为由一个部门承担，并明确整合工作要在当年的 6 月底前完成。然而，由于方案未能统一，整合在当年并未完成。

2013 年以来，各界对于医保城乡一体化的呼声十分强烈。不过从全国范围来看，医保制度并轨任务进展缓慢，人社部经办城镇居民基本医疗保险、卫计委经办新农合导致的医保管理体制分割的局面未有明显改观，且在城镇化过程中出现了一系列待遇失衡和制度衔接上的问题，重复参保、待遇重复享受、多头报销等现象依然存在。

2015 年 4 月，国务院在年度医改工作安排中再次提到，要在 11 月前“研究制定整合城乡居民基本医疗保险管理体制改革方案和试点实施意见”。2015 年 12 月 9 日，中央全面深化改革领导小组第十九次会议在北京召开。会议审议通过了《关于整合城乡居民基本医疗保险制度的意见》。延宕数年之久的城乡居民医保整合方案有望最终落地。

从整体上看，整合后的城乡医保制度优于原来的城镇居民医保和新农合。一是居民就医定点医院范围、用药药品目录、诊疗项目目录和服务设施目录实现了与职工医保资源共享。二是结算快捷省事，所有医保定点医院实现了刷卡就医、联网结算。三是门诊特殊病种增多，范围与职工医保相同。

第四节
我国医疗保险制度的成就、问题与展望

近些年来，我国医保制度建设成就显著，覆盖全民的基本医疗保障制度框架初步形成，然而，医保制度发展仍面临着多元分割和待遇悬殊、运行效率不高等多方面的挑战，医保制度对医药卫生运行机制的基础性筹资和规范作用还未充分发挥，未来需要进一步推进医疗保险制度的完善。

一、我国医疗保险制度建设的成就

我国医疗保险制度建设的成就主要体现在以下几个方面。

一是积极加强制度建设。目前，我国已形成以城镇职工医保、新农合、城镇居民医保为主体，城乡医疗救助为兜底，其他多种形式补充医疗保险和商业健康保险为补充的全民基本医保制度框架。

二是不断扩大覆盖范围。2014 年年底，职工基本医疗保险参保人数为 28 296 万人，比上年增加 853 万人，增长 3.1%；比 2009 年增加 6 359 万人，年平均增长 5.2%。城镇（城乡）居民基本医疗保险参保人数达 31 451 万人，比上年增加 1 822万人，增长 6.1%；比 2009 年增加 13 241 万人，年平均增长 11.5%。在医疗服务方面，2014 年，职工基本医疗保险享受待遇人次为 15.2 亿人次，比上年增加 1.8 亿人次，增长 13.4%；比 2009 年增加 6.8 亿人次，年平均增长 12.6%。2014 年，城镇（城乡）居民基本医疗保险享受待遇 41 640 万人次，比上年增加8 687万人次，增长 26.4%；比 2009 年增加 34 257 万人次，年平均增长 41.3%。其中，享受住院待遇 2 801 万人次，比上年增加 416 万人次，增长 17.4%；比 2009 年增加 2 124 万人次，年平均增长 32.8%。[①]

三是保障水平不断提升。2012 年，天津、重庆、宁夏等 6 个省级区域在全省（市）范围内开展了居民医保城乡统筹。在保障水平方面：(1) 提高最高支付限额。2010 年，90%以上的统筹地区城镇职工医保、城镇居民医保、新农合最高支付限额分别提高到当地职工年平均工资、当地居民年可支配收入和全国农民人均纯收入的 6 倍左右，2011 年达到 6 倍以上且均不低于 5 万元。(2) 适当提高报销比例。新农合和城镇居民医保政策范围内住院报销比例由 2008 年的 48%、54%提高到 2012 年的 70%、75%左右。(3) 提高政府补助水平。新农合人均筹资水平从试点初期的 30 元逐步提高到 2012 年的 290 元。2013 年，新农合全国人

---

① 人力资源和社会保障部社会保险事业管理中心．中国社会保险发展年度报告 2014．北京：中国劳动社会保障出版社，2015．

均筹资达到340元左右，其中各级政府补助增加到人均280元。(4) 开展门诊统筹，既保了大病又兼顾了小病。(5) 开展大病保障。新农合将儿童白血病、终末期肾病等20种大病纳入重大疾病保障范围，报销比例显著提高。

四是探索改革支付方式。推进付费方式改革，探索实行按病种、按人头付费和总额预付制等。吉林长春、四川成都等地探索医保付费“谈判机制”，遏制医药费用过快增长。推广就医“一卡通”，实现统筹区域内医药费用即时结算。截至2012年年底，已有18个省份开展省内异地就医即时联网结算，一些地方探索跨省“点对点”联网或委托结算。

五是完善管理服务。全国普遍建立新农合信息网络，89%的统筹地区实现省内互联互通、即时结报，国家级信息平台与9省（区、市）联通，实现跨省监管。推进异地就医结算，重庆等7个省市实现了省内就医直接结算。创新医疗保障经办管理服务，一些地方委托具有资质的商业保险机构参与医保经办服务，取得良好效果。

二、我国医疗保险制度存在的主要问题

一是覆盖范围尚需扩大。目前，我国的医疗保险制度体系已经基本构建完成，包括城镇职工医保、新农合、城乡居民医保，基本实现了制度全覆盖，但仍然没有做到人员全覆盖。城镇职工医保中隐瞒职工人数、报低工资收入以减少医保缴费等现象，导致城镇职工医保的扩面十分困难；城镇部分灵活就业人员没有参加医疗保险；部分农民工在城镇就业没有参保，也有部分农民工既参加了新农合又参加了城镇职工医保，存在重复参保问题。

二是不同群体待遇差距较大。我国的医疗保险制度在城乡之间、地区之间、群体之间存在较大的差异。城镇职工医保实行社会统筹与个人账户相结合，由雇主和雇员按比例共同缴费，具有强制性；城镇居民医保由个人缴费，财政给予相应补贴，自愿参保；新农合由个人、集体和国家三方出资，自愿参保。在待遇水平上，城镇职工医保和城镇居民医保设定了起付线和封顶线，起付线和封顶线之间的部分按照一定的比例进行报销；新农合则以大病统筹为主，重点帮助农民提高抵御大病经济风险的能力。总之，机关事业单位的公费医疗、城镇职工医保、新农合、城镇居民医保在报销比例方面还是存在一定的差距。

三是筹资与支付保障机制不健全。筹资和支付制度是医疗保险的两个重要的保障机制。合理的筹资分担机制和稳定的待遇增长机制对于制度的顺畅运行非常重要。但是我国的部分地区不断增加对提高保障水平、增加医保支出的承诺，只讲提高待遇不讲责任分担，只讲加大投入不讲如何支付。部分地区城镇居民医保和新农合的筹资水平、分担比例、保障范围、报销水平等政策调整过于频繁，而且带有一定程度的盲目性、随意性，这种状况亟待改变。

四是医保基金收支平衡面临压力。近年来，我国医疗保险基金收支均保持增长的趋势，保险基金累计结余亦呈递增趋势。2014年，全年城镇基本医疗

保险基金总收入 9 687 亿元，支出 8 134 亿元，分别比上年增长 17.4%和 19.6%。年末城镇基本医疗统筹基金累计结存 6 732 亿元（含城镇居民基本医疗保险基金累计结存 1 195 亿元），个人账户积累 3 913 亿元。[①] 但从增长率来看，全国城镇基本医保基金收入年增长率基本呈现逐年下降趋势，基金结余增速也呈递减趋势。同时，人口老龄化速度加快，医疗费用快速增加，而“大处方”“乱开药”等造成医疗资源浪费的问题并没有得到根本解决，一些地区医保基金出现了当期收不抵支。

三、我国医疗保险制度的未来展望

今后的工作重点是加快制度整合，优化制度设计，消除不公平、不合理的制度壁垒。社会医疗保险制度必须降低职业关联度和户籍关联度，应当从城市保险走向城乡保险，从职业保险走向国民保险。同时必须建立有激励、有约束的内部运行机制，推动提高服务效率和运转效能。

我国社会医疗保险已经实现制度全覆盖，正在向人员全覆盖方向发展，流动的农民工群体及灵活就业人员是当前制度建设需要重点关注的群体。制度建设的目标应该是人人都公平地享有社会医疗保险，因此在坚持公平理念的前提下，在制度设计时应根据不同群体的收入特点设计不同的缴费标准，通过灵活的制度设计，使得不同群体都可以参加到医疗保险体系中来，扩大制度的覆盖面，使我国的医疗保险制度真正成为缓解“因病致贫、因病返贫”的制度安排。

我国医疗保险制度建设的目标应该是在有限的条件下满足人民群众日益增长的合理的医疗保障需求。因此，医保待遇水平的确定既不能太高，也不能太低。事实上，如果保障待遇水平过低，就起不到保障的作用，制度就发挥不了应有的作用；如果保障待遇水平过高，则不仅会造成医保基金入不敷出，而且将引发道德风险，造成资源浪费，并败坏社会风气。因此，必须研究社会医疗保险待遇的适度水平，并在病种目录、诊疗目录、药品目录，以及报销的起付线、封顶线和报销比例中合理体现，同时应该注意在医疗保险的待遇给付环节对弱势群体进行适度倾斜。

社会医疗保险制度持续健康运行并保持其公平性，不仅要求制度本身的合理设计，还需要有效的管理服务体制，主要包括统一的经办管理体制、科学的筹资和支付机制、完善的监管服务机制等。首先应该理顺医保管理体制，建立城乡统筹的医保管理体制，整合医保经办资源，统一管理平台、业务流程和信息标准，提高医保资源的使用效率；其次应该创新医保经办运行机制，探索医疗保险委托管理，以购买服务的方式利用社会资源提供服务；最后应该改革完善基本医保支付制度，提高医保资金保障绩效，建立以医保基金为主导的医药资源配置机制，并推动医疗提供方体制改革，同时加强监督机制的建设。

---

① 2014 年度人力资源和社会保障事业发展统计公报.（2015-05-28）[2017-08-02]. http://www.mohrss.gov.cn/SYrlzyhshbzb/dongtaixinwen/buneiyaowen/201505/t20150528_162040.htm.

四、生育保险与医疗保险的整合

2017年1月，国务院办公厅发布了《生育保险和职工基本医疗保险合并实施试点方案》，决定在河北省邯郸市、山西省晋中市、辽宁省沈阳市、江苏省泰州市、安徽省合肥市、山东省威海市、河南省郑州市、湖南省岳阳市、广东省珠海市、重庆市、四川省内江市、云南省昆明市开展生育保险与职工基本医疗保险合并实施试点。试点方案明确了“四个统一、一个不变”。

（一）四个统一

一是统一参保登记。参加职工基本医疗保险的在职职工同步参加生育保险。二是统一基金征缴和管理。生育保险基金并入职工基本医疗保险基金，统一征缴。试点期间，可按照用人单位参加生育保险和职工基本医疗保险的缴费比例之和确定新的用人单位职工基本医疗保险费率，个人不缴纳生育保险费。同时，根据职工基本医疗保险基金支出情况和生育待遇的需求，按照收支平衡的原则，建立职工基本医疗保险费率确定和调整机制。三是统一医疗服务管理。两项保险合并实施后实行统一定点医疗服务管理。充分利用协议管理，强化对生育医疗服务的监控。执行职工基本医疗保险、工伤保险、生育保险药品目录以及基本医疗保险诊疗项目和医疗服务设施范围。四是统一经办和信息服务。两项保险合并实施后，统一经办管理，规范经办流程。生育保险经办管理统一由职工基本医疗保险经办机构负责，工作经费列入同级财政预算。

（二）一个不变

职工生育期间的生育保险待遇不变。生育保险待遇包括《中华人民共和国社会保险法》规定的生育医疗费用和生育津贴，所需资金从职工基本医疗保险基金中支付。生育津贴支付期限按照《女职工劳动保护特别规定》等法律法规规定的产假期限执行。

【本章小结】

疾病风险主要是指人在生存过程中因各种疾病而遭受的经济上、生理上、心理上的损失。由于疾病风险的客观性和不确定性，所有人都会面临疾病风险。医疗保险，也称健康保险或疾病保险，是为了应对疾病的发生所带来的无法预测的医疗服务需求，通过事先缴纳医疗保险费的方式而对参保人患病后的各种损失进行补偿的一种社会保险制度。根据医疗保险基金补偿范围的大小，可以将医疗保险分为狭义和广义两种。根据支付模式及基金筹集方式的不同，国外医疗保险制度大体上可分为四种模式：社会医疗保险模式、国家医疗保险模式、商业医疗保险模式以及储蓄医疗保险模式。医疗保险的筹资对象主要包括政府、雇主和雇员。世界各国由于价值理念、经济状况、政治环境不同，所以在医疗保险基金筹集方面存在差异。世界各国医疗保险基金的筹资方式包括：现收现付制、完全积累制及部分积累制。完善支付制度，积极探索实行按人头付费、按病种付费、总额预付等方式，建立激励与惩戒并重的有效约束机制，为医疗服务支付制度改革指明了大方向。目前，我国已形成以城镇职工基本医疗保险制度、新型农村合作医疗制度、城镇居民基本医疗保险制度为主体的医疗保险体系。近些年来，我国医保制度建设成就显著，但也存在不少问题，有待于进一步改革完善。

【思考题目】

1. 简述医疗保险的概念与特点。
2. 简述现代医疗保险制度的产生及发展历程。
3. 国外医疗保险制度的典型模式包括哪些?
4. 医疗保险的筹资对象及筹资方式有哪些?
5. 梳理我国城乡医保的整合发展之路。
6. 社会医疗保险中的医疗费用支付模式有哪些?
7. 简述我国医疗保险制度建设取得的成就及存在的问题。

案例讨论

案例一：医保支付方式改革

1994 年，江苏省镇江市被确定为全国城镇职工医疗保障制度改革“两江试点”之一。经过不断调整磨合，镇江市在 2008 年形成了以多种付费方式相结合的复合式医保结算制度。目前来看，这项改革的成效比较明显。江苏省卫生厅财务报表显示，2000—2010 年，全省城市医院累计收入增长 417.06%，镇江市增长 302.70%，如果按全省平均增幅算，10 年来，该市节约了医疗费用 4 亿多元。2010 年，镇江市公立医院平均药占比、门诊均次费用、住院均次费用均为全省最低。

镇江市的医保支付先后经历了从按服务单元付费，总额控制、超支不补，个人账户按实支付、统筹基金总额控制，到总额预算、弹性结算和部分疾病按病种付费相结合的复合式结算办法。

镇江市医保基金筹集由人社部门负责，支付由卫生部门负责，实现了卫生部门对医保基金支付与医疗服务的一体化管理。该市根据当年医保基金筹集的预算额，在测算提取约 4%的风险金和预留个人账户资金结余部分后，其余全部作为用于当年医疗费用支出的预算总额。由于探索时间长，又有“内行管内行”的优势，镇江的医保费用结算办法和考核指标相对精细。

镇江市对社区卫生服务机构实行以“就诊人头”为核心的“总额预算管理”结算方式。“财政补助和医保支付是按看病‘人头’结算，而不是单看就诊人次和开药数量。”比如，一位高血压患者一年的慢性病年度医疗费用定额是 1 350

元，如果这位患者在同一家社区医疗卫生服务机构用药量达到规定用药量的70%，医保中心将按照定额给付；如果用药量在50%～70%，将按照定额的70%给付；若低于50%，则按普通就诊人头年度医疗费用定额给付，只支付200多元。社区医疗机构只有通过改善服务态度、提高服务质量、控制医疗费用来吸引更多的病人，并留住病人，才能获得更多的医保给付。

镇江市对二级及以上定点医院实行总额预算、弹性结算和部分疾病按病种付费相结合的复合式结算方式，目前有93个病种实行按病种付费。门急诊医疗费用和其他疾病的住院医疗费用实行"总额预算、弹性结算"的支付方式。考核指标以头3年的平均数为主要确定依据。医疗费用未超预算的定点医院，按实结算，结余部分的40%奖励给医院；医疗费用超预算总额指标的合理增长部分，视不同情况给予补助。

镇江市还要求，各定点医院的工作量应与"就诊人头"同步增长，未达到同步增长的，其就诊人头人次比超过规定部分的工作量不予补助。

在对二级以上医疗机构的结算考核指标中，门诊均次费用、门诊药品费用比例、住院均次费用、住院药品费用比例都设有上限和下限，既遏制了过度医疗，又防止了医疗不足。

资料来源：支付方式改革的探索与实践（一）.(2015-12-31)[2017-08-02]. http://xxgk.shangyou.gov.cn/bmgkxx/wsj/gzdt/zwdt/201512/t20151231_317396.htm.

思考题：

1. 分析不同医保支付方式的利弊。
2. 不同医保支付方式对费用控制和医疗服务质量的影响如何？

案例二：陕西"神木医改"

政策持续，神木医改让更多百姓受益

2009年3月1日，《神木县全民免费医疗实施办法》发布实施。由于历史欠账问题和群众对免费医疗政策能否持续的担心，2009年出现了医院患者爆满、一床难求的情况。经过一年左右时间的释放，加上免费医疗政策的持续实施，2010年开始，全县医疗卫生状况就已恢复常态。2012年，神木县推出《大病医疗救助暂行办法》。大病患者年度自负的符合全民免费医疗规定范围的住院医药费用，累计在3万元以上的，根据实际费用，可获得40%至60%不等的救助，二次报销后每人每年最高可报销45万元。一年1000万元上限的大病救助金不需要县财政来承担，而是从县民生慈善基金收益中安排。2014年11月25日，在整体框架不变的前提下，神木县对全民免费医疗政策做了微调。新增了中日友好医院、陕西省人民医院、西安市儿童医院等10所县外定点医院，将县外非定点医院的报销比例确定为50%，将镇（办）卫生院的起付线由原来的200元下调为100元，将残疾人员9种住院医疗康复项目费用纳入报销范围。此外，为了加强对大病患者的医疗救助，2015年3月20日，神木县又出台了《城乡居民门诊慢性病管理暂行规定》，对糖尿病、高血压、冠心病等24种门诊慢性病病种的报销标准做了明确规定。其中，慢性肾衰竭（血液透析）一项，在两年的医疗期限内，每年最高可报销 6 万元。这一政策的出台，极大地减轻了百姓门诊治疗的经济负担。

良性循环，神木医改促医院长远发展

为了营造一个良好的就医环境，近年来，神木县医院在门诊、住院和急诊大厅都设立了便民服务台，添置了免费使用的轮椅，安装了手机充电站等，尽最大努力为患者提供人性化服务。在硬件方面，医院新建了一所住院楼，增加病床 400 张，并购置了许多先进医疗设备，像核磁共振之类原本不能开展的几十项检验、检查项目现在都具备了开展条件。在软件方面，医院连续三年面向社会招聘了 200 多名医护人员，其中包括 14 名研究生。同时，每年选派年轻医生、护士外出培训学习，增强业务能力。在此基础上，医院新增了心内科、呼吸内科、新生儿科等 8 个临床科室，满足了患者的需求。医院服务能力提升了，患者转院率就低了。去年神木全县的转外就医率仅为 7.6％，低于全省、全国二级医院平均水平。越来越多的患者留在县境内看病，医院的效益和医护人员的业务能力也就会相应获得发展，反过来又会促进医院综合服务能力的进一步提升，从而形成一个良性循环的过程。

财政收入增速放缓，神木医改“不差钱”

在神木医改之初，县财政能否承受报销资金压力就一直是人们质疑的焦点。近两年，随着煤炭价格下跌，神木县财政收入增速放缓，质疑声再度响起。事实上，神木医改实施以来，县财政需要承担的医药报销资金并未出现不可控的局面。相反，随着国家医疗保障水平的不断提升，县财政资金在报销总金额里的比重持续下降。实际上，除了医疗卫生事业，神木县在教育、就业、扶贫等民生事业方面投入力度也很大。据统计，2014 年，神木民生资金投入达 56.9 亿元，占到总支出的 80％以上。

资料来源：神木六年医改调查：医药报销资金未出现不可控. 陕西日报，2015 - 06 - 15.

思考题：

1. 陕西神木为什么可以在全国率先实行“全民免费医疗”？

2. 有人说，“神木模式”只有富裕地区才有能力去推行，在相对落后地区没有落实的基础。对此，你怎么看？

推荐文献

1. 顾昕，潘捷．公立医院中的政府投入政策：美国经验对中国医改的启示．学习与探索，2012 (2).

2. 谢天．苏州市医疗保险一体化管理模式探讨．江苏卫生事业管理，2011 (6).

3. 高炜星．由美国医疗保障及其改革谈中国社会保障制度建设．劳动保障世界（理论版），2011 (5).

4. 仇雨临，翟绍果，郝佳．城乡医疗保障的统筹发展研究：理论、实证与对策．中国软科学，2011 (4).

5. 沈海沁，吴三兵，王继年．浅析医院医疗保险管理工作的几个重要环节．中国农村卫生事业管理，2010 (12).

6. 解垩．中国卫生筹资的再分配效应．人口与发展，2010 (4).

7. 郑秉文．从奥巴马医改看美国与欧洲福利制度差异性．红旗文稿，2010 (8).

8. 孙淑云．整合城乡基本医保的立法及其变迁趋势．甘肃社会科学，2014 (5).

9. 柏雪，王俊华．我国全民基本医疗保险制度建构的障碍及对策分析．苏州大学学报（哲学社会科学版），2014 (5).

10. 汪金峰，申凯，张克泽．医疗保障制度：比较中的路径探索——以中国和俄罗斯为例．江汉学术，2014 (3).

11. 王东进．弘扬两江精神　完善全民医保——纪念“两江试点”二十周年．中国医疗保险，2014 (6).

12. 易龙飞．英国、新加坡和中国香港全民医保的运行及启示．中国卫生政策研究，2014 (5).

13. 高和荣．中国基本医疗保障制度的普遍整合——基于厦门的经验分析．哈尔滨工业大学学报（社会科学版），2014 (2).

14. 乌日图．加快整合城乡基本医疗保险制度．中国医疗保险，2014 (3).

第七章

失业保险

【学习目标】

1. 掌握失业与失业保险的概念；
2. 理解失业保险的目标与功能；
3. 了解失业保险的产生及发展过程；
4. 掌握失业保险的制度模式以及待遇给付；
5. 能够运用相关知识分析我国失业保险制度存在的问题及发展趋势。

第一节 失业保险概述

本节主要概括失业保险的概念、目标、功能，梳理失业保险产生和发展的历程，重点讨论失业保险的主要模式。

一、失业与失业保险

一般认为，失业就是达到了法定劳动年龄、具有劳动能力、有从事劳动的意愿，但与生产资料相分离，不能创造社会价值且不能获得收入的状态。从经济与社会长期发展来看，失业是企业变革、经济发展和社会进步不可避免的代价。正是通过失业这种淘汰劣势的机制，优势企业击败劣势企业，更为适应的劳动力得以脱颖而出，社会总财富得以积累与扩张。并且在较长的时期内，先进的科学技术会促进劳动生产率的极大提高，促进生产力的发展，促进新兴产业部门的产生和发展，为扩大就业提供雄厚的物质基础，又会创造出大量的就业机会。因此，失业是工业化的必然产物。

失业保险是指国家通过立法强制实行的，由社会集中筹集基金，对因失业而暂时中断生活来源的劳动者提供物质帮助进而保障失业人员失业期间的基本生活，促进其再就业的社会保险制度。

失业保险和社会保险其他险种一样，最终目标都是保障劳动者的基本生活，提供稳定的安全预期，但失业保险还担负着提高劳动者的就业能力和增加就业机会，促进劳动者再就业的目标。失业保险的目标主要包括两个方面：一是保障劳动者的基本生活，二是促进劳动者再就业。

与社会保险其他险种相比，失业保险是一种主动的保险制度。首先，它具有保障失业者失业期间基本生活、维护社会稳定的功能；其次，它具有保护劳动者劳动能力的功能，失业保险金一般高于最低生活保障资金，目的就是让失业者在满足基本生活需求之外，还具有一定的经济能力去寻找适合自己的工作；再次，它具有反经济周期的功能，在一定程度上维护市场消费的稳定。

二、失业保险制度的产生与发展

由于失业并不是每个劳动者都必定面临的风险，因此，相较于养老、医疗保险，失业保险的要求更难达成一致。综观各国失业保险制度的发展过程，可以发现，相对于社会保险制度其他项目而言，失业保险起步较晚。最早建立社会保险制度的德国于1883年就制定了世界上第一部社会保险法案《疾病保险法》，此后分别于1884年和1889年颁布了《工伤事故保险法》和《老年和残障社会保险法》，但失业保险制度却直到1927年才建立。

世界上最早建立失业保险制度的国家是法国（1905年）。随即，挪威、丹麦两国也分别于1906年和1907年建立起自愿性失业保险制度。自愿性失业保险制度，即在国家立法中不对失业保险的实施范围进行限定，人们可自由选择参加与否，但对失业保险基金的筹集方式、失业保险待遇、失业保险享受的条件及失业保险的管理等方面的内容，立法中都有明文规定，凡自愿参加失业保险的人必须依法执行。1911年，英国在世界上第一个建立了强制性失业保险制度，继之，欧洲各国在20世纪20年代基本建立了强制性失业保险制度，美国、加拿大等美洲国家在20世纪30年代世界经济危机后也建立了强制性失业保险制度。二战后，一些发展中国家也通过立法对失业者进行失业救助或失业保险。迄今为止，世界上已有70多个国家实行了强制性和自愿性的失业保险制度。

三、失业保险的主要模式

目前比较典型的失业保险模式主要包括：德国式的“失业保险＋失业救济”的衔接型、美国式的“失业保险＋企业补充失业津贴”的补充型、加拿大式的“失业保险＋特殊失业补助”的援助型。

（一）德国式“失业保险＋失业救济”的衔接型

“失业保险＋失业救济”的衔接型指的是劳动者一旦失业，如果满足失业保险金的领取条件，就按照制度规定领取失业保险金；如果在规定的失业保险领取期满仍未找到工作，就改为发放失业救济金。当然，失业救济金的发放需要经过家庭状况调查并需要半年的过渡期才能领取。失业保险采取雇员和雇主共同缴费的办法，各自承担50％。失业救济金完全来自政府财政，其待遇水平比失业保险金低10％左右，约为本人失业前三个月平均工资的50％。[①] 缴费十年以上的失业保险金最长领取期限为32个月，失业救济金最长领取期限为12个月，既体现保

---

① 宫春子，秦悦．国外失业保险的启示与思考．辽东学院学报（社会科学版），2008（1）．

险和救济性质上的不同，又充分考虑失业者的基本生活保障。德国“失业保险＋失业救济”的衔接型模式通过两个不同层次保障的衔接，为失业者提供了更全面的保护，避免了部分失业者因未能就业而陷入社会贫困，从而导致就业更加困难。

（二）美国式“失业保险＋企业补充失业津贴”的补充型

“失业保险＋企业补充失业津贴”的补充型指的是劳动者一旦失业，一方面可以按照制度规定领取失业保险金，另一方面可以领取补充失业津贴。根据美国联邦政府颁布的《社会保险法》的规定，失业保险制度的覆盖面很广，除一般雇员外，公务员和家佣也在其中。美国的失业保险给付标准偏低，通常不超过原有工资水平的50%，因此为了保障失业者的基本生活需求，1955年起，美国部分企业开始探索实行补充失业津贴制度。劳动者享受企业补充失业津贴需要具备一定的条件：一是工作年限的条件，必须工作一年以上；二是要具备领取法定基本失业保险的资格。补充失业津贴作为失业保险制度的补充，有效弥补了失业保险待遇水平较低的问题，提高了对失业者的保障水平，减缓了失业对失业者及其家庭的冲击，不仅可以较好地保障失业者失业期间的基本生活水平，而且可以有效地促进失业者重新寻找合适的工作岗位，重返劳动力市场。

（三）加拿大式“失业保险＋特殊失业补助”的援助型

加拿大强制性失业保险是加拿大社会安全保障体系中的重要支柱，其费用由雇主、工人和政府三方共同承担，失业保险给付可达本人失业前工资的57%，期限最长为50周，保险待遇不低。加拿大被联合国定为世界上最宜居住的国家，社会福利发达，在失业保障领域也表现得十分明显，即在普遍实施失业保险的同时，对失业者中一些有特殊困难的弱者，还给予社会援助，这就是特殊失业补助。其对象为有特殊困难的伤病失业者，亦包括老年失业者和孕期女性失业者。这种特殊失业补助的职能，主要是对失业保险对象中的特殊困难者提供1～15周的补助。但老年失业者即使未能取得失业保险的资格，亦能取得相当于3周失业保险金的一次性补助。当然，取得特殊失业补助也是有条件的，一般应是失业保险的受给者，伤病和孕妇失业者在过去52周内，必须有超过20周的就业经历，并且具备医生的病情证明。由于加拿大的特殊失业补助的财源是国家财政，因此它的性质应是一种国家援助。它不同于失业救济，是专门针对法定失业保险受给者中特殊困难者的，是国家保护失业弱者的一项政策措施。

第二节 我国失业保险的制度建立、发展与现状

本节主要梳理我国失业保险制度的建立和发展历程，从覆盖范围、资金筹集、待遇给付三方面分析我国失业保险制度的主要内容。

一、中国失业保险制度的建立与发展

作为市场经济体制下的正式制度安排，我国失业保险制度是由国家立法、强制实施的一种社会保障制度。我国的失业保险制度始建于 1986 年，它在实践中是作为深化国有企业改革、建立现代企业制度的配套措施发展和完善起来的。1986 年 7 月 12 日，国务院颁布了改革劳动合同的四项规定，即《国营企业实行劳动合同制暂行规定》《国营企业招用工人暂行规定》《国营企业辞退违纪职工暂行规定》和《国营企业职工待业保险暂行规定》。其中的《国营企业职工待业保险暂行规定》是实现劳动合同制度的一项重要配套措施，因为劳动合同制度打破了过去长期实行的终身就业体制，劳动合同到期以后职工可能面临着失业问题。

1993 年 4 月 12 日，国务院正式颁布《国有企业职工待业保险规定》，该规定针对《国营企业职工待业保险暂行规定》实施范围窄、保障水平低、基金承受能力弱等方面的问题进行了调整，标志着我国失业保险制度初步确定，预示着我国失业保险制度的目标重心开始向促进就业转移，但该规定依然局限于国有企业并沿用了待业保险的名称。

1999 年 1 月 22 日，国务院发布了《失业保险条例》，在很多方面进行了调整。一是扩大了失业保险的适用范围，不再局限于国有企业及其职工，而是扩展到所有城镇企业事业单位及其职工；二是调整了失业保险基金的筹集方式，失业保险费不再由用人单位单方负担，而是由用人单位和职工双方负担，用人单位负担 2%，职工个人负担 1%；三是规范了失业保险待遇制度，体现了我国失业保险保障失业人员基本生活的制度目标。《失业保险条例》的颁布与实施，标志着我国失业保险制度已经从国有企业的配套措施转变为相对独立的市场经济框架下的社会保障体系的重要组成部分。

2000 年 10 月 26 日，劳动和社会保障部颁布了《失业保险金申领发放办法》，明确规定了失业保险金申领条件、发放标准、领取期限和失业保险关系转迁等问题，进一步完善了失业保险制度。

2010 年 10 月 28 日，第十一届全国人大常委会第十七次会议表决通过了《社会保险法》。将我国多年来被实践证明行之有效的失业保险制度通过立法程序以法律的形式固定下来，上升为国家意志，增强了失业保险的强制性、规范性和稳定性。《社会保险法》进一步完善了失业保险制度，对于实现失业保险制度的法制化、预防失业风险、保障失业人员的权利以及促进就业发挥了积极的作用。

二、中国失业保险制度的主要内容

（一）覆盖范围

根据 1999 年的《失业保险条例》，我国失业保险的覆盖范围是全部城镇企事业单位。其中城镇企业是指国有企业、城镇集体企业、外商投资企业、城镇私营企业以及其他城镇企业。此外，省级人民政府可根据当地实际情况，决定将社会团体及其专职人员、民办非企业单位及其职工、有雇工的城镇个体工商户及其雇工纳入失业保险。

（二）资金筹集

我国的失业保险制度实行用人单位和职工个人按照国家规定共同缴纳失业保险费。1999 年的《失业保险条例》规定，城镇企业事业单位按照本单位工资总额的 2%缴纳失业保险费，城镇企业事业单位职工按照本人工资的 1%缴纳失业保险费。城镇企业事业单位招用的农民合同制工人本人不缴纳失业保险费。近年来，严格的失业保险金领取条件，导致我国失业保险金结余数额越来越大，越来越多的地区开始调整失业保险的缴费比例。例如，广州市失业保险从 2013 年 7 月起实施了单位缴费浮动费率，对一定时期内不减员或者少减员的用人单位，适当下浮单位缴费费率，基准费率为 1.5%。2016 年 3 月，广州市继续下调失业保险单位缴费的基准费率，降为 0.8%。

（三）待遇给付

我国的《失业保险条例》规定，失业保险金的领取标准不得低于城市居民最低生活保障标准，同时不得高于最低工资标准。失业期间，除了领取失业保险金之外，失业人员还享受以下待遇：一是医疗待遇。失业人员在领取失业保险金期间，参加职工基本医疗保险，享受基本医疗保险待遇。失业人员应当缴纳的基本医疗保险费从失业保险基金中支付，个人不缴纳基本医疗保险费。二是丧葬抚恤待遇。失业人员在领取失业保险金期间死亡的，参照当地对在职职工死亡的规定，向其遗属发给一次性丧葬补助金和抚恤金。有些地方还提供再就业培训补助费。关于失业保险的给付期，我国规定：失业人员失业前，用人单位和本人累计缴费满 1 年不足 5 年的，领取失业保险金的期限最长为 12 个月；累计缴费满 5 年不足 10 年的，领取失业保险金的期限最长为 18 个月；累计缴费 10 年以上的，领取失业保险金的期限最长为 24 个月。重新就业后再次失业的，缴费时间重新计算，领取失业保险金的期限与前次失业应当领取而尚未领取的失业保险金的期限合并计算，最长不超过 24 个月。

第三节 我国失业保险制度的问题与展望

自 1986 年我国失业保险制度建立以来，经过 30 多年的探索和实践，我国的失业保险制度框架体系初步形成，包括失业预防、失业保险、就业辅助三位一体的完善制度体系基本构建，制度的覆盖范围不断扩大。本节主要归纳我国失业保险制度建设的成就、存在的问题，并提出完善制度的政策建议。

一、我国失业保险制度建设的成就

一是参保人数不断增长。截至2014年年底，全国参加失业保险人数为17 043万人，比上年末增加626万人，增长3.8%；比2009年增加4 327万人，年平均增长6.0%。其中，农民工参加失业保险人数为4 071万人，占参保总人数的23.9%；比上年末增加331万人，比2009年增加2 429万人，年平均增长19.9%。

二是基金收支规模不断扩大。2014年，全国失业保险基金收入1 380亿元，比上年增加91亿元，增长7.1%；比2009年增加799亿元，年平均增长18.9%。基金总支出615亿元，比上年增加83亿元，增长15.6%；比2009年年末增加248亿元，年平均增长10.9%。

三是待遇水平不断提升。2014年，全国共有422万失业人员领取了不同期限的失业保险金，比上年增加5万人，增长1.3%；比2009年减少62万人。2014年年末，全国领取失业保险金人数为207万人，比上年末增加10万人；比2009年减少28万人。2014年，全国领取失业保险金人员月人均领取水平为852元，比上年增加85元，增长11.1%；比2009年增加406元，年平均增长13.9%。①

二、我国失业保险制度存在的问题

随着近年来经济增长方式的转变和经济结构的变化导致的社会就业结构的变化，结构性失业问题明显，更加凸显了当前失业保险制度的不足。②

第一，失业保险实际覆盖面偏窄。根据我国《失业保险条例》的规定，领取失业保险金有着严格的限制条件，例如，失业前用人单位和个人缴纳失业保险费满一年，非因本人意愿中断就业，已经进行了失业登记并且有求职要求。严格的限制条件使得大量的失业者因不满足失业保险金的领取条件而不能够得到及时有效的保障。失业保险制度的实际覆盖面过窄，一方面使得需要保障的人无法得到救济，另一方面却出现资金大量结余，导致失业保险金利用效率不高。

第二，失业保险的筹资机制不完善。我国的失业保险制度实行统一的缴费费率，没有充分考虑不同行业和企业的具体情况。从行业来看，劳动密集型行业就

---

① 人力资源和社会保障部社会保险事业管理中心．中国社会保险发展年度报告2014．北京：中国劳动社会保障出版社，2015．

② 孙洁，高博．我国失业保险制度存在的问题和改革的思路．西北师大学报（社会科学版），2011（1）．

业人口较多，利润偏低，因此失业保险缴费负担就较重，资本密集型和技术密集型行业就业人口较少，利润又较高，因此缴费负担较低；从企业来看，经济效益较好的企业工资水平相对较高，因此按照工资的固定比例缴费，这类企业就缴纳了相对较多的失业保险费，而企业的失业风险又相对较小，因此形成“缴费偏多、失业较少”的情况，影响企业的缴费积极性。

第三，待遇计发办法有待完善。根据我国《失业保险条例》的规定，失业保险金的领取期限与个人缴费年限有关。如前所述，累计缴费时间满 1 年不足 5 年的，领取失业保险金的期限最长为 12 个月；累计缴费时间满 5 年不足 10 年的，领取失业保险金的期限最长为 18 个月；累计缴费时间 10 年以上的，领取失业保险金的期限最长为 24 个月。领取失业保险金的标准，按照低于当地最低工资标准、高于城市居民最低生活保障标准的水平。可以看出，失业保险金的待遇只与缴费时间长短有关而与缴费水平无关。劳动者工作期间工资水平越高，失业保险缴费就越多，但缴费水平高低之间的差别在待遇给付环节就被平均了，这种规定虽然较好地实现了收入的再分配职能，保障了低收入者的合法权利，但却损害了失业保险的公平性，不能很好地形成对企业和个人缴费的激励机制。

第四，跨省转移失业保险的渠道并不畅通。我国的《失业保险条例》规定，城镇企业事业单位成建制跨统筹地区转移，失业人员跨统筹地区流动的，失业保险关系随之转迁。但对于已缴纳的失业保险费是否与失业保险关系一并转迁，该条例没有做出统一规定，如果只转关系不转保费，转入地自然不太“心甘情愿”。很多地方政府规定，劳动者应当缴纳失业保险费，但非本地户口的失业者却无法享受失业保险待遇。可见只有建立起顺畅的失业保险转移接续手续，才能适应我国快速城镇化进程中劳动力大量跨省流动这一现实情况。

第五，失业保险基金大量结余，未能充分发挥作用。我国失业保险制度实行现收现付制，其基金管理遵循“以支定收、收支平衡、略有结余”的原则。根据《2014 年度人力资源和社会保障事业发展统计公报》，全年失业保险基金收入 1 380亿元，比上年增长 7.1%，支出 615 亿元，比上年增长 15.6%，年末失业保险基金累计结存 4 451 亿元。一方面是需要扶助的失业人群在扩大，另一方面是在严格的失业保险金领取条件下，庞大的失业保险基金“用不出去”，形成巨额基金结余。

三、完善我国失业保险制度的建议

一是充分发挥失业保险制度的就业激励作用。失业保险制度的两大核心目标，其一是保障失业者失业期间的基本生活需求，其二是促进失业者再就业，重新进入劳动力市场。因此应该将失业保险待遇与再就业情况相联系。首先，在法定享受失业保险给付期限内，提前找到工作，可得到一部分尚未支付的保险金；其次，对愿意从事低下工作者给予工资补贴；再次，为了配合失业保险金随着时间递减支付模式的实行和应急政策的实施，待遇领取的期限可以进一步细化，采用“星期”为单位，以增强待遇递减时间区间的可调整性和准确性。

二是扩大制度实际覆盖面。首先，将“非因本人意愿中断就业”作为领取失业金条件的规定进一步细化，在政策实施时注重客观上本人是否失业，而不是侧重于非因本人意愿中断就业；其次，将单位招用的农民合同制工人“连续工作满一年”改为“累计工作满一年”，使由此而享受失业保险金待遇的农民工更多一些；再次，根据失业率的统计指标，规定失业保险金累计结余上限，一旦结余资金接近上限结余，就适当减少企业和个人的缴费比例。

三是探索建立失业保险名义账户制。我国现行的失业保险制度实行的是现收现付制，建立名义账户既能保障参保人的权益，又保留了失业保险统筹互济的功能。它一方面可以明确地记录参保人的缴费记录和缴费标准，从而方便劳动者跨地区流动时失业保险关系的转移接续；另一方面打破了传统的失业保险制度覆盖范围的边界，可以满足灵活就业人员高流动性的需求。

四是探索失业保险跨省市转移的发展模式。探索失业保险制度顺畅的地区之间转移接续机制，使失业者可以在新的工作地或居住地领取失业保险金，从而打破失业保险金领取的户籍限制。失业保险参保职工跨统筹地区发生工作变动的，失业保险关系应随之转移，缴费年限合并计算，并按迁入地标准核定失业保险待遇，实现在工作地领取失业金。参保人失业期间到外地居住，可凭失业保险关系转移证明，到新居住地领取失业金。这样既方便又实惠，能更好地体现权利与义务相对应的性质，促进劳动力的合理自由流动。

五是调整失业保险支出结构。失业保险金的支付除了保障失业者失业期间基本生活外，还应该重视促进失业者重新就业方面的支出。一是对企业方面的支出，用于企业预防失业方面的投入，以缓解企业在经济不景气时大量解雇员工情况的发生。可以通过对企业暂缓征收失业保险金来缓解企业资金运行压力，还可以通过失业预防金的方式帮助企业改善就业环境，从而抑制企业的解雇行为。二是对失业者就业促进的支出，通过专业的技能培训等提高失业者就业成功的概率。

【本章小结】

失业保险是指国家通过立法强制实行的，由社会集中筹集基金，对因失业而暂时中断生活来源的劳动者提供物质帮助进而保障失业人员失业期间的基本生活，促进其再就业的社会保险制度。失业保险在保障失业人员基本生活的同时，还具有促进劳动者再就业的作用。目前比较典型的失业保险模式主要包括：德国式的“失业保险＋失业救济”的衔接型、美国式的“失业保险＋企业补充失业津贴”的补充型、加拿大式的“失业保险＋特殊失业补助”的援助型。我国规定：失业人员失业前，用人单位和本人累计缴费满1年不足5年的，领取失业保险金的期限最长为12个月；累计缴费满5年不足10年的，领取失业保险金的期限最长为18个月；累计缴费10年以上的，领取失业保险金的期限最长为24个月。重新就业后再次失业的，缴费时间重新计算，领取失业保险金的期限与前次失业应当领取而尚未领取的失业保险金的期限合并计算，最长不超过24个月。近年来，我国失业保险制度存在的主要问题包括五个方面：失业保险实际覆盖面偏窄，筹资机制不完善，待遇计发办法有待完善，跨省转移失业保险的渠道并不畅通、失业保险基金大量结余。为了促进我国失业保险制度的健康发展，要充分发挥失业保险制度的就业激励作用，扩大制度实际覆盖面，探索建立失业保险名义账户制，探索失业保险跨省市转移的发展模式，调整失业保险支出结构。

【思考题目】

1. 什么是失业和失业保险？
2. 失业保险制度的功能是什么？
3. 比较德国、美国和加拿大的失业保险制度。
4. 目前我国失业保险制度主要存在哪些问题？
5. 如何看待我国失业保险制度的发展和完善？

案例讨论

案例一：广州降低失业保险费率

2016年2月28日，广州市人力资源和社会保障局发布通告称，《广州市人力资源和社会保障局广州市财政局　广州市地方税务局转发关于调整失业保险费率的通知》(以下简称“9号文”)从2016年3月1日起实施。

9号文规定，3月1日起，广州市失业保险费率由当前的2%降为1%。其中，用人单位基准费率从1.5%降为0.8%，个人费率从0.5%降为0.2%。本次降低费率，广州市所有失业保险参保单位均受益，每月可为约48万户参保单位减轻缴费负担约1.56亿元，每年约18.72亿元。

据了解，广州市失业保险从2013年7月起实施单位缴费浮动费率，对一定时期内不减员或者少减员的用人单位，适当下浮单位缴费费率，一定程度上为企业减轻负担。目前，广州市单位基准费率为1.5%，执行浮动后，单位费率分为1.5%、1.2%、0.9%三个档次。3月1日调整后，单位基准费率降为0.8%，对应的单位费率也分别降为0.8%、0.64%、0.48%三个档次。

广州市人社局方面表示，降低费率，不会影响个人的失业保险待遇。按照《广东省失业保险条例》的规定，失业保险金按照失业保险关系所在地级以上市最低工资标准的80%按月计发。失业人员在领取失业保险金期间还可以领取求职补贴，标准为本人失业前12个月平均缴费工资的15%。

资料来源：广州明起降低失业保险费率　约48万户参保单位年减负近19亿.(2016-02-29)[2017-08-02].http://www.sohu.com/a/60965953_161778.

思考题：

1. 你如何看待失业保险费率下调？
2. 失业保险实施单位缴费浮动费率有什么好处？

案例二：非因本人意愿中断就业无法领取失业保险金

社保中的失业保险能对失业人员起到一定的经济补偿作用，但领取时须符合相关规定的限制条件，也把不少人挡在了享受失业金待遇的门外。其中一个重要条件即为非因本人意愿中断就业。

非因本人意愿导致员工失业的情况主要有以下几种：一、终止劳动合同的；二、被用人单位解除劳动合同的；三、因用人单位不按规定提供劳动条件，提出解除劳动合同的；四、因用人单位以暴力、胁迫或者限制人身自由等手段强迫劳动，提出解除劳动合同的；五、因用人单位克扣、拖欠工资，或者不按规定支付延长工作时间劳动报酬，提出解除劳动合同的；六、因用人单位低于当地最低工资标准或者集体合同约定的工资标准支付工资，提出解除劳动合同的；七、因用人单位扣押身份、资质、资历等证件，提出解除劳动合同的；八、因用人单位未依法缴纳社会保险费，提出解除劳动合同的；以及其他法律规定的情况等。

也就是说，如果是本人主动提出离职，就不符合失业金领取条件。如果是城镇职工，虽然不能领取失业金，但之前缴纳的失业保险，工龄还是连续计算的，下次如果被单位解雇，失业金可以连续计算。

熊伟英家住在杭州东新园小区。今年已经 31 岁的她，从大专毕业到现在已经干了不下十份工作。从前台、文案、外贸业务员、客服到语文老师、销售……每一份工作都干得不顺心。最近，熊伟英听说老家宁波有一个朋友因为被公司辞退，在家待业找不到工作，但是享受到了失业保险待遇，虽说钱不多，但是每个月给女儿的零花钱还是够了。多次的换工作经历让她对各种岗位都失去了兴趣，同时也让她开始萌生想靠旁门左道赚钱的想法。就在今年清明节过后，熊伟英向单位提出辞职，单位批准了。半个月后，她办完了交接手续。熊伟英打的如意算盘是，自己目前每月的收入是零，且失业保险也一直都在缴纳。即使自己没有工作，靠失业保险应该也可以补贴点家用。失业满一个月后，熊伟英捧着一堆个人资料和证明前往当地的劳动和社会保障管理站办理失业证。但是，原本以为要花上一个月时间办理失业金领取流程的她，在第一关就被卡住了：不符合领取失业金条件。

熊伟英觉得事情蹊跷，就当场打电话问宁波的朋友，问完后还和工作人员理论，说同样在家待业，为何朋友就好好地拿到失业金，还参加当地的就业培训了，而自己却不合格。工作人员解释了半天后，熊伟英才明白，她和朋友唯一的不同点是，朋友是由于公司原因而被辞退，而她是主动离职的。

“非因本人意愿中断就业是领取失业金必不可少的一个条件。”浙江劳动律师事务所的律师方华说道。而“非因本人意愿”六个字就把不少人挡在了失业金门外。也就是说，如果是本人主动提出离职，就不符合失业金领取条件。但方华认为，非因本人意愿导致员工失业情况中的三至九项，即使城镇职工自己提出辞职，也可以领取失业金。

资料来源：沈娇丽．主动离职失业金难领　失业保险缴纳不满一年无法领取．(2014－06－16)［2017－08－02］．http：//biz. zjol. com. cn/system/2014/06/16/020083175. shtml.

思考题：

1. 失业保险金的领取条件包括哪些方面？

2. 你如何看待“非因本人意愿中断就业是领取失业金必不可少的一个条件”？

推荐文献

1. 陈佳贵，王延中．中国社会保障发展报告（2001—2004）．北京：社会科学文献出版社，2004：134－140.

2. 黎大有，张荣芳．从失业保险到就业保险——中国失业保险制度改革的新路径．中南民族大学学报（人文社会科学版），2015（2）.

3. 范围．我国失业保险法律制度的问题及其完善——从《失业保险条例》到《社会保险法（草案）》．人口与经济，2010（5）.

4. 郑秉文．中国失业保险基金增长原因分析及其政策选择——从中外比较的角度兼论投资体制改革．经济社会体制比较，2010（6）.

5. 丁煜．我国失业保险制度的演变、评估与发展建议．中国软科学，2005（4）.

6. 丁煜．完善我国失业保险制度的政策研究——以促进就业为导向．经济理论与经济管理，2008（2）.

7. 曲延春．从生活保障到促进就业：我国失业保险制度完善的路径探讨．中共青岛市委党校青岛行政学院学报，2010（5）：79－82.

8. 宋晓梧．中国社会保障体制改革与发展报告．北京：中国人民大学出版社，2001：59－83.

9. 吴中宇．我国失业保险制度运行中的问题及对策研究．广西社会科学，2001（6）：105－107.

10. 杨方方，郑功成．中国失业保障体系现状和未来挑战．甘肃社会科学，2004（2）：89－92.

11. 郑功成．从企业保障到社会保障——中国社会保障制度变迁与发展．北京：中国劳动社会保障出版社，2009：2－18.

12. 郑功成．中国社会保障改革与发展战略：总论卷．北京：人民出版社，2011：350.

13. 孟庆平．中国城镇失业保险的供求矛盾及对策研究．保险研究，2009（9）：36－41.

14. 张凤凉．转型期我国城镇失业保险政策的缺陷与完善．华南理工大学学报（社会科学版），2001（4）：24.

15. 吕学静．中国失业保险的稳定就业促进就业政策——从临时措施到长效机制的思考．社会保障研究，2010（6）.

16. 吕学静．我国失业保险制度功能的改革与优化．中国社会保障，2010（9）.

第八章

工伤保险

【学习目标】

1. 掌握工伤保险的含义、原则和功能；

2. 了解工伤保险制度的建立和发展历程；

3. 重点掌握工伤保险的基金筹集及待遇给付；

4. 能够运用相关知识分析我国工伤保险制度存在的主要问题及未来的发展趋势。

第一节 工伤保险概述

本节主要概括工伤保险制度的概念、原则、功能，梳理工伤保险制度建立和发展的历程，重点讨论当今世界工伤保险制度的典型模式。

一、工伤与工伤保险

工伤一般是指由工作直接或间接引起的事故，包括显性工伤和隐性工伤。显性工伤即在职业活动所涉及的区域内，由工作中工作环境恶劣、条件不良、任务过重或突发性事故导致的对劳动者身体的伤害；隐性工伤即因职业特有的工作环境危害造成的，即职业病。职业病也有广义和狭义之分：广义的职业病就是指隐性工伤；狭义的职业病，是指劳动者在工作中因接触到职业性有毒、有害因素而导致的疾病。[①]

工伤保险，也称职业伤害保险，是指当劳动者在工作或在规定的某些特殊情况下因遭受意外伤害或患职业病，暂时或永久丧失劳动能力以及死亡时，劳动者或者其遗属从国家和社会获得物质帮助的一种社会保险制度。从这一定义能够看出，它包含了两层意思：一是劳动者本人因工伤失去劳动能力的，可以从国家和社会获得医疗救治、职业康复、经济补偿等物质帮助；二是劳动者因工伤死亡的，其遗属可以从国家和社会获得相应的物质补偿。

二、工伤保险制度的原则与功能

（一）工伤保险制度的原则

一是“无过错责任”原则。只要是劳动者在劳动过程中或者与工作有关的行

① 孙树菡．工伤保险．北京：中国人民大学出版社，2000．

为中不是故意造成的伤害，就应当认定为工伤，即在劳动过程中或者与工作有关的行为中故意自伤或醉酒属于免赔责任。

二是个人不缴费原则。工伤保险费由企业（雇主）缴纳，职工个人不需要缴纳任何费用。实行工伤保险个人不缴费原则一方面是为了减轻职工缴费负担，另一方面也有利于提高企业加强安全防控措施，尽最大可能减少工伤风险发生的积极性。

三是工伤保险的赔偿金额以被伤害者的直接经济损失为限额的原则。工伤补偿是从维持劳动力再生产的角度对遭受工伤者的直接经济损失进行补偿。因为劳动者遭受职业伤害，有的损失了肢体或者器官，更严重的甚至丧失了生命，这种损失既不能挽回也不能像财产一样作价赔偿，所以工伤赔偿只是对遭受工伤者的直接经济损失进行补偿。

四是工伤保险与工伤预防、工伤康复相结合的原则。社会保险的立法精神强调事故预防、事故赔偿与事后善后处理的统一。实行工伤预防、工伤保险、工伤康复三者有机结合，可以最大限度地保证劳动者的权益。

（二）工伤保险制度的功能

一是保障职工利益。工伤保险基金实行社会统筹，并且往往有国家财政的支持，补偿资金有保障，有利于受害人及时获得充分救济。由于避免了诉讼的拖延和侵权赔偿的不确定性，工伤事故的受害人一般均能迅速、确定地获得补偿。因此，工伤保险制度更有利于保护受害人。

二是分散企业风险。在目前的工伤保险制度中，用人单位只需依法缴纳工伤保险费用，便可完全免除或部分免除发生工伤事故时的民事赔偿责任，从而分散了企业的赔偿责任，有利于企业摆脱高额给付造成的困境，实现了侵权责任的社会化。通过社会统筹的方式建立工伤保险基金，较好地在一定范围内建立了工伤风险的社会共同分担机制，分散了企业的风险，有助于保证企业健康顺畅运营。

三是缓解劳资矛盾。当工伤事故发生时，职工因为加入了工伤保险，可以获得工伤保险基金的赔付，用人单位由于缴纳了工伤保险费用，赔偿责任仅限于一定的范围。工伤保险保障了劳资双方的利益，避免了用人单位由于经营不善或主观上懈怠支付等原因造成损害工伤职工利益的现象，大大减少了诉讼的发生，有效地缓解了二者的矛盾，有利于社会和谐。

三、工伤保险制度的建立与发展

18 世纪工业革命后，机械生产逐渐代替家庭工业与传统手工业。工业化除带来生产高速发展之外，也产生了种种与机器和工作环境相关的伤害与职业病痛。职业伤害均会造成劳工谋生能力减损乃至丧失，导致依靠工资赚取生活费用的劳工个人及其家属经济来源中断，生活陷入困境，生存受到威胁。社会在界定、规范雇主与劳动者工伤责任的归属方面走过了“劳动者自身责任”“雇主过失责任”“雇主责任”“工伤社会保险”四个阶段。

在工业化初期，工伤被认为是劳动者自己疏忽大意所致，工厂提供的风险工资中包含了对劳动者工伤的补偿，所以工伤的后果由劳动者承担。以工业革命的发源地英国为例，19 世纪 30 年代之前，英国对工伤事故没有任何预防与补偿的相关立法。后来，由于工人力量的壮大与工人的抗争，雇主是否在合理情况下尽了必要的预防义务，成为其是否免责的必要条件，即雇主承担造成劳工伤害的过失责任。

19 世纪末到 20 世纪初，各国开始制定雇主责任法，在铁路与矿山等高危行业实行雇主严格责任原则，即将工伤的责任主要归于雇主。正是在雇主责任法实施后，开始出现雇主责任保险，以分散雇主因工伤发生后需要赔付而引起的财务风险。然而，雇主投保的保费，并非全部用于补偿，其中 25%左右用于保险销售的运营成本。同时，雇主责任保险并没有减少因诉讼而花费的成本，雇主责任保险只是将职业伤害的劳资关系转变为劳工与保险公司的关系，但并没有减少诉讼。

为了减少补偿待遇在诉讼环节的损耗，缓和劳资关系，各国纷纷否定工伤中的过失责任原则，采用雇主无过失责任原则，工伤后由雇主定额补偿。雇主以定额缴费来交换工伤诉讼赔偿的不确定性，而工人也以定额补偿来交换诉讼结果的不确定性。这样便由雇主责任保险走向工伤社会保险。

德国是最早实行工伤社会保险的国家，通过对工伤者的定额补偿化解了德国当时尖锐的劳资矛盾，通过工伤社会保险分散了劳资冲突的风险。继德国之后，其他国家纷纷仿效。20 世纪初，各国工伤保险立法出现高潮，并在短短的 30～40 年内实现了工伤保险在绝大部分国家的覆盖。

四、工伤保险的主要模式

在当今世界各国不同的工伤保险模式中，最具有典型性的莫过于德国模式和美国模式。

（一）德国工伤保险的行业自治特色

在西欧各国中，德国预防工伤事故和职业病的效果最好，其核心内容是通过建立职业保险协会来预防工伤事故和职业病。职业保险协会又称为同业工会，行使职业安全卫生的行业管理职能，负责事故预防、职业康复和工伤补偿三方面的管理工作，以工伤事故保险作为管理支柱。根据劳动保护有关法律的规定，德国的所有企业都必须参加本产业系统或所在地的职业保险协会。所有职工，不分年龄、性别、家庭状况、民族和收入状况，也不论是正式工还是临时工，都有权享受预防工伤和职业病保险。职业保险协会的经费主要来自会员企业缴纳的保险费，职工无须缴纳任何费用。企业缴纳保险费的数额由国家劳动部门根据企业生产过程的危险程度、企业劳动工资基金的总额、企业发生工伤事故的频率和严重程度等指标予以确定。职业保险协会的职能主要是预防工伤事故和职业病，帮助受工伤或患职业病职工康复和恢复劳动能力，按规定对他们支付赔偿和补贴，等等。

（二）美国工伤保险的州政府管制模式

美国在工伤事故保险发展过程中充分展现了政府的管制职能。美国各州政府对工伤保险的管理主要通过费率管制来实施。用管制的定价方法来确定工伤事故保险费率，就要求在每个州设立一个确定费率的机构，该机构的任务是通过收集相关数据来确定保险基准费率，再将确定的基准费率报到州保险委员会备案，州保险委员会没有通过的，费率不允许执行。州保险委员会认为所确定的费率过大、过小或不公正时，有权否定或进行修改。总的来说，费率管制使得承保机构在着手签订保单时基本没有机会进行价格竞争，改善了行业秩序，消除了事故保险费率的恶性竞争，较好地保护了工伤保险客户的利益。直到 20 世纪 80 年代，美国工伤事故保险一直实行高度管制，很多州一直到 90 年代才开始放松或部分放松管制。从经济发达国家的政府管制实践看，放松或解除管制的主要动因是对政府管制与市场机制的利弊加以权衡和取舍。近几年，美国州政府在制定保险费率方面起的作用逐渐减弱，而允许市场需求和产品质量影响保险产品的价格。放松管制的类型主要是引入“竞争费率”，即允许各承保机构偏离基准费率和自行制定费率，使得各机构在签订保单之初就能通过修改费率进行竞争。

第二节 我国工伤保险制度的建立、发展与现状

本节梳理我国工伤保险制度的建立和发展历程，从覆盖范围、资金筹集、待遇给付三方面分析我国工伤保险制度的主要内容。

一、我国工伤保险制度的建立和发展

1951 年 2 月，中央人民政府政务院颁布了《劳动保险条例》，对企业职工因工负伤的治疗和补偿做了规定，并开始在中国企业内实施，标志着新中国工伤保险制度的建立。根据《劳动保险条例》，企业缴纳的劳动保险金中的 30％要上缴中华全国总工会作为劳动保险统筹基金，在全国范围内统筹使用。

由于受“文革”影响，1969 年以后，国营企业停止提取劳动保险金，工伤保险待遇改在营业外列支。工伤保险从而演变为事实上的工伤雇主责任制，各单位自己负责本单位职工的工伤赔偿。

改革开放后，劳动部在试点的基础上，于 1996 年颁布了《企业职工工伤保险试行办法》，第一次把工伤保险作为独立的制度进行规定，初步确立了新型工伤保险制度的基本框架，提出我国职工工伤保险制度的内容和任务是工伤预防、工伤康复和工伤补偿相结合。

2003 年 4 月 27 日，国务院颁布了《工伤保险条例》，于 2004 年 1 月 1 日起施行。该条例以行政法规的形式规范了工伤保险制度，成为完善工伤保险制度、进一步维护劳动者权益的重要举措，标志着工伤保险制度的基本确立。《工伤保险条例》出台后，工伤保险各项政策不断完善，相继出台了《工伤认定办法》《职业病诊断与鉴定管理办法》《因工死亡职工供养亲属范围规定》等一系列政策措施，进一步推进了工伤保险工作的开展。

2010 年 10 月 28 日，第十一届全国人民代表大会常务委员会第十七次会议通过了《社会保险法》，自 2011 年 7 月 1 日起施行。《社会保险法》以专章的形式对工伤保险的基本问题做了规定，开始实现工伤保险制度的法律化。2010 年 12 月 8 日，国务院第 136 次常务会议通过了《国务院关于修改〈工伤保险条例〉的决定》。

二、我国工伤保险制度的主要内容

(一) 覆盖范围

根据 2011 年 1 月 1 日施行的新修改的《工伤保险条例》，我国工伤保险的参保对象是中华人民共和国境内的所有企业、事业单位、社会团体、民办非企业单位、基金会、律师事务所、会计师事务所等组织和有雇工的个体工商户。

(二) 资金筹集

我国采取差别费率与浮动费率相结合的保费厘定方式。根据不同行业的工伤风险程度确定行业的差别费率，并根据工伤保险费使用、工伤发生率等情况在每个行业内确定若干浮动费率档次。用人单位缴纳工伤保险费的数额为本单位职工工资总额乘以单位缴费费率之积。

(三) 待遇给付

工伤保险待遇根据工伤情况分为工伤医疗待遇、医疗期间暂失能待遇、伤残待遇和死亡待遇。

我国工伤职工医疗期内，工伤保险基金支付治疗工伤的医疗费用和康复费用、住院伙食补助费、到统筹地区以外就医的交通食宿费、安装配置伤残辅助器具所需费用，而治疗工伤期间的工资福利和护理费用则由用人单位负担。

我国将职工伤残程度分为一到十级。工伤保险基金支付一到十级的一次性伤残补助金，一至四级伤残职工按月领取的伤残津贴，五到十级伤残职工终止或者解除劳动合同时应当享受的一次性医疗补助金；而用人单位还得负担五级、六级留在原来单位的伤残职工按月领取的伤残津贴，五至十级伤残职工终止或者解除劳动合同时应当享受的一次性伤残就业补助金。

我国工伤死亡职工的遗属待遇由三大块组成：丧葬补助金、供养亲属抚恤金和一次性工亡补助金。丧葬补助金为6个月的统筹地区上年度职工月平均工资。供养亲属抚恤金按照职工本人工资的一定比例发给由因工死亡职工生前提供主要生活来源、无劳动能力的亲属，标准为配偶每月40%，其他亲属每人每月30%，孤寡老人或者孤儿每人每月在上述标准的基础上增加10%。核定的各供养亲属的抚恤金之和不应高于因工死亡职工生前的工资。供养亲属的具体范围由国务院社会保险行政部门规定。一次性工亡补助金标准为上年度全国城镇居民人均可支配收入的20倍。

(四) 工伤认定

参加工伤保险的劳动者要获得上述工伤待遇，必须经过工伤认定。工伤认定是为了区分工伤与非工伤，决定伤者能否享受工伤保险待遇。我国关于工伤认定的制度规定主要是2004年开始施行的《工伤保险条例》和2011年施行的新修订的《工伤保险条例》。其中，2011年的新《工伤保险条例》在工伤认定部分进行了一些完善，解决了现实操作中的一些问题，推动了我国工伤认定的规范化和科学化。我国工伤认定制度的主要内容包括四个方面。

一是工伤申请与受理主体。2011年的新《工伤保险条例》第十七条规定，工伤认定申请的第一顺序人为用人单位，职工发生工伤事故或被诊断、鉴定为职业病的30日内，由用人单位向统筹地区社会保险行政部门提出工伤认定申请。第二顺序人为职工本人或近亲家属、工会组织，时间为事故发生或者诊断、鉴定为职业病的1年内。

二是工伤认定的适用范围。工伤认定的适用范围其实指的是我国工伤保险的覆盖范围，因为只有被工伤保险制度覆盖才能进行工伤认定。根据2011年的新《工伤保险条例》第二条的规定，工伤保险的覆盖范围是我国境内的企业、事业单位、社会团体、民办非企业单位、基金会、律师事务所、会计师事务所等组织和有雇工的个体工商户。

三是工伤认定标准。2011年的新《工伤保险条例》对工伤认定做了详细的规定。首先是“应该认定为工伤”的七种情况：(1) 在工作时间和工作场所内，因工作原因受到事故伤害的；(2) 工作时间前后在工作场所内，从事与工作有关的预备性或者收尾性工作受到事故伤害的；(3) 在工作时间和工作场所内，因履行工作职责受到暴力等意外伤害的；(4) 患职业病的；(5) 因工外出期间，由于工作原因受到伤害或者发生事故下落不明的；(6) 在上下班途中，受到非本人主要责任的交通事故或者城市轨道交通、客运轮渡、火车事故伤害的；(7) 法律、行政法规规定应当认定为工伤的其他情形。其次是“视同工伤”的三种情况：(1) 在工作时间和工作岗位，突发疾病死亡或者在48小时之内经抢救无效死亡的；(2) 在抢险救灾等维护国家利益、公共利益活动中受到伤害的；(3) 职工原在军队服役，因战、因公负伤致残，已取得革命伤残军人证，到用人单位后旧伤复发的。最后是“不得认定为工伤或者视同工伤”的三种情况：(1) 故意犯罪的；(2) 醉酒或者吸毒的；(3) 自残或者自杀的。

四是工伤认定程序。根据2011年的新《工伤保险条例》，我国的工伤认定主要包括三个程序：申请、审核、决定。首先是申请。《工伤保险条例》规定工伤申请的主体为用人单位；时间为自事故伤害发生之日或者被诊断、鉴定为职业病之日起30日内，特殊情况经主管部门批准可以适当延长；应提交的材料包括工伤认定申请表、与用人单位存在劳动关系（包括事实劳动关系）的证明材料、医疗诊断证明或者职业病诊断证明书（或者职业病诊断鉴定书）。其次是审核。审核的主体是社会保险行政部门，用人单位、医疗机构、工会组织、职工等应该积极予以配合。最后是决定。各级社会保险部门是工伤认定决定的主体。社会保险行政部门应当自受理工伤认定申请之日起60日内做出工伤认定的决定，并书面通知申请工伤认定的职工或者其近亲属和该职工所在单位。社会保险行政部门对受理的事实清楚、权利义务明确的工伤认定申请，应当在15日内做出工伤认定的决定。

第三节 我国工伤保险制度的成就、问题与展望

我国的工伤保险制度框架体系初步形成，包括工伤预防、工伤保险、工伤康复三位一体的完善的制度体系基本构建，制度的覆盖范围不断扩大。本节主要归纳我国工伤保险制度建设的成就、存在的问题，并提出完善制度的政策建议。

一、我国工伤保险制度建设的成就

一是参保人数方面。截至2014年年底，工伤保险参保人数为20 639万人，比上年增加722万人，增长3.6%；比2009年增加5 743万人，年平均增长6.7%。其中，农民工参保7 369万人，占总参保人数的35.7%；比上年增加106万人，增长1.5%。

二是基金收支方面。2014年，全国工伤保险基金收入695亿元，比上年增加80亿元，增长13.0%；比2009年增加455亿元，年平均增长23.7%。2014年，全国工伤保险基金支出560亿元，比上年增加78亿元，增长16.3%，高于收入增幅3.3百分点；比2009年增加404亿元，年平均增长29.2%。

三是工伤认定和劳动能力鉴定方面。2014年，全国认定工伤和视同工伤人

数为114.7万人，比上年减少3.7万人，下降3.1%；比2009年增加19.4万人，年平均增长4.1%。2014年，全国评定伤残等级人数为55.8万人，比上年增加4.6万人，增长9.0%；比2009年增加16.4万人，年平均增长8.3%。

四是待遇享受方面。2014年，享受工伤保险待遇198.2万人，比上年增加3.0万人，增长1.5%；比2009年增加68.2万人，年平均增长8.8%。①

二、我国工伤保险制度存在的问题

我国工伤保险制度也存在不少问题，面临诸多挑战。②

一是工伤保险的覆盖面偏窄。与社会保险的养老、医疗保险等险种相比，我国工伤保险的覆盖面依然偏窄。社会团体、非企业化管理的事业单位未被列入参保范围，而部分私营、乡镇企业及个体经营者也经常以各种理由拒缴工伤保险费，致使工伤保险的覆盖面主要集中于国有和集体企业。就人群来讲，非正规就业人员往往被排斥在工伤保险制度之外。

二是工伤赔偿获取难度大。工伤劳动者获得工伤保险待遇需要经过工伤认定、劳动能力鉴定、申请工伤保险待遇三个程序，三个程序分别由不同性质的部门负责。如果在这三个环节中，有一个环节出现问题，就会延迟获得工伤赔偿的期限。在一般工伤事故中，工伤劳动者经过工伤认定和劳动能力鉴定之后，就可以申请工伤保险待遇。但是职业病患者要获得工伤保险补偿，除了工伤认定和劳动能力鉴定外，还需要进行职业病诊断。在我国，申请职业病诊断，只能到具有相应资质的医疗机构，如果对诊断结论不服，则还需职业病鉴定。当在职业病诊断、鉴定过程中确认劳动者职业史、职业病危害接触史时，劳动者和用人单位对劳动关系、工种、工作岗位或者在岗时间有争议的，还需向当地劳动争议仲裁委员会申请仲裁，双方对仲裁结果不服的还需向人民法院提起诉讼。如此程序下来，无疑使本已伤病缠身的职业病患者雪上加霜。

三是工伤保险基金先行支付难以落实。为了保障劳动者遭遇工伤后可以获得及时有效的治疗，我国《社会保险法》规定："职工所在用人单位未依法缴纳工伤保险费，发生工伤事故的，由用人单位支付工伤保险待遇。用人单位不支付的，从工伤保险基金中先行支付。从工伤保险基金中先行支付的工伤保险待遇应当由用人单位偿还。用人单位不偿还的，社会保险经办机构可以依照本法第六十三条的规定追偿。由于第三人的原因造成工伤，第三人不支付工伤医疗费用或者无法确定第三人的，由工伤保险基金先行支付。工伤保险基金先行支付后，有权向第三人追偿。"然而在现实实践中，劳动者申请工伤保险基金先行支付非常困

---

① 人力资源和社会保障部社会保险事业管理中心．中国社会保险发展年度报告2014．北京：中国劳动社会保障出版社，2015.

② 于欣华．工伤保险十年：历程、挑战与未来．中国社会保障，2013（6）.

难，很多地区不支持工伤保险基金先行支付。

四是工伤保险运行机制不健全。工伤保险运行机制不健全主要体现在三个方面：宣传不到位，费率不合理，基金管理效率低。经办机构工作量大、人员配备不足等因素的影响，加上部分企业领导者受传统观念影响，将工伤保险视为“小险种”，导致工伤保险宣传力度不够。从费率方面来讲，差别费率的确定未严格遵循事故发生概率以及不同行业的特点，浮动费率的调整未建立科学的量化指标，导致费率机制存在较多不合理的地方。基金管理效率低主要表现为未严格遵循“以支定收、收支平衡”的原则，基金结余较多。造成基金结余的主要原因是工伤预防和工伤康复长期以来没有得到应有重视。2010 年修订的《工伤保险条例》明确了可以从工伤保险基金中提取工伤预防宣传和培训等费用，为今后工伤预防工作的有效展开奠定了基础，但是工伤预防和工伤康复的展开除了资金支持外，尚需配套制度建设。

三、完善我国工伤保险制度的建议

一是继续扩大工伤保险覆盖面。针对部分私营、乡镇企业及个体经营者以各种理由拒缴工伤保险费的情况，应加大工伤保险知识的宣传力度，使企业主充分认识到工伤保险不仅保障劳动者的劳动权益，也能在一定程度上分散企业的劳动用工风险。当前，工伤保险覆盖范围扩展最大的障碍在于劳动法对于工伤保险法律制度的束缚。通常只有具备劳动关系的劳动者才能享受工伤保险保障，临时工、家政工、兼职人员等灵活就业人员被排除在外。当前，用工方式和工作方式的多样性，使得传统劳动关系受到了挑战。在重新认识劳动关系的性质，进而扩展劳动关系的涵盖范围的基础上，将雇佣关系适时纳入，才能实质上扩展工伤保险覆盖范围。

二是完善工伤保险的运行机制。完善工伤保险的运行机制应该从缴费机制和基金管理两方面展开。长期以来，我国工伤保险的行业差别费率分为三个档次，过于简单和粗糙。因而，从技术角度来看，我国应该建立科学细化的行业差别费率，真正体现行业工伤风险水平。浮动费率的实行可以使企业主关注到工伤风险的发生概率与企业缴费的相关关系，从而使其有动力去建立工伤预防机制，降低工伤事故发生概率。我国工伤保险浮动费率只适用于行业风险分类中的第二和第三类，对于第一类行业并不适用，在实践中，很多地方并没有实施浮动费率制度。如何科学设置浮动费率也是完善我国工伤保险制度必须予以解决的问题之一。

三是提升工伤保险的惩罚力度。我国《工伤保险条例》规定，应当参加工伤保险而未参加的单位，由社会保险行政部门责令限期参加，补缴应当缴纳的工伤保险费，并自欠缴之日起，按日加收万分之五的滞纳金；逾期仍不缴纳的，处欠缴数额 1 倍以上 3 倍以下的罚款。法律规定的惩罚力度过小，应该加大惩罚力度，以起到有效的约束作用。条例规定没有参加工伤保险的用人单位只要在社会保险行政部门责令的期限内补缴的，仅需支付一定数额的滞纳金，就可免受处罚；即使可以向违法用人单位主张罚款，仍然存在罚款数额不高的弊端；不参加工伤保险的用人单位所需承担的法律责任仅限于民事责任，无法追究其刑事责任。必须加大对用人单位不参加工伤保险的惩罚力度，追究用人单位不参加工伤保险的刑事责任。

四是实现工伤保险、工伤康复与工伤预防的有机结合。当前的制度建设重视工伤保险和工伤康复，存在忽视工伤预防机制建设的情况。一方面，政府应该加大宣传力度，使企业负责人能够充分认识到建立有效的工伤预防机制不仅可以降低工伤事故发生概率，保障职工利益，而且可以降低企业的工伤保险缴费费率，减轻企业负担。另一方面，企业应该设立相应的工伤预防机构，对可能导致职业伤害的岗位及从事相关工作的人员进行调查登记，建立危险岗位分布表及相关岗位职工的健康档案，并实时进行跟踪，了解相关岗位的工伤事故发生概率及相关工作人员健康状况的变化，及时进行相关的调整，预防工伤事故发生，保障职工健康权益。

【本章小结】

工伤保险，也称职业伤害保险，是指当劳动者在工作或在规定的某些特殊情况下因遭受意外伤害或患职业病，暂时或永久丧失劳动能力以及死亡时，劳动者或者其遗属从国家和社会获得物质帮助的一种社会保险制度。工伤保险制度的原则包括“无过错责任”原则，个人不缴费原则，工伤保险的赔偿金额以被伤害者的直接经济损失为限额的原则，工伤保险与工伤预防、工伤康复相结合的原则。工伤保险的功能包括：保障职工利益、分散企业风险、缓解劳资矛盾。在当今世界各国不同的工伤保险模式中，具有典型性是德国工伤保险的行业自治特色和美国工伤保险的州政府管制模式。由于工伤实行无过失雇主责任制，工人不需要缴费，保费由雇主缴纳。工伤保险待遇根据工伤情况分为工伤医疗待遇、医疗期间暂失能待遇、伤残待遇和死亡待遇。我国工伤保险制度在取得成就的同时，也存在不少问题。主要表现为：覆盖面偏窄、工伤赔偿获取难度大、工伤保险基金先行支付难以落实、工伤保险运行机制不健全。为了促进工伤保险制度的健康发展，我们应该：扩大工伤保险覆盖面，完善工伤保险的运行机制，提升工伤保险的惩罚力度，实现工伤保险、工伤康复与工伤预防的有机结合。

【思考题目】

1. 什么是工伤和工伤保险？
2. 工伤保险制度的原则和功能是什么？
3. 世界工伤保险制度经历了哪几个发展阶段？
4. 简述我国工伤保险制度的发展简史。
5. 我国工伤职工可以享受哪些待遇？
6. 我国工伤保险制度存在的主要问题有哪些？
7. 如何进一步改革和完善我国的工伤保险制度？

案例讨论

案例一：尘肺病病人张海超的现状

河南农民张海超，在一家耐磨材料厂打了三年工，患上了“尘肺病”，从2007年年底踏上职业病维权的艰难征程。2009年6月，他近乎悲壮的“开胸验肺”震惊全国。在媒体的关注和追踪下，当地政府“特事特办”，2009年9月，张海超后来透露，他获得职业病赔偿共120万元。

几年来，张海超的肺功能逐年恶化，出现了尘肺并发症。2013年6月28日，他在无锡做了肺移植手术。张海超告诉《成都商报》记者，他的120万元赔偿已经花去90万元，剩下的30万元也支撑不了几年。

张海超坦言，当时刚做完肺移植，很多尘肺病患者一致欢呼，看到了活下去的希望。这几年尘肺病患者做肺移植的也少，拿到赔偿去做的除了自己几乎没人。自己算是捡了一条命。现在不用呼吸机了，肺功能正常，爬山、慢跑都可以，只是不能做剧烈运动、不能干重体力活儿。不过经济压力大，不确定性也很大。做完肺移植之后，要终身用药，自己一个月光药费就得花七八千元；如果出现感染等情况，花费更大。当时获得的120万元的赔偿，现在已经花了90万元，还剩30万元，没几年就会花完。

最近几年，张海超帮不少尘肺病患者进行维权。2014年大概帮助1 000多人维权（包括咨询），成功拿到赔偿的不到10%；并且赔偿的额度很低，一般是几万元，甚至两三万元的都有。一般进行咨询的都是疑难案例。以前张海超常开车出去帮别人维权，现在出去得少了。谈及原因，张海超坦言，2013年自己出院后，妈妈得了中风（脑梗），看病花了十几万元，现在还不能出门。自己离婚后还要照顾女儿，女儿现在九岁，上小学三年级。现在自己的药费、妈妈的药费、女儿上学和生活开支加起来，一个月一万元多点。2014年，张海超在县城承包了一辆公交车，给公交公司交管理费、雇司机自负盈亏，一个月能挣2 000元。想起来，这些对自己也算一点安慰。

资料来源：牛亚皓. 开胸验肺当事人：治病已花90万剩30万撑不了几年.（2015-05-13）[2017-08-05]. http://news.sina.com.cn/green/news/roll/2015-05-13/144631827523.shtml.

思考题：

1. 哪些行业或者职业的职业病伤害比较大？
2. “开胸验肺”反映出什么？尘肺病患者为何维权困难？

案例二：尘肺病病人维权困难的原因分析及理性思考

据国家卫计委2015年发布的《2014年全国职业病报告》，我国2014年共报告职业病29 972例，其中尘肺病占89.66%。毫无疑问，尘肺病是当今中国“第一大职业病”。卫计委的官方数据显示，2005年到2013年间，中国尘肺病新增诊断病例年均增幅达到35%，病死率更是高达22.04%。

尘肺病病人维权困难的原因包括两个方面：一是制度阻碍。尘肺病作为职业病，其诊断、鉴定难度很大。因尘肺病属于职业病，不能通过新农合报销，所以争取获得“职业病诊断证明”是尘肺病患者最后可以抓住的救命稻草。不是法定职业病诊断机构出具的鉴定，不被认可，而走法定鉴定程序需要准备的材料多如牛毛，其中第一项“劳动合同”就难倒了绝大多数维权者。二是权力障碍。涉事企业往往和当地政府关系密切。即使尘肺病患者顺利通过“职业病诊断”这一关，也不代表他们能维权成功。2012年，江西乐平36名尘肺病矿工通过职业病诊断，被认定为工伤，乐平市劳动人事争议仲裁委员会裁决：赵家山煤矿向36名矿工支付一次性伤残补偿金，根据每个工人尘肺病严重程度，裁决金额从几万元到二十几万元不等。但两个月后，乐平市政府又来参与“调解”，与大多数矿工签了一份《工伤赔付协议书》，仅一次性赔付仲裁赔偿款的30%。

对尘肺病病人维权困难的理性思考：第一，尘肺病并不是经济发展一定要承受的代价。有论者认为，尘肺病与“雾霾”一样，和中国的经济发展结构存在巨大关联，甚至可以说是必然结果，这种分析是站不住脚的。从尘肺病患者构成来看，40%患者来自高粉尘污染的工厂，60%患者是矿工。根据“大爱清尘”的调研，有超过70%的尘肺病矿工所在企业没有提供防护面具，矿工直接无保护暴露在危险环境下。第二，应尽早抛除职业病“不可避免”的观念。其实，既然尘肺病属于工伤，就完全应该由企业负责。而政府的存在，是监督企业去履行责任，这个责任既包括预防尘肺病，也包括员工得了尘肺病的善后问题。

资料来源：大爱清尘基金．“开胸验肺”事件后，尘肺病还要夺走多少矿工性命．(2015-12-16) [2017-08-05]. http://www.sohu.com/a/48811132_196621.

思考题：

1. 企业应该如何更好地履行应有的社会责任来保障尘肺病患者的合法权利？

2. 作为职业病的一种，尘肺病患者的维权之路异常艰辛，如何才能解决这些问题？

推荐文献

1. 孙树菡．工伤保险．北京：中国人民大学出版社，2000.

2. 孙树菡，朱丽敏．中国工伤保险制度30年：制度变迁与绩效分析．甘肃社会科学，2009 (3).

3. 孙树菡．共同构建工伤预防的防御体系．中国社会保障，2010 (1).

4. 胡晓义．工伤保险．北京：中国劳动社会保障出版社，2012.

5. 陈曦．基于工伤保险体系下的我国工伤预防机制研究．特区经济，2010 (6).

6. 赵永生．工伤预防的新形势与机制创新难点及思路．中国医疗保险，2013 (7).

7. 王黎．浅谈大数据背景下工伤预防的智能化建设战略．中国医疗保险，2015 (11).

8. 乔庆梅．职业伤亡预防：工伤保险制度的首要目标．河南师范大学学报

（哲学社会科学版），2010（1）.

9. 李明甫. 国外工伤预防机制研究. 劳动保障世界（理论版），2010（3）.

10. 张明丽，李方. 我国转型期工伤保险制度的改革与探索研究——以广东省、上海市、黑龙江省为例. 特区经济，2011（8）.

11. 杨思斌. 我国工伤保险制度的重大发展与理念创新. 中国劳动关系学院学报，2011（4）.

12. 董溯战. 德国、法国工伤保险法律制度的比较研究. 宁夏社会科学，2004（5）.

第九章

老年人福利

【学习目标】

1. 掌握老年人的概念、特点及其需求，准确把握中国的人口老龄化状况；
2. 理解老年人福利的概念内涵，熟悉老年人福利的主要内容；
3. 正确划分养老服务方式，理解社会工作在养老服务中的作用；
4. 了解我国老年人福利事业发展的成就与问题，展望老年人福利事业的未来发展。

老年人是一个特殊的群体，政府和社会应该积极关注、帮助老年人安享晚年。老年人福利是社会福利体系的重要组成部分，在人口老龄化的背景下，应该加快推进老年人福利体系建设，预防和化解老年风险，保障老年人的生活需求，促进老年人共享改革发展成果。

第一节 老年人与老龄化

建立和完善老年人福利体系，首先需要准确理解老年人的概念，了解老年人的特点及需求，并且从宏观上把握人口老龄化状况。

一、老年人及其需求

老年人是指超过一定年龄的人。田雪原将老年人定义为生活在一定的社会生产方式、一定时间和一定地域里，具有一定数量和一定质量，按年龄序列排列在较高年龄层次以后的那部分人口。[①] 不同年代、不同国家对老年人的界定有所不同。可以从年代年龄、生理年龄、心理年龄、社会年龄等角度来界定老年人，但主要依据年代年龄和生理年龄。

老年人是一个群体概念，这一群体具有以下几个主要特点：一是生理机能减弱。随着年龄的增长，老年人的生理机能逐渐减退，有一些明显的表现形式，比如白发、秃头、驼背、行动缓慢、反应迟钝等；抵抗力下降，各种老年疾病增多，比如关节炎、高血压、糖尿病、呼吸疾病等；随着生理机能的逐步衰弱，生活自理能力也逐步丧失。二是劳动收入减少。随着年龄的变老，老年人的劳动能力不断减弱，劳动收入不断减少，更加依赖于子女养老或家庭和社会支持。三是社会角色变化。人在进入老年后，从劳动者转变成完全的消费者，从抚养子女、

---

① 田雪原．中国老年人口．北京：中国经济出版社，1991：5.

赡养老年人转变为被赡养者。退出工作岗位后，年老之前因工作而建立的社会关系逐步淡化，社会交往也随之不断减少。由于老年人社会角色的变化，其个人、家庭、社会需要为老年人提供一定的支持，促进其顺利转变角色。老年人的另外一个特点就是具有一定的社会经验和技能。

老年人既有与其他群体相一致的需求，也有其特殊的需求，老年人的需求主要包括以下几个方面：

一是经济支持的需求。由于各种原因，老年人需要向家庭、政府、社会寻求帮助，才能顺利度过晚年。只有少部分的老年人能通过年老前的积累来维持老年生活支出的需要。能否得到充分的经济支持，直接关系到老年人生活质量的高低。

二是医疗保障的需求。老年人存在较大的疾病风险，尤其是容易患上各种慢性疾病。老年人在经受身心痛苦的过程中，比成年人更加需要医疗保障。老年人在缺乏自身收入来源的情况下，尤其需要政府通过相应的制度安排和财政支出来保障其医疗需求。

三是生活照料的需求。随着年龄的增长和老年疾病的增加，老年人的生活自理能力不断下降，需要通过他人的帮助才能正常生活下去，比如吃饭、穿衣、洗浴、室内行动等。

四是精神慰藉的需求。进入老年后，老年人之前在工作中建立起来的各种社会关系逐步减退，可以支配的空闲时间逐步增多，在这一时期更加需要寻求精神上的安慰，以求获得心理上的满足感，其对精神慰藉的需求甚至超过了对经济支持的需求。尤其是在老年人的物质生活得到满足的情况下，其精神生活需求就显得越来越突出。此外，老年人还有社会参与的需求，通过社会参与体现个人价值，获得精神上的满足感。①

二、中国的人口老龄化

人口老龄化是当前和未来一个时期我国的重要国情之一，老年人福利体系建设必须充分认识我国人口老龄化的重要国情，把握人口老龄化的特点与规律，加快推进老年人福利体系建设。我国人口老龄化的以下几个特点使得老年保障体系建设十分紧迫。

一是老龄人口总量大。由于中国人口总量大、出生率下降、死亡率下降和预期寿命延长，老龄人口数量不断增长，到目前为止是世界上老龄人口最多的国家，并且在最近50年内，老龄人口数量仍然居世界第一。② 目前我国的老龄人口总数已经超过了世界上绝大多数国家的人口总数。根据联合国1999年的预测，我国在2030年与2050年，65岁及以上老人分别为2.35亿与3.34亿；到21世

① 王延中，等．中国老年保障体系研究．北京：经济管理出版社，2014.

② 杜鹏，杨慧．中国和亚洲各国人口老龄化比较．人口与发展，2009（2）：75-80.

纪中叶，我国65岁及以上老年人数量将等于美国老年人数量的4.4倍，而十分接近美国的总人口数；2050年我国总人口数将比印度少0.51亿，但我国65岁及以上老年人数量将比印度多1.03亿。① 如此庞大的老龄人口，将带来巨大的老年保障需求。

二是老龄化速度快。中国的老年人口不仅基数大，而且老龄化速度快。新中国成立以来，我国老龄人口不断增加，人口老龄化进程总体上呈现加快的趋势，老年人口所占比重和老年抚养比快速上升（见表9-1）。1953年，全国65岁及以上人口数为2 593万，仅占总人口的4.4%；2000年，全国65岁及以上人口数为8 821万，占总人口的比重达到7%②；2010年，全国65岁及以上人口为11 883万，占总人口的8.87%③。在中生育率与中死亡率假定方案下，我国65岁及以上老人占总人口比例将从1990年的不到6%迅速增加到2030年的15.8%与2050年的23.1%。④ 根据美国人口普查局的统计和预测，65岁及以上人口比例从7%上升到14%需要经历的时间，法国为115年，瑞典为85年，美国为66年，英国为45年，中国仅为25年。⑤ 人口的快速老龄化给中国老年保障体系带来巨大压力。

表9-1　　中国人口年龄结构变化

年份	0～14岁人口比重（%）	65岁及以上人口比重（%）	老少比（%）	老年抚养比（%）	年龄中位数（岁）
1953	36.3	4.4	12.2	7.4	22.7
1964	40.7	3.6	8.8	6.4	20.2
1982	33.6	4.9	14.6	8.0	22.9
1990	27.7	5.6	20.1	8.3	25.3
2000	22.9	7.0	30.4	9.9	30.8
2010	16.6	8.87	53.4	12.0	—

注：老少比是指65岁及以上人口数与0～14岁人口数的比，老年抚养比是指65岁及以上人口数与15～64岁人口数的比。

资料来源：根据历次全国人口普查数据整理。

三是人口高龄化。我国不但老龄人口总量大、老龄化速度快，而且高龄人口多。根据人口学对老年人口的区分，60～69岁为低龄老年人口，70～79岁为中龄老年人口，80岁及以上为高龄老年人口。我国未来65岁及以上老年人口的年平均增长速度将为2.3%，而同期80岁及以上高龄老年人口的年平均增长速度却为4.2%，未来中国高龄化的速度将远远高于人口老龄化的平均水平。到2050年，我国80岁及以上高龄老年人口规模有可能超过一个亿，约占60

① 曾毅．中国人口老龄化的"二高三大"特征及对策探讨．人口与经济，2001（5）：3-10.

② 根据国际通用的标准，60岁及以上人口比重达10%，或者65岁及以上人口达7%，即标志着一个国家或地区进入老龄化社会。

③ 数据来源于2010年第六次全国人口普查主要数据公报（第1号）。

④ 曾毅．中国人口老龄化的"二高三大"特征及对策探讨．人口与经济，2001（5）：3-10.

⑤ 熊必俊．老龄经济学．北京：中国社会出版社，2009：26.

岁及以上老年人口的 22%左右。[1] 高龄老年人口绝大多数是完全的消费者，绝大多数需要生活照料，人口的高龄化进一步增加了对老年服务保障、精神慰藉和医疗保障的需求。

中国人口老龄化总量大、速度快、高龄化三个主要特点将带来日益增长的老年保障需求，在经济方面、医疗方面、生活照料和精神慰藉方面的需求将快速增长。但是目前我国老年保障体系的发展还很不充分，存在制度化的保障范围窄、保障水平低、服务能力不足、管理效率不高等问题，使得老年保障的供需矛盾日益突出，未来迫切需要加强老年保障体系建设，应对人口老龄化的需要。

第二节 老年人福利的概念与主要内容

发展老年人福利事业，科学制定老年人福利的相关政策，首先需要明确老年人福利的概念及其内涵，明确老年人福利的主要内容。

一、老年人福利的概念

关于老年人福利的概念，至今并没有一个权威的定义，仁者见仁，智者见智。我们认为，对老年人福利概念的理解，需要结合老年人的群体特点及生活需求，从社会保障和社会福利政策体系的整体发展来认识。可以从广义和狭义两个层次来理解老年人福利的概念。

从广义的层面来看，老年人福利是指国家和社会等相关主体基于老年人的身心特点、生活需求、生活质量和福利权利而采取的包括资金、物资、服务、精神等内容在内的各项措施的总称。广义的社会福利体现了福利主体的多元性、福利内容的全面性、福利对象的全民性、福利水平的公平普惠性。从福利主体来看，政府和社会是社会福利提供的最重要主体，同时，家庭、社区、单位均应该为老年人福利承担相应的责任，甚至还可以利用市场资源提升老年人的福利水平。从福利内容来看，立足于老年人的生活需求，包括了老年人生活需求的方方面面，而不是局限于经济支持或服务提供的某一方面，社会保障体系的各个层次和内容体系都与老年人福利相关。从福利对象来看，老年人福利应该针对全体老年人，实现老年人福利的全覆盖，而不是只针对部分老年人群体。从福利水平来看，老年人福利追求公平普惠性，让全体老年人公平共享改革发展成果，提高全体老年人的生活质量，真正实现“老有所养”的目标。

---

① 陆杰华．快速的中国人口老龄化进程：挑战与对策．甘肃社会科学，2007（6）：12－16.

从狭义的层面来看，老年人福利是指政府和社会针对老年人而设立的以养老服务为主、兼顾经济支持和精神服务的社会保障政策、制度和措施。狭义的老年人福利主要局限于满足老年人的服务保障需求，是与老年救助、养老保险并列的老年保障措施，旨在提高老年人的生活质量。政府是老年人福利提供的核心主体，通过直接提供或购买服务的方式，运用市场和社会资源来满足老年人的基本服务需求。

目前我国的老年人福利还处于狭义层次，老年人福利的发展水平还不高，与人口老龄化背景下日益增长的老年人福利需求相比，还有较大的差距。未来应该积极推进老年人福利体系建设，为老年人提供公平普惠、内容全面、水平适度的福利，使老年人过上有尊严、高质量的晚年生活。

二、老年人福利的主要内容

根据老年人的特点和生活需求，老年人福利主要包括以下几个方面的内容。

（一）经济支持

经济需求是老年人的基本需求之一，是保障和改善老年人生活的物质基础，因而经济福利是老年人福利的基础内容。从广义来说，凡是与满足老年人各项生活需求相关的资金支持均可视为经济福利，包括老年救济金、退休金、老龄津贴等。狭义的老年经济福利主要指老年救济金、退休金之外的其他由政府和单位向老年人提供的各种资金支持，比如高龄老年津贴、老年残疾津贴等。政府通过对老年人提供高龄老年津贴来缓解老年人贫困问题，并进而提高老年人的晚年生活质量及尊严。[①] 尽管经济福利不是老年人福利的核心和重点，但它是老年人福利的必要基础，离开了适度的经济福利支持，老年人的其他福利供给效果就会大打折扣。

（二）医疗保障

老年人较高的疾病和残疾风险尤其需要完善老年人的福利支持，减轻老年人及其家庭的医疗负担和身心痛苦，提高老年人的生活质量。应该遵循普惠和特惠相结合的原则，在将一般的医疗保障和医疗福利辐射到老年人口的基础上，更加考虑老年人生理的脆弱性，为老年人的健康维护和疾病治疗提供相应的支持。具体来说，应该在医疗保险和医疗救助中尽可能考虑到老年人的医疗需求，为其提供相应的医疗保障，尤其是要重点考虑老年人的慢性病与大病治疗问题。针对老年人的健康需求，应该由政府、单位、社区为其提供相应的疾病预防、健康体检、老年疾病筛查、上门医疗服务等医疗服务支持。

---

① 杨立雄．高龄老年津贴制度研究．中州学刊，2012（2）：84-91.

（三）服务提供

随着城乡居民家庭收入的不断增长和养老保险制度的逐步完善，老年人的经济保障能力明显提高，对服务福利的需求显得更为迫切。除了医疗福利中的相关医疗服务提供外，老年人的服务福利还包括老年人的生活照料服务、护理服务、紧急援助、家政服务及生活中的其他各项服务。在城镇化、人口老龄化与高龄化、家庭结构小型化、家庭养老服务功能弱化的背景下，特别需要政府出面构建完善的养老服务福利体系，具体包括通过居家养老、社区养老、机构养老等方式为老年人提供各项服务。

（四）精神保障

与成年人相比，老年人具有更加迫切的精神需求，容易面临精神失常的风险。家庭曾是满足老年人精神需求的核心主体，以后也依然是重要主体。但是，政府和社会也有责任为老年人的精神生活和社会参与提供相应的帮助。政府应该通过加强宣传引导、法制建设、资金支持、住房保障、社区设施建设等途径直接或间接为老年人的精神生活提供帮助。精神保障是当前我国老年人福利发展中的弱点，未来需要大力加强。

以上主要根据老年人的需求和老年人福利的内容进行划分。这些福利内容的提供，需要通过政策、资金、机构、设施、人员、管理、技术等要素来实现。也就是说，在发展和完善老年人福利体系的过程中，需要在政府的主导下，多个主体积极参与，加强资金与资源筹集，以相应的机构为载体，建立和完善相关设施，加强人才队伍建设，改进管理服务，通过相应的技术手段为老年人提供公平、全面、高效的福利支持。

第三节 养老服务方式与老年社会工作

服务福利是老年人福利的核心内容。服务福利的提供方式有多种，不同的提供方式具有不同的特点，适用于满足不同人群多样化的养老服务需求。

一、养老服务的主要方式

养老服务的提供主要包括家庭养老、居家养老、社区养老、机构养老等方式，需要准确理解和把握不同养老服务提供方式的内涵及特点，在实践中科学运用不同的养老服务提供方式来为老年人提供各类服务。

（一）家庭养老服务

家庭养老服务是最原始的养老服务提供方式，即由家庭成员为老年人提供衣、食、住、行等各项服务。长期以来，我国老年人的生活需求主要在家庭内获得满足，由家庭成员为其提供各种服务，主要体现为子女或晚辈赡养父母和长辈的方式。受孝文化和家庭观念的影响，我国认为子女赡养老年人是天经地义的事情，是责任和义务，也是作为对父母抚养子女的回馈。家庭养老服务更能体现温暖和亲情，更能通过服务传递情感，使老年人在获得生活援助的同时获得精神慰藉。家庭养老模式是目前老年人主要的养老方式，也是首选的意愿养老方式。① 随着家庭规模的小型化和子女工作生活压力的增加，家庭负担日益加重，家庭提供养老服务的功能减弱，因而需要政府出面建立和完善社会化的养老服务体系，使老年人从家庭之外获得更多的养老服务。

（二）居家养老服务

居家养老服务是指由相应的社区和社会机构为居住在家的老年人提供各种生活服务，老年人居住在家中，足不出户即可获得相应的服务帮助。对那些留恋家庭的老年人和空巢老人而言，居家养老是一种理想的养老服务提供方式。居家养老服务的内容涵盖生活照料、家政服务、康复护理、医疗保健、精神慰藉等，以上门服务为主要形式。居家养老服务可以弥补家庭养老服务功能弱化的不足，使老年人在家中获得来自家庭之外的服务支持，提高老年人的生活质量。居家养老服务应该重点针对生活不能自理的高龄、独居、失能等老年人提供家务劳动、家庭保健、辅具配置、送饭上门、无障碍改造、紧急呼叫和安全援助等服务。需要说明的是，不能将居家养老等同于家庭养老。现代居家养老与传统家庭养老具有本质性的不同。前者导源于工业化，其基本支持系统为社会关系，责任主体与支撑单位包括家庭、社会与政府。后者适应于农业社会，其基本支持系统为血缘关系，责任主体和支撑单位为家庭或宗亲。②

（三）社区养老服务

家庭与社区紧密相连，同样，社区养老服务与居家养老服务密切关联，社区养老服务是居家养老服务的重要支撑，具有社区日间照料和居家养老支持两类功能，主要面向家庭日间暂时无人或者无力照护的社区老年人提供服务③，有助于弥补家庭养老服务的缺失与不足。社区是老年人生活的重要场所，在社区，每天

---

① 李敏．社区居家养老意愿的影响因素研究——以北京市为例．北京社会科学，2014（1）：46－50．

② 丁建定．居家养老服务：认识误区、理性原则及完善对策．中国人民大学学报，2013（2）：20－26．

③ 国务院办公厅．国务院办公厅关于印发社会养老服务体系建设规划（2011—2015年）的通知：国办发〔2011〕60号．（2011－12－27）［2017－08－06］．http：//www.gov.cn/zwgk/2011-12/27/content_2030503.htm．

都可以见到熟悉的面孔和场景，老年人可以离开家庭，走进社区，与邻里和老年同伴进行聊天、交往，在社区中获得就餐、医疗保健、日间照料、短期托养、休闲娱乐等服务。社区组织、社区养老机构、社区邻里关系、社区设施、社区环境对老年人的生活产生重要影响。社区基层组织和相关社区养老服务机构在社区养老服务中发挥着不可替代的作用。需要加强城乡社区基层组织建设，完善城乡社区服务设施，加强城乡社区养老服务机构建设，构建城乡社区养老服务平台。

(四) 机构养老服务

机构养老服务是社会化养老服务的重要方式，前面几种养老服务方式与家庭的关系比较密切，由家庭或家庭附近的社区组织和相关机构来提供服务，老年人与家庭成员的关系相对比较紧密。机构养老服务则是老年人彻底从家庭、社区走向专门的养老服务机构，接受社会化、专业化的机构养老服务，机构主要为老年人提供生活、医疗、护理、精神等方面的服务。在我国，机构养老不是最主要的养老服务方式，但是是不可少的养老服务方式之一，是整个养老服务体系的重要组成部分。这里需要区分养老机构与机构养老这两个概念，机构养老作为一种养老服务方式，是由专门的养老机构来提供的，但是，养老机构形式多样，除了提供集中养老服务的机构外，还有许多提供居家养老服务和社区养老服务的机构。养老机构的类型、服务提供方式、服务内容是多元化的。机构养老服务的发展依赖于各类养老机构的建设，包括养老机构的硬件设施建设、环境建设、人力资源建设、管理服务能力建设等诸多方面，通过加强养老机构建设提升养老机构的养老服务能力，提升养老服务的质量与效率。医养结合是机构养老服务发展的重要趋势。

二、不同主体在养老服务提供中的责任

由于养老服务内容的全面性和提供方式的多样性，应该由不同主体来共同承担提供养老服务的责任，具体包括政府、市场、社会组织、社区、单位、家庭等主体，这些主体都有以不同方式为老年人提供不同程度的服务的责任。

政府是基本养老服务提供中最重要的责任主体。政府在基本养老服务提供中的责任是全方位的，应该加强政府主导，通过规划指导、制度建设、资金投入、设施建设、人才培养、监督管理等方式直接或间接为全体城乡老年人提供基本养老服务。当然，政府责任的实现方式是多样化的，既可以通过举办养老机构的方式来直接提供基本养老服务，也可以通过向市场和社会组织购买的方式向老年人提供基本养老服务，政府购买养老服务已经成为我国政府职能转型过程中养老服务体系发展的重要方向。政府提供养老服务应该遵循公平、普惠、可持续的原则。

市场是提供养老服务的重要主体之一，主要是指各类民办养老机构。在完善养老服务体系的过程中，应该政府与市场相结合，积极利用市场机制和市场资

源，为不同老年人提供多样化的养老服务。市场提供养老服务应该实行公平竞争原则，提高运营效率。政府应该为市场化养老机构的发展创造良好的外部环境，提供相应的税收和政策支持，为市场主体做好相关服务工作。

社会组织和社会力量是养老服务供给系统中与政府、市场并驾齐驱的重要主体，其社会性、公益性、非营利性等特点，可以弥补政府和市场主体在提供养老服务过程中的不足，更好地提高养老服务的质量和效率。

社区具有离家近、环境熟悉、生活方便等特点，在养老服务提供体系中具有明显优势，更加了解老年人家庭情况及其需求。尤其是在家庭养老服务弱化的背景下，社区养老服务更受欢迎，社区在养老服务供给中可以积极作为。应该大力加强社区组织建设，改善社区设施与环境，发展社区养老服务机构，培育社区养老服务资源。

单位是我国计划经济时期的特殊名词，到目前为止依然为人们所留恋。虽然社会化是我国养老服务发展的重要方向，但是，单位依然可以为提供养老服务、提高老年人的生活质量发挥应有的作用。单位可以为退休职工及其家属在医疗保健、生活照料、精神文化、社会参与等方面提供支持和帮助。单位提供养老服务是单位福利的重要内容，有助于增强单位的吸引力，加强人力资源建设。

家庭在养老服务提供中的责任更是不可推卸，家庭不能因为自身能力或其他方面的原因而逃避提供养老服务的责任。《中华人民共和国老年人权益保障法》明确规定：老年人养老主要依靠家庭，家庭成员应当关心和照料老年人；赡养人应当履行对老年人经济上供养、生活上照料和精神上慰藉的义务，照顾老年人的特殊需要。

三、老年社会工作在养老服务中的作用

养老服务体系是一个复杂的系统，养老服务的内容是多方面的，养老服务的提供主体是多元的；同时，养老服务也是一项非常专业的工作，能否为老年人提供有针对性的、专业化的服务，直接关系到老年人的生活质量。作为社会工作和社会服务的重要内容，老年社会工作在养老服务提供中具有重要作用，在我国人口老龄化加速推进的背景下，迫切需要有针对性的老年社会工作服务的发展，未来我国应该大力发展老年社会工作。①

老年社会工作是专业化的社会工作人员以老年人为对象，以解决老年问题、满足老年人生活需求、提高老年人生活质量为出发点，基于社会工作的价值观，运用相应的社会工作理论和方法，帮助老年人顺利度过晚年的专业服务活动。需要说明的是，老年社会工作以全体老年人为对象，但更加侧重于那些空巢、残疾、困难和高龄的老年弱势群体，为他们提供相应的服务和帮助。

---

① 赵一红．福利治理与政府购买社会工作服务——基于北京市S社区老年社会工作服务案例分析．社会工作，2015（4）：3－12.

老年社会工作服务应致力于实现老有所养、老有所医、老有所为、老有所学、老有所乐。遵循独立、参与、照顾、自我实现、尊严的原则，促进老年人角色转换和社会适应，增强其社会支持网络，提升其晚年的生活和生命质量。

2016 年 1 月，民政部发布《老年社会工作服务指南》，规定了老年社会工作的术语和定义、服务宗旨、服务内容、服务方法、服务流程、服务管理、人员要求和服务保障等，对老年社会工作进行了全面规范。老年社会工作服务的内容主要包括救助服务、照顾安排、适老化环境改造、家庭辅导、精神慰藉、危机干预、社会支持网络建设、社区参与、老年教育、咨询服务、权益保障、政策倡导、老年临终关怀等。

老年社会工作者可以根据实际情况，综合运用个案工作、小组工作、社区工作等社会工作直接服务方法及社会工作行政、社会工作研究等间接服务方法开展老年社会工作服务。

我国社会工作服务事业的整体发展落后，志愿服务意识不强，志愿服务环境不佳，老年社会工作的专业人才匮乏，这些直接影响到养老服务的提供。未来应该在政府的主导下，多主体积极参与，政府、社会组织、企业、宗教团体、个人都可以成为老年社会工作的动力源和润滑剂，形成多元主体共同推动老年社会工作和服务的局面。①

第四节 我国老年人福利事业的现状与未来

老年人福利是我国社会福利体系的核心，在人口老龄化的背景下，我国政府非常重视老年人福利制度建设，老年人福利事业的发展取得了显著成绩，尤其是近些年来，老年人福利体系建设已成为社会保障建设的重点任务。当然，与全体老年人的福利需求相比，我国老年人福利的供给还很不足，老年人福利体系建设任重道远。

一、我国老年人福利事业的发展成就

近些年来，各级政府越来越重视老年人福利事业的发展，不断加强制度建设与资金投入，政府、市场、社会等多主体共同参与，积极推进老年人福利制度的改革与发展，在老年人的经济福利、医疗福利、服务福利、精神福利等方面取得了明显成就。

---

① 姚远．老年群体更替对我国老年社会工作发展的影响．国家行政学院学报，2015（3）：69－74.

在经济支持方面，我国积极加强养老保险制度建设，越来越多的劳动者和城乡居民为养老保险制度所覆盖，为老年人的经济保障奠定了制度基础。国家积极加强老年社会救助和农村五保供养工作。除了养老保险和老年救助外，各地积极探索建立其他经济福利制度，为各类老人提供经济支持，截至 2015 年 6 月，全国 19 个省份建立了 80 周岁以上高龄老人津贴制度，23 个省份建立了生活困难老人养老服务补贴制度，4 个省份建立了失能老人护理补贴制度。①

在医疗保障方面，我国的各类医疗保险制度基本覆盖了全体城乡居民，城乡医疗救助制度不断完善，为保障老年人的健康、减轻老年人的家庭经济负担发挥了积极作用。老年人的卫生服务、慢性病防治、健康检查福利取得了积极发展。2014 年，老年卫生服务被纳入医药卫生体制改革基本公共卫生服务项目，由各级财政投入，免费为 65 岁及以上老年人开展每年一次的体检和健康咨询指导。全国有 5 714 万老年人接受了健康检查并建立了健康档案。② 此外，我国还积极发展老年病医院、老年康复医院、疗养院、护理院，提升老年人的医疗福利提供水平。

在服务提供方面，我国积极推进养老服务体系建设，以居家为基础、社会为依托、机构为支撑的养老服务体系基本形成。全国老龄工作委员会办公室等部门相继颁布了《关于加快发展养老服务业的意见》(2006 年 2 月)、《关于全面推进居家养老服务工作的意见》(2008 年 1 月)。2010 年 11 月，民政部在江苏无锡召开了全国养老服务推进会。近年来，民政部联合国家发展和改革委员会等部门出台了《关于鼓励民间资本参与养老服务业发展的实施意见》《关于规范养老机构服务收费管理促进养老服务业健康发展的指导意见》《关于开发性金融支持社会养老服务体系建设的实施意见》《关于推进医疗卫生与养老服务相结合的指导意见》等政策性文件，养老服务体系建设加快推进。截至 2014 年年底，全国各类养老服务机构和设施94 110个，包括：养老服务机构 33 043 个，社区养老服务机构和设施 18 927 个，互助型的养老设施 40 357 个，军队离退休干部休养所 1 783 个；各类养老床位 577.8 万张，比上年增长 17.0%（每千名老年人拥有养老床位 27.2 张，比上年增长 11.5%），其中社区留宿和日间照料床位 187.5 万张；年末收留抚养老年人 318.4 万人，比上年增长 4.2%。③

在精神保障方面，在老年人的其他福利需求不断发展的同时，老年人对精神福利的需求也日益增长，精神福利的发展成为未来我国完善老年人福利体系的重要任务。《中华人民共和国老年人权益保障法》对老年人的精神保障和精神福利做出了明确规定，重点强调了政府和家庭在老年人精神福利方面的作用，同时需

① 民政部：全国 19 个省份建立 80 周岁以上高龄老人津贴制度.（2015-08-19）[2017-08-06]. http://world.people.com.cn/n/2015/0819/c190970-27486356.html.

② 2014 年度中国老龄事业发展统计报告.（2014-07-25）[2017-08-06]. https://wenku.baidu.com/view/75cd9646cc7931b764ce150e.html.

③ 民政部发布 2014 年社会服务发展统计公报.（2015-06-10）[2017-08-06]. http://www.mca.gov.cn/article/zwgk/mzyw/201506/20150600832371.shtml.

要发挥社区和社会等其他主体在精神福利提供方面的作用。2014 年，在全国首个“敬老月”活动期间，各地普遍组织开展了丰富多彩的老年文化系列活动。基层文化馆、文化站和图书馆等公共文化设施逐步成为老年人活动的重要阵地。文化部门牵头打造全国示范性老年文化品牌，连续 12 年举办“中国老年合唱节”。老年广场文化、老年社区文化蓬勃开展，老年人日益成为基层群众文化活动的主力军。2014 年，老年教育事业持续发展，全国各类老年大学、老年学校已有 49 289所，在校人数近 587 万。[①]

二、我国老年人福利事业存在的主要问题

与日益增长的老年人福利需求相比，目前我国老年人福利事业的发展还存在诸多问题，难以满足城乡老年人的各类福利需求，主要体现在以下几个方面。

(一) 老年人福利的管理体制与法制不完善

目前我国老年人福利的管理与民政、教育、残联、卫生、规划、税务等部门相关，但是，在实践中，民政部门的作用体现得比较明显，其他部门的作用发挥相对较弱，一些部门对待老年人福利事业的态度是应付式的，以致在具体落实中，难以见到效率，如规划、国土、税务等部门，在审批方面往往手续繁多，甚至相互推诿，尤其在涉及批地、建筑等方面，更是困难重重。[②] 而且，各部门之间缺乏统一、协调机制，不利于系统、协调推进老年人福利体系建设。在法制建设方面，目前我国老年人福利的内容项目比较零乱，未能形成系统、科学的内容体系，更没有一部专门的法律法规来明晰不同主体的权利义务关系，对老年人福利的管理、运行缺乏具体的规定，不利于老年人福利事业的科学发展。

(二) 老年人福利的发展严重不平衡，城乡之间、地区之间差距较大

在我国老年人福利事业整体发展比较落后的背景下，还存在比较严重的发展不平衡问题，东部一些经济发达地区老年人福利事业的发展相对较好，建立了比较完善的老年人福利制度和福利设施，而中西部地区老年人福利的发展比较落后；城市老年人福利事业的发展相对较好，农村老年人福利事业的发展比较落后，在资金投入、设施建设、机构发展等方面与城市有较大差距。尤其是在一些中西部地区，农村老年人的生活状况和生活质量堪忧，迫切需要加强农村老年人福利事业的发展。

---

① 2014 年度中国老龄事业发展统计报告.（2014－07－25）［2017－08－06］. https：//wenku. baidu. com/view/75cd9646cc7931b764ce150e. html.

② 戴卫东. 改革开放以来老年福利制度建设的经验与教训. 武汉科技大学学报（社会科学版），2012（2）：363－367.

（三）老年人福利的社会化程度较低

社会化是我国社会福利的重要发展方向。经过若干年的发展，我国社会福利社会化取得了积极进展，但是效果依然不理想。在老年人福利的发展过程中，国家、单位、家庭依然是提供老年人福利的核心主体，对市场和社会资源的引入不够，缺乏相应的政策支持和激励机制，社会化、专业化的养老服务机构发展不够，社会养老服务体系比较滞后，制约着老年人福利的提供和养老服务的质量。

（四）老年人福利的专业人才匮乏

在老年人福利的提供过程中，医疗福利、服务福利、精神福利的提供是一项复杂的专业工作，需要由专业化的人员来提供。但是，由于种种原因，我国老年人福利的专业人才比较匮乏，无论是数量，还是专业化程度，都难以满足人口老龄化背景下日益增长的老年人福利需求。按照老年人口与专业护理人员配比比例3∶1测算，全国有2 830万老人生活不能完全自理，需要老年护理专业人员近1 000万人，但现有护理人员数量远远不足。此外，养老服务队伍的整体素质低，专业水平、业务能力、服务意识等都不能有效满足老年人的需求，不利于养老服务体系的完善和老年人福利事业的发展。

（五）对老年人社会福利的资金投入不足

资金投入是老年人福利事业发展的基础，随着人口老龄化进程的加快，老年人福利的发展需要巨大的资金投入。资金投入不足直接影响到老年人福利事业的发展。目前我国老年人福利事业的发展主要依赖政府财政投入和发行福利彩票。我国对包括老年人福利在内的社会福利事业的财政投入不足，导致一些养老机构的市场化过度，不利于满足中低收入家庭老年人的基本福利需求。由于相关制度和政策的不完善，对社会资金的吸引不够，多元化的筹资渠道不畅。

（六）对老年人的精神福利重视不够

目前我国老年人福利的发展主要针对老年人的经济需求、医疗需求和服务需求，而相对忽视了老年人的精神需求，对精神福利的认识存在偏差，认为精神慰藉的需求是老年人的高级需求，是一种奢侈品。政府、社会组织、社区、单位、家庭等主体在老年人精神福利发展中的作用发挥不到位。对政府来说，缺乏对促进老年人精神福利的具体政策和投入。尽管一些法律法规中强调老年人的精神保障，但在现实生活中，政府并没有对老年人的精神保障采取有力的措施，缺乏对家庭和社会加强老年人精神支持的引导，使得一些老人不得不通过向法院起诉来敦促子女回家看望。政府在组织老年人精神保障的直接提供方面，比如建设老年人的娱乐场所、组织老年人参与社会活动也相当欠缺。缺乏老年人精神福利方面的具体标准，缺少提供精神福利的专业化人才。①

三、我国老年人福利事业的未来发展

未来我国老年人福利事业的发展应该从补缺型的老年福利走向普惠型的老年福利，建立以居家养老为基础、以社区养老为依托、以养老机构养老为补充的养老服务体系。具体应该从以下几个方面努力。

(一) 加强老年人福利的法制建设

目前我国社会保障领域的法制建设整体比较落后，老年人福利的法律建设更是如此，未来需要在理清我国老年人福利发展目标、把握老年人需求的基础上加强老年人福利的法制建设，以便于系统、协调推进老年人福利事业的发展。建议在适当的时候制定社会福利法，也可先行制定老年人福利条例。通过法制建设，进一步明确不同主体在老年人福利中的职责和权利义务关系，明确老年人福利的内容体系、项目构成、实施机制与监督管理。

(二) 完善老年人福利的管理体制

老年人福利的发展，需要进一步理顺管理体制，应该从应对人口老龄化的战略高度来考虑老年人福利的发展。应该在目前管理体制的基础上，进一步强化民政部门对老年人福利的管理职能，统筹规划老年人福利的发展，将老年人福利的相关职能整合到民政部门，同时建立部际联席会议制度，加强老年人福利事业的部门协调沟通。未来可以考虑在全国老龄工作委员会的框架下，在老龄办的基础上，成立老年部或老年总局，管理与老年人相关的所有老龄事务，全面管理、服务老年人的各项需求。

(三) 加大对老年人福利事业的资金投入

应该遵循政府为主、责任共担的原则，加大对老年人福利事业的资金投入。首先，应该强化公共财政，加大政府财政投入，完善老年人福利的财政预算，通过财政投入提高老年人的经济福利水平，推动老年人医疗福利、服务福利和精神福利的设施建设。通过财政投入带动市场资源和社会资本的投入，重点扶持公益性、福利性的养老服务项目，鼓励发展民办非营利养老机构，支持市场化的养老机构，为不同人群提供多样化的养老服务。

(四) 充分运用民间资源，真正实现老年人福利的社会化

应该坚持政府与市场、社会相结合，在充分发挥政府作用的同时，充分整合运用市场和社会资源。2013 年，国务院在《关于加快发展养老服务业的若干意

---

① 王延中，等．中国老年保障体系研究．北京：经济管理出版社，2014.

见》中指出:“以政府为主导”,“支持社会力量举办养老机构”,“逐步使社会力量成为发展养老服务业的主体”。政府部门为社会力量参与养老服务事业创造环境,加强沟通和协调,在规划、建设、用水、用电、用地、税收、贷款等方面给予相应的优惠扶持政策,通过积极推行公建民营、民办公助、购买服务等方式,为各类养老服务机构的平等竞争营造良好的环境。[①]

(五)统筹城乡、区域老年人福利的发展

应该统筹考虑不同类型老年人的养老需求,统筹考虑城乡老年人福利的发展,统筹考虑不同地区之间老年人福利的发展,使老年人福利公平惠及全体老年人。统筹发展老年人福利事业,需要抓住目前老年人福利发展的薄弱环节,重点推进中西部地区和农村老年人福利的发展,重点推进低收入和贫困家庭老人、残疾老人等特殊弱势老人的福利发展。

(六)进一步加强社会养老服务体系建设

养老服务是老年人福利的重点内容,养老服务的完善与否直接关系到老年人生活质量的高低。因此,未来需要进一步加大投入,推进社会养老服务体系建设,积极培育养老服务的提供主体,规范养老服务的内容,完善政府购买养老服务的机制。应该建立基本养老服务制度,强化以政府责任为主的基本养老服务的发展,增强基本养老服务的可及性。

(七)加强老年人福利的人才队伍建设

数量充足、素质优良的人才队伍是发展老年人福利的重要保障,针对目前我国老年人福利人才数量和专业性的不足,亟须加强老年人福利人才队伍建设。需要重点培养老年护理人才、老年社会工作者、老年服务机构的管理人才。应该理论与实践相结合,加强政府、高等学校、养老机构的合作,开设相关专业,加强老年人福利专业人才的培养。加强对现有人才的培训。提高各类老年人福利人才的职业道德、专业能力和综合素质。

(八)重视老年人精神福利的发展

需要将精神福利纳入到老年人福利系统中来,改变过去重物质、重服务、轻精神的状况。政府应该加强宣传引导,营造尊老敬老的良好氛围。严格落实《中华人民共和国老年人权益保障法》,为发挥家庭成员在老年人精神慰藉中的作用创造条件,比如通过完善住房保障,使老年人感受与子孙同住的亲情温暖。政府应该加强社区设施和环境建设,积极发挥基层组织的作用,开展老年人文体活动,丰富老年人的精神生活。单位应该为劳动者提供探望老人的条件,比如严格

---

① 成海军.当前中国老年人社会福利的困境与对策.首都师范大学学报(社会科学版),2012(1):123-129.

落实探亲假、提供农民工返乡探亲专车。社会组织、社会工作者应该积极加强对老年人的精神干预，尤其是针对那些高龄老人、孤寡老人、残疾老人开展义务陪聊与生活服务活动，使老年人充分感受社会的关怀。

【本章小结】

老年人是一个群体概念，这一群体具有以下特点：生理机能减弱、劳动收入减少、社会角色变化。老年人的需求主要包括经济支持、医疗保障、生活照料、精神慰藉。我国老龄人口总量大、老龄化速度快、人口高龄化，使得老年保障体系建设十分紧迫。根据老年人的特点和生活需求，老年人福利主要包括经济支持、医疗保障、服务提供、精神保障等内容。服务提供是老年人福利的核心内容，服务福利的提供方式有多种。养老服务的提供主要包括家庭养老、居家养老、社区养老、机构养老等方式。养老服务体系是一个复杂的系统，养老服务的内容是多方面的，养老服务的提供主体是多元的。老年社会工作在养老服务提供中具有重要作用，未来我国应该大力发展老年社会工作。近些年来，各级政府越来越重视老年人福利事业的发展，不断加强制度建设与资金投入，政府、市场、社会等多主体共同参与，积极推进老年人福利制度的改革与发展。目前我国老年人福利事业的发展还存在诸多问题，难以满足城乡老年人的各类福利需求，未来应该从以下几个方面努力：加强老年人福利的法制建设，完善老年人福利的管理体制，加大对老年人福利事业的资金投入，真正实现老年人福利的社会化，统筹城乡、区域老年人福利的发展，进一步加强社会养老服务体系建设，加强老年人福利的人才队伍建设，重视老年人精神福利的发展。

【思考题目】

1. 什么是老年人？老年人有何特点和需求？
2. 我国人口老龄化体现出哪些特点？
3. 什么是老年人福利？老年人福利包括哪些内容？
4. 养老服务的主要方式有哪些？
5. 不同主体在养老服务中的责任如何？
6. 老年社会工作在养老服务中的作用如何？
7. 我国老年人福利存在哪些问题？未来如何完善？

案例讨论

案例一：居家养老的“太仓模式”

发卡代替发钱，引入第三方专业机构提升水平

家住城厢镇的居绍珍老人今年78岁，她和83岁的老伴王喜芝原先可领到每月500元的养老补贴。今年年初，老两口接到通知，从今年开始补贴不发了。他们从民政局领到一张“太仓市养老服务综合卡”。凭这张卡，城厢镇的养老服务

员每月 8 次，每次 3 小时上门为老人提供服务，包括清扫、理发、按摩、身体检查等，基本满足了老人的日常生活需求。上门为老人服务的服务员都是第三方养老服务机构专门聘用的居家养老服务员。经过多次遴选，太仓民政局与总部在上海的太仓海阳老年事业服务中心达成合作意向，海阳在太仓全市各镇（区）设立“海阳养老服务分社”，为居家养老提供上门助餐、助洁、助急、助行、助浴、助医、助乐等“七助”服务。

重心向下加大投入，“10 分钟服务圈”覆盖农村

太仓市老年人日间照料中心总数已达 52 家。新建设老年人日间照料中心（站）的用房面积一般不低于 300 平方米，统一设有休息室、配餐室、多功能活动室、医疗保健室等。太仓老年人大部分生活在农村，居家养老的中心和难点在农村。针对这个问题，太仓居家养老服务工作一开始就是城乡统一部署、统一标准、统一推进，编制起一张重心向下、覆盖城乡的居家养老服务网络。目前，太仓全市所有镇（区）、村（社区）全部建立了居家养老服务中心（站）。海阳公司在各镇区设立的服务分社已开始正常运营。居家养老服务 70%的供应商、80%的服务人员分布在各镇（区），就近、便利为农村老年人提供服务，形成了“10 分钟农村居家养老服务圈”。

“一卡一平台”，打造“没有围墙”的虚拟智慧养老院

太仓实施“一卡一平台”工程。养老信息服务综合管理平台把全市老年人数据库、居家养老服务费用结算、居家养老热线呼叫、机构养老、日间照料、助餐点服务与管理全部融合于一个平台，实现该市养老服务组织信息共享、实时动态统计。海阳公司所有服务人员都有一台具有 GPS 定位功能的手机，并能在信息平台上显示工作状态。供应商的信息，包括地址、服务项目、服务价格，也一一被登入信息平台。依托这个平台，太仓为所有申请养老服务的老年人办理“养老服务综合卡”，每月为享受政府援助和补助的老年人以虚拟化的方式打入相应的资金，老人凭卡可以在该市养老服务组织享受刷卡服务。

资料来源：太仓居家养老体系覆盖城乡　建虚拟智慧养老院.（2014-09-23）[2017-08-06]. http://js.people.com.cn/n/2014/0923/c359767-22401463.html.

思考题：

1. 如何看待当前我国的居家养老？
2. 居家养老“太仓模式”的主要经验有哪些？

案例二：入住北京公办养老机构要久等

“两周报名的人就把一年的空床住满了，等着吧。”记者来到被称为排队需要 100 年的养老院——北京市第一社会福利院。在登记本上，已经有密密麻麻的名字。工作人员告诉记者，老人想入住，需要拿着自己的身份证前来登记，然后回家等通知，因为现在已经有 1 万多人进行了登记，而这个数据还在以每天几个人到十几个人不等的速度增长着。工作人员介绍，每年能腾出来可供新人入住的床位不足 100 张，“两周报名的人就把一年的空床住满了”。算下来，真要等 100 年。

地理位置上，第一社会福利院地处北三环和北四环之间的朝阳区华严北里闹

市之间，紧邻地铁站和多条公交线路站牌，便于老人家属探望。内部构造上，这里设有颐养区、生活照料区、养护区和医疗区，所提供的服务内容非常多，从打扫房间、更换床单等个人生活照料服务，到定期测量体温、血压等护理服务，老人所需的代购、洗涤、休闲娱乐活动甚至财务托管服务也一应俱全。更重要的是，这里除了养老院的功能，实际上还是一座老年病医院。作为卫生部审定的二级甲等医院，入住的老人们不用出门，在这里看病就可以报销。而每个科区也配备了专业医护人员。今年年初，北京120急救网络北京第一社会福利院急救站正式运转，这在市属福利院里也是首家，一辆急救车和两组急救人员进驻该院，给住在这里的老人们增加了一重保险。

这样优质的资源，匹配的却是相当低廉的收费。福利院工作人员说，一个朝向北、20多平方米并且包含卫生间的两人间，最便宜的一档，每个人每月只需要交1 200元，一个单间则需要每月交2 250元，除了入住床位押金1万元、首次入住安置费500元，以及冬季取暖费每天需要交9块钱，“基本不需要其他费用”。在寸土寸金的三四环之间，这样的价格可能连租房都不够。

资料来源：北京公办养老院每月2 250元　入住排队需等100年．(2013-10-13)［2017-08-06］．http：//news. youth. cn/gn/201310/t20131013_4016445. htm.

思考题：

当前我国养老机构建设存在的主要问题有哪些？如何完善？

案例三：北京首判子女“常回家看看”

“常回家看看”法规出台后，北京市宣判两起此类案件，昌平法院和石景山法院相继判决两案的子女需定期回家探望父亲。这两起案件的原告都是年过80的老人，他们不但要求子女们给付赡养费，还特别提出让子女定期回家探望。81岁的尹老爷子共有四子两女，他将两个女儿告上法庭。他称，1994年至今，两个女儿从没给付他赡养费用，他起诉要求两个女儿支付从1994年2月1日到2013年8月1日期间的赡养费23 400元，每人每月支付赡养费共计1 000元，承担医疗费用的1/6，两人每星期看望他一次。另外一起案件的原告是89岁的林老爷子。他起诉称，自己体弱多病而且不能自己行动，生活已不能自理，需要保姆进行看护，日常生活需要支付大量费用，但是三个孩子却不支付赡养费。尤其是大儿子，虽然与他们住在同一小区的前后楼，却从未探视过他。因此林老爷子起诉要求三个子女每月各支付1 500元，每周及法定节假日到住处对他进行照顾探视。对于尹老爷子的起诉，法院指出除非有协议约定，否则赡养费不存在拖欠的问题，因此没有支持其索要拖欠的赡养费。判决尹老爷子的两个女儿每月支付父亲赡养费1 000余元，对老人今后实际发生的费用承担1/6，并判决两个女儿每月自行安排时间到住处看望尹老爷子一次。对于林老爷子的起诉，法院判决其三个子女每月给付赡养费150元，并每月自行安排时间到住处看望林老爷子一次。

资料来源：孙思娅．北京首判子女“常回家看看”　两起案件中法院判决子女需每月回家探视一次．(2013-12-20)［2017-08-06］．http：//epaper. jinghua. cn/html/2013-12/20/content_49900. htm.

思考题：

老年人精神福利的重要性及现状如何？如何加强老年人精神福利？

推荐文献

1. 成海军．当前中国老年人社会福利的困境与对策．首都师范大学学报（社会科学版），2012（1）：123－129.

2. 戴卫东．改革开放以来老年福利制度建设的经验与教训．武汉科技大学学报（社会科学版），2012（2）：363－367.

3. 丁建定．居家养老服务：认识误区、理性原则及完善对策．中国人民大学学报，2013（2）：20－26.

4. 杜鹏，杨慧．中国和亚洲各国人口老龄化比较．人口与发展，2009（2）：75－80.

5. 陆杰华．快速的人口老龄化进程：挑战与对策．甘肃社会科学，2007（6）：12－16.

6. 穆光宗．我国机构养老发展的困境与对策．华中师范大学学报（人文社会科学版），2012（2）：31－38.

7. 田雪原．中国老年人口．北京：中国经济出版社，1991.

8. 王树新．北京市人口老龄化与积极老龄化．人口与经济，2003（4）：1－8.

9. 王延中，等．中国老年保障体系研究．北京：经济管理出版社，2014.

10. 熊必俊．老龄经济学．北京：中国社会出版社，2009.

11. 杨立雄．高龄老年津贴制度研究．中州学刊，2012（2）：84－91.

12. 姚远．老年群体更替对我国老年社会工作发展的影响．国家行政学院学报，2015（3）：69－74.

13. 曾毅．中国人口老龄化的“二高三大”特征及对策探讨．人口与经济，2001（5）：3－10.

14. 赵一红．福利治理与政府购买社会工作服务——基于北京市S社区老年社会工作服务案例分析．社会工作，2015（4）：3－12.

15. 李敏．社区居家养老意愿的影响因素研究——以北京市为例．北京社会科学，2014（1）：46－50.

第十章

残疾人福利

【学习目标】

1. 了解残疾人的概念、类型和我国残疾人的现状；

2. 掌握残疾人社会福利的概念、主要内容，以及残疾人社会工作理论；

3. 了解残疾人福利理念的演变、我国残疾人相关政策法规和残疾人社会福利管理体制；

4. 分析我国残疾人福利存在的主要问题。

第一节 残疾人与残疾人福利

一个国家的残疾人事业，与这个国家的政治、经济、文化的发展密切相关，并可以反映出这个国家社会发展的程度，反映出这个国家文明的程度。目前，我国残疾人的社会福利事业发展迅猛，进入了一个新的发展时期。

一、残疾人的概念与分类

(一) 残疾人的概念

1975 年，联合国大会通过《残疾人权利宣言》，其中“残疾人”一词指任何由于先天性或非先天性的身心缺陷而不能保证自己可以取得正常的个人生活和社会生活上一切或部分必需品的人。世界卫生组织在 1980 年发布《国际损伤、残疾与障碍分类》，残疾的概念分为缺陷（impairment）、残疾（disability）和障碍（handicap）三层含义，分层理解残疾问题，开启了残疾认识的“社会视角”，残疾观开始从“个体生理缺陷”向“社会情景障碍”转变。[①]

2006 年年底出台的《残疾人权利公约》是国际残疾人事业发展的一个里程碑，2007 年中国政府签署了该公约。公约确认“残疾是一个演变中的概念，残疾是伤残者同阻碍他们在与其他人平等的基础上充分和切实参与社会的各种态度和环境障碍相互作用所产生的结果”。该公约对残疾概念的认识具有开创性意义，体现了 40 年来国际社会不断推动残疾问题从“个体灾难（不幸）与慈善救助”向“社会责任与权利模式”转变的最新成果。

国内对残疾概念最初的认识仅停留在病理损伤与生理功能缺陷这一层次上，并将两者直接等同起来，比如我国早期将残疾人称为“残废”。20 世纪 80 年代，

---

① 周沛，曲绍旭，张春娟，等．残疾人社会工作．北京：社会科学文献出版社，2012：2.

我国残疾人事业迅猛发展，广大民众意识到残疾人残而不废，开始摒弃“残废”的叫法。2008年修订的《中华人民共和国残疾人保障法》指出，残疾人是指在心理、生理、人体结构上，某种组织、功能丧失或者不正常，全部或者部分丧失以正常方式从事某种活动能力的人。残疾人包括视力残疾、听力残疾、言语残疾、肢体残疾、智力残疾、精神残疾、多重残疾和其他残疾的人。该定义包含了个体和社会两个层面的定义，并对残疾进行了分类，与国际上残疾概念的框架基本一致，因此，本书采用这一概念。

(二) 残疾人的分类

根据2011年5月开始实施的《残疾人残疾分类和分级》国家标准，按照残疾的部位，可以分为视力残疾、听力残疾、言语残疾、肢体残疾、智力残疾、精神残疾和多重残疾七大类。该标准对传统的听力语言残疾进行细分，并增加了多重残疾这个类型。各类残疾按残疾程度分为四级，即残疾一级、残疾二级、残疾三级和残疾四级。残疾一级为极重度，残疾二级为重度，残疾三级为中度，残疾四级为轻度。

(1) 视力残疾。各种原因导致的双眼视力低下并且不能矫正或双眼视野缩小，以致影响日常生活和社会参与。视力残疾包括盲及低视力。

(2) 听力残疾。各种原因导致的双耳不同程度的永久性听力障碍，听不到或听不清周围环境声及言语声，以致影响日常生活和社会参与。

(3) 言语残疾。各种原因导致的不同程度的言语障碍，经治疗一年以上不愈或病程超过两年，而不能或难以进行正常的言语交流活动，以致影响日常生活和社会参与。言语残疾包括失语、运动性构音障碍、器质性构音障碍、发声障碍、儿童言语发育迟滞、听力障碍所致的言语障碍、口吃等。

(4) 肢体残疾。人体运动系统的结构、功能损伤造成的四肢残缺或四肢、躯干麻痹（瘫痪）、畸形等，导致人体运动功能不同程度丧失以及活动和参与受限。

(5) 智力残疾。智力显著低于一般人水平，并伴有适应行为的障碍。此类残疾是神经系统结构、功能障碍使个体活动和参与受到限制，需要环境提供全面、广泛、有限和间歇的支持。智力残疾包括：在智力发育期间（18岁之前），由于各种有害因素导致的智力发育不全或智力迟滞；在智力发育成熟以后，由于各种有害因素导致智力损害或智力明显衰退。

(6) 精神残疾。各类精神障碍持续一年以上未痊愈，存在认知、情感和行为障碍，以致影响日常生活和社会参与。

(7) 多重残疾。同时存在视力残疾、听力残疾、言语残疾、肢体残疾、智力残疾、精神残疾中的两种或两种以上残疾。

(三) 中国的残疾人状况

残疾人是社会中的困难群体，国家和社会有义务为残疾人提供帮助，提高其生活质量。根据第六次全国人口普查登记的我国总人口数，以及第二次全国残疾人抽样调查登记的我国残疾人占全国总人口的比例和各类残疾人占残疾人总人数的比例，推算2010年年末，我国残疾人总人数为8 502万人。各类残疾人的人数分别为：视力残疾1 263万人，听力残疾2 054万人，言语残疾130万人，肢体残疾2 472万人，智力残疾568万人，精神残疾629万人，多重残疾1 386万人。① 可以看出，肢体残疾和听力残疾的人最多。

根据《2013年度中国残疾人状况及小康进程监测报告》，从家庭户规模来看，家庭户规模变化不大，2013年度，残疾人家庭户平均规模为3.3人，其中，残疾人家庭为2人户的所占比例最高，达到29.6%，1人户家庭的比例为12.1%，3人户家庭比例为19.3%，4人户家庭比例为15.9%，5人户及以上家庭所占比例为23.1%。从残疾人家庭收入来看，2013年度，城镇残疾人家庭人均可支配收入15 851.4元，约相当于城镇居民可支配收入的60%；农村残疾人家庭人均纯收入7 829.9元，相当于农村居民家庭纯收入的88%，残疾人家庭整体收入水平低。

依据第二次全国残疾人抽样调查，从性别构成看，残疾人口男性为4 277万人，占51.55%；女性为4 019万人，占48.45%。性别比（以女性为100，男性对女性的比例）为106.42。

从年龄构成看，0～14岁的残疾人口为387万人，占4.66%；15～59岁的人口为3 493万人，占42.10%；60岁及以上的人口为4 416万人，占53.24%（65岁及以上的人口为3 755万人，占45.26%）。

从残疾等级看，全国残疾人口中，残疾等级为一、二级的重度残疾人为2 457万人，占29.62%；残疾等级为三、四级的中度和轻度残疾人为5 839万人，占70.38%。

从受教育程度来看，具有大学程度的残疾人为94万人，高中程度（含中专）的残疾人为406万人，初中程度的残疾人为1 248万人，小学程度的残疾人为2 642万人。15岁及以上残疾人文盲人口为3 591万人，文盲率为43.29%。2013年，受教育程度构成为：文盲率下降为36.3%，小学比重为38%，初中比重为18.4%，高中及中专比重为5.7%，大学以上为1.6%。②

二、残疾人社会福利的概念

本书从广义视角理解残疾人社会福利，不仅包括残疾人作为正常人所能享受的社会保障，还包括残疾人康复、教育、就业等。残疾人社会福利是指，国家或社会在保障残疾人基本生活的基础上，重视残疾人各项权利的实现，为使残疾人与自然、与社会及其他群体之间相互融洽、和谐发展而采取的一种再分配性质的

① 中国残疾人联合会.2010年末我国各类残疾人群的数量.（2012-03-12）[2016-02-27]. http://www.cdpf.org.cn/ggtz/content/2012-03/12/content_30382667.htm.

② 2013年度中国残疾人状况及小康进程监测报告.（2015-04-11）[2017-08-12]. https://wenku.baidu.com/view/b2d2937ede80d4d8d15a4ffb.html.

制度安排和措施。[①] 残疾人社会福利与老年人社会福利、妇女儿童社会福利并列，是整个社会福利体系的一个子体系。国家或社会根据社会经济、社会文化发展状况，通过制定相关的法律和政策，不仅使残疾公民在年老、疾病、退休、失业等情况下能够获得国家和社会基本的物质帮助，还保护残疾人的康复、教育、劳动就业、文化生活和社会环境等权益，目的是改善残疾人的生活状况，提高残疾人的生活质量，帮助他们参与社会生活的各个领域，与普通人共享改革发展成果，从而实现残疾人“平等、参与、共享”的目标。[②]

三、残疾人社会福利与社会工作基本理论

社会福利与社会工作关系非常密切。美国学者史梅丽就认为，社会福利和社会工作是指同一件事情，只是其使用的层次不同而已。社会工作是具体、直接地提供社会援助。社会福利包括一个国家的福利政策和其所持的理念，主要是一种制度、政策层面的理念。社会福利是社会工作的起源和归宿，社会工作是实现社会福利状态和执行社会福利制度政策的工作方法和手段，社会福利是社会工作的主要领域，但不是全部。社会福利侧重于物质帮助，社会工作不仅提供物质上的帮助，还提供精神上的帮助，着重发掘和提高受助者的自我发展能力。[③]

残疾人社会福利和社会工作的关系也是如此。残疾人社会福利是制度化的政策安排与专业化的社会工作的集合，残疾人社会工作力量是社会组织等福利提供主体，在为残疾人提供专业化社会福利服务方面提供了系统性的理论指导，有利于为残疾人提供更为规范、专业化的服务，以满足残疾人多元化的需求。

残疾人社会工作涉及诸多理论，主要是基于对残疾的发生以及残疾人与社会互动的认知和残疾人社会服务实践，从社会工作角度提出的一些基本理念和认识。

(一) 供养理论

在社会中，对于残疾人，特别是失去劳动能力的残疾人的最初的，甚至被认为最好的办法是把他们养起来。他们的家人或社会通过对残疾人的供养来表示对残疾人的责任和爱。在经济不发达的社会，这种供养几乎只限于完全丧失劳动能力的残疾人；但在发达社会，对残疾人供养的范围在扩大。尽管不同社会对残疾人供养的内容和水平有不同，但是一般说来，这种供养大多限于经济方面或者物质方面，而对他们的精神需求和能力估计不足。尽管对于残疾人，特别是严重丧失劳动能力的残疾人来说，经济上的供养是完全必要的，但并不是对残疾人进行关照的全部。仅从社会工作的基本价值理念即“人的需要是多样化的，人是有潜能的”方面来看，简单的供养理论就有不少缺点。在供养理论的指导下，产生了

① 吕学静，赵萌萌．典型国家残疾人社会福利制度比较研究．北京：首都经济贸易大学出版社，2012：16－17.

② 胡务．社会福利概论．成都：西南财经大学出版社，2008：153. 钟仁耀．社会救助与社会福利．上海：上海财经大学出版社，2005：300.

③ 周良才，赵淑兰．社会福利服务．北京：北京大学出版社，2012：7.

以经济、物质提供为主的残疾人工作的实践。①

(二) 回归社会理论②

回归社会理论是针对将残疾人封闭起来进行供养和照顾而产生的弊病提出来的。20世纪50年代，美国社会学家戈夫曼（Goffman）在深入研究庇护所里的精神病患者的情况后指出，由于在庇护所里精神病患者始终处于不良的同伴关系（指精神病患者长期生活在一起而形成的具有强烈刺激性的互动关系）和“关护”关系（指庇护所里的管理人员、医护人员对精神病患者的消极的、冷漠的态度和严格管制精神病患者的行为而导致的医患人员隔阂、紧张甚至敌视的关系）中，结果，精神病患者的病情并没有好转，反而可能加重。同时，也有社会人士关注到老人和残疾人因长期住院而产生的种种不良后果，发现长期住院令那些残疾人产生依赖性，渐渐失去重新适应社会的能力。正是在这样的背景之下，“非住院化”运动开始兴起，回归社会理论也由此而产生。

回归社会理论的基本观点有以下几个：(1) 老年人、残疾人、精神病患者等多是社会上最脆弱及最无依靠的群体，他们往往需要社区内正规或非正规的服务和照顾，去协助他们在社区内继续过正常的生活。(2) 社区照顾是让残疾人、精神病患者等福利服务对象回归社会的典型模式。(3) 社区照顾的目标是尽量维持残疾人等有需要的人在社区内或其自然生活环境内独立生活。换言之，社区照顾就是提供合适的支援，让残疾人可以在自己的生活上获得最大的独立性和自我控制。

(三) 增能理论

“增能”一词的使用可以追溯到20世纪70年代，当时美国哥伦比亚大学学者所罗门（Solomon）提出对被歧视的非洲裔美国人增能的工作，从而把增能提上了社会工作甚至社区工作的议程。20世纪90年代以来，增能已成为社会工作领域提倡的重要价值观念和工作模式之一。增能理论是以人的潜能发展为基础，关注人的基本价值实现的理论。许多关于残疾人、老人的供养及照顾理论在把服务对象看作脆弱的一群时，忽视了人是有潜能的、可以改变的这一社会工作的基本价值观念。增能理论则站在人的发展的立场上，认为通过一定的方法，残疾人可以在一定程度上恢复他失去的机体的、社会的功能，并有助于他们进入一般的、正常的社会生活。增能理论不但认为能恢复残疾人原来丧失的机能的功能，而且可以增强他们对生活的信心，甚至可以减轻他们对社会的负担。按照增能理论的理解，增能的方式也是多种多样的。比如，康复可以使残疾人已丧失的功能得以恢复，教育和训练可以发掘他们的潜能，外界生活、活动条件的改善可以减少他们表现自己能力的障碍，等等。由上可知，增能理论对于残疾人社会工作实践的指导具有重要意义。③

---

① 王辅贤. 残疾人社会工作. 北京：北京大学出版社，2008：24.

② 王辅贤. 残疾人社会工作. 北京：北京大学出版社，2008：17.

③ 奚从清，林清和. 残疾人社会工作. 杭州：浙江大学出版社，2013：70.

第二节 残疾人福利的主要内容及发展现状

虽然世界各国残疾人福利的内容存在一定的差异，但总的来说，残疾人福利的基本内容是一致的，一般包括残疾人康复、残疾人特殊教育、残疾人就业、残疾人社会保障等。

一、残疾人康复

康复是残疾人平等参与社会生活的重要手段，康复能够帮助残疾人恢复或补偿身体机能的损伤，是残疾人实现权利的基本条件和首要前提。残疾人康复保障是指政府和社会为保障残疾人享受医学康复、教育康复、职业康复和社会康复而实施的经济、实物和服务措施的总和。① 我国残疾人康复工作起步于20世纪80年代后期，虽然起步较晚，但发展迅速。在连续实施“八五”至“十二五”五个残疾人事业五年计划纲要之后，我国残疾人康复领域得到扩展，服务项目增加，已初步形成了适合我国国情的残疾人康复工作模式，建立了管理、指导服务统一协调的社会化工作体系。残疾人康复方面的政策措施涉及的领域有社区康复、盲人康复、精神康复和康复人才培养等。自2007年以来，残疾人接受过康复服务的比例呈逐年上升趋势。2013年度，至少接受过一项康复服务的残疾人比例比上年度提高了3.1百分点，达到了58.3%（见表10-1）。

表10-1　全国残疾人接受过各项康复服务的比例（%）

	2007年	2008年	2009年	2010年	2011年	2012年	2013年
治疗与康复训练	9.7	10.5	10.7	13.6	13.7	20.2	23.3
辅助器具配置	4.1	5.5	5.5	8.4	9.0	14.2	16.3
心理疏导	4.2	5.9	5.2	6.7	8.3	12.8	13.9
康复知识普及	5.2	7.3	7.3	13.7	18.5	26.9	31.2
诊断和需求评估*					14.8	11.2	12.5
居家服务、日间照料与托养*					11.8	13.9	14.3
残疾人及亲友培训*					3.4	6.3	6.9
随访和评估服务*					4.9	11.4	12.1
其他康复服务*					11.4	19.4	24.4
至少接受过一项康复服务	19.0	23.3	23.0	33.5	47.4	55.2	58.3

*2011年度新增的康复服务指标选项。

资料来源：2013年度中国残疾人状况及小康进程监测报告.（2015-04-11）[2017-08-12]. https://wenku.baidu.com/view/b2d2937ede80d4d8d15a4ffb.html.

① 杨立雄，兰花．中国残疾人社会保障制度．北京：人民出版社，2011.

自2007年以来，各类残疾人逐年接受康复服务的比重也增加较快。2013年度，言语残疾人、智力残疾人和精神残疾人接受康复服务的比例增加较为明显，分别比上年度增加8.1、5.9和5.3百分点（见表10-2）。接受康复服务比例最高的为精神残疾人（77.7%），最低的为听力残疾人（51.9%）。

表10-2　　　分残疾类别接受过康复服务的残疾人比例（%）

	2007年	2008年	2009年	2010年	2011年	2012年	2013年
视力残疾	16.2	21.7	21.3	31.9	47.7	54.5	58.3
听力残疾	13.1	16.1	17.1	25.2	42.4	49.2	51.9
言语残疾	15.6	17.0	19.1	22.4	39.6	47.1	55.2
肢体残疾	22.1	25.1	24.5	35.9	48.4	57.2	60.6
智力残疾	17.0	20.0	19.5	30.3	44.5	51.4	57.3
精神残疾	32.1	42.1	41.3	55.7	64.0	72.4	77.7
多重残疾	20.1	25.9	24.1	36.0	46.8	55.0	59.2

资料来源：2013年度中国残疾人状况及小康进程监测报告．(2015-04-11)［2017-08-12］．https://wenku.baidu.com/view/b2d2937ede80d4d8d15a4ffb.html.

目前康复保障制度还不完善，还处于康复救助阶段，带有明显的医疗模式，注重对残疾人缺失的生理功能的恢复与补偿。残疾人康复法律缺失，康复管理水平滞后，康复服务体系不完善，康复救助力度小，离“人人享有康复服务”有较大差距。因此，要树立预防第一的理念，倡导广义康复保障，以社会模式为基础完善康复法律体系，拓展康复保障内容，实现康复服务的均等化。整合制度，统一工作标准，加强基础实施和服务队伍建设。

二、残疾人特殊教育

残疾人享有基本的受教育权利，残疾人教育是国民教育体系和社会福利制度体系的重要组成部分。加快残疾人教育改革发展，切实提高残疾人的受教育水平，既是推进教育公平和实现社会福利转型的重点，也是促进民生改善、践行以人为本理念的重要举措。针对残疾人的特殊教育包含两个层面的含义：一是在特殊教育学校为残疾人提供的狭义特殊教育，二是在普通学校为残疾人提供的广义特殊教育。本书采用广义的特殊教育概念。残疾人特殊教育制度包含三个基本构成要素：特殊教育政策（社会政策）、福利接受人群（接受特殊教育的残疾人群）、福利提供机构（特殊教育学校）。

中国特殊教育的政策发展依附于中国经济社会的发展，与中国经济社会发展阶段相对应，其轨迹可分为三个阶段：计划经济时代的缓慢发展阶段、市场经济转型时期的法规化阶段、社会建设时期的体系化阶段。1981年至2014年间，中国政府出台了32项特殊教育法规政策，形成了类型化和专业化的特殊教育政策体系。在法律层面，有《中华人民共和国宪法》《中华人民共和国义务教育法》《中华人民共和国残疾人保障法》；在专门政策层面，有《关于进一步加快特殊教育事业发展的意见》等；在工作纲要和实施细则层面，有“十五”“十一五”“十二五”《中国残疾人事业发展纲要》《特殊教育提升计划（2014—2016年）》等。从而形成了多层面的残疾人特殊教育政策体系，为残疾人接受特殊教育福利提供了保障。

中国残疾人特殊教育福利接受人群教育程度不断提升，2013年的构成主要是：以接受义务教育的残疾人群为主体，接受高中与高等教育的残疾人群次之，此外还有少量的接受职业教育的残疾人群。而接受义务教育的残疾人群比例在减少，接受中等教育和职业教育的残疾人群数量在增加。在残疾人职业教育体系与终身教育制度不断发展的过程中，有更多的成年残疾人接受了职业教育，同时，在校的残疾人学生也接受职业教育（见表10-3），为融入社会、服务自我、服务社会打下了基础。

表10-3　　6～17岁全国残疾儿童就读学校类型构成（%）

	2007年	2008年	2009年	2010年	2011年	2012年	2013年
普通小学	73.0	72.0	74.5	73.0	68.2	61.5	59.6
普通中学	17.1	18.1	15.3	16.5	20.2	23.5	24.7
特殊教育学校	5.0	6.2	7.1	7.1	6.5	8.9	8.9
普通教育学校特教班	0.7	0.5	0.6	0.7	0.1	0.3	0.1
普通高中	2.8	2.1	2.0	1.6	2.5	3.4	4.1
中等职业学校	1.4	1.1	0.6	1.1	2.4		
普通中等职业学校*						2.1	2.3
残疾人中等职业学校*						0.3	0.3

*原“中等职业学校”选项从2012年起被细分为“普通中等职业学校”与“残疾人中等职业学校”。

资料来源：2013年度中国残疾人状况及小康进程监测报告.（2015-04-11）[2017-08-12]. https://wenku.baidu.com/view/b2d2937ede80d4d8d15a4ffb.html.

通过统计数据分析可以发现，未入学适龄残疾儿童总量呈现下降趋势，而适龄残疾儿童招生入学规模呈增长趋势（见表10-4）。

表10-4　　6～14岁残疾儿童接受义务教育比例（%）

	2007年	2008年	2009年	2010年	2011年	2012年	2013年
全国	63.3	63.8	69.5	71.4	72.1	71.9	72.7

资料来源：2013年度中国残疾人状况及小康进程监测报告.（2015-04-11）[2017-08-12]. https://wenku.baidu.com/view/b2d2937ede80d4d8d15a4ffb.html.

中国特殊教育制度的第三个基本要素是特殊教育机构，其在发展中形成了新的特殊教育机构体系，优化了特殊教育福利提供，具有本土特色的随班就读和特教班、普通学校和特殊教育学校结合的模式获得推广。在义务教育福利提供层面，形成了以普通学校为主体、特殊教育学校为骨干的新格局；在高中教育福利提供层面，残疾学生进入高中学习，普通高中逐步成为提供残疾人教育的新主力；在高等教育福利提供层面，高等特殊教育（职业）院校成为特殊教育发展的新空间。尽管在残疾人入学、专业选择方面还有种种限制，但特殊教育机构层级化和学校组成结构优质化为向残疾人提供普惠型教育福利提供了制度保障。中国特殊教育制度安排发展成效显著，形成了残疾人特殊教育福利从选择型到普惠型的转型：特殊教育政策从单一化、碎片化发展转型到体系化、整合化；特殊教育福利提供从义务教育扩展到教育的各个阶段；在校残疾学生显著增长，从三类特殊儿童（听力、视力和智力残疾儿童）扩展到全体特殊儿童，从适龄青少年扩大到不同年龄群体；特殊教育学校类型多元化，数量增加与能力明显提升，升级发展迅速。在中国特殊教育快速发展的过程中，未来特殊教育应该在目前的发展平台上融入中国教育综合改革，被整合到社会福利转型大局的新格局中。另外，在残疾人“全纳教育”“融合教育”理念被广泛认可的背景下，随班就读模式应该被更加平等的同班就读模式取代，因为只有让残疾儿童拥有同等的权利、环境、地位和教育，才能真正实现由“全纳教育”走向“全纳社会”的突破与创新。从社会工作的优势视角理论而言，每个人都具有资源和优势，而只有与其所处的社会环境形成良性互动关系，才能激发其潜能和优势。因此，只有让残疾人尽可能地与普通人在相同的环境和条件下学习、生活乃至工作，才能真正消除隔阂和歧视，促进残疾人与其他社会成员、与社会环境相互融合和接纳。①

三、残疾人就业

就业是残疾人生存和发展的前提，促进残疾人就业，有利于残疾人经济、精神生活的改善和社会地位的提高，是残疾人实现自身权利和价值、融入社会的主要途径。在早期，残疾人主要依靠自身力量就业，缺乏制度保障。新中国成立后，国家发展福利企业，集中安置残疾人就业。改革开放后，经济和社会环境逐步放宽，残疾人自主谋生和个体就业人数迅猛上升，残疾人个体就业成为残疾人就业的最重要渠道。自 20 世纪 80 年代起，地方政府还探索了按比例分散安置方式，经过多年的发展，按比例分散安置政策逐步完善，就业人数快速增加。如今，我国残疾人就业模式从“以集中就业为主、分散就业为辅”的计划就业模式转向了集中安置就业、个体就业和按比例分散就业多元安置的计划与市场相结合的就业模式。个体就业及灵活就业成为就业模式的主体。2014 年，城镇新就业残疾人就业规模为 27.8 万，占城镇就业人数的 6.4%，其中，集中就业残疾人 7.6 万，按比例安排残疾人就业 7.0 万，公益性岗位就业 1.2 万，个体就业及其他形式灵活就业 10.7 万，辅助性就业 1.3 万（见图 10-1）。1 723.6 万农村残疾人在业，其中 1 360.4 万残疾人从事农业生产劳动，占比为 78.9%。②

但是，近年来，就业形势严峻，劳动力供大于求，残疾人就业仍然存在许多困

① 彭华民，冯元．中国残疾人特殊教育制度转型——福利政策体系化与福利提供优质化．南开学报（哲学社会科学版），2015（4）：148.

② 2014 年中国残疾人事业发展统计公报：残联发〔2015〕12 号．（2015-03-31）[2017-08-12]. http：//www.cdpf.org.cn/zcwj/zxwj/201503/t20150331_444108.shtml.

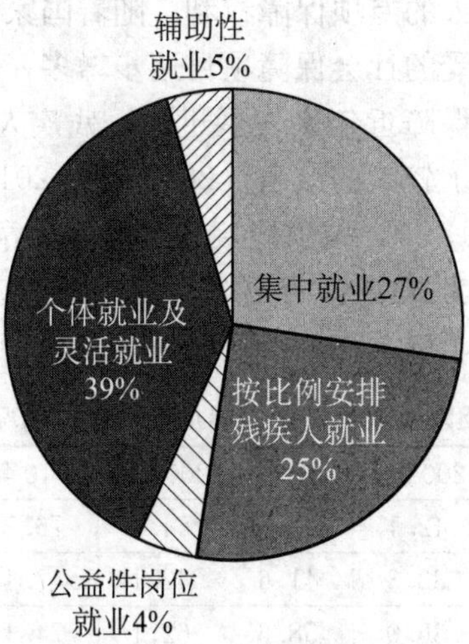

图 10－1　2014 年度新就业残疾人的就业情况

资料来源：2014 年中国残疾人事业发展统计公报：残联发〔2015〕12 号．(2015－03－31)［2017－08－12］．http：//www.cdpf.org.cn/zcwj/zxwj/201503/t20150331_444108.shtml.

难。在 8 000 多万残疾人中，真正就业的不到 2 300 万，其中农村就业占近1 800万，目前仍有超过 800 万有劳动能力或达到就业年龄的残疾人没有就业。[①] 残疾人的就业参与率低，2013 年，劳动年龄段生活能够自理的城镇残疾人就业比例为 37.3%，农村为 47.3%，城镇残疾人登记失业率为 10.8%，远高于普通人的不到 5%的城镇登记失业率。残疾人从事低端生产活动的比例偏高，就业质量低，收入普遍偏低。因此，要深化残疾人就业体制的改革，主要内容如下：对于集中就业模式，随着市场经济体制的建立、竞争机制的引入，福利企业面临着转制、破产的巨大压力，根据福利企业的经济效益和发展情况，未来可以将其转变为正常企业或者社会企业；对于市场主导下的平等就业模式，政府和立法部门要做好残疾人的人力资源开发，完善市场性的就业政策，加大残疾人就业信息网络的建设以及就业服务机构的建设，提升就业服务能力，通过严格立法禁止歧视，保障残疾人的平等就业权利和平等参与。在市场主导下，也不否定特殊就业保护，可以采取配额、合理便利、自动优先、竞业限制等方式对残疾人实施特殊保护。此外，也可以针对残疾人的不同类型和残疾程度，定期对残障程度进行评估，实行不同的就业安置政策；并深化就业服务体系改革，设立专门的残疾人劳动就业服务机构，加强公共就业服务机构建设，为残疾人提供专业化的高效服务。

四、残疾人社会保障

我国社会保障制度体系已经建立，残疾人作为普通公民，既享有基本的社会

① 杨立雄，兰花．中国残疾人社会保障制度．北京：人民出版社，2011：85.

保障的权利，也享有残疾人的专项保障权利。随着国家财力的增强和对残疾人事业的日益重视，残疾人享受的社会保障项目逐步增多，保障水平不断提升。从总体上看，我国残疾人社会保障近年来发展迅猛，残疾人社会保障体系已经建立，残疾人的社会保障状况有了较大的改善。2007 年至 2013 年，城镇残疾人参加社会保险比例不断提高。2013 年，城镇残疾人参加基本养老保险的比例为 74.4%，参加基本医疗保险的比例为 93.7%。但 2013 年仍有 5.4%的城镇残疾人没有参加任何一种社会保险，应予以关注（见表 10-5）。

表 10-5　　16 岁及以上城镇残疾人参加社会保险情况（%）

	2007 年	2008 年	2009 年	2010 年	2011 年	2012 年	2013 年
至少参加了一种社会保险	42.1	62.6	64.3	76.1	80.9	94.7	94.6
参加基本养老保险	33.3	41.6	42.1	47.4	58.4	72.3	74.4
参加基本医疗保险	36.0	58.6	62.1	74.4	78.5	93.3	93.7

资料来源：2013 年度中国残疾人状况及小康进程监测报告．(2015-04-11)［2017-08-12］. https://wenku.baidu.com/view/b2d2937ede80d4d8d15a4ffb.html.

我国残疾人社会保障制度仍不健全，以一般性的社会保障制度为主，缺乏针对伤残人员的特殊保障制度。从保障的水平来看，我国残疾人的保障层次主要停留在社会救助层次，在缓解贫困方面的作用有限，尽管地方政府对残疾人缴纳社会保险给予了一定的资助或减免，其实质也是一种救助，但由于救助的标准较低，残疾人最终享受的社会保险待遇就比较低。许多地方还没有建立社会福利项目。发展性的社会保障项目（主要是康复、教育和就业保障）还未健全，供需矛盾突出。社会保障服务体系还不健全，基本的服务设施和服务队伍匮乏，尤其是西部地区和农村地区尚未建立康复服务网络体系，导致残疾人服务的需求缺口比较大。2007 年至 2013 年，生活救助和医疗救助始终是城乡残疾人家庭最迫切的需求。2013 年，城镇 41.8%、农村 65.6%的残疾人家庭有生活救助需求，城镇 52.5%、农村 59.7%的残疾人家庭有医疗救助需求（见表 10-6、表 10-7）。此外，还存在着保障资源配置的城乡非均等化和地区非均衡化、残疾人制度间缺乏整合、部门之间缺乏整合、项目之间缺乏整合、保障资源分散等问题。因此，残疾人社会保障制度及服务体系的供需之间出现较大差距，需要改革传统的残疾人保障模式。

表 10-6　　城镇残疾人家庭救助需求情况（%）

	2007 年	2008 年	2009 年	2010 年	2011 年	2012 年	2013 年
医疗救助	57.8	54.3	56.3	54.3	54.9	52.7	52.5
生活救助	41.4	40.6	49.5	48.7	50.3	45.2	41.8
康复救助	30.1	27.9	26.5	24.1	24.8	25.6	26.0
教育救助	10.4	10.3	7.6	7.0	5.8	7.6	7.8

资料来源：2013 年度中国残疾人状况及小康进程监测报告．(2015-04-11)［2017-08-12］. https://wenku.baidu.com/view/b2d2937ede80d4d8d15a4ffb.html.

表 10-7 农村残疾人家庭救助需求情况（%）

	2007 年	2008 年	2009 年	2010 年	2011 年	2012 年	2013 年
医疗救助	69.1	66.8	66.2	63.5	63.6	62.3	59.7
生活救助	60.2	61.8	65.0	66.2	66.6	68.6	65.6
康复救助	37.9	35.6	32.0	30.5	29.4	29.8	27.5
教育救助	14.7	12.7	13.9	13.2	11.3	10.2	9.3

资料来源：2013 年度中国残疾人状况及小康进程监测报告．(2015-04-11)［2017-08-12］．https://wenku.baidu.com/view/b2d2937ede80d4d8d15a4ffb.html.

将人道主义理论与社会保障公民权理论结合起来，树立“平等、参与、共享”的理念，扩展社会保障范围，进一步保护残疾人权益，是残疾人事业发展的紧迫任务。在完善一般性社会保障制度上，应改革最低生活保障中的分类救助做法，加强参保资助力度，对残疾人的社会保险待遇实施优惠政策，加强社会保险稽核工作，逐步建立普惠性福利津贴制度。在完善特殊性社会保障制度上应该做到：一是整合医疗康复保障制度；二是建立残疾人生活补贴制度；三是加强人力资源培训，促进残疾人就业；四是建立残疾人福利制度，创造一个无障碍的环境，贯彻落实残疾人社会优待政策，完善残疾人生活补贴和重度残疾人长期护理补贴。

第三节 我国残疾人福利的问题与未来发展

一、残疾人福利理念——平等、参与、共享

“平等、参与、共享”是发展残疾人事业的根本理念，在发展残疾人福利事业、加强残疾人福利制度建设的过程中应该坚持这些理念。

(一) 平等理念

平等权是我国《宪法》的一条重要原则。残疾人要获得平等权，很大程度上就是要实现残疾人与健全人的机会平等。目前我国的残疾人福利就是按照公民的权利来提供的，而不是依据经济地位和贡献来提供的。在维护残疾人的社会福利权益时，首先要将残疾人视为普通的公民，给予其与普通公民一样的教育、就业、社会保障等机会，不能将其视作特殊群体排斥在体制之外，不能因性别、民族、地域、残疾等差异而歧视或排挤任何人。平等的另外一个含义就是，残疾人由于特殊的生理和心理特征，在社会竞争中处于不利地位，如果没有制度保障，他们就往往被边缘化，为社会所遗忘。作为特殊群体，残疾人应该享受特殊保护，优先给予残疾人最大利益，以便在机会均等的条件下，使所有人获得最大利

益。因此，在一般的社会保障项目之外，要有特殊教育、专项社会保障、医疗康复、残疾人托养、福利企业等。因此，社会福利改革与制度建设应该集中资源，积极地向这些群体提供物质和服务帮助，增强其自身的素质，扩展其社会参与的途径与机会。

（二）参与理念

残疾人社会福利制度不仅要保障残疾人的基本需求，保障其生存，并提高其生活质量，更重要的是，要通过建立残疾人社会福利制度，促进残疾人的社会回归。因此，残疾人社会福利制度的重点是消除残疾人生存层次的障碍、残疾人基本社会权利层次的障碍、残疾人权利保障机制层次的障碍，重视改造社会环境、消除环境障碍；同时，也要强调残疾人克服主观障碍，强调对自己负责，充分发挥个体的能力去面对问题，而不仅仅是被动地期待由外力来消除环境障碍。政府要从制度化、专业化和社会化方面进行整合，发挥强制整合的作用，降低残疾人与健全人之间的社会分化程度。具体来说，要通过制度性整合进一步完善国家制定的残疾人社会福利制度领域内的相关政策，使之更全面、更适合时代的要求，形成完善的残疾人权利保护机制；立足于推动残疾人的教育和就业，通过专业方面的整合，使残疾人在社会分工中占有一席之地；通过社会化方面的整合，去除态度环境导致的障碍，消除社会对残疾人的歧视和“社会烙印”，并促进残疾人培养为自己负责、发展自我的精神。①

（三）共享理念

“共享”就是要让残疾人与健全人在社会生活中享有平等权利，共享社会政治、经济、文化成果。要使残疾人平等参与到社会生活中来，共享社会文明发展的成果，首先要营造实现残疾人共享的法治环境。维护和保障残疾人权益，是残疾人的根本愿望，也是残疾人福利工作的主题。目前，残疾人的生存状态虽然有了很大改善，但仍然处于弱势地位和边缘化状态，忽视或侵害残疾人利益的现象屡见不鲜。要实现残疾人共享物质文化成果，就必须把维权工作摆在突出位置，运用法律、政策、行政等综合手段，促进保障残疾人生存权、教育权、康复权、就业权等的法规政策的全面落实，形成社会团结互助、平等友爱、和谐相处的良好风尚，加快残疾人与其他人共同走向小康社会，促进残疾人福利的持续健康发展。②

二、我国残疾人福利存在的主要问题

从总体来说，我国残疾人福利事业取得了较大的进步，但是仍然落后于经济

① 杨立雄，兰花．中国残疾人社会保障制度．北京：人民出版社，2011：70.
② 王辅贤．残疾人社会工作．北京：北京大学出版社，2008：30.

社会的发展，主要问题如下。

一是残疾人社会福利政策价值观亟须改变。进入现代社会后，以新残疾观代替旧残疾观是历史的必然，是人类社会的巨大进步。目前，某些人在价值观念上，否认或轻视残疾人的人生价值和对社会的贡献，导致某些残疾人福利政策缺少科学性、针对性、全面性。只有以现代社会型残疾观和权利残疾观等为指引，才可以更好地完善残疾人社会福利制度，保障残疾人权益。

二是残疾人福利的法规政策难以落实。我国的残疾人专门法律只有《残疾人保障法》，相对较少，一些法规具体到实践层面，难以落实。比如在就业保障方面，由于社会上对残疾人的观念尚未得到根本改变，出现了一些针对残疾人的不平等的限制性规定，人为地将残疾人排除在就业范围之外，而残疾人相关法规强制性不足，对于一些违规行为的惩罚措施不明确，导致按比例就业等政策很难落到实处。

三是残疾人社会保障制度不健全。残疾人社会福利制度各项目的覆盖率相对较低，还有较多残疾人没有参加任何一种社会保险，残疾人对特殊教育、康复、医疗和环境保障还有较高的需求，当前残疾人的救助标准尚未满足其生存和发展的基本需要。残疾人的社会保险体系内各项目发展不平衡，医疗保险覆盖率较高，养老保险次之，失业和工伤保险覆盖率低，发展较为滞后，不能满足多样化的残疾人福利保障需求。

四是残疾人服务体系的制度建设不完善。残疾人是一个数量众多、特性突出、特别困难的社会群体，理应成为社会保障和公共服务的重点对象，可是，我国目前的残疾人服务体系基本上处于空白状态。康复服务、教育服务、就业服务、托养服务、综合设施服务、无障碍服务、法律服务等服务体系还处于起步阶段，涉及的为残疾人服务的主体建设（服务机构和队伍建设）、平台建设（服务设施建设）和载体建设（服务活动）明显匮乏，在政策指导上也缺乏总体规划和规范，残疾人福利资源投入总体不足，而且有限的资源在城乡、地区之间分布不均衡，西部地区、农村地区为残疾人服务的能力极为薄弱。[①]

三、残疾人福利事业发展的具体建议

针对残疾人社会福利制度存在的种种问题，我们应该倡导新残疾观，探讨政策法规存在问题的深层次原因，加强相关法律法规建设，确保残疾人权益。

第一，理念转变是完善中国残疾人社会福利政策的前提。不仅决策者、制度设计者要以科学与平等的发展理念为先导，而且全社会要对残疾人社会权利观加以接纳和认同。否则，对残疾人社会福利政策的认识误区、长期形成的观念排斥和制度排斥将从根本上制约残疾人社会福利政策的长远发展。因此，我国的残疾人社会福利政策构建需要我们广泛认同残疾人的社会权利，以生命体验和公民权

① 韩振秋．略论我国残疾人福利政策存在的几个主要问题．重庆城市管理职业学院学报，2011（3）．

利的视角建构“尊重残疾人、关心残疾人、帮助残疾人”的社会情境。

第二，完善残疾人社会政策的法律体系。目前，我国残疾人事业得到了迅速发展，但是它过于笼统，缺乏针对性和可操作性。亟须在立法上进行突破和完善，构建一个有统有分的法律体系，真正贯彻落实以人为本的科学发展观，全面促进残疾人事业的发展。

第三，遵循全面保障与特殊保障相结合的原则。全面保障的政策取向体现了当代残疾人社会福利政策发展的一个重要特征，国家通过系统的政策体系保障了残疾人作为公民群体一分子的福利权利；同时，特殊保障贯彻了残疾人社会权利观的理念，体现了政府集中资源帮助弱势群体的主导作用，提升了保障水平，提高了保障效率。要以政府为掌舵者，同时积极挖掘整合个人、家庭和社区的资源，联合社会力量为残疾人群体建构一个合理而高效的支持网络，推动残疾人社会福利政策的可持续发展。①

第四，构建发展型残疾人社会福利政策。从国际经验来看，单纯的福利支持已不适应新时期残疾人社会福利政策的方向，从福利到劳动的政策意味着发展型社会福利政策的到来。发展型残疾人社会福利政策注重开发残疾人自身价值、尊重残疾人个体价值并挖掘其潜能。这就需要重视残疾人人力资源的有效挖掘，引入非政府的力量，促进国家、市场与社会的良性互动。

【本章小结】

残疾人是指在心理、生理、人体结构上，某种组织、功能丧失或者不正常，全部或者部分丧失以正常方式从事某种活动能力的人。残疾人包括视力残疾、听力残疾、言语残疾、肢体残疾、智力残疾、精神残疾、多重残疾和其他残疾的人。虽然世界各国残疾人福利的内容存在一定的差异，但总的来说，残疾人福利的基本内容是一致的，一般包括残疾人康复、残疾人特殊教育、残疾人就业、残疾人社会保障等。从总体来说，我国残疾人福利事业取得了较大的进步，但是仍然落后于经济社会的发展：残疾人社会福利政策价值观亟须改变，残疾人福利的法规政策难以落实，残疾人社会保障制度不健全，残疾人服务体系的制度建设不完善。当前的残疾人社会福利制度还未能实现残疾人“平等、参与、共享”的理念目标。应该将理念转变视为完善中国残疾人社会福利政策的前提，继续完善残疾人社会政策的法律体系，遵循全面保障与特殊保障相结合的原则，构建发展型残疾人社会福利政策。

【思考题目】

1. 简述残疾人的概念与分类。
2. 简述残疾人福利的含义和基本理论。
3. 简述残疾人康复的含义和我国残疾人康复发展的现状。

---

① 李迎生，等．当代中国社会政策．上海：复旦大学出版社，2012：327.

4. 简述残疾人就业的含义和我国残疾人就业发展的现状。
5. 简述我国残疾人特殊教育发展中的问题。
6. 简述我国残疾人社会保障发展中的问题。
7. 简述残疾人社会福利制度建设的理念。
8. 简述我国残疾人福利发展中的问题和对策。

案例讨论

案例一：兜底残疾人保障是保民生的重要内容

国务院总理李克强于 2005 年 9 月 16 日主持召开国务院常务会议。会议指出，实施困难残疾人生活补贴和重度残疾人护理补贴，是保民生、兜底线、促公平的重要举措。会议决定，由各地对困难残疾人额外生活支出和重度残疾人长期照护支出给予补助。

保障和改善残疾人民生，让他们安居乐业，是织严织密民生保障网的重要一环，是社会公平正义、文明进步的重要标志，也是全面建成小康社会的重要内容。而实施困难残疾人生活补贴和重度残疾人护理补贴，对于我国残疾人权益保障来说，是既有面子又有里子的好事。

具体到实施困难残疾人生活补贴和重度残疾人护理补贴这项举措来说，还有不少亮点内容。比如，这笔费用的开支不列入城乡低保家庭收入；此举措还依靠自愿申请、公开透明和应补尽补的原则。这都体现了中央政府对于残疾人权益保障的良苦用心。

值得说明的是，我国政府历来重视残疾人权益保障和民生扶持工作。早在 20 世纪 90 年代，我国就通过实施了《残疾人保障法》，这是我国第一部针对残疾人权益保护的法律。此后，《残疾人教育条例》《残疾人就业条例》等相关法规相继颁布实施。2014 年 12 月 24 日召开的国务院常务会议，也曾经确定了一系列保障和改善残疾人民生的措施，包括加强残疾人社会保障、提升残疾人就业、推进公共服务、提高残疾人教育普及率等。以上这些都体现了中央政府对于残疾人权益保护工作的高度重视。

然而，需要正视的现状是，我国残疾人权益保护水平较之于西方福利社会以及残疾人的客观生活需求还有一定的差距。残疾人福利基金会理事长汤小泉甚至直言不讳地说过，“残疾人社会保障水平与西方发达国家相比仍然相去甚远”。更不必讳言，在残疾人这个群体中，困难残疾人和重度残疾人的社会保障更是亟须提高。

《2013 年中国残疾人状况及小康进程监测报告》显示，2013 年度，城镇残疾人家庭人均医疗保健支出是全国城镇居民家庭人均医疗保健支出的 1.6 倍，农村残疾人家庭人均医疗保健支出是全国农村居民家庭人均医疗保健支出的 1.7 倍；残疾人家庭恩格尔系数高于全国平均水平，生活质量明显较低。对于困难残疾人和重度残疾人而言，医疗保健的支出应该会更高，甚至会成为整个家庭的沉重负担；而生活质量也只会更低。这也进一步说明了针对困难残疾人发放生活补贴、针对重度残疾人发放护理补贴的必要性。

在全面建成小康社会的重要阶段，残疾人权益保障工作如果做不到位，就很可能成为小康社会的一个短板。因此，兜底困难残疾人和重度残疾人的权益保障，体现了政府的温度，促进了社会的公平，提高了社会的幸福指数。希望这样的福利尽快落地，希望困难残疾人和重度残疾人能够早日领到政府发放的补贴，并用到改善他们的生活中去。

资料来源：王传涛．兜底残疾人保障是保民生的重要内容．(2015-09-17)［2017-08-12］. http://pinglun.youth.cn/zc/201509/t20150917_7126187.htm.

思考题：

结合本案例材料，分析我国残疾人贫困的问题及脱贫的途径。

案例二：残疾人就业还是残疾证就业？

2014年6月，一些招聘网站登出不少出租残疾证的信息。《北京青年报》记者调查发现，一些残障人士即便不到企业上班，只要"挂靠"企业，采取假工作的方式，就可以获得一定收入以及社保。而一些企业为了躲避缴纳残疾人就业保障金，节省开支，也采取"假用工"方式招收残疾人。

"出租残疾证"看似互利共赢，实质上却让制度善意落空。残疾人就业保障金设置的初衷，在于发挥激励机制的作用，扩大残疾人就业的社会支持，帮扶残疾人更好地融入社会。"出租残疾证"用一种作伪的手段切割社会信任，让制度善意在执行过程中大打折扣，没有发挥应有的效力。

对于残疾人来说，劳动就业是走向社会、参与社会、融入社会的重要渠道。残疾人不仅可以从中获得一定的经济收入和社会保障，还可以感受到来自社会的认同，避免了自己被边缘化。

残疾人的社会保障制度还不够完善，救助体系还有缺陷，但最大的痛心不是那些暂时还"无"的制度，而是那些已"有"的制度在执行过程中流于形式，在不少时候"形同虚设"，被一些投机者"钻了空子"。

为什么企业宁可租赁残疾证，也不愿意招聘残疾人？企业招聘员工通常也会从利益最大化的角度出发，寻求性价比高的员工。在劳动力供求关系失衡的格局下，企业从利益计算出发，忽视社会责任，将残疾人拒之门外。

当"出租残疾证"成为一门生意时，残疾人虽然在短期内增加了经济收入，但其脆弱的生存生态并没有得到根本改变。从这个角度上说，加强市场监管，避免"出租残疾证"的弄虚作假固然重要，提升残疾人在就业市场中的机遇和地位才更为关键。说到底，残疾人需要的是"饭票"，是真正的人的就业，而非残疾证的就业。

资料来源：杨朝清．残疾人就业还是残疾证就业．法制晚报，2014-06-12.

思考题：

结合案例材料，分析我国目前残疾人就业方面存在的问题。

推荐文献

1. 韩克庆．转型期中国社会福利研究．北京：中国人民大学出版社，2011.

2. 陈银娥．社会福利．北京：中国人民大学出版社，2004.

3. 黄黎若莲．边缘化与中国的社会福利．香港：商务印书馆，2001.

4. 尚晓援．"社会福利"与"社会保障"再认识．中国社会科学，2001（3）.

5. 熊跃根．论国家、市场与福利之间的关系：西方社会政策理念发展及其反思．社会学研究，1999（3）.

6. 奥利弗，萨佩．残疾人社会工作：第二版．北京：中国人民大学出版社，2009.

7. 周沛，曲绍旭，张春娟，等．残疾人社会工作．北京：社会科学文献出版，2012.

8. HEENEY J. Disability welfare reform and the chav threat：a reflection on social class and "contested disabilities". Disability & Society，2015，30（4）：650－653.

9. 杨立雄，兰花．中国残疾人社会保障制度．北京：人民出版社，2011.

10. 吕学静，赵萌萌．典型国家残疾人社会福利制度比较研究．北京：首都经贸大学出版社，2012.

11. ROTHMAN J C. 残疾人社会工作．上海：华东理工大学出版社，2013.

第十一章
妇女福利

【学习目标】

1. 了解妇女福利的概念；
2. 理解妇女福利服务的特性；
3. 理解妇女社会工作与妇女福利的关系；
4. 掌握妇女福利的主要内容；
5. 熟悉我国妇女福利的进展情况。

第一节 妇女与妇女福利

妇女与妇女福利是一个涉及面广、影响重大的社会政策议题，妇女福利不仅是女性个人的事情，而且牵涉儿童福利、家庭成员福利状况和社会质量问题，建立和完善妇女福利制度显得十分必要。

一、妇女概况

党的十八大报告明确提出“坚持男女平等基本国策，保障妇女儿童合法权益”，这是在党的文件中首次完整表述男女平等基本国策，具有重要的里程碑意义。中国是世界上人口最多的发展中国家，在13.54亿人口中，女性有6.6亿，占人口总数的48.7%。妇女是我国社会主义现代化建设的重要力量，在经济、政治、文化、社会和家庭服务等方面承担着越来越重要的角色。2012年中国就业人口总数达7.67亿，其中女性为3.53亿，占46.0%。全国城镇单位就业人员1.52亿，其中女性为5 459万，占35.8%。[①] 妇女就业范围和种类不断扩大，但是在健康、就业、资源占有、收入、参与决策、教育等领域仍面临诸多问题，健全妇女福利、保障妇女的合法权益、促进男女平等仍然是我国全面建成小康社会决胜时期的紧迫任务。

二、妇女福利的概念

随着社会经济的发展、女性教育程度的提升，以及两性平权观念的建立，占

---

① 中华妇女全国联合会．中国妇女基本情况和全国妇联主要工作．[2015-09-01]．http://www.women.org.cn/wxzl/flbk/626533.shtml.

据一半人口数量的女性，在其角色功能定位上逐渐转变，由过去以家庭为核心的私领域照顾者角色，逐渐进入公领域，成为劳动市场的参与者，并积极投入各项公领域的社会性、政治性活动中，然而仍受到传统角色思维与文化传承等因素影响，现代妇女承受更严重的压力和挑战，因此妇女福利议题的探讨和妇女权益的保障一直是社会福利关切的重要领域之一。

妇女福利是社会福利体系中不可缺少的组成部分，是国家和社会为满足妇女生活服务需要并促使其生活质量不断提高而建立的制度或措施。具体来看，妇女福利除了社会福利政策和计划中包含的男女共同享有的福利内容外，还有专门为维护妇女权益、尊重女性生理特点、促进妇女发展而特别制订的福利计划，具体包括就业保障、生育福利和健康福利、福利设施和服务等。此外，有的国家还有女性教育计划、家庭补贴等特殊福利计划。①

三、社会性别理论与妇女福利

社会性别理论认为性别分为生理性别和社会性别两类。在分析问题时，应该对人的生理性别与社会性别加以区分，重视社会性别对人的影响作用。男性和女性的角色与行为的差异是由制度因素和文化因素造成的。女性的个人性别定位限制了自身的发展机会，不能很好地发挥自己的潜能和价值，社会所形成的刻板印象的角色定位根深蒂固。刻板的性别印象对男女两性应该如何表现有不同的期待，形成了不同的评价标准，而这些期待、看法通过文化传统、习俗、教育、法律、政策等得到加强和巩固，男孩、女孩从小为这些固定的看法所塑造，这些看法限制了其发展的空间，也影响了他们对社会的贡献。

社会性别理论是从社会性别的角度去观察和分析社会、政治、经济和文化等社会现象，重新审视两性关系，消除两性成长中的文化壁垒和障碍，从而避免两性之间在机会和权利上的差距产生和进一步扩大的观念。用社会性别理论分析妇女问题，主要方法是“社会性别角色分析”和“社会性别关系分析”。前者侧重于比较两性充当的不同角色，认识他们的不同需求。后者旨在分析两性在资源、责任和权利分配方面存在的性别不平等，运用社会性别概念来分析人与人之间、人与资源和各种活动之间的关系。社会性别分析提供了一种解决社会性别问题的视角和思维方法。有了社会性别意识，在看待妇女问题时，就不再认为这是个人的问题，是自身造成的，而可以用辩证的、历史的观点来分析单个妇女问题背后的社会性别不平等现象。

在从事妇女福利服务工作时，应该注意运用社会性别理论，做到以下几个方面的内容：倾听妇女的声音，表达妇女的声音，分析两性关系的格局，强调和追求男女两性的平等；将妇女问题视作个人和社会运作失调的结果，尤其是社会结构失衡、社会政策偏差的结果；强化社会性别意识，将这种意识渗透到社会生活

① 朱冬梅．改革开放以来中国妇女社会福利发展及问题．中华女子学院山东分院学报，2009（4）．

的各个领域，并以此为指导开展具体工作。[①]

四、妇女社会工作与妇女福利

妇女福利是以妇女为主要服务对象所实施的社会福利服务，从性别的角度来看，妇女一直被视为社会中相对弱势的群体，妇女福利的内容多见于妇女较易受伤害而需要特别保护的一些领域。妇女福利的实践有赖于专业体系的介入，尤其是以妇女为中心的妇女社会工作。妇女社会工作强调以妇女为主要服务对象运用社会工作方法及技巧，协助妇女面对与其福祉相关的权益保障，提供支持性服务。社会工作在妇女领域的实施是将妇女视为服务的主体，相信妇女为独立且有自主能力的个体，在服务过程中以优势观点为妇女赋权，提供更多元的支持性服务。目前，社会工作在妇女福利服务实施的场域，主要在人身安全方面，包括各地家庭暴力及性侵害防治中心、民间单位垂直整合服务、地方法院家庭暴力事件服务处及庇护安置处所等；其余服务场所多以妇女福利服务中心为主，依据不同服务对象及其问题需求设置不同类型的机构，如台湾地区设置有弱势妇女服务中心、外籍配偶服务中心、少数民族家庭及妇女中心等。[②]

妇女社会工作往往与妇女社会问题相联系。当代妇女的社会经济地位已经较以往取得了明显提升，但是在权利保护、婚姻家庭、经济、就业、教育、健康等方面，还存在很多社会问题，需要妇女社会工作的介入，并提供专业化的社会服务。比如，在婚姻家庭方面，家庭社会工作可以提供以下服务：一是提供物质性的服务，协助家庭生活有序运转；二是提供心理及法律援助，增强家庭的应变能力；三是开展教育与培训，提高家庭整体素质。

妇女社会工作的基本方法包括妇女个案工作、妇女小组工作和妇女社区工作。妇女个案工作就是专业社会工作者在专业的理念和理论指导下，采取个别化服务的方法，以面对面的方式为妇女及其家庭提供各种帮助和支持，目的在于协助受助妇女及其家庭疏导情绪、解决困难，提高其适应环境、应对社会变化的能力。妇女个案工作的内容广泛，包括女性婚恋辅导、女性健康指导、女性家庭关系调适、女性沟通技巧训练等。妇女小组工作，主要是通过小组互动、小组经验、小组凝聚以及方案活动，实现小组中妇女个人问题的解决、妇女个人和小组的成长及社会目标的完成的一种专业服务。妇女小组工作内容有：女性的职业训练、女性的能力提升、女性的兴趣爱好培养、女性志愿者队伍建设、女性与反家庭暴力、亲子教育等。这些都能够以小组工作的方式开展。妇女社区工作是以社区妇女为服务对象，在充分了解和确定社区服务的需求和相关问题的基础上，通过发动和组织社区妇女参与集体活动，利用社区内外资源，有步骤、有计划地解决社区范围内与妇女有关的问题；同时，积极培养社区的妇女领袖，培养社区内

---

① 闫广芬，袁继红．妇女社会工作．天津：天津大学出版社，2010：38－42.

② 彭淑华．台湾妇女社会工作//詹火生．台湾社会工作．北京：中国社会出版社，2014：146.

妇女的互助精神和民主参与的能力，从而推动整个社区的妇女全面发展。妇女合法权益的维护、男女平等的倡导、妇女互助及合作精神的推展、妇女个体自我成长意识的熏陶等都可以在社区的层面开展。①

第二节 妇女福利的主要内容

根据妇女的特点及其需求，妇女福利的内容主要包括以下几个方面。

一、妇女生育福利

妇女生育福利是政府和社会为怀孕和分娩的妇女提供的物质帮助和产假，以保障母亲和孩子的基本生活及满足孕产期的医疗保健需要，针对妇女的生理特点提供特别的健康保健，为母亲提供更优惠的低费或免费健康服务，这在很多国家已经成为制度。生育津贴在某些国家又被称为生育现金补助。由于生育导致身体发生一系列生理变化，母亲要付出巨大的身体损耗甚至生命，很多国家把照顾母亲的健康作为社会福利的重要方面，把生育福利纳入社会福利的范畴。有的国家还建立了专门的生育保险制度，面向工薪劳动者中的妇女。

生育福利提供的渠道有若干种，包括生育保险、健康保险、疾病和生育补助金；在较为综合与全面的国民补助计划中，含有单列的生育分支项目。还有一个渠道是直接向家庭提供津贴，特别规定对家庭妇女在其怀孕和生育时给予津贴补助，确保在产前产后妇女本人及婴儿得到支持和照顾。

二、妇女就业与劳动保护福利

妇女就业与劳动保护福利是通过立法和政策措施，保证妇女享有与男子同等的就业权利和机会，创造平等的就业机制，使妇女平等地参与社会经济生活。妇女就业福利是照顾妇女身心特殊需要的重要方面，也是为了保护社会生产力、保护妇女及下一代身体健康所采取的必要措施。因此，各国的劳动法及相关法律，均有对妇女在其就业及劳动过程中提供相应的保护措施的规定，并要求用人单位严格执行。妇女就业与劳动保护福利的具体内容包括以下内容。

一是对妇女就业权益的保护：保障妇女享有同男子平等的就业权，不得以性别为由拒绝录用妇女或者提高对妇女的录用标准；保障妇女享有同男子平等的就

---

① 闫广芬，袁继红．妇女社会工作．天津：天津大学出版社，2010：87－154.

业服务的权利，政府的劳动主管部门及各类职业介绍机构在提供就业服务时，不得歧视妇女；保障妇女的就业权益不因生育和抚养子女而受到歧视或者侵害，任何单位不得以结婚、怀孕、休产假、哺乳等为由辞退女职工或单方面解除劳动合同。

二是对妇女职业权益的保护：实行男女同工同酬；不得因妇女怀孕、生育、哺乳而降低其基本工资；在职称、晋级、评定专业技术职务及职业培训等方面，坚持男女平等的原则；根据妇女的身体和心理特点合理安排妇女的工种和工作。

三是对妇女特殊劳动权益的保护：在妇女经期、孕期、产期和哺乳期，不得安排其从事与高空、低温、冷水、有毒有害等相关的劳动；在孕期、哺乳期不得延长妇女的工作时间和安排，应为其提供特殊保护措施；妇女生育时享受一定天数的产假等。

三、妇女健康福利

针对妇女生理特点而提供特别的健康保健、减费或免费提供医疗福利的计划被称为妇女健康福利。妇女健康福利包括月经期保健、婚前保健、孕前保健、孕期保健、产前保健、产后保健、哺乳期保健、更年期保健、妇科疾病检查、乳腺疾病查治等。近年来，中华全国妇女联合会、国家卫生和计划生育委员会、人力资源和社会保障部等多部门联合组织的农村妇女“两癌”免费检查项目、“妇女儿童权益维护行动”、“消除婴幼儿贫血行动”等专项计划，进一步推进了妇女健康福利。此外，《中华人民共和国母婴保健法》和《女职工保健工作规定》对各级妇幼保健机构在落实妇女健康福利政策时的具体职责做了详细的规定。

四、福利设施和服务

生育津贴与劳动保护，均是针对劳动妇女设置的，并且只适用于特定的阶段，如生育津贴保障的是育龄妇女，劳动保护保障的是就业期间的妇女。因此，真正具有普遍意义的妇女福利是国家和社会为全体女性提供的福利设施和服务。例如，建立女性卫生室、孕妇休息室、哺乳室、托儿所、幼儿园等设施，并妥善解决女性在生理卫生、哺乳及照料婴儿方面的困难。另外，妇女活动中心、咨询服务中心、健美中心、妇女用品专门店都是为女性提供福利服务的场所。许多国家和地区还设立了专门的妇女庇护所，为受虐妇女或者遭遇特殊困难的妇女提供特殊救助。[①]

① 许琳．社会保障学．2版．北京：清华大学出版社，2012：177－178.

第三节 我国妇女福利的现状与未来

一、我国妇女福利的发展成效

新中国成立以来，妇女的地位、作用、角色发生了重大变化，针对这些变化和妇女生理特征，国家除了出台男女共享的社会福利政策和计划之外，还出台了一系列保障妇女婚姻、就业、健康、生育、教育、收入等权益的社会福利政策法规。以妇女福利法律法规的保障内容为依据，可以把我国关于妇女福利的法律法规和政策性文件的演进划分为改革开放前和改革开放后两个阶段。改革开放前，关于妇女福利的政策法规以婚姻保护和劳动保护为依托，制定了《中华人民共和国婚姻法》《中华人民共和国社会保险法》《中华人民共和国反家庭暴力法》等，用以保障妇女在婚姻家庭生活中和工作中的基本权益；改革开放后，国家将人口与计划生育、社会性别意识、母婴保健、妇女长期发展等内容纳入妇女福利体系中，更加注重妇女福利体系的全方位构建。

改革开放以来，我国妇女福利体系经历了一个不断社会化和制度化的过程，1990 年、2000 年、2010 年开展的三次中国妇女社会地位调查记录并展示了我国妇女福利的实施状况。①

（一）妇女生育福利享受程度大幅提高

生育权是妇女的基本权益之一。作为保障妇女生育权制度安排之一的生育保险制度自建立以来，参保人数快速增长，从 1993 年的 557.2 万人增加到 2012 年的 1.54 亿人，年均递增 19.10%；生育保险基金支出从 1993 年的 0.5 亿元增加到 2012 年的 219 亿元，年均递增 37.68%。在产假方面，1988 年之前，产假为 56 天，1988—2012 年为 90 天，2012 年之后为 98 天，相对于 1988 年之前增加了 42 天。

（二）妇女健康福利保障水平明显改善

近年来，妇女自身的健康状况有了明显的改善。2010 年，约有 64.2%的 18～64 岁妇女表示自身健康状况为良好，而这一比例在 2000 年仅为 55%。促进女性健康状况改善的原因有很多，其中之一就是我国全面实施的面向妇女的健康体检福利。2007—2010 年，42.2%的女性做过健康体检，54.9%的女性做过妇

---

① 王立剑．中国妇女福利与家庭服务//王延中．中国社会保障发展报告 No.6：社会保障与社会服务．北京：社会科学文献出版社，2014.

科检查。此外，医疗保险制度的健全和覆盖面的扩大也对妇女健康有一定的促进作用。

（三）妇女就业和劳动保护福利日益贴近妇女需求

保证男女平等的就业权利是妇女权益保障的基本内容。对于什么是就业歧视，70%的女性有明确的认知，认为因性别而不被录用或提拔、同工不同酬、孕期解雇、孕后工作歧视等都属于就业歧视。《第三期中国妇女社会地位调查主要数据报告》显示，约有 90.0%的女性在就业方面遭遇过性别歧视现象；在工作过程中，遇到过性骚扰的女性比例为 7.8%。与 2000 年相比，女性就业歧视现象有所减少。女性自主选择工作的比例有所提升，约有一半的城镇女性通过求职、应聘、自主择业获得了工作。尽管如此，男性和女性在工作中的收入水平还存在明显差异。1990 年、2000 年、2010 年，城镇就业女性的年均收入分别是男性的 80.28%、70.10%和 67.42%，两者的收入差距有扩大的趋势。在劳动保护福利方面，2009 年新型农村社会养老保险制度试点以来，农村妇女被纳入了社会养老保险制度的保障范围，73.3%的非农业户口女性享有养老保险；2010 年，在除公务员之外的城镇就业女性中，24.2%的人享有失业保险；女性就业者的带薪休假、困难补助、交通补贴、卫生费用等基本都能得到落实。特别是 2012 年出台《女职工劳动保护特别规定》以来，女性的劳动保护福利得到了进一步的规范。

（四）妇女福利设施与服务逐渐丰富

2014 年，我国有妇幼保健机构 3 098 个，拥有床位 18.48 万张，全国孕产妇产前检查率、产后访视率分别达到 96.2%、93.9%，3 岁以下儿童系统管理率为 89.8%，孕产妇系统管理率为 90.0%，住院分娩率为 99.6%。全国孕产妇死亡率由 2011 年的 26.1/100 000 下降到 2014 年的 21.7/100 000。全国所有县（市、区）普遍开展免费孕前优生健康检查，为农村计划怀孕夫妇免费提供健康教育、健康检查、风险评估和咨询指导等孕前优生服务。2014 年全国共为 1 253 万名计划怀孕夫妇提供免费检查，目标人群覆盖率平均达 95.4%，有效降低了出生缺陷的发生风险。①

二、我国妇女福利的主要问题

（一）我国妇女福利管理体制不顺

妇女福利是我国社会事业发展的重要组成部分。自 20 世纪 90 年代以来，我

---

① 2014 年我国卫生和计划生育事业发展统计公报．（2015－11－05）［2017－08－13］．http：//www.nhfpc.gov.cn/guihuaxxs/s10742/201511/191ab1d8c5f240e8b2f5c81524e80f19.shtml.

国出台了《中华人民共和国妇女权益保障法》《中华人民共和国母婴保健法》《女职工劳动保护特别规定》《中国妇女发展纲要（2011—2020 年）》《中国女职工生育保险条例》等一系列法律法规，都涉及了妇女福利的内容，推动了妇女在参政、就业、教育、健康、婚姻家庭等领域享有平等的权利。但是，我国妇女福利的责任主体不明确，且宏观指导政策较为零散。民政部、人力资源和社会保障部、国家卫生和计划生育委员会、中华全国妇女联合会、中华全国总工会等都有保障妇女权益的职责，不同程度地为妇女的生育、健康、劳动就业等提供福利，而这些妇女福利的宏观指导政策也常常散见于这些部门之中，没有统一的妇女福利体系指导性文件，以致大多数人知道妇女能够享受很多福利，但是，对于具体的福利项目有哪些、如何享受这些福利却很难有完整的认知，从而影响了妇女享受福利待遇的全面性。

（二）国家妇女福利体系建设公共投入不足

妇女福利资源来自两个主渠道：一是国家通过政策、法律制定实施的社会福利计划，如社会保险、社会救助、扶贫计划等；二是各类社会组织的慈善福利和服务项目，如把部分彩票收益用于各类慈善救助活动、企业集体福利、社会民间团体组织的募捐、义工服务、个人捐款等。我国妇女福利体系建设公共投入不足，首先表现在国家社会福利总投入偏低，政府福利性支出偏低，妇女福利支出则更少。2006—2010 年，中央财政共安排 3 亿多元资金用于加强妇幼卫生监测和免费向孕期妇女提供叶酸；2004—2006 年，中央财政安排 10.33 亿元，实施“降低孕产妇死亡率，消除新生儿破伤风”项目；截至 2010 年 12 月底，全国已发放妇女小额贴息贷款 237 亿元。这些公共投入相对于我国 6.6 亿女性人口而言，人均投入量微乎其微。国家财政投入少，激励机制不健全，社会资源投入有限，妇女福利发展资金不足，导致妇女福利服务供给不足，福利保障功能减弱。妇女福利的滞后现状，也增加了其他社会保障项目的负担。

（三）某些妇女福利设施利用程度低

近年来，我国妇产医院、妇女咨询中心、妇幼保健院、妇女用品制造和出售企业、女性保健中心、妇女维权中心、哺乳室等妇女福利设施数量逐渐增多。但是妇女福利设施的利用程度仍然偏低，主要表现在：第一，随着医疗卫生费用的上涨和医疗资源的分配不均，中低收入人群看病难、看病贵问题日益突出，这影响了妇女对收取一定费用的健康保健福利设施的利用；第二，随着流动人口的增加，流动妇女由于户籍制度的限制，对于妇幼保健福利的享受受到地域的制约；第三，在老少边穷地区，由于妇女缺乏足够的健康知识，妇女关于孕前、孕中和孕后的医疗保健常识仍然较为缺乏；第四，屡禁不止的嫖娼、卖淫现象增大了妇女性病、艾滋病的控制难度。①

---

① 朱冬梅．改革开放以来中国妇女社会福利发展及问题．中华女子学院山东分院学报，2009（4）．

三、我国妇女福利的未来展望

根据妇女福利存在的上述问题，可以从以下几个方面推进妇女福利的完善。

（一）理顺妇女福利的管理体制

一是要尽快改变现有的妇女福利管理体制，进一步理清各部门之间的关系，明确民政部门是妇女福利的管理主体，人力资源和社会保障部门、妇联、工会等机构为配合机构，协力发展妇女福利事业；二是要尽快出台可操作的妇女福利管理办法，明确对妇女福利相关执行主体的激励和约束政策；三是要健全妇女福利事业的资金追踪考核机制，增加妇女福利方向的资金投入，使妇女福利政策在资金支持下能够快速落到实处；四是要改革妇女福利的运作方式，倡导市场化、社会化运行，提高供给效率，满足日益增长的市场需求；五是要做好妇女福利制度的内外衔接以及与现有社会福利项目的衔接合作，理顺各项制度之间的关系，发挥政府、市场、家庭、个人等不同社会福利主体的作用，形成合力，提升妇女的生活质量。

（二）健全妇女福利制度

面对多头管理、政策碎片化的妇女福利制度，建议尽快出台社会福利法，并在该法中单列一章规定妇女福利。妇女福利的保障对象为18周岁及以上的女性，妇女福利的内容包括基本的生育、健康、保健、就业、劳动保护等具体项目；除基本福利外，还应针对不同年龄、不同健康状况、不同工作状况、不同收入层次规定女性的特殊福利；妇女福利的具体体现形式可以划分为现金、实物或服务，针对不同的福利项目予以不同的资助形式。此外，建议在社会福利法中详细规定各项妇女福利的保障标准、管理机构、具体实施措施以及追责机制，以形成具有中国特色的妇女福利体系。

（三）加大妇女福利事业的投入和提高利用效率

妇女福利属于公共产品的范畴，政府应当作为妇女福利提供的责任主体，加大财政转移支付能力，提高妇女福利事业资金投入量和使用效率。第一，要在相对准确的预测妇女福利需求的基础上，把妇女福利支出纳入国家财政预算，并以此为基础，建立随经济发展水平变化动态优化的妇女福利财政投入机制；第二，应当要求地方财政根据妇女福利支出需求，制定妇女福利事业发展规划和资金实施方案，并报中央政府批准后，严格执行；第三，引导社会资本投入妇女福利事业，可以通过税收、土地等方面的政策优惠，吸引企业投资妇女福利事业，同时，整合福利彩票和社会捐赠资金，加大妇女福利投入；第四，建立资金、实物、服务多维度的妇女福利补助形式，提高妇女福利资金的使用效率；第五，明确划分各级政府、各相关部门的财政责任，加快社会福利信息系统建设，提高妇女福利资金的使用效率。

【本章小结】

妇女社会福利是社会福利体系中不可缺少的组成部分，是国家和社会为满足妇女生活服务需要并促使其生活质量不断提高而建立的制度或措施。具体来看，妇女社会福利除了社会福利政策和计划中包含的男女共同享有的福利内容外，还有专门为维护妇女权益、尊重女性生理特点、促进妇女发展而特别制订的福利计划，具体包括就业和劳动保护福利、生育福利、健康福利、福利设施和服务等。此外，有的国家还有女性教育计划、家庭补贴等特殊福利计划。新中国妇女福利的发展可以划分为改革开放前和改革开放后两个阶段。改革开放以来，我国妇女福利体系经历了一个不断社会化和制度化的过程。同时也产生了一些问题。目前，我国妇女福利管理体制不顺，国家妇女福利体系建设公共投入不足，某些妇女福利设施利用程度低。因此，我国需要理顺妇女福利的管理体制，进一步健全妇女福利制度，加大妇女福利事业的投入和提高利用效率。

【思考题目】

1. 简述妇女福利的含义。
2. 简述妇女福利与妇女社会工作的关系。
3. 简述妇女福利的主要内容。
4. 简述我国妇女福利的发展现状。
5. 我国妇女福利发展存在哪些问题？
6. 如何完善我国妇女福利制度？

案例讨论

案例一：女职工劳动保护

《女职工劳动保护特别规定》（以下简称《特别规定》）于2012年5月颁布并实施。这是1988年7月21日国务院发布《女职工劳动保护规定》后，我国对女职工保护的进一步细化和深化。《特别规定》正文共计16条，附录4条，涵盖了女职工“四期”保护、生育待遇、禁忌劳动等内容。《特别规定》明确了女性职工的“四大权益”。

一是划定了女性职工禁忌从事的劳动范围。包括普遍性的禁忌，如不能从事矿井以下作业、高强度劳动，以及女性特殊生理时期（经期、孕期、产期、哺乳期）不能从事的劳动范围。《特别规定》之外有一个附录，详细列出了女职工禁忌从事的劳动范围。

二是对怀孕期女职工规定了较为详细的保护措施：用人单位不得因女职工怀孕、生育、哺乳降低其工资、予以辞退、与其解除劳动或者聘用合同；女职工在孕期不能适应原劳动的，用人单位应当根据医疗机构的证明，予以减轻劳动量或者安排其他能够适应的劳动；对怀孕7个月以上的女职工，用人单位不得延长劳动时间或者安排夜班劳动，并应当在劳动时间内安排一定的休息时间。对于产假期限，《特别规定》除明确98天产假外，还规定：难产的，增加产假15天；生育多胞胎的，每多生育1个婴儿，增加产假15天；怀孕未满4个月流产的，享受15天产假；怀孕满4个月流产的，享受42天产假。对于怀孕期间女职工所产生的医疗费用，《特别规定》明确了“按照生育保险规定的项目和标准，对已经参加生育保险的，由生育保险基金支付；对未参加生育保险的，由用人单位支付”。

三是对哺乳期女职工做出了详尽的规定：对哺乳未满1周岁婴儿的女职工，用人单位不得延长劳动时间或者安排夜班劳动；用人单位应当在每天的劳动时间内为哺乳期女职工安排1小时哺乳时间；女职工生育多胞胎的，每多哺乳1个婴儿每天增加1小时哺乳时间。

四是明确提出不得对女性职工进行性骚扰。《特别规定》明确，“在劳动场所，用人单位应当预防和制止对女职工的性骚扰”。

资料来源：《女职工劳动保护特别规定》明确女职工“四大权益”.（2012-05-09）[2017-08-13]. http://news.xinhuanet.com/politics/2012-05/09/c_111918262_3.htm.

思考题：

如何看待目前我国的女职工劳动保护问题?

案例二：反家暴更须关注留守妇女

农村留守妇女是我国城镇化进程中二元结构下的特殊产物。2011年，全国妇联报告显示，我国留守妇女的人数已经超过了五千万。当大量成年男性向城市“外流”的时候，留守的妻子只好扛起家庭的半边天，守着一亩三分地，赡养老人照顾孩子，承担大量的家务和生产劳动。相较于城市女性经济社会地位的不断提高，农村留守妇女的数量之大、地位之低、负担之重，日益凸显出来，成为一道亟须解决的社会问题。

用刚性的制度约束保护妇女合法权益，是一直以来的社会共识。2016年3月1日，《中华人民共和国反家庭暴力法》（简称《反家暴法》）出台并正式施行，其目的是保护家庭成员的合法权益，维护平等、和睦、文明的家庭关系，促进家庭和谐、社会稳定。这部法律颠覆了几千年来封建文化残存的“男尊女卑”的世俗观念，尤其是在农村普遍存在的视家暴为合理的错误观念，反映的是社会的发展和理念的进步。

然而，《反家暴法》在对农村留守妇女切身权益的保护上，似力道不够。当前，城市化与工业化的加速导致大量的农民工涌入城市，从而产生了庞大的留守妇女群体。她们除了干着本该由男性承担的超过体力负荷的农活外，还长期忍受与丈夫分居两地的空寂，肉体上、精神上倍感折磨。这在本质上可以说与家暴一样，都是对生理和心理的双重伤害，其伤害程度甚至比家暴还要大，堪称放大了的“冷暴力”。反家暴是国家、社会和每个家庭的共同责任。而解决经济社会发展导致的留守妇女问题，更是全社会的共同责任。反家暴绝不能遗忘留守妇女权益。

我国是一个农业大国，农村民生服务在国家治理体系中占有重要位置，农村发展稳定关系国家经济社会发展稳定的大局，农村法治化程度直接关系到法治中国的顺利建成。在反家暴被纳入立法的今天，呼吁全社会关注留守妇女的生存状况和合法权益关乎现代化进程，关乎新型城镇化的继续推进，关乎农村社会稳定。保护留守妇女的切身权益才能真正推进农村的发展，以及全面小康社会的建成。

习近平总书记强调："城镇化不是土地城镇化，而是人口城镇化。"人口城镇化除了要关注农民工以外，还要特别关注留守老人、留守儿童和留守妇女。保护留守妇女权益，除了用法律和制度为其撑起保护伞，最根本的还是要破除城乡二元结构，加快农村现代化进程，缩减城乡收入差距，减少留守人员的数量，不要让"留守"成为一种社会常态，更不要让"留守"成为家庭之痛、社会之殇！

资料来源：叙岚．反家暴更须关注留守妇女权益．(2016-03-10) [2017-08-13]．http：//opinion. china. com. cn/opinion _ 58 _ 145158. html.

思考题：

请结合案例材料，思考留守妇女在社会福利方面有哪些权益，以及如何更好地保障留守妇女的权益。

推荐文献

1. 黄桂霞．国家、市场、家庭在妇女福利中的角色与作用．山东女子学院学报，2015 (2)：37-41.

2. 熊跃根．中国的社会转型与妇女福利的发展：本土经验及其反思．学海，2012 (5)：70-76.

3. 黄桂霞，徐遥君．改革开放以来中国共产党的妇女福利思想与实践：以三次中国妇女社会地位调查数据为基础．中华女子学院学报，2012 (5)：62-68.

4. 刘继同．妇女与福利：女性主义福利理论评介．妇女研究论丛，2003 (4)：57-63.

5. 曹立前．社会救助与社会福利．青岛：中国海洋大学出版社，2006.

6. 霍斯金斯，等．21 世纪初的社会保障．北京：中国劳动社会保障出版社，2004.

7. 金一虹，保剑．多学科视野下的女性社会保障研究．广州：中山大学出版社，2011.

8. 李易骏．社会福利概论．3 版．台北：洪叶文化事业有限公司，2014.

9. 陈良瑾．社会救助与社会福利．北京：中国劳动社会保障出版社，2009.

10. 向德平，程玲，等．巾帼脱贫：农村贫困妇女扶持政策评估及建议．北京：社会科学文献出版社，2015.

11. METSCH L R，MCCOY C B，MILLER M，MCANANY H，PEREYRA M. Moving substance-abusing women from welfare to work. Journal of public health policy，1999，20 (1)：36-55.

第十二章

儿童福利

【学习目标】

1. 了解儿童和儿童福利的含义；
2. 理解儿童社会工作与儿童福利的关系；
3. 掌握儿童福利的主要内容；
4. 熟悉我国儿童福利制度的发展状况。

第一节 儿童与儿童福利

儿童是家庭的希望、民族的未来、国家的基石、社会的明天。儿童福利的发展状况不仅反映了一个国家社会福利的成熟和发达程度，也是一个国家社会文明与进步的标尺。中国是世界上儿童数量最多的发展中国家，儿童福利的发展任重道远。

一、儿童与儿童需求

（一）儿童的含义及现状

对于儿童的界定，有多种不同的观点。联合国《儿童权利公约》规定，儿童指年龄低于18岁的人。这个公约获得了全世界的一致通过，因此对儿童的认定应当以此公约为准。这里的儿童的概念相当于我国的未成年人的概念。一般认为，从生物医学和儿童生长、体质发育的角度看，0～1岁为婴儿期，1～6岁为幼儿期，6～12岁为童年期，12～18岁为少年期。也有对儿童年龄划分的不同看法，比如中国青年、少年、儿童工作在体制上以14岁为界划分为三个阶段：0～5岁主要由全国妇联组织负责，在各地的妇联组织中设立有专门的儿童工作部门；6～14岁主要由共青团组织负责，在共青团组织里建有少年儿童工作部；14岁以上为共青团组织的工作对象。儿童成长发育的不同阶段与儿童的不同教育阶段的划分基本吻合，重要的是，这种阶段划分意味着根据不同的需求提供不同的福利服务。①

在中国国家统计标准中，14周岁以下为“少年儿童”。根据1953年、1964年、1982年、1990年、2000年、2010年六次人口普查，中国儿童绝对数量位居

① 潘锦棠．社会保障学．大连：东北财经大学出版社，2015：203.

世界之首。在六次人口普查中，0～14 岁年龄组的人口占总人口的比重分别是 28%、40.69%、33.59%、27.69%、22.89%和 16.6%，1964 年以后呈现逐年下降趋势。中国儿童有三个特点：一是数量巨大，但人口比重下降。根据普查数据，1982 年，中国儿童数量为 33 725 万，占全国总人口的 33.59%，到 2010 年，儿童人口数量为 22 244 万，占全国总人口的比重为 16.6%。二是儿童性别比不均衡。正常的男女儿童性别比应该为 105 左右，但 2000 年儿童性别比达到了 115.3，2011 年为 117.8，性别失衡问题比较突出。三是儿童的城乡分布状况急速变化，城镇儿童的比例快速上升。

(二) 儿童需求

儿童需求理论的基础是儿童权利观念，其理论核心是：儿童是一个能动的主体，而不是父母或家庭的私有财产，应从对其发展的本质进行认识和判断，而不是将其作为处于从属地位的个体来考虑。中国台湾学者曾华源、郭静晃对现代社会中青少年包括儿童福利需求的内容做了非常详细的阐述，并将青少年（儿童）的福利需求归结为八类：获得基本生活照料；获得健康照顾；获得良好的家庭生活；满足学习的需求；满足休闲和娱乐的需求；拥有社会生活能力的需求；获得良好心理发展的需求；免于被剥夺伤害的需求。根据儿童的需求，可以把儿童社会福利的内容分为两大块：普遍福利和特殊福利。评价一个国家的儿童福利事业发展的优劣，往往将一个国家的儿童福利政策和儿童福利运行机制能否涵盖和满足儿童的健康和全面发展的需求作为重要指标。

二、儿童福利的概念

中国的《社会保障辞典》将“儿童福利”分为广义和狭义两种。“广义的儿童福利，是指一切为了儿童身心健康而举办的社会事业，包括：儿童公园、儿童阅览室、儿童剧场、儿童娱乐中心、儿童保健所等。”“狭义的儿童福利，专指补充和替代父母照顾管理儿童，以及对孤儿、弃儿、盲童、聋哑儿童、致残儿童、弱智儿童等的教养所举办的社会事业。包括：（1）替代照顾，包括家庭寄养、收容机关（儿童福利院）、收容保育院；（2）设立特殊学校，包括聋哑学校、弱智学校、盲童学校等。”① 从一定意义上讲，狭义的儿童福利是以特定需求的儿童为对象，以解决问题为取向，通过有针对性的政策资金与服务支持，达到救助、保护、扶助需要帮助的儿童的目的。广义的儿童福利具有普遍性、发展性和社会性，以全体儿童及所有家庭为福利对象，是一种以发展为取向的儿童福利或积极性儿童福利。我国传统意义上狭义的儿童福利主要对象为孤残儿童、流浪儿童、贫困儿童、留守儿童、患病儿童、服刑人员未成年子女等各式各样的困境儿童。随着福利制度由补缺型向适度普惠型转变，服务对象及范围都在扩大，儿童福利

---

① 张海鹰．社会保障辞典．北京：经济管理出版社，1993.

服务是针对一切儿童的需要提供的满足其身心发展的福利服务，因此，本书采用广义的儿童福利定义。

根据儿童福利服务的范围和领域划分，可分为家庭服务、社区服务、儿童福利机构照顾、未婚妈妈服务、预防青少年犯罪与矫正服务、寄养家庭中儿童服务和儿童收养服务等；根据服务对象划分，可分为一般儿童的普遍福利服务和特殊儿童的福利服务；根据服务功能与作用划分，可以分为支持性服务、补充性服务、保护性服务和替代性服务四类。[①]

三、儿童社会工作与儿童福利

儿童社会工作是儿童福利服务的基本形式，因此，有学者将儿童社会工作和儿童福利服务等同看待。儿童社会工作也分为广义和狭义两个方面。狭义的儿童社会工作是一种事后补救性工作，是消极的社会工作，是指对那些发展方向上有偏差或困难的儿童，通过多种服务手段和方法，帮助其矫正偏差，促进其健康发展，具有“治疗”和“补救”的特点。广义的儿童社会工作包括在儿童生存和发展的多个方面，特别是促进儿童身心发展和社会适应等方面采取的措施，核心就是开发儿童潜能，促进其自我发展。

儿童社会工作或者儿童社会福利服务可以从不同的视角做出分类。首先，从服务提供者的角度看，作为社会工作内容的儿童福利服务，包括公立和私立机构所提供的服务，特别是基于社区的服务。其次，从儿童福利服务与儿童整体社会发展以及个案儿童问题解决的角度看，可以从宏观和微观两个层面来观察儿童社会工作的内容。宏观方面涉及以下内容：制订与实施儿童社会工作计划，推动与儿童有关的立法，提供儿童的咨询和建议，维护儿童成长的社会环境，促进儿童家庭建设等。从微观角度来看，其内容包括儿童成长发展辅导、学业辅导、心理健康辅导、人际交往辅导等。最后，从儿童福利服务采取的措施和方法上看，福利服务措施大致可以分为两类：预防措施和救助措施。在预防措施上，福利部门更多地将注意力放到了增强父母抚养儿童的能力上，福利部门则充当了支持者和辅导员的角色。在救助措施中，常见的是寄养措施和福利机构安置。[②] 它是针对孤儿、被遗弃儿童的救助工作。此外，儿童社会工作内容也涵盖了残疾儿童的康复和教育工作。

儿童社会工作的基本方法有个案工作、小组工作和社区工作三类。儿童个案工作多以问题儿童为服务对象，运用系统论的思想，从各个方面去分析、整理儿童问题产生的环境原因及儿童自身的主观原因，挖掘和利用一些有用的物质和精神资源，从保障儿童的生存环境入手，全面促进儿童积极向上地健康成长。儿童

---

① 陆士桢，李月圆．中国儿童福利服务现状与发展 //王延中．中国社会保障发展报告 NO.6：社会保障与社会服务．北京：社会科学文献出版社，2014：161.

② 王雪梅．儿童福利论．北京：社会科学文献出版社，2014：113－115.

小组工作是以儿童小组为对象，运用小组的动力程序与小组活动过程设计技术，使小组中的儿童达到社会性的发展和行为的改变。儿童社区工作，通常是从建设社区、发展社区的角度入手，来解决儿童存在的问题，促进儿童的全面发展，要求社区的互助和儿童的参与，体现了在自助、互助、自决的精神下解决儿童社会性问题的现代社会理念。①

第二节 儿童福利的主要内容

儿童是未来社会的主人和建设者，但由于其年幼，易处于不利境地。因此，各国都建立了一系列的福利项目来保障其健康成长。这里主要分为儿童普遍福利和特殊儿童福利两部分。②

一、儿童普遍福利

（一）儿童健康

儿童的健康是民族健康的基础，是国家强盛的先决条件，因此，国家应为儿童的成长提供医疗卫生保障。卫生部门应对儿童实行预防接种制度，积极防治儿童常见病、多发病，加强对传染病防治工作的监督管理和对托儿所、幼儿园卫生保健的业务指导。学生在校学习期间，卫生部门和学校应当为儿童提供较好的卫生保健条件，做好疾病预防工作。国家还应兴办专为儿童医疗保健服务的儿童医院，或者在全科医院中设立儿科；开展儿童保健工作，定期进行儿童健康检查、预防接种、防治常见病和多发病，使儿童健康成长。

（二）儿童教育

儿童的受教育权和发展权是儿童权利的重要组成部分。20 世纪中叶以来，随着儿童权利意识的不断提高，“教育机会均等”“保证每个孩子都能享受到有效地促进身心和谐发展的良好教育”成为一种社会需求。在学前教育方面，许多国家根据《儿童权利公约》的基本精神和本国的实际情况，采用立法的形式确立学前教育的地位。一些发达国家甚至出现了把学前教育纳入义务教育体系的倾向。当前世界上几乎所有的发达国家和大约半数的发展中国家普遍建立了免费的义务

① 陆士桢，王方，陈颖．中国儿童社会工作实务案例精选．上海：华东理工大学出版社，2010：5－6.
② 胡务．社会福利概论．成都：西南财经大学出版社，2008：149－150.

教育制度。各国义务教育的时间不一致，但都在 9 年以上，如韩国、挪威、瑞典、日本等国；有的国家延长到 10 年，如美国、法国、芬兰等；有的超过 10 年，达到 12 年或 13 年。有些国家的儿童还享有免费的课本、文具和在校午餐，甚至有些离校较远的儿童还享受上学时的免费接送。

(三) 儿童文化娱乐

国家应建立和完善适合未成年人文化生活需要的场所和设施，同时，鼓励社会团体、企事业单位和其他社会组织、公民个人参与未成年人福利事业。在具体内容方面，主要是建立和普及托儿所、幼儿园，为婴幼儿提供良好的活动、生活条件和保育服务；建立儿童活动中心、少年之家、少年宫、少年活动站以及儿童公园、儿童乐园等儿童活动、学习场所等。

(四) 儿童权益保护

儿童有不同于其他社会群体的特殊利益需要保护。因为未成年，他们的自我保护能力很差，所以更需要社会予以特殊的保护。这主要体现在：一是要保护他们的合法权益，如生命权、被抚养权、优先救助权等；二是要保护他们健康成长，即对危害他们健康的行为予以打击等。

二、特殊儿童福利

"特殊儿童"是相对于"正常儿童"来讲的，指那些患有疾病或者被遗弃的儿童。他们除了享受与正常儿童同等的待遇外，还应该在国家、政府，包括每个人为他们创造的团结、友爱、互助的社会环境中得到特别的照顾和保护。

(一) 对孤儿、被遗弃儿童的救助

对孤儿、被遗弃儿童的救助工作，各国都十分重视，有些国家还专门为此立法。从各国实践来看，救助的方式主要有：

(1) 儿童福利院，或称为院内救助、机关救助。这种福利院可以为孤儿提供合乎卫生标准的饮食以及充分照顾，还可以提供医疗救助和教育。

(2) 家庭辅助。主要方式是为贫困或单亲家庭提供经济救助，使儿童能够获得家庭温暖。提供救助的方法有最低贫困线制度等。

(3) 家庭寄养。家庭寄养的对象是孤儿或父母因故无法照顾的儿童。应选择能够为儿童提供全面健康发展的条件，在经济状况、居住环境、生活水平、教育程度诸多方面适宜的家庭，经社会工作人员联系协助并给予督导，逐渐使双方能和谐相处。

(4) 收养。收养是根据法律，通过正常手续确立抚养关系的一种方式。收养之前，社会工作人员需做认真调查；收养关系确立后，还需做跟踪辅导，协助解决困难，确保儿童权益。

（二）对残疾儿童的治疗和教育

对残疾儿童的工作，首先是身体的治疗，通过必要的身体训练和医疗手段，最大限度地矫正儿童的残疾；其次是教育，通过举办特殊学校、随校设立特殊班、随班就读等方式，使残疾儿童受到正常的教育，教会他们一技之长，并通过多种形式使之适应其他人群，适应主流社会，扩大孩子们的接触面，引导他们接触社会，使他们建立信心，培养他们成为对社会有用的人。

第三节 我国儿童福利事业的发展

一、我国儿童福利的政策回顾

1949年以后，我国儿童福利政策的发展基本上可以分为四个阶段，分别是起步发展时期、停滞中断时期、制度重建时期和制度完善与转型时期。

（一）起步发展时期（1949—1966年）

新中国成立后，即着手启动儿童福利制度建设。1953年的《中华人民共和国宪法》将儿童保护上升至国家层面，第九十六条规定："婚姻、家庭、母亲和儿童受国家保护。"同时，国家颁布了对儿童进行司法保护和司法服务的文件。在机构建设方面，在全国范围内建立了工读学校、中小学校、妇幼保健机构、儿童教养院、儿童医院、少年宫、少年之家、盲童学校、聋哑学校和儿童福利院等，给儿童提供法律保护、基础教育、儿童保健、孤残儿童养育和文化体育活动等各项福利，几乎涉及儿童福利的所有领域。随着计划经济体制的确立，一个政府统领、城乡分野、家庭主导的儿童福利制度逐渐形成。与此同时，儿童福利行政管理的"部门化"倾向日益明显，卫生、教育、民政、妇联、共青团分别在儿童福利事业中发挥作用。

（二）停滞中断时期（1967—1978年）

受十年"文革"影响，不少家庭受到冲击，许多未成年人中断正常的社会化过程，直接卷入政治运动。不少儿童福利机构因为政治运动而处于瘫痪状态或无法正常运转，一些儿童福利机构被撤销，儿童福利行政管理组织体系几乎完全瓦解，儿童福利事业发展处于停滞甚至倒退状态。

（三）制度重建时期（1979—2009年）

随着改革开放政策的实施，我国步入社会主义现代化建设新时期。儿童福利事业逐步走上正轨并稳步快速发展，基本形成了儿童福利的总体框架和结构性制度安排。1982年《宪法》规定了国家保护儿童的基本原则；一批以儿童为对象的专项法律，如《未成年人保护法》(1991)、《收养法》(1991)、《预防未成年人犯罪法》(1999)，使儿童福利的范围得到扩大，水平获得提升。由国务院职能部门制定的相关儿童福利政策大量密集出台。其中关于儿童养育、救助和福利方面的政策有：《关于进一步发展孤残儿童福利事业的通知》(1997)、《关于加强流浪未成年人工作的意见》(2006)、《关于加强孤儿救助工作的意见》(2006)、《关于进一步加强受艾滋病影响儿童福利保障工作的意见》(2009)、《儿童社会福利机构基本规范》(2001)、《家庭寄养管理办法》(2014) 等。关于儿童教育方面的政策有：《关于进一步做好城乡特殊困难未成年人教育救助工作的通知》(2004)、《幼儿园管理条例》(1989)、《流动儿童少年就学暂行办法》(1998)。关于儿童卫生健康方面的政策有：《妇幼卫生工作条例》(1986)、《学校卫生工作条例》(1990)、《母婴保健监督员管理办法》(1995) 等。关于儿童法律保护的政策有：《公安机关办理未成年人违法犯罪案件的规定》(1995)、《最高人民法院关于审理未成年人刑事案件的若干规定》(2001) 等。1990年我国还签署了联合国《儿童权利公约》，同年，国务院成立了妇女儿童工作协调委员会，负责协调和推动政府有关部门执行有关妇女儿童的各项法律法规和政策措施。国家还制定和实施了一系列关于儿童福利的发展纲要和部门行动计划，包括《九十年代中国儿童发展规划纲要》(1992)、《中国儿童发展纲要（2001—2010年）》(2001)，启动了为残疾孤儿实施手术治疗和康复矫治的“明天计划”和“儿童福利机构建设蓝天计划”等。这些融入了儿童福利政策和目标的各项法律、法规、决定、意见、规划等文件，构成了儿童福利的政策框架体系，涉及儿童的基本生活、教育、医疗、社会保护等各个方面，体现了儿童生存权、发展权、被保护权和参与权等基本权利，成为我国儿童福利体系的重要构成。

(四) 制度完善与转型时期 (2010年至今)

保护儿童、关爱儿童、儿童优先理念逐步成为社会共识，儿童是国家的未来、是国家的财富、是未来生产力的观念获得普遍认同。与此同时，我国在儿童福利制度建设方面取得了重大进展并开始了重要的制度转型。

首先，儿童分类救助保护制度得到完善。一是建立健全了孤儿保障制度。二是建立了流浪未成年人救助保护制度。三是加强了对特殊困境儿童的救助保护。四是加强了对农村贫困儿童的基本生活保障。该制度还指导各地及时将无生活来源、无劳动能力、无法定抚养义务人的农村儿童纳入农村五保供养范围，将符合条件的贫困儿童纳入最低生活保障和医疗救助范围，并积极推进分类施保。

其次，积极开展未成年人社会保护试点工作，增加了儿童福利的内容。2013年，民政部在全国20个地区启动未成年人社会保护试点工作，为推动建立新型未成年人社会保护制度积累经验。

再次，儿童福利制度进一步拓展。一是开展适度普惠型儿童福利制度建设试点工作，推动建立适度普惠型儿童福利制度。二是推动建立未成年人监护干预制度。国务院办公厅《关于加强和改进流浪未成年人救助保护工作的意见》将流浪未成年人监护干预问题纳入了政策议程。三是学前教育资助制度、农村义务教育学生营养改善计划等普惠型福利项目实施进一步深化。

最后，问题导向的政策调整完善力度进一步加大。2012 年，包括浙江温岭事件在内的多起虐童事件的发生，引起了政府对师资队伍专业化的重视，催生了多项加强教师队伍建设的政策出台。频发的儿童交通安全事故，促进了校车安全制度的建立和“撤点并校”政策的调整。河南兰考袁厉害收留的 7 名弃婴和孤儿在火灾中殒命事件引发了社会舆论对收养制度的反思，政府开始对个人和民办机构私自收留弃婴问题进行规范，并推动各地采取有效措施开展“婴儿安全岛”试点工作。

经过多年的努力，我国的儿童福利已经基本形成内容齐备、层级多元、相互衔接的政策体系，从最高立法机关确立的宪法和法律，到国务院和政府各部门制定的行政法规、部门规章，再到国际组织和国际社会通过的国际公约和在此基础上形成的国家行动纲要，以及政府部门的具体行动方案，内容涉及儿童的抚养、教育、医疗、就业、法律保护等各个方面，儿童的生存权、发展权、被保护权和参与权等基本权利得到了体现。同时，随着儿童福利理念的转变、服务对象范围的扩大、服务内容和项目的拓展、服务专业化水平的提升，我国儿童福利开始了重要的制度转型。①

二、我国儿童福利的主要问题

（一）儿童福利政策过于碎片化，缺少统一规范

长期以来，我国实行的是补缺型福利，儿童、妇女、残疾人以及低收入者是我国典型的困难群体，是社会救助和社会福利的重点对象。总体来看，我国仍未建立起系统的、专门的、独立的儿童福利法律体系，虽然有针对儿童的专门立法，但主要涉及儿童的保护和养育等单项规定。原则性、一般性的法规条款较多，已有的政策大部分散见于妇女政策、残疾人政策、社会保障政策、教育政策和未成年人保护政策等之中。这种局面大大降低了政策执行的有效性，增加了执行的差异性，也大大削弱了对孤残儿童加以保护的能力和效果。严格地说，至今我国还没有制定和出台统一的儿童福利政策，更缺乏儿童福利方面的基本法。随着我国由补缺型福利向适度普惠型福利的转型，需要全面规范各种类型的福利政策。就我国儿童福利来说，需要制定一部专门的综合性法律，全面规范儿童福利的各项内容，包括确保儿童基本生存、健康发展的各个方面。

① 纯光．儿童福利面面观．中国民政，2014（6）．

（二）儿童福利行政管理体制不顺，缺乏协调整合

我国儿童福利行政管理体制存在诸多问题，包括缺乏儿童福利概念与价值理念，儿童福利、儿童权利、儿童参与、儿童需要、儿童优先原则和儿童发展理念尚未被广泛接受，缺乏统一、集中、典型的儿童福利政策目标，部门儿童工作政策目标与国家儿童发展总体目标间缺乏内在逻辑联系，有些目标相互冲突等问题。[①] 我国儿童福利政策执行效果的差异一方面与现有儿童福利政策过于碎片化、分散化有关，另一方面也与我国儿童福利现有的行政管理体制相关。从制度安排来看，现行政策体系涉及多个部门，多头治理、政出多门的现象明显。缺乏统一的儿童福利管理机构，目前是民政部主要负责孤残儿童、流浪儿童、受艾滋病影响儿童等困境儿童的救助和发展，教育部负责适龄儿童及特殊儿童的教育，卫生部门主管儿童的预防接种、身体健康、学校健康、食品安全等，还有全国妇联、残联、共青团等分别负责相应的工作，不同部门从不同的角度和思路出发，制定了相应的儿童福利政策文件，这些政策带有浓厚的部门色彩，缺乏统一性、集中性和目的性，既导致了执法主体的多元化，也带来了政策的交叉重叠、缺失等现象，以及政策实际效果的分化。同时，这种多头治理的现象也带来了责任机制的缺失，参与政策制定和执行的部门过多，而法律也没有明确相关部门和团体的责任及其后果。因此，建立一个科学、高效、适度统一的儿童福利行政管理体制显得越发重要。

（三）儿童福利需求难以满足，政策覆盖范围亟待拓展

一方面，我国特殊困难儿童的福利需求仍呈增长趋势，我们的工作更多还停留在对孤儿、弃婴的福利保障上，对低保特困家庭子女、流浪儿童、服刑人员未成年子女、留守儿童乃至受到家庭暴力的儿童等的救助和保障还没有完全涉及。研究表明，在全国，20％的城市特殊儿童的福利支出占到了全国儿童福利支出的95％以上，儿童福利政策的城乡分割性与不平衡性比较明显。

另一方面，随着社会的进步和发展，儿童权利的意识不断普及，儿童个体的需求不断深入和多样化，儿童社会福利的专业化需求日益突出。目前的儿童福利政策中存在重资金给付、轻服务保障的现象，现有相关服务内容基本局限于儿童日常生活照顾和孤残婴幼儿的抚育工作，康复治疗、心理辅导、综合服务等严重不足。服务机构、专业人才缺乏。就现有为数不多的孤残儿童福利保障政策而言，也有明显的重生存、轻发展的倾向。需要发展性福利政策保障和支持孤残儿童融入社会，与其他儿童一样平等地享受学习机会，参与社会生活。

（四）儿童福利政策的层级较低，约束性不强

我国儿童福利法律体系由三个不同层次构成：一是国家立法机构颁布的法

---

① 刘继同．儿童健康照顾与国家福利责任：重构中国现代儿童福利政策框架．中国青年研究，2006（12）．

律，二是中央政府颁布的行政法规，三是国务院相关部门颁布的规章制度。三个层面的规范性和强制性程度存在差异。目前我国儿童福利以部门规章和规范性文件为儿童福利政策体系的主体，为儿童福利提供相应指导。具体工作主要依靠“暂行办法”“暂行规定”“实施细则”来运行，基本处于“规多法少”的局面，反映出我国儿童福利法制体系还不成熟，某种程度上制约了我国儿童福利事业的改革和转型。

（五）儿童福利政策过于强调政府的主导作用，社会参与度不高

儿童福利事业是一项高度社会化的事业，涉及国家、社会、家庭、企业、个人等多方面责任。国家固然是儿童福利责任的主要承担者，但是也要充分调动个人、企业、社会团体、慈善机构、宗教组织等在儿童福利保障中的积极作用，引导和规范儿童福利事业健康发展，形成畅通的儿童福利事业多元参与渠道。随着社会的发展和国家经济实力的提高，公民、企业、团体等社会责任意识不断增强，因此需要在政策上对儿童福利事业支持体系进行整合，形成个人、家庭、政府和社会等各方力量的支持合力，真正实现儿童福利事业的多元参与和共享发展的局面。[①]

三、我国儿童福利事业的未来

综合考虑当前我国儿童福利的政策环境以及儿童福利政策实施中出现的种种问题，通过政策和制度创新，建立与经济社会发展水平和儿童福利需求相适应的适度普惠的儿童福利制度，应当成为我们努力的目标和方向。

（一）确立以儿童为中心、优先发展儿童福利事业的政策导向

理念是制定法律和政策的基础和指导原则，决定政策的未来发展方向。儿童福利政策设计要遵循以下原则：一是依法保护原则。在儿童身心发展的全过程，要通过法律法规等制度化的形式，切实保障儿童合法权利，促进儿童全面健康成长。二是儿童优先原则。儿童是国家的未来。一切针对家庭的服务都必须从保护儿童利益出发，围绕儿童的利益展开，在制定法律法规、政策规划和配置公共资源等方面，以“儿童第一”为原则。三是儿童最大利益原则。在制定相关政策时，要从儿童身心发展特点和切身利益出发，以满足儿童的福利需求为基本依据，以有利于儿童的健康、全面发展为基本出发点，切实保障儿童利益的最大化。四是儿童平等发展原则。要创造公平的社会环境，确保儿童不因户籍、地域、性别、民族、信仰、受教育状况、身体状况和家庭财产状况受到任何歧视，确保所有流动儿童、流浪儿童、留守儿童、服刑人员未成年子女、患病儿童、孤

① 王胜三，王立标．中国儿童福利政策研究报告//王爱平．中国社会福利政策研究．北京：中国社会出版社，2013：90－92.

残儿童、受艾滋病影响儿童等困境儿童与正常儿童一样享有平等的权利与公平的机会。五是儿童参与原则。在制定法律和政策的过程中，要力所能及地重视和吸收儿童的意见，同时要畅通儿童意见表达的渠道。要鼓励并支持儿童参与家庭、文化和社会生活，创造有利于儿童参与的社会环境。

（二）加强儿童福利政策的顶层设计，建立全方位、综合性儿童福利政策体系

就当前而言，我国目前的儿童福利政策的碎片化及执行体制的松散性，造成了资源使用的重复和浪费现象，降低了政策实施效果，因此亟须通过制定一部总体性法规来明确儿童社会福利的基本思想和准则，明确儿童福利的相关主体和各自权责，儿童福利的内容、经费来源与渠道，财政投入比例与执行标准，管理和监督体制等相关事宜。一是要不断拓展儿童福利概念内涵，儿童福利政策导向应逐渐定位在有利于儿童的身心全面发展的层面上，儿童福利政策视角从重保护、重基本生存权利向重生活、重全面发展方向扩展，并在此基础上制定相关法律和政策。完善基本公共服务体系，增加财政对儿童福利的投入，逐步实现儿童基本公共服务均等化。完善城乡居民最低生活保障制度，通过分类施保提高贫困家庭儿童生活水平。探索对儿童实施营养干预和补助的方法，改善儿童营养状况。逐步提高农村义务教育寄宿制学校家庭经济困难学生生活补助标准，扩大补助范围。在城镇居民基本医疗保险和新型农村合作医疗制度框架内完善儿童基本医疗保障，逐步提高儿童医疗保障水平，减轻患病儿童家庭医疗费用负担。二是要在完善孤儿保障制度的基础上，扩大儿童福利的范围，建立困境儿童分类保障制度，推动儿童福利由补缺型向适度普惠型转变。建立受艾滋病影响儿童和服刑人员未成年子女的替代养护制度，为受艾滋病影响儿童和服刑人员未成年子女的生活、教育、医疗、公平就业提供制度保障。完善流浪儿童救助保护网络体系，健全流浪儿童生活、教育、管理、返乡保障制度，对流浪儿童开展教育、医疗服务、心理辅导、行为矫治和技能培训。建立16周岁以下流动儿童登记制度，为流动儿童享有教育、医疗保健等公共服务提供基础。整合社区资源，完善以社区为依托、面向流动人口家庭的管理和服务网络，增强服务意识，提高服务能力。健全农村留守儿童服务机制，加强对留守儿童心理、情感和行为的指导，提高留守儿童家长的监护意识和责任感。

（三）建立以国家责任为中心，政府主导部门协作、社会参与的多元管理机制

中国儿童福利的未来不会是政府垄断下的福利供给，而必须强调以国家责任为中心，以国家福利供给为主体，加强部门协作配合，调动社会各方面力量参与的积极性。一是坚持政府的主导地位。保护儿童、改善儿童的成长环境是政府最早致力的社会福利之一。由于相当一部分孤儿、事实上无人抚养的未成年人由政府承担监护责任，委托儿童福利机构抚养，政府必须对这部分孤儿养育给予经济

保障，并保持应有的标准，建立自然增长机制。同时充分行使政府在制定政策、出台规划、投入资金、组织监督等方面的职责。二是强化部门协作配合。在现行儿童福利行政管理体制下，由于儿童福利的相关内容散落于不同部门，因此，在不改变现有儿童福利行政管理体制的前提下，必须建立相应的协作机制，形成推进儿童福利工作的强大合力，同时要加强不同部门出台的儿童福利相关政策的衔接协调。三是扩大社会参与。实践证明，调动社会力量参与，有利于缓解政府财力不足与广大孤残儿童日益增长的福利服务需求之间的突出矛盾。要鼓励和支持更多的慈善组织参与儿童福利事业，既可以采取捐赠的方式，也可以通过其他形式。要大力探索和尝试鼓励慈善组织兴办小型儿童福利机构，引导、支持儿童社会组织发挥作用。还要通过政府购买服务等方式，将涉及儿童福利和权益保护的诸多事务，如心理咨询辅导、实地调查、项目研究等，委托给专门的社会组织来实施。

(四) 强化家庭支持的核心功能

探索建立以家庭福利为主的儿童福利政策体系。家庭福利是我国儿童福利的发展方向之一，在儿童福利领域，也要建立覆盖全体儿童的积极的家庭福利政策。要尽快制定面向全社会的所有家庭和儿童的家庭福利政策，以家庭整体为取向，以家庭整体为重点，其目的是使个人正确行使其在家庭中的角色，增强家庭功能和抵御危机的能力，及时有效地避免儿童法律问题的发生。要加快建立集支持性、补充性和预防性为一体，覆盖全体儿童的家庭津贴制度，为困境儿童家庭、单亲家庭、低收入家庭和普通家庭提供支持性服务。在注重儿童家庭的物质生活保障的同时，适当注重精神生活和个人全面发展的需求，解决收入维持、子女照顾、日常生活、入学教育、就业服务、住宅服务、医疗健康照顾服务等问题。

(五) 拓展儿童福利机构功能

在儿童福利机构建设方面，应当避免盲目追求机构建设数量，忽略儿童回归家庭和社会的目标。应当对儿童福利机构的布局和功能进行调整，尽量将儿童福利机构建在熟人社区，使其从单纯的孤残儿童的供养机构向多功能的面向社区的儿童福利服务中心发展，成为我国未来儿童福利服务体系的基层组织，为提高全社会的儿童福利服务水平发挥示范、指导和辐射作用。建立现代型的儿童福利机构，不仅要保障儿童的生存权益，还要充分考虑儿童的发展需要，发挥基本的养育、治疗、康复、教育等功能。同时，儿童福利机构应具备育婴师、康复师、营养师、护理员、社工、特教老师、医护人员等多种专业技术人才，拥有残疾儿童医疗康复或特殊教育所需要的设备，把机构建设成为面向社会的资源中心、网络中心、技术中心等。这也是未来儿童福利机构发展的重要方向。①

① 王胜三，王立标．中国儿童福利政策研究报告 //王爱平．中国社会福利政策研究．北京：中国社会出版社，2013：96－100.

【本章小结】

儿童指年龄低于18岁的人。从一定意义上讲，狭义的儿童福利是以特定需求的儿童为对象，以解决问题为取向，通过有针对性的政策资金与服务支持，达到救助、保护、扶助需要帮助的儿童的目的。广义的儿童福利具有普遍性、发展性和社会性，以全体儿童及所有家庭为福利对象，是一种以发展为取向的儿童福利或积极性儿童福利。我国传统意义上狭义的儿童福利主要对象为孤残儿童、流浪儿童、贫困儿童、留守儿童、患病儿童、服刑人员未成年子女等各式各样的困境儿童。随着福利制度由补缺型向适度普惠型转变，服务对象及范围都在扩大，儿童福利服务是针对一切儿童的需要提供的满足其身心发展的福利服务。本书采用广义的儿童福利定义。从儿童福利的服务对象角度划分，可分为一般儿童的普遍福利服务和特殊儿童的福利服务。儿童普遍福利包括儿童健康、儿童教育、儿童文化娱乐和儿童权益保护。特殊儿童福利包含对孤儿、被遗弃儿童的救助，以及对残疾儿童的治疗和教育等。1949年以后，我国儿童福利政策的发展基本上可以分为四个阶段，分别是起步发展时期、停滞中断时期、制度重建时期和制度完善与转型时期。尽管国家和社会在儿童福利制度和体系建设上付出了巨大努力并取得了重大成就，但在新的发展时期，儿童福利制度和政策仍存在明显不足和面临重要挑战。综合考虑当前我国儿童福利的政策环境以及儿童福利政策实施中出现的种种问题，通过政策和制度创新，建立与经济社会发展水平和儿童福利需求相适应的适度普惠的儿童福利制度，应当成为我们努力的目标和方向。

【思考题目】

1. 简述儿童福利的含义。
2. 简述儿童福利与儿童社会工作的关系。
3. 简述儿童普遍福利的内容。
4. 简述特殊儿童福利的内容。
5. 简述我国儿童福利的管理体制。
6. 我国儿童福利发展的主要问题是什么？
7. 对我国儿童福利未来发展的建议有哪些？

案例讨论

案例一：让“留守儿童”不再留守才是问题关键

2015年6月9日23时许，贵州省毕节市七星关区田坎乡茨竹村4名留守儿童疑似在家中服农药中毒死亡。

据调查，4名儿童系兄妹，最大的哥哥14岁，剩下的3个都是女孩，分别是10岁、8岁和4岁。孩子们的家也就是事发地是一栋三层房屋，据村民介绍，房屋建于2011年，大概花了20万左右。

客厅里有破旧的沙发和电视机。在出事的三楼房间能看到孩子们最后的一顿饭是玉米饭和酸菜做的汤，还有一个已经无法辨认出来的菜。《中国青年报》记者在现场还发现了一些玉米、黑豆和大蒜，还有一些呕吐物。这些呕吐物散发出刺鼻的味道。味道疑似农药味。

孩子姑姑张方友对记者说，她的弟弟也就是孩子的爸爸每个月会寄 700 元生活费。按当地村民说法，700 元完全可以维持 4 个孩子正常的生活。这里一背篓米只卖 100 元。一般家里都有腊肉。屋前屋后还有蔬菜。记者在房间里看到了两个编织袋的腊肉。

当天晚上事发情况是，有村民听到“咚”的一声，跑来一看，发现最大的男孩从家里的三楼窗口跌落下来，生命垂危。楼上 3 个女孩还用手电照了照躺在地上的哥哥。记者在事发现场还看到了红色的手电筒。

村民马上报告政府和警方。政府工作人员先赶到，并叫了救护车，3 个女孩被救护车送到医院后被确认已经死亡。

记者在现场没有看到遗书，村民分析最多的原因是缺少父爱和母爱。孩子们的父母在 2013 年左右离婚。村民说，两人经常当着孩子的面吵架，吵架的内容主要是，爸爸在外打工，后来发现妈妈有外遇短信记录和通话记录，再后来妈妈跑了。爸爸继续在外打工，2015 年春节还回家过年，在家里待了半个多月。

这 4 个孩子无人陪伴，彼此相依为命。而邻居大多是远亲，有时候来关照一下，比如送两个包子或者一些生活用品。但据村民反映，这 4 个孩子性格非常内向，即使能听到他们在楼上有响动，邻居在楼下敲门，他们也不理会。特别是在事发前一个月左右的时间，这 4 个孩子就很少出现在村民们的视线中。村民们不知道为什么会这样。

记者从村里了解到，像 4 个孩子这样父母均不在家的情况，在茨竹村中只此一例。

另外，据不同村民对记者的独立介绍，事发前曾有学校老师进到孩子们家中，动员孩子们返校上课。老师做动员时，有村民在现场看热闹。记者在事发现场，还看到这些孩子们的作业本、笔袋子、笔还有课本都被烧成了灰烬。

资料来源：白皓．中国青年报记者现场调查贵州毕节 4 名留守儿童非正常死亡．(2015－06－11)［2017－08－13］．http：//news. cyol. com/content/2015－06/11/content＿11442677. htm.

思考题：

试分析我国留守儿童问题产生的原因和治理对策。

案例二：兰考“爱心妈妈”袁厉害家中失火　7 名孩童丧生

2016 年 1 月 4 日上午，河南兰考县城关镇一居民楼发生火灾事故，“爱心妈妈”袁厉害收养的孩童中 7 人不幸丧生。记者从兰考县政府办公室获悉，当日上午 8 时 42 分，兰考县消防队接到报警称，城关镇一居民楼发生火灾事故。8 时 48 分，消防人员赶赴现场。经全力抢险，火势于 10 时 30 分被完全扑灭。经现场清理，事故造成 4 人死亡，3 人在送医途中抢救无效死亡，1 人目前正在抢救中。兰考县宣传部常务副部长孙理胜告诉记者，火灾事故发生在常年收养弃婴的袁厉害家中，伤亡孩子的详细情况尚在调查中。

袁厉害是兰考县的一名村妇，从1987年收养第一名兔唇男婴开始，20多年来收养的弃婴已超过百名。其中年龄大的已经工作结婚离开了，年龄小的只有几个月。袁厉害因自费收养这些先天性残疾的弃婴而获得了“爱心妈妈”的美誉。但也有人指责她“拿弃婴骗低保”、“利用孩子拢财”、不断向政府部门“伸手”提条件等。在公众眼里，她是个备受争议的人物。

事故发生后，兰考县党委政府高度重视。县委书记王新军组织召开相关部门负责人参加的紧急会议，对事故应急处理做出部署。王新军要求，卫生部门要不惜一切代价，全力以赴抢救伤员，及时成立事故处理领导组，分工负责、安排部署事故紧急处理及善后事宜。

兰考县政府还迅速成立了“1·4”火灾事故应急处置指挥部，由县长周辰良任指挥长，常务副县长毛卫丰任常务副指挥长，相关领导和部门任成员，下设事故抢险及技术指导、医疗救护、后勤处理、善后保障、信息新闻、事故调查等6个工作组，处理事故善后事宜。目前，事故原因正在调查中。

资料来源：兰考“爱心妈妈”袁厉害家中失火 7名孩童丧生．(2013-01-04)[2017-08-13]．http：//www.chinanews.com/gn/2013/01-04/4455871.shtml.

思考题：

结合本案例材料，分析我国孤残儿童福利事业存在的问题及解决对策。

推荐文献

1. 王雪梅．儿童福利论．北京：社会科学文献出版社，2014.

2. 刘继同．儿童福利的四种典范与中国儿童福利政策模式的选择．青年研究，2002（6）.

3. 尚晓援，王小林．中国儿童福利前沿2013. 北京：社会科学文献出版社，2013.

4. 王振耀．重建现代儿童福利制度．北京：社会科学文献出版社，2015.

5. 民政部社会工作司．儿童社会工作研究．北京：中国社会出版社，2011.

6. Paula Allen-Meares. 儿童青少年社会工作．上海：华东理工大学出版社，2013.

7. 陆士祯．适度普惠社会保障体制下的社会福利服务——以儿童福利的视角．社会保障研究，2010（2）.

8. 郑功成．中国社会福利改革与发展战略：从照顾弱者到普惠全民．中国人民大学学报，2011，25（2）.

9. ZELLER D E, GAMBLE T J. Improving child welfare performance：retrospective and prospective approaches. Child welfare，2007，86（1）：97-122.

10. DEPANFILIS D. From evidence to outcomes in child welfare：an international reader. Social service review，2015，89（2）：420-423.

第十三章

住房保障

【学习目标】

1. 理解住房保障的相关概念；
2. 了解社会工作在住房保障中的作用；
3. 掌握住房保障的构成；
4. 了解中国住房保障的发展历程与制度构成；
5. 分析中国住房保障面临的主要问题。

第一节 住房保障概述

一、住房问题与住房保障

（一）住房问题

拥有居所（housing）是人类最基本的需要之一。按照经济学的解释，人们基于各自的支付能力（affordability），在住房市场中将自己的居住需要转化为现实的住房需求（housing demand），购买或租赁住房。当人们的居住需要难以满足时，便出现社会保障意义上的住房问题，包括市场中房源紧缺、无房可住，有房住但室内拥挤不堪、社区环境恶劣，或者部分个人和家庭无家可归等情况。

从根本而言，除了战争破坏导致的住房短缺问题之外，大部分住房问题是贫困问题的延伸。不受干预的劳动力市场与住房市场会自然地带来住房问题，可以说是市场失灵带来的社会后果。在常态的社会中，经济社会分层机制又不断地生产出低收入的底层人群。与此同时，房产在持有的过程不断老化、贬值，市场中不断出现低质量的房产，因此，自然的住房市场会导致贫民区的出现，低收入居民替代较高收入居民成为特定社区的主要居民。[①]

（二）住房保障

住房保障制度是政府与社会为改善低收入者及其他弱势群体的居住条件、保障其居住权利而设立的一类社会保护政策，是当代各国社会福利制度的重要组成部分。住房保障政策与住房市场有密切关联，因此西方国家更多地将其称为住房

---

① 赖华东，蔡靖方．城市住房保障政策效果及其选择——基于住宅过滤模型的思考．经济评论，2007（3）：136-140.

政策（housing policy）。

住房保障有两类政策目标。政府和社会可采取租房补贴、廉租房建设、街区改造等政策，让相关家庭“有房住”“住得好”，使其免于居住环境恶劣之苦。另外，基于“有恒产者有恒心”的普遍观念，资产建设有助于提高底层家庭抵御社会风险的能力、最终摆脱贫困的理论假设①，以及减轻公房建设与管理的财政负担等现实原因，政府也可能支持相关家庭获得房屋所有权的意愿，通过信贷优惠等措施让这部分人群“有房住”。

在住房市场中没有足够的支付能力满足自身居住需求的弱势群体是住房保障制度的受益群体。弱势群体有无家可归者、低收入者的大致区分，低收入者又包括多子女低收入者、老年家庭等。另外，女性、移民及少数族裔也容易陷入居住方面的困境。因而，弱势群体实际上包含非常多的子群体，他们的居住需求自然也是多样化的，相应的住房保障政策也应考虑到这一基本现实。

二、住房保障中的民间组织参与

（一）房屋建筑协会

在一战之前，欧洲国家就出现了建造廉价住房的民间志愿组织。二战前后，欧美各国政府建设了大批公共住房，民间住房组织也有所发展。石油危机之后，公共福利与服务领域出现私有化、民营化的趋势，民间组织又以多种形式参与到住房保障领域中。

从 19 世纪维多利亚时期起，英国民间慈善家自发地捐款设立住房信托基金、运营房屋建筑协会，为低收入的工人开发廉价住房；房屋建筑协会微利运营，向债券持有者分配红利，称之为“5%的慈善事业”。自 20 世纪中期起，英国政府不断在公共住房领域投资，地方政府取代民间房屋建筑协会成为廉价住房的主要供应者。与此同时，各地逐渐出现多种形式的住房组织。1969 年，英国全国房屋建筑联盟（NHF）的成员达到 1 949 个。尽管住房组织数量大，但在住房市场中份额非常小。

1974 年，英国政府开始向房屋建筑协会提供补贴，房屋建筑协会由民间志愿组织转变为半官方部门。保守党执政之后，房屋建筑协会又重新成为英国社会住房的主要供应者。1988 年起，房屋建筑协会获得了私人住房融资的职能，为争取政府补贴展开了激烈竞争，出现了大量房屋建筑协会间的兼并行为。1992 年后，房屋建筑协会转变为非营利组织，英国各地方政府将大量社会住房无偿划拨给房屋建筑协会，同时减少了对房屋建筑协会的拨款。1997 年之后，新工党政府将住房改造和社会照护服务纳入住房计划，房屋建筑协会获得了社会服务职能，由此派生出专门的“社会投资机构”和社会照护服务机构。随着职能扩张与经营性活动的增加，房屋建筑协会的志愿组织色彩不断淡化，越来越成为有一定

① 谢若登．资产与穷人——一项新的美国福利政策．北京：商务印书馆，2005．

自主利益诉求又兼顾公共利益的社会企业（social enterprise）。[①]

（二）社区自治组织

与房屋建筑协会这种明确的第三方相比，社区凭借自身力量也可以参与住房政策，主要表现为社区邻里组织。二战后，美国继英国的“清除斯拉姆”政策之后提出“城市更新”的概念，并在“向贫困宣战”“伟大社会”和“模范城市”计划中大规模改造和重建贫民社区。美国有社区自治的历史传统。在这些计划的执行过程中，政府处于主导地位，社区较少参与其中，出现了很多失败案例，遭到了尖锐批评。简·雅各布斯就认为，对被改造的社区而言，这些项目的资金具有“洪水”一般的破坏力。[②]

1974 年，尼克松政府制定了《住房与社区发展法》，成立社区发展基金（CDBG），要求项目申请者必须提供居民参与的机会。1976 年修订的一般性税收分享法案要求，接受联邦援助的地方政府必须让居民来决定如何使用联邦援助资金。为了申请联邦资助，各地纷纷组建社区发展社团（CDCs）和居住区协会（RCAs）两种社区自治组织，与地方当局和开发商合作改造社区、开发社区。CDCs 集中于老工业城市的传统社区中，绝大部分致力于社区改造与经济复兴，还提供就业培训、政策倡导等服务。除了申请联邦资助和银行贷款，CDCs 还向各种基金会争取资金支持。RCAs 主要出现在新建社区中，成员由房主组成，主要职责是维护社区公共设施和提供基本社区服务，资金则由房主共同筹集。[③]

三、住房保障与社会工作

住房保障是社会工作者较少介入的实务领域，相关的实务案例与研究也很匮乏。这与住房保障制度的运行机制有关。当然，这意味着也有一些社会工作的介入空间。

在面向家庭的服务过程中，社会工作者经常遇到案主居住条件恶劣等情况。在这种实务场景中，如果住房方面的专项福利资源相对丰富，则社会工作者通常承担资源联结者的角色，协助案主向住房保障管理部门提出申请，落实相关政策待遇，从而实现案主应有的居住权利。如果住房方面的专项福利资源很匮乏，这类居住困难问题通常就会被合并到贫困救助领域。

住房保障对弱势家庭和个人的福利有重大影响，同时是政府福利开支的重要部分，是社会各界都关注的政策领域。住房保障涉及经济、财政、福利等多个方面，是个高度竞争的政策研究领域，而弱势群体往往不能直接发声、表达合理的

① 莫林斯，穆里．英国住房政策．北京：中国建筑工业出版社，2012.

② 雅各布斯．美国大城市的死与生．南京：译林出版社，2005：342.

③ 罗思东．美国城市中的邻里组织与社区治理．中国政法大学学报，2007（2）：29－38.

利益诉求。因此，在政策倡导层面，社会工作者可以从宏观社会工作的角度切入这个领域，开展调查研究，为弱者发声，影响政策进程。①

第二节 住房保障的构成

一、公共住房

政府可以建设公共住房、廉租房，向住房困难家庭低价出租。这种“补砖头”的政策可以在短期内解决较大规模低收入群体的住房短缺问题，并有通过公共工程拉动经济增长的效果。但是，大规模的低租金住宅区的建成也有抑制住房需求、冲击地方住房市场的负面经济后果。由于住房建设所需投资规模庞大，政府短期内的财政压力比较大，建成后的日常管理成本也比较高。这种住宅区有贫民区的负面标签。当经济持续增长、社会总体实现中产化之后，原来低收入家庭中的大部分会摆脱贫困、迁出这类社区，又由于余下的低收入家庭也不愿意继续在这种社区中生活、尽量迁出社区，因而会出现住宅区大面积空置、环境恶化的现象，很多这种住宅最终被拆除。

英国是公共住房建设的代表。1924 年，第一届工党政府通过了《惠特利住房法》，地方政府开始大量建造廉价住宅（council house）。1924—1929 年间，共建成约 58 万套公共住房。1933 年，《惠特利住房法》失效，但在 1932—1939 年间又建成了约 26.55 万套公共住房。二战结束后，英国政府再次加大廉租房投资。到 20 世纪 70 年代，高层住宅因耗资大、节约土地的效果不明显、生活不便利等问题而不再流行。另外，英国也允许家庭购买租住的公共住房；在撒切尔政府时期，大量公共住房被私有化。

与英国相比，新加坡政府实行更为严格的管制政策，将住房市场纳入政府的全面管制之下。新加坡大部分“组屋”由政府供应，市民可以根据收入状况选择租住或购买组屋，每个家庭只能同时租住或拥有一套组屋。中央公积金是组屋建设与运营资金的主要来源。政府为组屋建设提供低息贷款，同时以中低收入家庭可承受的价格出售组屋，由此造成的赤字由财政承担。随着新加坡国民收入水平的提高，1968 年，新加坡正式开始实施“居者有其屋”计划，允许市民动用公积金储蓄购买政府组屋。低收入家庭可将其普通账户的存款作为首付款，其余部分在公积金中分期支付。如果普通账户余额不足，可从建屋发

① 师元梅．社会工作介入住房保障的研究．经济研究导刊，2013（32）：231-232.

展局获得贷款，并用未来的公积金缴费偿还。1975 年之后，该项优惠政策也向中等收入家庭开放。

二、房租补贴

（一）直接补贴

政府通过住房券、现金补贴、税费减免等方式，增加家庭的支付能力，同时对租房市场进行一定程度的价格管制。这类“补人头”式的补贴有较好的选择性，可以进行动态管理；在支出总量控制上，可以通过对补贴数量的调整实现有效的调控；管理成本更低，不需要巨额的监督成本；不会形成贫民集中居住的空间区隔现象。最重要的是，这类政策不会明显地扭曲住房市场的价格机制。市场中有充足的存量房源可供家庭进行选择是这类政策的基本前提。

（二）间接补贴

政府对房租价格的管制有利于控制租房者的支出，但同时可能会损伤私人房东的利益，房东通常采取拆分住房单元等方式增加租金收入。在房地产市场繁荣时期，这种情况尤为明显。因此，有必要在管制房租的同时向房东提供适当的补贴，以激励房东将符合居住标准的住房出租给租客。这种补贴通常是临时补贴。目前，英国私人房东在出租房屋时，除了享受一定的税收优惠外，还可以获得一次性的 1 000 英镑现金补贴。但这种补贴引发了一些争议，有议员认为应当向房东征收房租税，以弥补政府的补贴支出，并可以为新建住房提供资金。①

三、购房补贴

（一）购房补贴

政府也可以要求银行对购房者提供低息抵押贷款，同时向银行提供补贴，并减免购房者的所得税，以降低房产购买门槛和持有成本。这种政策有助于扩大房地产市场的需求，但在经济不景气时，可能出现大面积断供的现象，政府可能又要针对这类家庭出台新的财税优惠政策。美国政府通过所得税抵冲、首次购房免交交易税与过户税等政策鼓励私人购买房产。1975 年的《房屋抵押公开法》、1977 年的《社区再投资法》要求金融机构满足低收入人群的信贷需

---

① OSBORNE H. Private landlords gain £26.7bn from UK taxpayer, says campaign group. European official news, 2015-02-10.

求，政府提供贷款利息补贴。1989 年的《金融机构改革、复原和强制执行法》要求联邦住宅贷款银行将其年净收入的 10%投入安居工程，其中包括廉租房和廉价自有住房。这些房贷是房地美和房利美的保险标的，也和其他贷款保险一起证券化。在信贷宽松时期，房屋抵押贷款质量管控不严格，让低收入人群得到了更多的贷款，但也在住房金融领域积累了系统性风险，最终导致 2007 年次贷危机的爆发。

（二）公共住房折价出售

除了对新建私人住房提供补贴外，政府也可以将部分公共住宅低价出售给私人，在减轻财政负担的同时，满足部分家庭对资产的需求。20 世纪 80 年代起，英国开始大规模地将公共住房私有化。英国政府为公房购买者提供最低 30%的折扣，承租人每租 1 年另增加 1%的优惠，最高折扣为半价。1986 年，英国政府进一步提高折扣力度，公房承租人每租 1 年另增加 2%的优惠，最低以三折出售。1986 年，《建筑协会法》赋予房屋建筑协会提供无担保贷款的权力，将其转化为市场化的住房金融部门，逐渐取代地方政府成为住房福利供给的核心。1988 年 8 月“两伊”战争结束后，住房价格快速下跌，各地政府和房屋建筑协会被提出抵押贷款救援计划，回收住房以稳定住房市场。工党的布莱尔政府也基本继承了这种住房政策理念，并称之为基于资产的福利。1980—2005 年间，全英国共有 240 多万套社会住房被私有化；另外，超过 50 个地方政府将剩余公共住房的产权划归房屋建筑协会，继续以低廉的价格向低收入家庭出租。

四、旧城改造

在集中连片的旧城改造项目中，政府为开发商提供税收、贷款方面的支持，开发商将一部分土地用于建造公共住宅，其余土地用于商业化的地产开发。一般认为，这种公私合作（PPP）模式是贫困家庭、贫民社区、开发商与政府多方共赢的政策设计。美国的住房政策还将社区参与、消除种族隔离等住房政治问题纳入政策考量。1992 年起，美国联邦政府提出第六希望计划（HOPE VI），拆除破旧公共住房，代之以规模较小、设施齐全的混合社区，以消除种族隔离、促进社会融合。1986 年的《税收改革法》规定了为廉租住房的开发商提供资金支持的条款，至 2006 年，低收入住房税收补贴项目共资助开发了 160 万套住房，而此前 50 年间公共住房的数量仅约为 11.7 万套。新开发社区 20%的住宅单元被收入不超过当地平均收入 50%的家庭承租，或至少 40%的住宅单元被收入不高于当地平均收入 60%的住户承租的，开发商可享受抵税优惠，并可将部分房屋以市场价格出租给高收入住户。

第三节 中国住房保障的发展

一、中国住房保障制度的发展历程

（一）计划经济时期的住房福利体制

新中国成立初期，政府颁布法令管制房租价格，出现私人房东不愿意投资修缮与新建住房的情况。经济建设进一步带来了城市人口的增长。这些因素共同加剧了新中国的住房短缺问题。1954 年颁布的《中华人民共和国宪法》中有保护私人房屋所有权的条款，但在 1956 年工商业社会主义改造完成后开始了私有出租房的社会主义改造运动，要求两年内完成所有制改造。在“赎买”私房运动结束后，有产阶层仍占有相当数量的房产。在“文革”期间，私人住房被视为资本主义尾巴，大量私房被政府没收，成为房管部门管理的房产，定向分配给各单位。①

与此同时，政府在单位制的框架下增加住房供给。军队自建营房解决本系统的住房问题，而行政、事业及工厂职工的住房问题则通过单位化的住房分配制度逐步解决。1957 年，国务院发布《关于职工生活方面若干问题的指示》，要求各地在基本建设计划中安排投资，为无房职工增建住宅。该文件被认为是“住房产权公有、实务分配、低租金使用”的职工住宅福利制度正式建立的标志。由于整个经济体系以增加工业产出为运行目标，住房投资被严重压缩，1949—1978 年间，年均住房投资占 GDP 的 1.5％。②

（二）改革开放以来的住房体制改革

1984 年，《人民日报》发表了邓小平关于住房问题的谈话，明确了“住宅商品化”的房改方向。1986 年，《民法通则》中明确规定，房屋作为公民个人财产受法律保护。但在改革开放初期，由于单位制仍然得到保留，因此住房福利制度也得到了延续。1988 年，国务院提出分期、分批推行单位住房制度改革的思路。1990 年，北京等地开始探索提租不补贴、低价出售公有住房、建立住房公积金等具体的房改政策。1991 年，国务院发布《关于继续积极稳妥地进行城镇住房制度改革的通知》，肯定了试点改革经验，提出了以分步提租、交纳租赁保证金、新房新制度、集资合作建房、出售公房等多种形式推进房改的指导意见。自此，在既有的单位制框架下，实物化的住房福利供给模式被废止，代之以单位职工利

① 张群．居有其屋：中国住房权历史研究．北京：社会科学文献出版社，2009.

② 朱亚鹏．住房制度改革：政策创新与住房公平．广州：中山大学出版社，2007：48－49.

用单位土地、集资合作建房模式，存量公房也大部分私有化为私产。

1992 年，党的十四大提出了建立社会主义市场经济体制和国有企业建立现代企业制度的改革目标。随着企业单位制色彩的消退，福利分房的社会基础被迅速削弱。又由于大量企业破产改制，原来的企业职工成为失业者，相关家庭的住房保障成为一个紧迫的社会问题。1994 年，国务院颁布《关于深化城镇住房制度改革的决定》，要求各地方建立两套住房供应体系，即以中低收入家庭为对象的经济适用房体系和以普通较高收入家庭为对象的商品房供应体系，并分别匹配了政策性贷款和商业性按揭抵押贷款两种融资渠道。1998 年，在亚洲金融危机的背景下，国务院进一步提出要取消福利分房、建立面向低收入居民的廉租房供应体系的住房政策，希望通过房地产行业带动消费、保持经济活力。1999 年，建设部发布《城镇廉租住房管理办法》，对廉租房建设、分配、管理的关键环节做了系统规定。

2003 年，国务院在《关于促进房地产市场持续健康发展的通知》中首次提出"房地产是国民经济支柱产业"，并倡导"逐步实现多数家庭购买或承租普通商品住房"。各地随之兴起商品房建设热潮，房价、房租价格同步上涨，特困家庭的住房保障问题再次凸显。截至 2005 年年底，全国廉租房建设累计投入 47.4 亿元，仅有 32.9 万户家庭被纳入廉租住房保障范围；同期，全国有 70 个地级以上城市（占总数的近 1/4）尚未建立廉租住房制度。对此，国务院于 2007 年发布《关于解决城市低收入家庭住房困难的若干意见》，要求各地方进一步健全廉租住房制度，改进和规范经济适用房制度。

针对不符合廉租房申请要求、短期内没有能力购买商品房或经济适用房的"夹心层"群体以及新就业职工、外来务工人员等群体的过渡型居住需求，国务院于 2009 年提出了建设公共租赁住房的对策建议。2010 年，住房和城乡建设部等七部委发布《关于加快发展公共租赁住房的指导意见》。近年，各级政府在旧城改造、农村危房改造方面也实施了很多项目。

二、中国住房保障制度的构成

（一）住房公积金

住房公积金是指国家机关、国有企业、城镇集体企业、外商投资企业、城镇私营企业及其他城镇企业、事业单位、民办非企业单位、社会团体及其在职职工缴存的长期住房储金。1991 年，上海市首次试点住房公积金制度。与房改过程中的补贴、集资建房、公房私有等相比，住房公积金给予职工获得低息贷款的资格。1998 年，国务院发文停止住房实物分配；1999 年，国务院发布《住房公积金管理条例》，标志着这项住房金融制度的正式确立。

根据 2015 年住建部、财政部和中国人民银行联合发布的《全国住房公积金 2014 年年度报告》，截至 2014 年年末，全国设区城市（含新疆生产建设兵团）共设立 342 个住房公积金管理中心，其中参公管理事业单位 129 个，一般事业单位213个；未纳入设区城市统一管理的分中心208个，其中县（市、区）分中心98个，石油、电力、煤炭等企业分中心86个，省直分中心24个。2014年，全国住房公积金实缴单位206.50万个，实缴职工11 877.39万人；按实缴职工所在单位性质，2014年，国家机关及事业单位、国有企业、私营企业及其他城镇企业三个单位类型的占比分别为34.55%、25.77%、12.74%。

住房公积金存在一系列制度缺陷。在缴存环节，据国家审计署2006年的审计报告，10%缴存较多的人每月缴款1 572元，而10%缴存较少的人每月只缴54元①，缴存数额有明显差异。而基金本身强调个人储蓄积累，导致高缴存人群优先使用低息贷款，而中低收入家庭难有申请公积金贷款的机会。另外，住房公积金的资金利用途径狭窄，资金闲置明显。②

(二) 经济适用房

经济适用房（以下简称"经适房"）是类似于香港"居屋"一样的限价商品房，政府通过土地划拨供应、各种税费减免等优惠组织开发商进行建设，并规定售卖价格。因此，经适房又被称为限房价、限地价的"两限"商品房。经适房主要为解决城市化过程中商品房价格快速上涨带来的中低收入家庭的购房困难问题。各地经适房分配基本设置了轮候制度，以户口属性、家庭人口、住房面积、收入水平等为申请资格条件，并有受益家庭获得房产证5年后出售经适房时需要补足和普通商品房差价的规定。

1994年，建设部、国务院住房制度改革领导小组、财政部联合发布《城镇经济适用住房建设管理办法》。2007年，建设部、发改委、监察部、财政部、国土资源部、中国人民银行、税务总局联合发布《经济适用住房管理办法》，进一步规范经适房的开发政策。经适房建设主要由地方政府筹划，资金也主要由地方解决，社会资金是主要的筹资渠道，包括银行商业贷款、政策性贷款、预售款、单位住房基金、住房公积金等。经适房一度是各地主要的住房保障政策。近年来，各地经适房建设有收缩的迹象，更多的财政资金被配置到房租补贴计划中。很多大中城市停止了经适房申请，不再新建经适房。

经适房建设对缓解我国的城市住房问题起到过重要作用，但也遭受了激烈的批评：有的经适房项目最终被开发成大户型的商品房甚至豪华住宅，相关土地、税收政策被滥用；资格审查环节也常有漏洞，家庭收入及资产状况调查很难完全落实，一些名额最终被中高收入家庭获取，住房福利政策的公正性大打折扣。随着公开摇号、名单公示等应对措施的出现，这类批评才明显减少。

(三) 公共租赁住房

公共租赁住房是指政府向符合条件的城镇居民家庭提供的低租金住房，保障

① 中央纪委，监察部驻建设部纪检组，监察局．住房公积金运行和管理情况的调查思考．中国监察，2006 (17)：17-18.

② 陈杰．中国住房公积金的制度困境与改革出路分析．公共行政评论，2010 (3)：91-119.

形式主要为实物配租、租金补贴，大致相当于国外公租房、社会住房租金补贴两类政策之和。

在2014年之前，我国针对“双困”家庭的租赁型住房保障政策包括廉租房、公共租赁住房两部分。廉租房产权归地方政府或单位所有，主要面向符合户口条件、家庭收入低于最低生活保障标准（个别地区含低保边缘人员）且住房困难的“双困”家庭。依据1999年建设部发布的《城镇廉租住房管理办法》，廉租房来源主要有共有住房腾退、“双困”家庭承租房、政府和单位建设的廉租住房。新建廉租房所需土地由政府划拨，主要为50平方米左右的小户型。公共租赁住房则没有户口限制，是向住房困难且收入较低（一般标准为当地城市居民最低生活保障线的2.5倍）的新入职员工（含刚毕业的大学生）、外来务工人员（含农民工，有工作及社保缴费年限）等家庭提供的住房福利。据2012年住房和城乡建设部发布的《公共租赁住房管理办法》，公共租赁住房以地方政府或公共部门新建、改建、收购、长期租赁等多种方式筹集。这一政策将房改过程中出现的产权归单位的国有房产纳入统一的管理框架，又给了单位化的住房福利以一定的政策空间。新建公共租赁住房为40平方米左右的成套住房或宿舍型住房。公共租赁住房的租金要高于廉租房，一般是同地段同品质住房租金的60%，年限一般不超过5年，而廉租房没有明确年限标准。2013年，住建部、财政部、发改委联合发布通知，将原来的公共租赁住房和廉租住房制度并轨运行，统称为“公共租赁住房”。

由于轮候制度及公建廉租房供给不足等原因，部分低收入的住房困难家庭不能直接在公营廉租住房制度中受益。我国的地方政府便向符合条件的家庭提供现金房租补贴，以减少相关家庭的房租支出。各地区实施的住房补贴制度有一定的差别。2016年，郑州市房租补贴的计算公式为补贴额度＝补贴面积×补贴标准×申请人口×补贴系数；该年度补贴面积标准为20平方米/人，单人户家庭为30平方米/人，市级及以上劳动模范等先进人物家庭为25平方米/人；人均补贴标准为每人每月12元/平方米。持有城市居民最低生活保障金领取证的家庭，补贴系数为1；持有郑州市城市低收入家庭救助证、人均月收入介于城市低保标准2至2.5倍的家庭，补贴系数为0.9；人均月收入介于城市低保标准2.5至4倍、4至6倍的家庭，补贴系数分别为0.5、0.3。同期北京市公租房租金补贴的计算方法、补贴系数、面积限额等与郑州市又有所不同。

(四) 棚户区（危旧房）改造

作为东北地区安居工程的一部分，2005年，东北三省相继开展了大规模的棚户区（危旧房）改造工程，在拆旧建新的同时开发商品住宅。2013年，国务院发布《关于加快棚户区改造工作的意见》，要求各地在2008—2012年改造各类棚户区1 260万户的基础上，在2013—2017年改造棚户区1 000万户，进一步提高全国的城镇化建设水平。事实上，自住房商品化以来，这种以商品房开发为主要目标的“旧城改造”运动一直在各大中城市持续，只是棚户区改造中因有政府资金的注入而有更浓的住房福利色彩。

近年，农村住房保障问题开始受到政府的重视。在美国爆发次贷危机的2008年，我国政府投入2亿元在贵州开展农村危房改造试点；2009年之后，进一步扩大试点；至2010年，中央财政三年间共投入117亿元，完成了204万户农村困难家庭的危房改造。这一工程兼有增加福利投入并刺激经济的双重意义。[①] 在"十三五"规划中，农村住房保障被列为一项重点民生工程，各地农村都开展了危房改造项目。但在对广西农村危房改造项目的研究中发现，由于需要一定的自筹"配套"资金，补助对象大多是村社中相对富足的家庭，相比之下，困难户比例偏低，这导致了项目福利属性的扭曲。[②]

三、中国住房保障的问题与未来发展

(一) 中国住房保障制度的主要问题

自2003年房地产业被确立为国民经济支柱产业以来，原有的福利分房制度快速向市场配置住房资源的模式转变，大多数家庭被推向商品房市场，住房保障制度一度被边缘化。2007年国务院发布《关于解决城市低收入家庭住房困难的若干意见》之后，住房保障制度体系开始从"补救模式"向"机制模式"转变[③]，保障房及住房补贴等住房福利供给才有所增加。尽管如此，城市居民住房福利供给的总体规模仍然偏小，覆盖面窄、保障水平低。这与我国福利保障的总体状况相一致。与此同时，城市间的差异比较明显，北京、上海等发达城市对户籍人口已经基本做到"应保尽保"，而在一些城市特别是老工业区，还存在一定规模的待改造棚户区。

城乡二元分割是内地住房保障制度的基本特征。在相当长的时期内，住房问题被限定为城市问题；尽管农村有大量的贫困人口，但政府未向这些人群落实住房福利政策，直到政府将此问题与扩大社会消费联系起来之后，才大范围地推广危房改造项目。相比之下，城市的住房保障政策尽管有覆盖面窄、保障水平低的基本限制，但仍有特困家庭及大量低收入家庭从中受益。

现有城市住房保障制度对农民工这一群体有着整体性的排斥。依照户口制度，农民工群体总体上属于农村人口，这一群体中的相当一部分已经成为事实上的城市人，但他们没有住房公积金，且因经常更换工作、没有连续缴纳社保而不具有公租房申请资格，也很难获得申请按揭贷款资格，在一些城市中甚至没有用现金购买住房的资格。近年来，一些地方出现了鼓励农民进城购房的房价优惠、契税优惠的措施。总体而言，地方政府更希望这一人群成为商品住房的购买者，

---

① 章卫良．从"经济刺激"到"社会救助"——关于农村危房改造政策的分析与建议．中共浙江省委党校学报，2012（3）：124-128．

② 广西财政厅课题组．广西农村危房改造补助资金使用管理研究．经济研究参考，2012（47）：36-40．

③ 杨向前．中国住房保障制度的演进与思考．中共石家庄市委党校学报，2012（11）：19-25．

以此为代价获得城市居民身份及各种福利待遇。

除了体制、结构层面的问题，现有的各项住房保障政策也有具体的制度设计问题。经济适用房相当于西方的可支付住房，但各地在政策执行过程中，因购买对象界定不清晰，有一部分这类项目变成了优势社会集团的福利项目，真正的弱势人群反而被排除在外。住房公积金制度也存在类似的问题。与新加坡的情况不同，我国的住房公积金制度有强烈的选择偏好，正向再分配属性偏弱，基本不具有向低收入家庭输送福利的功能，最终被转化成当前社会中优势职业群体的住房金融互助制度，也缺少公开、透明的监管机制。部分城市的公租房缺少稳定、规范的资金渠道，使得这一制度的受益群体规模偏小、保障水平偏低，特别是对新就业的青年无房群体、进城农民工的保障水平有待提高。在农村危房改造政策的实施过程中，也出现了弱势人群被排斥的意外后果。随着住房保障行政流程的透明化，一些制度扭曲已经得到根本克服，但一些体制性的难题仍然继续存在着，需要进一步完善。

（二）中国住房保障的未来发展

总体而言，中国住房保障制度的运行与低收入家庭的规模和住房需求水平、城市福利财政投入规模两个因素密切相关。在过去的十几年中，受改革红利的推动，20 世纪 90 年代的下岗失业群体大部分摆脱了生存困境，因此，目前搬出“贫民区”、改善居住环境的需求远大于住有所居的需求，而政府的主要精力也放在旧城改造上。在即将到来的 2020 年，我国将全面建成小康社会，未来还要进入中等发达国家的行列，这意味着中国各级政府在总体上要提高福利财政的投入规模。

城市化是近期中国经济增长的基本动力。在住房保障的意义上，城市化就是要让进城农民在城市中安居乐业，而不只是城市的过客。但问题是，这部分人群进城后大部分转化为蓝领工人或自雇佣者。对他们而言，除非通过土地流转等方式获得较高的一次性收入，否则他们大部分无法进入商品房市场。在这种情况下，如果政府想要让更多的农民扎根城市，推动城市经济增长，就有必要为这一人群设定更具包容性的住房政策。

随着中国经济的稳步增长，农村相对于城市的贫困化程度会进一步扩大。因此，在住房保障领域，应当弱化城乡分割的体制壁垒，向乡村提供更多的转移支付资金，提高乡村居民的住房福利水平。

住房保障的体制变革最终要体现在具体政策层面上。随着经济适用房政策的逐步退出，公共租赁住房将成为我国城市住房保障政策的支柱。目前，我国已经建立了分类别、多层次的公租房政策框架。通过细化政策规则、规范筹资渠道、增加财政投入规模等制度优化措施，逐步提高补贴水平、增加受益人群、增进制度的公正性，将是公租房政策改革的主要方向。就具体政策而言，可以先向进城农民工、新就业的大学生提供可租住较长时间的小户型公租房，甚至可以在其居住一定年限后再向其赋予购买产权的优先权。

【本章小结】

居住是人类的普遍需要。在现代社会中，人们的居住需要主要通过购买或租赁住房的市场过程得到满足。由于低收入家庭在地方住房市场中的弱势地位，其基本居住需要不能得到满足，成为基本的社会问题。于是，西方各国政府率先将对基本居住需要的满足纳入社会福利政策的范畴，对弱势群体进行不同形式的援助，以改善其居住条件、保障其居住权利。住房保障制度是政府与社会为改善低收入者及其他弱势群体的居住条件、保障其居住权利而设立的一类社会保护政策，是当代各国社会福利制度的重要组成部分。住房保障制度有强烈的福利属性，像最低生活保障一样不以保险缴费为受益条件。几十年来，中国经济持续繁荣，城市底层人群的安居问题越来越成为社会议题，如何完善现有住房保障政策、让这一人群分享改革开放的成果，已成为一项关系到国计民生的重大问题。社会工作在住房保障中可以发挥积极作用。住房保障的构成包括公共住房、房租补贴、购房补贴、旧城改造。我国住房保障的发展可以分为计划经济时期和改革开放以来两个阶段。中国住房保障制度主要包括住房公积金、经济适用房、公共租赁住房、棚户区（危旧房）改造。我国的住房保障取得了积极成效，但依然存在不少问题，离“住有所居”的目标还有较大距离，未来需要进一步改革完善。

【思考题目】

1. 什么是住房问题？什么是住房保障？
2. 社会工作在住房保障中的作用如何？
3. 住房保障的构成有哪些？
4. 简述我国住房保障的发展演变过程。
5. 我国住房保障存在的主要问题有哪些？未来如何发展？

案例讨论

案例一：“蚁族”的住房问题

一些大学生在大城市就业后，因收入较少而居住在环境恶劣的城中村中，或多人合租以节约房租。

“来到了一栋公寓的36层（顶层），我们进门看到房子，立刻惊呆了。这房子100平方米左右，主人用三合板分隔为十个房间，准备租给十个人。每个小单间里，有一张床和一张桌子，人走进去，房间狭小得无法横着走过两个人，连转身都困难。”

不仅如此，绝大多数这样的房间里面没有通光的窗子，有的只是隔间顶部的通风口。如果不开灯，在白天看不到任何东西。

更让人无法接受的是，这栋楼紧邻火车站，来往火车呼啸而过，到了晚上，火车的轰鸣让人根本无法入睡……

这是实践队在上海中远两湾区“蚁族”聚居地看到的场景。尽管在出发前已经做好了心理准备，但实践队员于婧仍然觉得这样的情况令人难以接受：“当一间六七平方米、月租却700余元的房间呈现在面前时，残酷的现实触痛了我。”

资料来源：天大11学生体验蚁族生活　三合板隔间仅有桌床．城市快报，2010-09-28.

思考题：

参加工作后勉强糊口的大学毕业生应不应当成为住房保障政策的受益者？

案例二：进城务工老年夫妇住地下室

一对在郑州某高校后勤部门工作的“临时工”老年夫妇，在地下5米深的机房内生活了数年。机房有五六十平方米的面积，一部分被空调压缩机占据，另外一部分摆放有一大一小两张床。此外，还有电视机、电冰箱以及洗衣机。井底基本见不到阳光，弥漫着潮湿、发霉的味道，压缩机工作时的噪音也有六七十分贝。该校宣传部部长说明了情况：由于二人年龄较大，工作也认真负责，学校很关照他们，二人都办理有“三金”，学校给二人安排有20余平方米的职工宿舍，他们也已经占用。夫妇二人为方便工作，有时就住在地下数米的机井内。

资料来源：张波．老两口住高校地下机房数年　学校：不会让其居无定所．(2015-12-19)［2017-08-15］. http：//news. dahe. cn/2015/12-19/106180874. html.

思考题：

农村务工人员在城市中的居住困难问题如何解决？

推荐文献

1. 廉思．蚁族：大学毕业生聚居村实录．桂林：广西师范大学出版社，2009.

2. 潘慧娴．地产霸权．北京：中国人民大学出版社，2011.

3. 张群．居有其屋：中国住房权历史研究．北京：社会科学文献出版社，2009.

4. 谢若登．资产与穷人——一项新的美国福利政策．北京：商务印书馆，2009.

5. 施瓦兹．美国住房政策：第二版．北京：中国社会科学出版社，2012.

6. 莫林斯，穆里．英国住房政策．北京：中国建筑工业出版社，2012.

7. 章卫良．从“经济刺激”到“社会救助”——关于农村危房改造政策的分析与建议．中共浙江省委党校学报，2012 (3).

8. 广西财政厅课题组．广西农村危房改造补助资金使用管理研究．经济研究参考，2012 (47).

9. 杨向前．中国住房保障制度的演进与思考．中共石家庄市委党校学报，2012 (11).

10. 魏宗财，陈婷婷，李郇，等．新加坡公共住房政策可以移植到中国吗？——以广州为例．城市规划，2015（10）．

11. 杨巧，李意．非营利组织参与住房保障的国外实践与启示．经济纵横，2014（12）．

12. 沈君彬．退出的政府与异变的政策——雏生型公共住房制度下政府住房保障责任缺失分析．中共福建省委党校学报，2009（1）．

第十四章

教育福利

【学习目标】

1. 理解教育福利的概念、构成与功能；
2. 了解我国教育福利的发展历程；
3. 把握目前我国教育福利的现状；
4. 分析我国教育福利存在的主要问题；
5. 展望我国教育福利的未来发展。

教育是每一个公民都应享有的基本权利，教育福利是社会保障的重要组成部分。从本质上讲，教育福利是一种发展型的保障，与其他社会保障项目相比，教育福利“助人自助”的效应更加明显，更有利于提高全体国民的整体素质和福利水平。本章主要包括四个方面的内容：一是教育福利概述；二是我国教育福利制度的发展变迁；三是我国教育福利的政策现状与问题；四是对我国教育福利的未来展望。

第一节 教育福利概述

一、教育福利的概念

教育福利是随着现代工业社会的兴起而逐渐发展的。在早期的学校出现以前，教育一般由家庭和社区提供，几乎不存在教育公平的问题。有了正式的学校以后，教育对象出现了阶层分化，只有少部分人能够接受教育，统治阶级甚至将教育视为一种特权。直到文艺复兴时期，欧洲新兴资产阶级为了普及宗教改革的思想，在部分地区实行公共教育，出现了最早的教育福利的雏形。[①] 之后，随着社会福利思想的不断发展，教育福利作为社会福利的构成之一，受到越来越广泛的讨论。对于教育福利的概念，也存在诸多争议。总的来看，教育福利的概念有广义和狭义之分。广义的教育福利认为教育福利是国家为了保障公平的受教育权利，为公民提供各类形式的教育资源的制度；狭义的教育福利认为教育福利是国家为了保障教育公平，为弱势群体提供教育支持的制度。

本书认为，教育福利是国家为了保障公民的受教育权利，为公民提供的免费或者低收费的教育资源的一种福利制度安排。教育福利是社会福利的一部分，教育福利的目的是保障公民公平接受教育的权利，使每一个公民都享受平等的教育机会。根据蒂特马斯对社会政策模式的分类，教育福利可以分为普惠型教育福利

---

① 任洁琼，陈阳．教育救助．社会福利，2002（11）．

和补缺型教育福利。普惠型教育福利又称制度型教育福利，一般是针对全体社会成员，福利对象覆盖广泛，所有符合条件的社会成员都有资格享受这种教育福利，比如我国的义务教育制度等。补缺型教育福利又称选择型教育福利，一般是针对有特殊需求的群体，在为这些群体提供教育福利时，需要按照一定的标准进行选择，比如贫困学生奖助学金制度等。

教育福利主要有以下几方面的内容：一是国家和政府提供的教育机构，包括各类教育机构、教育设施、教育人员和教育设备等；二是特殊教育政策，比如专门针对贫困地区、少数民族地区、特殊人群的各项特殊教育政策；三是教育资助，主要是为低收入者提供助学支持；四是教育服务，即为教育事业提供支持的各类服务活动。①

二、教育福利的构成

按照教育福利提供的资源形式，教育福利的构成包括教育基础设施、教育资金援助和教育服务。教育基础设施是指由政府负责建设教育机构，包括教育基础设施、教育人员培训、教育设备等。教育资金援助包括国家对特殊地区的专项经费支持（比如对农村和困难地区的教育经费补助、对少数民族地区的教育经费补助、对特殊教育的补助）、奖助学金制度、减免学杂费制度、助学贷款制度、教育储蓄等。教育服务包括培训教师，减免为教育事业服务的企业/产品的税收，为弱势群体提供教育咨询、辅导、补习等。

按照教育福利的对象，教育福利的构成包括儿童教育福利、残疾人教育福利、妇女教育福利、低收入人群教育福利等。儿童教育福利包括学前教育福利和义务教育福利，主要内容有学前教育费用减免、免费营养餐、义务教育、流动儿童教育政策等。残疾人教育福利主要包括建设残疾人教育机构、残疾人教育经费支持、残疾人教育师资培训、残疾人教学方案支持等。妇女教育福利主要包括妇女职业教育、妇女扫盲教育、女童教育资助等。低收入人群教育福利主要包括贫困学生奖助学金制度、勤工俭学制度、助学贷款制度等。

按照教育的阶段，教育福利的构成包括初等教育福利、中等教育福利、高等教育福利等。初等教育福利主要涉及义务教育阶段的福利。中等教育福利包括初高中教育福利、职业教育福利等。高等教育福利主要是针对大学及以上学历受教育者的教育支持和资助。

三、教育福利的功能

（一）保障公民受教育的权利，促进社会公平

教育是每一个公民都应该享受的一项基本权利。教育公平既是社会公平的体

① 郑功成．社会保障学．北京：中国劳动社会保障出版社，2005：371－372.

现，也是实现社会公平的重要手段。社会公平包括起点公平、过程公平和结果公平。在现实社会中，个体由于自身条件、家庭和生活环境存在显著差异，获取的社会资源有限，在起点上很难达到平等，这是客观存在的现实。弱势群体依靠个人很难满足受教育的需求，如果无法像其他社会成员一样接受教育，那么在未来的人力市场竞争中依然会处于弱势地位，起点的不公平无法得到任何改变，最终仍然导致了结果的不公平，社会不公平不断持续。教育公平是一种过程公平，遵循机会均等的原则，这就需要国家和社会提供必要的条件，为公民提供平等受教育的机会，为弱势群体提供教育资助，弥补他们的起点不足，尽量减少因起点不公平造成的结果不公平。教育福利不仅能够保障所有社会成员平等受教育的机会，还能促进弱势群体个人能力和素质的提升，从而改善其生活，最终实现社会公平。

（二）促进社会流动，稳定社会结构

任何一个社会结构都表现出一种层级结构，稳定的社会结构依赖于合理的社会分层。社会分层是按照一定的社会有价物（财富、声望、权力等）对社会成员进行一种高低次序的划分，其实质是社会有价物的不均等表现。社会分层是客观存在的，每个社会都存在着社会分层的状况，社会结构是否稳定不取决于是否存在社会分层，而取决于社会分层是否合理。要形成合理的社会分层，必须要有良性的社会流动，即每一个社会阶层的空间都相对开放，每一个社会成员都有机会从较低的社会阶层向较高的社会阶层流动。知识是一个社会重要的有价资源，教育是实现社会流动最重要的途径，因而，要保障公平受教育的权利，才能使每一个社会成员都具有向上流动的机会。理论上，理想的合理社会分层是“橄榄形”社会机构，即底层和最上层人数较少，中间阶层人数最多。我国目前还处于“金字塔形”社会结构，即底层人数最多，中间阶层和上层人数很少，社会贫富分化较为严重，社会下层教育资源较为匮乏。要改变这种阶层状况，就需要为社会下层提供更多的教育福利，提供充足的教育资源，增加他们向上流动的机会，促进社会的合理分层，实现社会结构的稳定。

（三）提升人力资本，促进经济增长

现代人力资本理论认为，人力资本是推动经济长期增长的主要动力。知识是最重要的人力资本。一方面，知识可以转化为新技术和产品，直接推动经济增长；另一方面，通过溢出效应，社会知识总量的增加会长期推动经济增长。教育福利是提升人力资本最重要的途径，当前我国正处于产业结构升级、经济结构调整的阶段，劳动力市场上结构性供求矛盾突出，一边是高素质人才的相对缺乏，另一边是受教育程度较低的劳动力供给过剩，供给和需求的匹配也使得就业结构失衡。因而，发展教育福利，提升人力资本，既能缓解劳动力市场供求失衡，也能促进经济发展。

（四）消除贫困文化，促进社会融合

教育不仅能够增加个人的知识、技能，还能够促进个人学习社会规则，提升道德水平，增加人文素养，让个人更好地融入社会。社会学研究表明，贫困群体长期生活在贫困中，会产生一种贫困文化，逐渐与主流文化相背离，不断被边缘化。教育可以提升贫困人口的知识水平，改变观念、行为、意识与精神面貌，增加与主流文化接触的意愿和机会，增强社会参与能力。

第二节 我国教育福利制度的发展变迁

一、改革开放前的教育福利

新中国成立之后，政府陆续出台了一系列政策法规，来保障人民受教育的权利。其实早在 1949 年 9 月，中国人民政治协商会议通过的《共同纲领》中规定，“有计划有步骤地实行普及教育”。这是我国首次以法律规定性文件的方式提出教育福利规划。改革开放前，我国实行计划经济体制，这一时期我国的社会保障制度主要参照苏联模式，为了体现社会主义制度的优越性，采取国家保障的形式，福利水平高，全面保障人民的生活。这一时期的教育福利是一种普惠型的教育福利，实行了几乎全部免费的教育福利政策，教育福利资金主要来源于国家财政。在基础教育阶段，学费一律免交，只收取少量的学杂费；在高等教育阶段，学生免交学杂费，师范生除了免交学杂费，还能获得生活补助。除了学校教育以外，企业还为职工举办技能培训，由于企业公有制的性质，这类职业教育事实上也属于公共教育福利。此外，国家还出台了专门针对工农子弟的教育福利政策，比如对工农子弟兵的降分录取政策、教育生活补助，20 世纪 70 年代大学免试招收工农兵学员等。[①] 这一时期教育福利的特点是教育福利具有普遍性，福利水平高，但是由于经济能力的有限性，基础教育薄弱，学校数量不足、质量不高，师资和教育设备缺乏，教育福利体系不健全，无法满足多元化的教育需求。在“文化大革命”时期，整个社会知识教育体系处于停滞状态，教育福利制度也一度停顿。

二、改革开放后的教育福利

改革开放以后，随着人民生活水平的提高，教育需求不断多元化。这时仅仅

---

① 陈洁颖．我国教育福利制度的现状和改革研究．杭州：浙江财经学院，2012.

依靠政府投资有限的资金发展公共学历教育很难满足增长的教育需求，我国开始了市场经济体制下的教育市场化改革。这一时期的教育福利制度也分为两个阶段。

第一阶段：1978 年至 2005 年。这一阶段主要进行教育体制市场化改革，改变教育福利原来的平均主义倾向，教育开始逐步收费，教育福利也有选择地进行提供。1985 年颁布的中共中央《关于教育体制改革的决定》提出进行教育体制改革，改革管理体制，调整教育结构："把发展基础教育的责任交给地方，有步骤地实行九年制义务教育"，地方可以征收教育费、附加费；扩大高校的办学自主权，除了国家计划招生外，可以招收自费生；鼓励社会投资教育事业。1986 年《中华人民共和国义务教育法》颁布，明确了儿童接受义务教育的权利，规定"凡年满六周岁的儿童，不分性别、民族、种族，应当入学接受规定年限的义务教育"，法规中虽然规定了国家对接受义务教育的学生免收学费，并设立助学金，但是在《义务教育法》的实施细则中仍然提出了可以收取学杂费。2001 年到 2002 年，国务院又先后颁布了《关于基础教育改革与发展的决定》《关于完善农村义务教育管理体制的通知》，进而确立了由地方政府负责、分级管理、以县为主的教育管理体制，规定县级政府对本地义务教育承担主要责任。

在高等教育方面，1989 年以前，仍然沿用原来的免费教育政策。1977 年，教育部联合财政部共同颁布了《关于普通高等学校、中等专业学校和技工学校学生实行人民助学金制度的通知》，规定了享受人民助学金的比例和标准，应届大学生和研究生均可以享受人民助学金，经济困难学生和少数民族学生经过核定可以享有比普通学生更多的人民助学金。1983 年，国家颁布了《普通高等学校本、专科学生人民助学金暂行办法》和《普通高等学校本、专科学生人民奖学金试行办法》，改变原来单一的助学金制度，开始设立人民奖学金，对少数优良的学生进行奖励。1987 年，国家教委、财政部联合发布《普通高等学校本、专科学生实行奖学金制度的办法》，同年颁布了《普通高等学校本、专科学生实行贷款制度的办法》，对家庭经济困难、无法负担学校生活费用的学生实行贷款制度，由高校根据当地生活水平确定贷款额度和还款方式。1989 年，国家教委、国家物价局和财政部联合发布通知，决定对国家计划招收的学生实行高等教育收费制度；1990 年，出台了自费生的招生方法和学费标准；1992 年，要求各地自行拟定收费标准；1997 年，正式将"国家计划"与"委培生"和"计划生"合并为"收费生"，开始全面收费。同时，也逐步改革原来的奖助学金制度。1993 年起，国家教委先后出台了《关于进一步做好高等学校勤工助学工作意见的通知》和《关于对普通高等学校经济困难学生减免学杂费有关事项的通知》，要求各高校组织好"特困补助""勤工俭学"和"学费减免"工作，具体资金由政府出资补助，特别困难的学生如"孤残学生、少数民族及烈士子女学生"等，得到了妥善的安排，各高校设立了勤工俭学基金，鼓励经济困难的同学通过劳动来解决自己的学费或生活方面的困难。1999 年，国务院办公厅批准了中国人民银行、教育部、财政部等部门联合拟定的《关于国家助学贷款的管理规定（试行）》；2000 年发布了《关于助学贷款管理的补充意见》和《中国人民银行助学贷款管理办法》，把贷款方式从担保贷款改为个人信用贷款，申请贷款的范围从全日制本科生扩大为所有学生。①

第二阶段：2005 年至今。这一阶段的主要特点是教育福利不断增加，基础教育由原来选择型的教育福利逐渐向普惠型的教育福利转变，其他阶段的教育福利体系也逐步完善。2005 年开始，国家在国家扶贫重点县的农村义务教育阶段贫困生中实施“两免一补”计划（免除学生书本费、杂费，补助寄宿制学生生活费）。2006 年，新的《义务教育法》的颁布实施，强化了省级政府的统筹和责任，同时通过明确义务教育经费的“三个增长”，完善了义务教育的经费保障机制。同年，全国范围内开始实施免费义务教育制度。为了解决贫困地区学龄儿童营养不良的问题，保障农村儿童的健康成长，国家从 2004 年开始出台了一系列政策，为西部农村寄宿制学校的学生提供生活补助。2010 年颁布实施的《国家中长期教育改革和发展规划纲要（2010—2020 年）》就提出“启动民族地区、贫困地区农村小学生营养改善计划”，并且不断加大对农村经济困难家庭的寄宿学生的财政补助力度。2011 年，国家启动“农村学生营养改善计划”，同时开始着手强力推进学前教育发展，在各地全面实施学前教育三年行动计划。2016 年，甘肃省开始推行免费学前教育，预计其他各省也会陆续实施。② 2005 年，教育部、财政部联合发出《国家助学奖学金管理办法》，开始设立“国家助学奖学金”，分为“国家奖学金”和“国家助学金”两种形式，受助的对象是全国公办全日制普通高校的家庭经济困难学生，并规定了资助条件和资助标准。2007 年，又增加了国家励志奖学金。同年，我国开始实行免费师范生教育制度，报考教育部六所直属师范大学（北京师范大学、华东师范大学、东北师范大学、华中师范大学、陕西师范大学、西南大学）之一的学生有条件地接受免费师范教育，除了学费免费，还给予一定的生活补贴，2013 年增加了江西师范大学，2015 年增加了福建师范大学，至此全国已有八所高校实行有条件的免费师范教育制度。

从我国教育福利制度的发展历程来看，我国的教育福利经历了从普惠型的教育福利到选择型的教育福利再到多元化教育福利体系的过程。在改革开放前，我国虽然施行全面的教育福利制度，但由于经济发展水平较低，教育福利水平也较低，不利于教育事业的发展；改革开放以后，平均主义教育福利制度被打破，有选择地为学生提供教育福利，相比改革开放前的高教育福利体制，在一定程度上弱化了国家对于教育的主体责任，强化了家庭和社会的教育主体责任，有利于提高教育福利资金的效率，但是教育事业出现了过度产业化和市场化、教育资源分配不均衡的状况。随着经济社会的发展，普惠型的教育福利是未来教育福利发展

① 沈晓颖．教育福利视角下高校家庭经济困难学生资助体系研究——以南京 A 大学为例．南京：南京师范大学，2012.

② 陈洁颖．我国教育福利制度的现状和改革研究．杭州：浙江财经学院，2012.

的趋势，教育福利的内容也会越来越多元化。

第三节 我国教育福利的政策现状与问题

一、我国教育福利政策现状

(一) 义务教育福利

2006 年，根据我国义务教育发展中存在的问题，国家颁布了新《义务教育法》。2008 年，城乡免费义务教育基本实现。2004 年，我国对重点扶贫地区的农村义务教育实行“两免一补”，城市困难家庭学生也可以享受“两免一补”福利。2011 年开始，为了解决农村义务教育学生就餐问题，我国制定实施了学生营养改善计划，为 699 个国家连片特困地区县（含 19 个团场）农村义务教育学生提供营养膳食补助，标准为每生每天 4 元（800 元/年），所需资金全部由中央财政承担。从 2011 年至今，中央财政已累计支出资金 1 591 亿元，用于实施营养改善计划，已在 29 个省份的 13.7 万所学校实施，受益学生超过 3 360 万人。①

2015 年，国务院印发了《关于进一步完善城乡义务教育经费保障机制的通知》，全面统筹城乡义务教育资源均衡配置，整合农村义务教育经费保障机制和城市义务教育奖补政策，建立城乡统一、重在农村的义务教育经费保障机制。主要内容包括：（1）统一城乡义务教育“两免一补”政策。对城乡义务教育学生免除学杂费、免费提供教科书，对家庭经济困难寄宿生补助生活费。民办学校学生免除学杂费标准按照中央确定的生均公用经费基准定额执行。免费教科书资金，国家规定课程由中央全额承担。家庭经济困难寄宿生生活费补助资金由中央和地方按照 1∶1 比例分担。（2）统一城乡义务教育学校生均公用经费基准定额。中央统一确定全国义务教育学校生均公用经费基准定额，对城乡义务教育学校（含民办学校）按照不低于基准定额的标准补助公用经费，并适当提高寄宿制学校、规模较小学校和北方取暖地区学校补助水平。所需资金由中央和地方按比例分担，西部地区为 4∶1，中部地区为 3∶2，东部地区为 1∶1。（3）巩固完善农村地区义务教育学校校舍安全保障长效机制。支持农村地区公办义务教育学校维修改造、抗震加固、改扩建校舍及其附属设施。城市地区公办义务教育学校校舍安全保障长效机制由地方建立，所需经费由地方承担。（4）巩固落实城乡义务教育教师工资政策。中央继续对中西部地区及东部部分地区义务教育教师工资经费给予支持。

---

① 陈鹏．我国农村学生营养改善计划受益人数超 3 360 万．光明日报，2016－08－31.

（二）高等教育福利

高等教育福利主要包括国家奖学金、助学金、助学贷款、勤工俭学、免费师范教育、学生假期购票优惠等。

2007年，财政部、教育部颁布了《普通本科高校、高等职业学校国家奖学金管理暂行办法》，规定由中央财政出资设立国家奖学金，奖励对象为高校全日制本专科（含高职、第二学士学位）学生中特别优秀的学生，奖励标准为每生每年8 000元。同年，颁布《普通本科高校、高等职业学校国家励志奖学金管理暂行办法》，规定由中央和地方共同出资设立国家励志奖学金，对象为家庭经济困难的优秀学生，奖励标准为每生每年5 000元。2012年，财政部、教育部颁布了《研究生国家奖学金管理暂行办法》，规定由中央财政出资设立研究生国家奖学金，每年奖励4.5万名在读研究生。其中，博士研究生1万名，硕士研究生3.5万名，博士研究生国家奖学金奖励标准为每生每年3万元，硕士研究生国家奖学金奖励标准为每生每年2万元。

2007年，财政部、教育部颁布了《普通本科高校、高等职业学校国家助学金管理暂行办法》和《中等职业学校国家助学金管理暂行办法》，规定由中央和地方共同出资设立国家助学金。中央部门所属高校国家助学金所需资金由中央财政负担，地方所属高校国家助学金所需资金根据各地财力及生源状况，由中央与地方财政按比例分担。高等学校国家助学金的平均资助标准为每生每年3 000元，具体标准在每生每年1 500～4 000元范围内确定。中等职业学校国家助学金标准为每生每年1 500元。

1999年，我国开始设立助学贷款制度，并在2001年、2004年、2009年、2011年、2013年、2014年多次进行制度调整和完善。2015年，财政部、教育部颁布了《关于完善国家助学贷款政策的若干意见》，目标是完善贷款政策，减轻借款学生经济负担，具体政策包括：学生在读期间利息全部由财政补贴，贷款最长期限从14年延长至20年，还本宽限期从2年延长至3年整，建立国家助学贷款还款救助机制，简化学生贷款手续等。

2007年，财政部、教育部颁布了《高等学校学生勤工助学管理办法》，规定了勤工助学的类型、岗位的设置、勤工助学待遇标准等。勤工助学分为校内勤工助学和校外勤工助学。校内设置的岗位一般为临时岗位和固定岗位，岗位和数量既要满足学生的工时需求，又要保证学生不因参加勤工助学而影响学习。学生参加勤工助学的时间原则上每周不超过8小时，每月不超过40小时。校内固定岗位按月计酬，以每月40个工时的酬金原则上不低于当地政府或有关部门制定的最低工资标准或居民最低生活保障标准为计酬基准，可适当上下浮动。校内临时岗位按小时计酬，每小时酬金可参照当地政府或有关部门规定的最低小时工资标准合理确定，原则上不低于每小时8元人民币。校外勤工助学活动必须由学校学生勤工助学管理服务组织统一管理，工资不低于当地最低工资水平。

(三) 少数民族教育福利

我国一直对少数民族教育进行大力支持和扶助。少数民族教育福利主要体现在：一是给予优惠的招生政策，对于少数民族学生适当降分和加分录取；二是给予专门的教育经费支持，自1990年开始，国家设立民族教育补助经费，专门用于民族教育事业的发展；三是设立民族学校，并给予相应的经费保障和师资保障。

(四) 残疾人教育福利

残疾人在接受教育时，除了享受和普通人一致的教育福利，还享有专门的残疾人教育福利，包括：设立特殊教育机构；设立特殊教育补贴，专门用于补助特殊教育基建投资和设备购置不足；编写残疾儿童教材；补贴残疾儿童教学设备；设立残疾教育项目等。

二、我国教育福利成就

(一) 教育福利制度不断完善

自新中国成立以来，我国制定了一系列与教育福利相关的法律法规和政策，并随着经济社会的发展不断对这些制度进行调整和完善，已经建立了一个相对完善的教育福利体系，覆盖了全社会的各类人群，形成了普惠型和选择型相结合的教育福利保障系统。

(二) 教育投入持续增加

随着经济的发展，我国对教育事业的投入也不断增加。2012年，我国的教育经费总量占GDP的比重首次超过了4%，达到了国际上的教育水平的基础线，这一比例还将继续提高（见表14-1）。

表14-1　历年我国教育经费占GDP的比例（%）

1990年	1991年	1992年	1993年	1994年	1995年
3.04	2.86	2.74	2.51	2.51	2.41
1996年	1997年	1998年	1999年	2000年	2001年
2.46	2.49	2.59	2.79	2.87	3.19
2002年	2003年	2004年	2005年	2006年	2007年
3.41	3.28	2.79	2.81	3.01	3.32
2008年	2009年	2010年	2011年	2012年	2013年
3.48	3.59	3.66	3.93	4.28	4.3

资料来源：根据国家统计局相关数据计算。

(三) 教育设施不断完善

各类教育机构、教育设备、师资力量都在不断增长。截至2015年，我国幼儿园数量为 22.37 万所，义务教育阶段学校为 24.29 万所，高中教育阶段学校为 2.49 万所，特殊教育学校为 2 053 所，高等教育学校为 2 852 所，各类民办学校为 16.27 万所。义务教育阶段、高中教育阶段的生师比不断下降。①

(四) 国民教育水平提高

随着教育福利制度的不断完善，国民接受教育的机会增多，教育水平也不断提高。第六次人口普查数据显示，我国的文盲率从 1949 年的 80％下降到 2010 年的 4.08％（见图 14-1）。各级教育的入学率也明显上升（见图 14-2），2015 年，学前教育的入学率为 75％，小学的入学率为 99.9％，初中的入学率为 104％，高中的入学率为 87％，高等教育的入学率为 40％。②

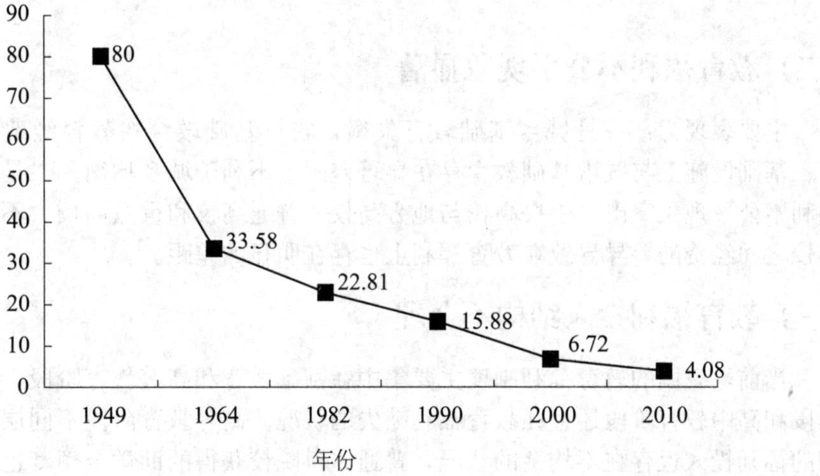

图 14-1　历年文盲率（％）

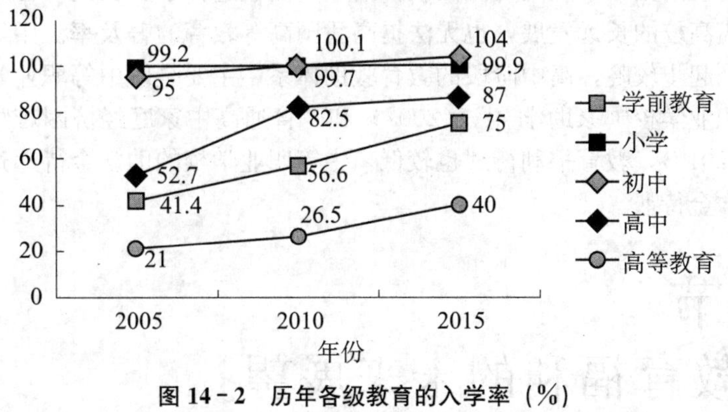

图 14-2　历年各级教育的入学率（％）

① 中华人民共和国教育部．2015 年全国教育事业发展统计公报．(2016-07-06)[2017-08-16]. http://moe.edu.cn/srcsite/A03/s180/moe_633/201607/t20160706_270976.html.

② 中华人民共和国教育部．2015 年全国教育事业发展统计公报．(2016-07-06)[2017-08-16]. http://moe.edu.cn/srcsite/A03/s180/moe_633/201607/t20160706_270976.html.

三、我国教育福利存在的问题

（一）教育福利总体水平较低

主要表现为：一是我国的教育经费总体不足，虽然我国教育经费在逐年增加，从2012年开始占据GDP的比例超过4%，但相比国际上其他国家，我国的教育经费仍然不足。二是我国的免费教育年限较短，目前我国只有九年义务教育免费，学前教育、高中教育和高等教育还处在收费阶段，这在世界上也处于比较低的水平。三是我国的非免费教育福利待遇水平较低，教育福利受益人范围有限。

（二）教育福利不公平现象显著

主要表现为：一是城乡基础教育失衡，农村基础教育在教育经费、师资力量、基础设施上与城市基础教育存在显著差距，不利于城乡均衡。二是高等教育福利不公平现象突出，中央高校与地方高校、普通高校和重点高校、不同地区的高校之间经费的差异导致在教育福利上也存在明显的差距。

（三）教育福利投入结构不合理

当前，我国的教育福利制度主要集中在基础教育和高等教育阶段，学前教育阶段和高中教育阶段还存在教育福利缺失的状况。高等教育阶段不同层次学校之间的福利投入也存在不均衡的状况，普通本科院校获得的助学金额度也远远超过了高职高专学校和成人高等学校之和，这种不均衡的教育福利安排，导致部分高职、中职院校的困难学生因为无法获得助学金而被迫辍学。长此以往不利于高职院校和成人高校的长远发展，也无法提高我国高等教育的普及率。中等教育阶段的教育福利起步较晚，高中阶段的教育救助体系，主要是以中等职业学校为对象的“中等职业学校国家助学金”（2007）和“普通高中家庭经济困难学生国家资助制度”（2010），教育福利待遇也较低，中等职业学校的助学金待遇远低于高等学校的助学金待遇。

第四节 我国教育福利的未来展望

一、教育福利的发展目标与方向

根据《国家中长期教育改革和发展规划纲要（2010—2020年）》的要求，教育福利的目标首先是形成惠及全民的公平教育。坚持教育的公益性和普惠性，保障公民依法享有接受良好教育的机会。建成覆盖城乡的基本公共教育服务体系，逐步实现基本公共教育服务均等化，缩小区域差距。保障家庭经济困难学生受教育的权利。保障残疾人受教育的权利。其次是在公平教育的基础上实现更高水平的普及教育，实现全民共享的高水平教育福利。

未来教育福利的发展方向是：继续巩固和完善九年义务教育制度；逐渐普及学前教育，建立学前教育福利制度；逐渐普及高中教育，完善高中教育福利制度；提高高等教育福利待遇水平；逐步构建终身教育福利体系。

二、教育福利的主体和内容完善

教育福利的主体是国家和社会，政府是教育福利的责任主体，财政投入是教育福利最主要的资金来源，社会资金也是教育福利资金的重要来源。因而，在建立健全教育福利制度的基础上，要以政府投入为主，多渠道筹集教育经费，增加教育投入。

政府是教育福利的主体，各级政府要优化财政支出结构，统筹各项收入，优先保障教育作为财政支出重点领域。严格按照教育法律法规规定，年初预算和预算执行中的超收收入分配都要体现法定增长要求，保证教育财政拨款增长明显高于财政经常性收入增长，并使按在校学生人数平均的教育费用逐步增长，保证教师工资和学生人均公用经费逐步增长，不断提高国家财政性教育经费支出占国内生产总值比例。

社会投入是教育投入的重要组成部分。充分调动全社会办教育的积极性，扩大社会资源进入教育的途径，多渠道增加教育投入。完善财政、税收、金融和土地等优惠政策，鼓励和引导社会力量捐资、出资办学。完善非义务教育培养成本分担机制，根据经济发展状况、培养成本和群众承受能力，调整学费标准。完善捐赠教育激励机制，落实个人教育公益性捐赠支出在所得税税前扣除规定。

三、发展教育福利的具体举措

针对我国教育福利存在的问题，完善我国教育福利体系需要采取以下具体措施。

（一）建立学前教育福利制度

根据我国经济发展水平和各地区发展状况，可以参照义务教育福利的提供方式，首先向农村经济困难家庭的幼儿提供学前教育福利和免费入园教育，发放学前教育津贴，再逐渐普及所有的学前儿童，最终实现免费学前教育。

（二）增加中等教育阶段福利

在目前有限的中等教育福利制度的基础上，继续增加奖学金、助学金、贷款等教育福利，将高等教育的福利救助体系延伸至中等教育阶段，增加福利待遇水平。同时，在将来经济允许的条件下，实行免费的高中教育，普及高中教育，提高国民的受教育水平。

（三）实行低收费的高等教育

继续增加财政对高等教育的支持，完善目前的国家奖助学金体系，逐渐下调公办高校的学费，在财政经费允许的情况下，可以只收取学生书本费和杂费；增加硕士研究生、博士研究生的生活补助和科研补助，以维持其基本学习生活所需。

（四）加强特殊教育福利

国家除了提供特殊教育津贴的资金援助以外，还应该加大兴办特殊教育学校的资金和政策投入，致力于非特殊教育学校的残疾人软硬件设施建设，形成资金和服务齐备的特殊教育援助体系。

【本章小结】

教育福利是国家为了保障公民的受教育权利，为公民提供的免费或者低收费的教育资源的一种福利制度安排。教育福利可以分为普惠型教育福利和补缺型教育福利。按照教育福利提供的资源形式，教育福利的构成包括教育基础设施、教育资金援助和教育服务；按照教育福利的对象，教育福利的构成包括儿童教育福利、残疾人教育福利、妇女教育福利、低收入人群教育福利等；按照教育的阶段，教育福利的构成包括初等教育福利、中等教育福利、高等教育福利等。教育福利的功能包括：保障公民受教育的权利，促进社会公平；促进社会流动，稳定社会结构；提升人力资本，促进经济增长；消除贫困文化，促进社会融合。我国的教育福利经历了从普惠型的教育福利到选择型的教育福利再到多元化教育福利体系的过程，教育福利制度不断完善，教育投入持续增加，教育设施不断完善，国民教育水平有了明显提高，但也存在教育福利总体水平较低、教育福利不公平现象显著、教育福利投入结构不合理等问题。未来教育福利的具体举措包括建立学前教育福利制度，增加中等教育阶段福利，实行低收费的高等教育，加强特殊教育福利等。

【思考题目】

1. 什么是教育福利？教育福利包括哪些内容？
2. 教育福利有哪些功能？
3. 我国教育福利经历了怎样的发展历程？
4. 我国教育福利存在哪些问题？
5. 如何完善我国的教育福利体系？

案例讨论

案例一：《科尔曼报告》改变美国公共教育

1964 年，美国社会学家詹姆斯·科尔曼（James Coleman）教授带领一个研究小组收集了美国各地 4 000 所学校 60 万学生的数据，进行了美国教育领域所做的最大规模的调研。然后他们对这些调研材料进行了大量的分析。到了 1966 年，科尔曼向国会递交了《关于教育机会平等性的报告》，这就是美国社会学史和教育史上著名的《科尔曼报告》，它被公认为 20 世纪社会问题研究的最重要的报告。

在此以前，人们只知道，黑人儿童的文化教育水平相对较低，而且越往后差距越大。科尔曼原本和大多数人一样，以为这种差距主要是学校的物质水平和条件造成的。调查结果却显示，造成黑人儿童学习水平低的原因，主要不是学校的有形条件，而是学校的社会构成，即儿童的家庭社会经济背景。科尔曼发现，如果一个学校里大多数学生是经济比较稳定的中产阶层家庭的儿童，那么所有学生，不管是白人还是黑人，都表现出比较好的学习成绩，而全是穷学生的学校，学生的成绩就普遍较差。他还发现，儿童的家庭背景与其学习成绩有很强的相关性。

科尔曼研究发现，黑人和其他弱势少数族裔，如拉丁裔和印第安人，与白人中产阶层相比，缺乏一种改变和控制自己前途的自信。受种族、肤色等因素造成的社会地位差异的影响，这些处于弱势的学生，自我评估比较低。也就是说，他们觉得环境过于强大，不可能通过教育改变自己的人生，他们对自己的前途缺乏自我期望，觉得没有盼头，学习的“士气”就比较低，从而造成学习成绩较差，而且越往后，与白人的差距越大。

《科尔曼报告》的历史性意义在于，它把教育的平等放到社会经济平等的背景上。教育的平等受制于社会经济平等，反过来也影响社会经济平等，由此，教育平等问题被提高到改造社会的整体目标上。《科尔曼报告》向国会证明，教育机会的平等，不仅要从教育的投入来考察，即考察学生能够获得的公共教育资源，更重要的是，要从教育的结果来考察，因为正是对受教育结果的期望，影响了学生的自我评估，决定了学生的学习状态，也造成了因种族、肤色、宗教等因素，弱势人群教育机会的实质不平等。

正是《科尔曼报告》的这一结论，为后来美国普遍实行的“肯定性行动”（又称“平权法案”）铺平了道路。公共教育事业大幅度地向弱势人群倾斜，实行所谓“为了平等的反向歧视”。在中小学强制性黑白合校的同时，在大学招生、政府机关雇佣和升职等方面，普遍实行倾斜性政策，照顾黑人和其他弱势人群。特别是法学院，以往凭成绩不可能入学的黑人学生，现在占了可观的比例。这些黑人法学院毕业生为社会提供了合格的黑人精英，改变了黑人在政府各分支和社会管理部门的比例。这种反向歧视是特定历史状态下的阶段性措施。因此，几十年后，这样的做法是否已完成其历史使命，是否应该逐渐终结，具体措施是否适度，成为争议的焦点，为此也出现了一系列司法诉讼，至今没有平息。但是，不可否认的是，公共教育事业对弱者的倾斜，明显地提升了近几十年来美国社会教育机会的平等性。

资料来源：科尔曼报告改变美国公共教育．(2005-04-07)［2017-08-16］．http：//news. sina. com. cn/o/2005-04-07/16315586374s. shtml.

思考题：

试分析《科尔曼报告》对我国教育福利制度的启示。

案例二：两地高考生上北大机会相差31倍

2012年，北京大学（含医学部）在北京总共投放了414个招生名额（其中医学部368人），而在河南省的招生计划则为108人（其中医学部28人），而当年两地报名参加普通高考的人数分别为73 460人和805 807人。北京地区考生考上北大的机会是1/177，而如果是在河南省参加高考，这个可能性降低为1/7 461，两者相差42倍。2013年，北京大学在北京投放的普通高考招生计划总数为408名，在河南省的招生名额为124名，而当年两地的普通高考人数分别为72 736人和685 000人。采用同样的计算方法，两地学子上北大的机会分别为1/178和1/5 524，相差31倍。

资料来源：李芃，巢恬逸．谁的985：山东考生考上北大机会是北京考生1/46.（2013-07-20）［2017-08-16］．http：//finance. sina. com. cn/china/20130720/062316188173. shtml.

思考题：

请结合案例思考我国的教育公平问题。

推荐文献

1. 迪托尼．社会福利：政治与公共政策：第五版．北京：中国人民大学出版社，2007.

2. 米什拉．社会政策与福利政策．北京：中国劳动社会保障出版社，2007.

3. 莫里斯．福利、政府激励与税收．北京：中国人民大学出版社，2013.

4. 赫梅尔．今日的教育为了明日的世界．北京：中国对外翻译出版社，1983.

5. 胡务．社会福利概论．成都：西南财经大学出版社，2008.

6. 王三秀．教育反贫困：中国教育福利转型研究．北京：人民出版社，2014.

7. 余秀兰．社会弱势群体的教育支持．北京：中国劳动社会保障出版社，2007.

8. 王飞跃，樊黔江．职业教育保障与反贫困研究．北京：经济科学出版社，2011.

9. 陈国刚．福利权研究．北京：中国民主法制出版社，2009.

10. 彭华民，等．西方社会福利理论前沿：论国家、社会、体制与政策．北京：中国社会出版社，2009.

11. 张晓玲．人权理论基本问题．北京：中共中央党校出版社，2006.

12. 郑功成．社会保障学．北京：中国劳动社会保障出版社，2005.

第十五章
补充保障

【学习目标】

1. 理解补充保障等保障的概念及其作用；
2. 了解补充保险的主要项目及其制度现状；
3. 理解员工福利的概念与类型，了解员工福利的发展趋势；
4. 分析我国员工福利的主要问题；
5. 理解慈善与慈善事业的概念，了解慈善事业的相关法制政策；
6. 分析我国慈善事业发展的主要问题。

第一节 补充保障概述

一、补充保障的内涵

补充保障是在国家建立的基本社会保障制度之外的，以非政府主导性、非强制性为特征的各种社会化保障机制的统称，它与政府主导的基本社会保障制度一起，共同构成国民生活保障系统。补充保障具体包括补充保险、员工福利与慈善事业等。

补充保障是现代社会保障体系的重要组成部分。基本社会保障是由政府主导或承担组织实施任务，而补充保障则是由社会团体、雇主等举办，个人自愿参加，采取社会化运作和管理的保障项目。补充保障虽然不一定由政府主办，但是并不妨碍其发挥社会保障的作用。补充保障对于提升保障水平、满足不同群体的社会保障需求发挥着积极作用。

补充保障是相对于基本社会保障制度而言的，由于各国社会保障制度的建制理念、制度模式以及法定社会保障项目均有所不同，因此补充保障的内涵与外延也不同。与基本保障一个非常重要的区别就是，补充保障一般遵循自愿原则，即政府引导和支持，单位和个人自愿参加。

二、补充保障的作用

补充保障的作用主要体现在以下几个方面：

第一，补充保障的发展有利于促进社会保障体系的完善。社会保障是一个由多层次、多项目构成的复杂系统，不同层次和不同项目分别承担着不同的保障功能。基本保障层次主要保障劳动者和居民的基本生活，强调发挥政府的作用，体现社会保障的公平性；补充保障则主要满足不同人群差异化的社会保障需求，在提升高收入群体待遇水平的同时，也有助于满足中低收入群体的需求，强调政府之外其他主体的作用。根据国内外社会保障发展的实践经验，单一的制度往往是很难持续的，多层次的社会保障体系建设是诸多国家社会保障改革与发展的重要趋势。近些年来，我国在积极推进基本社会保障发展的同时，越来越重视补充保障的发展，二者共同促进我国社会保障体系的完善。

第二，补充保障的发展有利于提升社会保障水平。基本社会保障主要是保障基本生活，要想为劳动者和国民提供更高水平的社会保障，必须在政府之外借助于其他力量积极发展补充性的社会保障。尤其是在目前我国经济发展水平不高、财政实力不强的现实背景下，应该充分发挥单位和个人的作用，提升社会保障待遇水平。由于政府负责的基本社会保障水平一般偏低，补充保障有助于提升待遇水平。

第三，补充保障的发展有利于加强人力资源管理。补充保障的发展既属于社会保障体系的重要内容，也是人力资源管理的重要内容。无论是公共部门，还是私人部门，补充保障都有利于吸引和留住人才。无论是企业年金、职业年金，还是其他形式的职业福利，都有助于提升员工对单位的认同感，提高工作积极性。从短期看，补充保障的发展需要单位的投入；但是，从长期来看，有利于提升单位的效率与效益，提升单位的竞争力。有学者通过对知识型员工福利激励、创新合法性和企业创新绩效之间相关关系的实证研究，得到以下结论：知识型员工福利激励对创新绩效有显著正向影响，知识型员工福利激励对创新合法性有显著正向影响，创新合法性在福利激励与创新绩效的关系中具有部分中介作用。同时，实证检验了福利激励在满足知识型员工非物质需求、规范知识型员工创新态度与创新行为、提升企业创新合法性及企业创新绩效方面的积极作用。①

第四，补充保障的发展有利于促进社会融合。补充保障虽然强调政府之外其他主体的责任，但依然具有较好的互助性，强调发挥个人的互助精神。尤其是慈善事业，特别强调人们的仁爱之心与互助行为，体现互助友爱的精神，有利于促进社会公平与社会融合。

第二节 补充保险

补充保险是补充保障的重要内容，尤其是在养老保险和医疗保险体系中，存在企业年金、职业年金、补充医疗保险等项目。

① 白贵玉，罗润东．知识型员工福利激励与创新绩效关系研究．山东社会科学，2016（5）：175－179.

一、企业年金

我国在养老保险制度改革的过程中，提出在加强基本养老保险制度改革的同时推进补充养老保险制度建设。1991 年，国务院《关于企业职工养老保险制度改革的决定》提出要鼓励企业实行补充养老保险。

1995 年的《劳动法》《关于深化企业职工养老保险制度改革的通知》提出要建立补充养老保险制度。1995 年 12 月，劳动部为贯彻执行《劳动法》，制定并下发了《关于建立企业补充养老保险制度的意见》，明确提出补充养老保险采用"个人账户"方式管理。

2000 年，国务院《关于完善城镇社会保障体系的试点方案》将企业补充养老保险更名为"企业年金"。有条件的企业可为职工建立企业年金，并实行市场化运营和管理。企业年金实行基金完全积累，采用个人账户方式进行管理，费用由企业和职工个人缴纳，企业缴费在工资总额 4%以内的部分，可从成本中列支。

标志着企业年金制度正式建立和实施的是 2004 年劳动和社会保障部颁布的《企业年金试行办法》、劳动和社会保障部等部委颁布的《企业年金基金管理试行办法》。《企业年金试行办法》明确了企业年金的概念，企业年金是指企业及其职工在依法参加基本养老保险的基础上自愿建立的补充养老保险制度。该办法对企业建立企业年金的基本条件、决策程序、资金来源、管理办法、待遇给付、管理机构、投资运营等进行了规定。

符合下列条件的企业，可以建立企业年金：依法参加基本养老保险并履行缴费义务；具有相应的经济负担能力；已建立集体协商机制。企业年金所需费用由企业和职工个人共同缴纳。企业缴费的列支渠道按国家有关规定执行，职工个人缴费可以由企业从职工个人工资中代扣。企业缴费每年不超过本企业上年度职工工资总额的 1/12。企业和职工个人缴费合计一般不超过本企业上年度职工工资总额的 1/6。

《企业年金基金管理试行办法》对企业年金治理结构、企业年金基金管理和市场服务主体行为进行了规定。2004 年 12 月 31 日，劳动和社会保障部又发布《企业年金基金管理机构资格认定暂行办法》，对企业年金基金管理机构资格认定的程序、标准等进行了规范。

我国企业年金的运行取得了一定进展。2014 年年末，全国有 7.33 万户企业建立了企业年金，比上年增长 10.8%；参加职工人数为 2 293 万人，比上年增长 11.5%；年末企业年金基金累计结存 7 689 亿元。[①] 但是，目前我国企业年金的发展还很不成熟，还存在诸多问题，比如制度设计不完善，缺乏有效的政策支持

① 人力资源和社会保障部. 2014 年度人力资源和社会保障事业发展统计公报.（2015－05－28）[2017－08－16]. http://www.mohrss.gov.cn/SYrlzyhshbzb/dongtaixinwen/buneiyaowen/201505/t20150528_162040.htm.

与激励机制，基金管理与投资体制不完善，企业年金专业人才欠缺，资本市场不完善，等等。

二、职业年金

职业年金是指机关事业单位及其工作人员在参加机关事业单位基本养老保险的基础上建立的补充养老保险制度。2015 年 3 月，国务院办公厅印发了《机关事业单位职业年金办法》，对机关事业单位职业年金制度做了具体规定。

(一) 职业年金的筹资

职业年金所需费用由单位和工作人员个人共同承担。单位缴纳职业年金费用的比例为本单位工资总额的 8%，个人缴费比例为本人缴费工资的 4%。职业年金基金由下列各项组成：单位缴费，个人缴费，职业年金基金投资运营收益，国家规定的其他收入。职业年金基金采用个人账户方式管理。个人缴费实行实账积累。对财政全额供款的单位，单位缴费根据单位提供的信息采取记账方式，每年按照国家统一公布的记账利率计算利息，工作人员退休前，本人职业年金账户的累计储存额由同级财政拨付资金记实。对非财政全额供款的单位，单位缴费实行实账积累。实账积累形成的职业年金基金，实行市场化投资运营，按实际收益计息。

(二) 职业年金的转移

工作人员变动工作单位时，职业年金个人账户资金可以随同转移。工作人员升学、参军、失业期间或新就业单位没有实行职业年金或企业年金制度的，其职业年金个人账户由原管理机构继续管理运营。新就业单位已建立职业年金或企业年金制度的，原职业年金个人账户资金随同转移。

(三) 职业年金的待遇

符合下列条件之一的可以领取职业年金：(1) 工作人员在达到国家规定的退休条件并依法办理退休手续后，由本人选择按月领取职业年金待遇的方式。可一次性用于购买商业养老保险产品，依据保险契约领取待遇并享受相应的继承权；可选择按照本人退休时对应的计发月数计发职业年金月待遇标准，发完为止，同时职业年金个人账户余额享有继承权。本人选择任一领取方式后不再更改。(2) 出国（境）定居人员的职业年金个人账户资金，可根据本人要求一次性支付给本人。(3) 工作人员在职期间死亡的，其职业年金个人账户余额可以继承。

三、补充医疗保险

1994 年，国家体改委、财政部、劳动部、卫生部等部委发布了《关于职工医疗制度改革的试点意见》提出要发展职工医疗互助基金和商业性的医疗保险，作为社会医疗保险的补充，以满足国家规定的基本医疗保障之外的医疗需求，但要坚持个人自愿参加、自主选择的原则。此后，医疗保险制度改革的其他相关文件中也多次提出要发展补充医疗保险，完善多层次医疗保险体系。

补充医疗保险是指在国家基本医疗保险之外，不通过国家立法强制实施，由用人单位和个人自愿参加的补充性医疗保险制度。基本医疗保险与补充医疗保险相互补充，不可彼此替代，共同促进医疗保险体系的完善，减轻患者的医疗费用负担，尤其是减轻大病患者的家庭支出压力。

根据经办主体的不同，补充医疗保险的形式包括：商业医疗保险机构举办的补充医疗保险，社会医疗保险机构经办的补充医疗保险，大集团、大企业自办的补充医疗保险。

补充医疗保险一般由单位和个人共同缴费组成。以北京市为例，用人单位按全部职工缴费工资基数之和的 1%缴纳，职工和退休人员个人按每月 3 元缴纳。大额医疗费用互助资金不足支付时，财政给予适当补贴。参加基本医疗保险的企业和事业单位可以建立补充医疗保险。企业补充医疗保险费在本企业职工工资总额 4%以内的部分，列入成本。

在医疗费用的报销方面，北京市大额医疗费用互助资金按比例支付职工和退休人员在一个年度内累计超过一定数额的门诊、急诊医疗费用和超过基本医疗保险统筹基金最高支付限额（不含起付标准以下以及个人负担部分）的医疗费用。北京市大额医疗费用互助资金对符合基本医疗保险规定的大额医疗费用按照下列办法支付：（1）职工在一个年度内门诊、急诊医疗费用累计超过 2 000 元的部分，大额医疗费用互助资金支付 50%，个人支付 50%。（2）退休人员在一个年度内门诊、急诊医疗费用累计超过 1 300 元的部分，不满 70 周岁的退休人员，大额医疗费用互助资金支付 70%，个人支付 30%；70 周岁及以上的退休人员，大额医疗费用互助资金支付 80%，个人支付 20%。（3）大额医疗费用互助资金在一个年度内累计支付职工和退休人员门诊、急诊医疗费用的最高数额为 2 万元。

第三节 员工福利

一、员工福利的概念

员工福利也可以称为职业福利，是补充保障的重要内容。关于员工福利的概念，国内外不同学者有不同的理解。对员工福利的概念界定有多种方法，可以从广义和狭义两个层面去理解。[1]

美国商会认为员工福利是相对于直接津贴以外的任何形态津贴而言的，具体包括对于员工经济安全的法定给付、养老金和其他承诺的给付、上班中非生产时间的给付、未工作时间的给付、其他福利。美国社会保障署则认为员工福利是由雇主基于雇佣关系的福利给付。加里·德斯勒认为，员工福利包括健康和人寿保险、休假和保育设施，具体包括补充性工资、保险福利、退休福利、员工服务福利。[2] 乔治·科尔维奇从员工报酬的角度理解员工福利，认为员工福利是总报酬的一部分，不是按工作时间计算的报酬。我国学者李怀康认为，员工福利是相关单位通过建立集体生活设施和服务设施以及补贴制度等方式，贴补本单位职工在物质文化生活方面的集体性消费，以及因共同需要或特殊生活困难而举办的公益性事业。[3] 李新建分别从广义和狭义两个角度理解员工福利。[4] 刘昕认为，员工福利是在相对稳定的货币工资以外，企业以改善企业员工及其家庭生活水平、增强员工对企业的忠诚感、激发员工工作积极性而支付的辅助性货币、实物或服务等分配方式。[5]

广义的员工福利包括的范围比较广泛，具体包括了国家规定实施的各类基本的社会保障、企业年金及其他商业团体保险计划、股权、期权计划、其他自主建立的福利计划等。而狭义的员工福利主要是基于雇佣关系而形成的法定社会福利之外的福利形式。国内外学者对员工福利的理解，体现了以下几个特点：员工福利是员工报酬的重要体现，员工福利的给付形式多种多样，广义员工福利中的一些项目为法律所约束，发展员工福利已成为众多单位与雇主的既定规范。[6]

作为补充保障的内容之一，员工福利与基本社会保障在性质、目的、内容、调节机制等方面都明显不同。员工福利属于举办单位的内部事务，基本社会保障则属于社会政策范畴；员工福利只面向举办机构的员工，基本社会保障面向所有需要的社会成员。员工福利的内容丰富并具有灵活性，而基本社会保障的内容由相应的法律明确规定。员工福利的最终目标是单位效益的最大化，基本社会保障的目标是社会公平与正义。员工福利遵守市场规则和市场竞争规律，基本社会保障属于国民收入再分配，服从社会需要。

二、员工福利的类型

根据不同的标准，员工福利可以被划分为不同的类型。根据员工福利的形式，可分为经济性福利、工时性福利、服务性福利；根据员工福利的数量，可分

---

① 杨艳东．职业福利相关问题研究述评．云南财经大学学报，2009（1）．

② 德斯勒．人力资源管理：第六版．北京：中国人民大学出版社，1999：492.

③ 李怀康，刘雄．社会保险和职工福利概论．北京：北京经济学院出版社，1990：188－189.

④ 李新建．企业雇员薪酬福利．北京：经济管理出版社，1999：174－175.

⑤ 刘昕．福利是否需要全部货币化．中国人力资源开发，2001（1）．

⑥ 仇雨临．员工福利管理．上海：复旦大学出版社，2010：7.

为集体性福利和个体性福利；根据员工需要的层次，可分为保障性福利、机会性福利、价值实现性福利；根据福利项目满足需求的不同层级，可分为生存性福利、安全保障性福利、社会交往性福利、体现尊重的福利、自我实现性福利五大类。①

具体来看，生存性福利包括向员工提供服装、宿舍、食堂和必要的设施，以及经济补助和津贴。安全保障性福利包括住房公积金、企业年金、补充医疗保险、免费体检等。社会交往性福利包括集体交往性福利（集体旅行、文娱活动、体育锻炼等）和工时性福利（带薪休假、休息日、节假日等）。体现尊重的福利包括服务性福利（心理咨询服务、家政服务、接送子女上学服务、选购大件物品的服务等）、个性化福利（满足个别员工的特殊需求的福利项目）、荣誉福利（指企业根据员工的优秀表现给其颁发证书或授予特定的称号）。自我实现性福利包括机会福利（指企业提供给员工的各种培训机会、脱产学习机会和职务晋升机会）、文化福利（指企业的核心价值观、企业的宗旨、企业的目标战略和企业的管理理念等）。

如果从广义的角度来看，员工福利包括四大部分的内容：一是法定的员工福利，包括国家依法强制参与的医疗保险、失业保险、养老保险、工伤保险、生育保险等；二是个人福利，如补充养老金、住房津贴、交通费补贴、工作午餐、人寿保险等；三是有偿假期，如脱产培训、病假、事假、公休、节日放假、工作间休息、旅游等；四是生活福利，如法律顾问、心理咨询、贷款担保、托儿所、托老所、内部优惠商品、搬迁津贴、子女教育费等。有学者认为，在市场经济条件下，不同类型的职业福利发挥的补充功能是不同的，丁学娜对员工福利的类型做了以下划分（见表 15－1）。

表 15－1　员工福利的类型划分

职业福利划分	福利供给形式	
	货币型	非货币型
法规补充型	补充养老保险、补充医疗保险、补充失业补贴、补充工伤补贴、健康和失能保险、大病和住院保险、人寿保险、意外保险、住房财产保险、住房公积金等。	补充产假或育儿假、儿童或老年人照料假、儿童或老年人照料服务（企业内设托儿所、育婴室或日间照料）、弹性工作制、工作时间账户等。
工资替代型	员工幼托费、儿童照料津贴、单亲家长津贴、按揭贷款补贴、一次性住院补助、婚丧补助、困难补助、住房安置补贴、餐饮补贴、降温或取暖费用补贴、车贴或公交车票等。	员工宿舍、企业内设餐厅、健身设施、健康检查、咨询服务（法律咨询或职业咨询）、职工援助计划、教育和培训、企业内无息或低息贷款等。

资料来源：丁学娜．中国企业职业福利发展研究．浙江学刊，2016（3）：211.

① 陈良瑾．社会救助与社会福利．北京：中国劳动社会保障出版社，2009：294.

三、我国员工福利的发展演变

随着我国经济社会体制的变革，员工福利也发生了较大变化。新中国成立以来，我国员工福利的发展可以分为计划经济时期与市场经济时期两个截然不同的阶段，两个阶段的员工福利体现了较大的变化。

（一）计划经济时期的员工福利

在计划经济时期，我国实行的是国家-单位保障模式，以单位体制为基础，与就业高度关联，主要针对城镇在职劳动者，是一种典型的职业福利模式，也被称为职工福利。它是由国家和职工所在单位通过举办集体福利设施、建立补贴制度、开展业余文化活动，以减轻职工经济负担和丰富职工文化生活的事业。在计划指导和安排下，机关事业单位、城镇企业单位为职工营建了包括社会保险、集体福利、生活补贴和文化服务等项目在内的全面的福利待遇。在计划经济时期，机关事业单位为其员工提供了关联就业、内容全面、待遇水平较高的福利待遇，国家和单位是员工福利的主体，员工福利在劳动者报酬中所占比例较大。低工资、高福利成为这一时期福利体制的重要特点。这一时期的员工福利为促进经济社会的稳定发展、保障和改善员工的生活质量发挥了积极作用，总体上适应了计划经济时期的经济社会发展。改革开放以来，由于经济社会体制的变革，原有的由国家、单位负责的员工福利模式所赖以存在的经济社会环境发生了变革，需要对其进行调整和改革。

（二）市场经济时期的员工福利

改革开放以后，我国计划经济体制开始松动，城乡经济体制改革不断推进，在城市主要围绕国有企业改革进行，推进国有企业的减员增效，实行劳动合同制，并围绕这一改革推进社会保障制度改革。原有的国家-单位保障模式开始松动，并逐步建立社会化的保障机制，配合国有企业改革和劳动合同制改革而推进员工福利制度改革。由国家、单位负责的员工福利制度开始转向单位与个人责任分摊式的职业福利制度。我国在社会保障体制改革的过程中，提出要建立多层次的社会保障体系，由多个主体共同分担社会保障责任，员工福利从原有的国家-单位保障模式走向以单位为责任主体的保障模式。尤其是进入 21 世纪以后，经济全球化的扩张使国内企业面临极大的人才竞争压力，各类企业不得不积极发展和完善员工职业福利，作为吸引和留住人才、提升企业竞争力的重要举措。员工福利的发展更加自主和灵活。与计划经济时期的员工福利相比，职业福利发生的变革包括：在法定福利中确立国家、企业和个人的分担机制；员工福利在管理方式和项目设置上不断创新，企业自主性福利项目增多，不同单位在福利水平上的横向差异日趋明显。[①]

① 杨艳东．中国职业福利发展道路的反思与前瞻．中州学刊，2010（1）：129－132.

四、我国员工福利的主要问题

我国员工福利的发展为提高劳动者的生活水平、促进企业发展发挥了积极作用。但是，在我国经济体制转型与社会保障改革的过程中，员工福利的发展也存在不少问题，有待于进一步改革完善。

（一）对员工福利的认识与定位不明确

员工福利在我国还处于发展初期，发展水平不高。政府、单位、企业对于员工福利的认识不到位。员工福利在整个社会保障体系和人力资源体系中究竟处于一个什么位置并不十分清晰，导致政府和单位、企业在员工福利发展中的政策支持和重视程度不够，员工福利制度和计划的科学性也受到影响。在我国社会保障制度转型的过程中，单位和企业对于员工福利的责任不清楚，重视程度不够，在相当程度上影响了员工的福利权益。

（二）员工福利的影响异化

在计划经济体制下，员工福利的性质比较模糊，不是真正意义上的职业福利，而属于国家福利或国家保障的范畴。传统的职业福利制度在市场经济体制下日益暴露出严重的制度性缺陷，具体体现为性质异化、地位异化、功能异化、影响异化。员工福利在人力资源管理中的激励作用不明显。在一些地方和企业，员工福利占据了员工报酬的较大部分，一些企业提供的员工福利达到甚至超过了员工报酬的一半，性质完全异化。

（三）员工福利的发展水平不高

政府和企业对员工福利的认识不到位，员工福利的制度、政策和项目设计不完善，导致员工福利的发展水平不高。员工福利不是强制性的基本保障项目，而是企业自愿设立的，不是企业的法定义务，很多企业发展员工福利的积极性不高，将其视为企业的生产成本和负担，因而员工福利做得好的企业还是少数。尤其是在目前企业对于法定的社会保障还不到位的情况下，这种自愿型的福利提供就更不理想。即使是在一些设置了员工福利的企业中，福利内容和项目也十分有限，不成体系，项目设置不规范，缺乏灵活性，员工没有选择的空间。

（四）员工福利的差距较大

员工福利的责任主体是企业，由于企业所在地区、类型、规模和效益的不同，不同企业的员工福利发展水平差距较大。相比而言，经济发达地区员工福利的发展水平相对较高，而中西部地区员工福利的发展水平相对较低。从不同类型企业的员工福利来看，国有企业的员工福利相对较好，尤其是一些国有垄断型企业的员工福利较好，甚至过度发展；而绝大多数中小企业、民营企业的员工福利相对较差，甚至员工福利的发展严重不足。从不同就业形式的员工福利来看，正规就业群体的福利水平好于非正规就业群体。

（五）存在员工福利腐败现象

在我国员工福利整体发展水平不足的背景下，还存在员工福利腐败现象，尤其是一些国有垄断行业，比如电力、石油、燃气、电信、公交、供水、铁路、民航、医院等行业，灰色“福利腐败”的存在已是普遍现象。这些行业企业的员工福利可以说是一种变质的职业福利，员工福利过度发展，与企业经营绩效关联不大，有悖于按劳分配的原则，难以起到激励效果，导致资源浪费，也容易导致相互攀比，引起社会不公。

五、员工福利的发展趋势

从员工福利的发展趋势来看，在不断推进员工福利项目体系建设的过程中，员工福利的发展越来越重视员工的个人选择，员工福利项目的设计开始注重与员工沟通，呈现个性化、自助式、菜单式的特点，更好地满足了员工的生活需要，体现了以人为本的原则，有利于提高员工福利的激励作用，增强员工对企业的认同感。

弹性福利计划是国内外员工福利发展的重要趋势，弹性福利计划与组织战略、组织文化和员工类型的匹配日益被重视。弹性福利计划是指组织提供一份福利菜单，在一定的金额限制内，员工依照自己的需求和偏好自由选择、组合福利项目的计划。弹性福利计划起源于20世纪70年代的美国，在80年代蓬勃发展。[①] 当然，弹性福利计划具有诸多优势，也存在管理成本增加、管理难度增大等问题（见表15-2）。

表15-2 弹性福利计划的优势和劣势

	优势	劣势
用人单位	①便于控制福利成本 ②激励性增强 ③福利资源的配置效率提高 ④提升企业形象和竞争力	①管理成本增加 ②管理难度增大
员工个人	①改善员工与单位的关系 ②自身需求得到最大限度的满足	“逆向选择”和非理想选择不可避免，反而会增加福利成本

资料来源：欧明臣．自助餐式的员工福利——弹性福利制．中国人力资源开发，2003（7）：27．乐章，陈璇．福利管理．深圳：海天出版社，2003：212．

① 陈良瑾．社会救助与社会福利．北京：中国劳动社会保障出版社，2009：310．

第四节
慈善事业

一、慈善与慈善事业

慈善即友善、互助的人际关系和社会关系。慈善是一项古老的社会活动，包括扶危济困、安老助残、帮教助学、抚幼救孤等各项活动。慈善是人的爱心与良知的结合，是一种美德、善行和爱心，是人类特有并随着文明程度的提高而发展起来的道德情操。就慈善的本义来讲，不能简单地被理解为统治阶级对下层阶级的恩赐、富人对穷人的施舍，而是人类善爱之心的表现与标志。

慈善事业则是建立在捐献基础之上的民营社会性救助事业。[①] 慈善事业区别于分散的慈善行为，它是以民间公益组织（慈善组织）为实施主体，以救助特定群体或特定标的为目标，按照既定的操作规范、制度或原则实施的长久的社会化行为。慈善行为和慈善事业可以采取捐钱捐物和劳务等方式。随着慈善事业的不断发展，其方式和内容日益广泛，除去传统意义上的救灾济贫之外，还包括了文化教育、保健、环境保护甚至动物保护等其他领域。慈善事业是基本社会保障体系的重要补充，是社会道德水平的重要体现，有利于充分整合、运用社会资源，缩小收入差距，调节收入分配，促进社会公平，有利于培养公民的社会责任感，营造团结互助、平等友爱、融洽和睦、乐于奉献的社会风气。

2008 年以来，我国慈善事业在政府和民间的大力推动下取得了重大进展。截至 2015 年年底，全国共建立经常性社会捐助工作站、点和慈善超市 3.0 万个（其中慈善超市 9 654 个）。全年共接收社会捐赠款 654.5 亿元，其中，民政部门直接接收社会各界捐款 44.2 亿元，各类社会组织接收捐款 610.3 亿元。全年各地民政部门接收捐赠衣被 4 537.0 万件，捐赠物资价值折合人民币 5.2 亿元。间接接收其他部门转入的社会捐款 4.3 亿元，衣被 172.5 万件，捐赠物资折款 6 164.4 万元。全年有 1 838.4 万人次困难群众受益。全年有 934.6 万人次在社会服务领域提供了 2 700.7 万小时的志愿服务。[②] 近年来，随着现代新媒体的发展，网络捐赠异军突起，成为社会捐赠的重要来源，根据腾讯公益、新浪微公益、支付宝 E 公益的统计数据，2013 年三大网络捐赠平台共接收网络捐赠 2.95 亿元。[③]

---

① 郑功成．中华慈善事业．广州：广东经济出版社，1999：6.

② 2015 年社会服务发展统计公报．(2016 - 07 - 11)［2017 - 08 - 16］．http：//www.mca.gov.cn/article/sj/tjgb/201607/20160700001136.shtml.

③ 杨团．慈善蓝皮书：中国慈善发展报告 2015. 北京：社会科学文献出版社，2015：3.

二、我国慈善事业的法律法规与政策

近些年来，我国不断完善慈善事业的法律法规，制定和出台了一些促进慈善事业发展的政策措施。

1999 年 6 月 28 日，第九届全国人民代表大会常务委员会第十次会议通过《中华人民共和国公益事业捐赠法》，从捐赠和受赠、捐赠财产的使用和管理、优惠措施、法律责任等方面对公益事业捐赠做出了规定。该法还规定了公益事业捐赠的激励措施，公司和其他企业、自然人和个体工商户依照该法的规定捐赠财产用于公益事业，可享受相应的税收优惠。

自 2006 年以来，我国持续发布《中国慈善事业发展指导纲要》，提出了若干关于促进慈善事业发展的目标、任务与政策措施。《中国慈善事业发展指导纲要(2011—2015 年)》提出：到 2015 年，基本形成制度完善、作用显著、管理规范、健康有序的慈善事业发展格局。慈善事业在改善民生、促进社会和谐、推动社会文明进步方面的作用明显增强。推动慈善事业逐步与国家经济社会发展水平相一致、与人民群众需要相适应。

2014 年 11 月，国务院出台《关于促进慈善事业健康发展的指导意见》，这是新中国成立以来以中央政府名义出台的第一个指导、规范和促进慈善事业发展的纲领性文件。[①] 这一文件鼓励社会各界以各类社会救助对象为重点，广泛开展扶贫济困、赈灾救孤、扶老助残、助学助医等慈善活动。鼓励和支持社会公众通过捐款捐物、慈善消费和慈善义演、义拍、义卖、义展、义诊、义赛等方式为困难群众奉献爱心。企业发生的公益性捐赠支出，在年度利润总额 12%以内的部分，准予在计算应纳税所得额时扣除；个人公益性捐赠额未超过纳税义务人申报的应纳税所得额 30%的部分，可以从其应纳税所得额中扣除。

2016 年 3 月 16 日，第十二届全国人民代表大会第四次会议通过了《中华人民共和国慈善法》，对于未来一个时期内慈善事业的发展起到了重要推动作用，有利于更好地保护慈善组织、捐赠人、志愿者、受益人等慈善活动参与者的合法权益。《中华人民共和国慈善法》规定了慈善活动的领域主要包括：扶贫、济困；扶老、救孤、恤病、助残、优抚；救助自然灾害、事故灾难和公共卫生事件等突发事件造成的损害；促进教育、科学、文化、卫生、体育等事业的发展；防治污染和其他公害，保护和改善生态环境；符合该法规定的其他公益活动。该法律还具体从慈善组织、慈善募捐、慈善捐赠、慈善信托、慈善财产、慈善服务、信息公开、促进措施、监督管理、法律责任等方面做出了规定。

---

① 陈可鉴，郁建兴．慈善的性质与模式．南京社会科学，2015（5）．

三、我国慈善事业发展的主要问题

我国慈善事业还处于发展过程中，目前还存在诸多问题，主要包括以下几个方面。

一是慈善意识不足。慈善意识是影响慈善事业发展的重要因素，直接影响人们的慈善行为。目前，无论是政府，还是企业、个人，都缺乏足够的慈善意识，对慈善事业的发展缺乏足够的认识，认为慈善可有可无。民众在慈善事业发展中的参与率不高，企业的社会责任意识不足，企业的慈善捐赠不够，政府对于慈善事业发展的直接投入不足。

二是慈善事业发展水平总体较低。我国慈善事业的发展与国外有较大差距。有关数据显示，2009 年，中国、美国、英国、巴西和印度慈善捐赠占 GDP 的比值，美国最高，为 2.2%，中国最低，仅是 0.13%。2010 年，我国人均慈善捐赠 44.9 元，慈善捐赠总量相当于 GDP 的 0.15%。中国社会的慈善资源相当丰富，但由于诸多原因，慈善资源未能充分利用，慈善事业未能得到充分发展。

三是相关法律法规与政策不完善。近些年来，在依法治国的背景下，我国积极推进慈善事业的相关法律法规建设，出台了若干法律法规和政策文件，对慈善事业的发展起到了重要推动作用。但是，目前的法律法规还不完善，很多还只是一些原则性的规定，缺少具体、细致的规定，缺少相关的实施细则，操作性不强，影响了法律法规的实施效果。

四是慈善组织的社会公信力不足。慈善组织是推动慈善事业发展的重要主体，虽然我国慈善组织的数量日益增加，慈善组织的影响力越来越明显，但是，慈善组织的社会公信力不足，缺乏科学的治理机制，内部治理能力不强，慈善行为不规范。一些慈善组织的行政色彩较强，导致其官僚色彩较强，效率不高。此外，民间慈善组织面临合法性生存危机。

五是慈善专业工作人才队伍严重不足。慈善事业和慈善组织的发展是一项非常专业的工作，需要大量的专业化人才。但是，现有慈善工作队伍的数量不足，人员素质不高、专业能力不强，缺乏系统、专业的培训，专业化程度较差。慈善专业人才的不足影响了慈善组织的公信力提升，在一定程度上制约了慈善事业的发展。

六是政府在慈善事业发展中的职责定位不清晰。政府是慈善事业发展的重要推动力量，目前政府在慈善事业发展中的定位不太清晰，存在越位与缺位并存的现象。一方面，政府过度干预慈善组织的管理与运行，使得慈善组织的行政化色彩明显；另一方面，政府对于慈善事业发展的直接资金支持不够，对专业化人才的培养不够，对慈善事业的监管也不到位。

四、我国慈善事业发展的未来展望

在我国推进社会保障体系与社会事业发展的过程中，慈善事业的发展面临着良好的机遇，应该基于目前存在的问题与不足，继续深入推进慈善事业的发展。未来我国慈善事业的健康快速发展将产生更大的经济社会效应。一是有利于更好地推进经济社会发展。根据一些发达国家的经验，慈善事业资金规模的不断增长，将有效地推动经济增长。通过慈善资金的收入再分配作用支持低收入群体与贫困人口，有利于扩大内需，进而促进经济增长。二是有利于更好地促进就业。慈善事业的发展需要大量的专业人才，慈善事业在发展的同时，可以向社会提供大量的就业岗位。三是在我国以民生建设为中心的社会事业发展过程中，慈善事业将在济贫助困、促进公平方面发挥更加积极的作用。

要推动我国慈善事业快速健康发展，一是要积极培育公民的慈善意识。慈善道德是社会主义核心价值体系的有机组成部分，慈善精神是社会主义民族精神的重要内容，慈善动员机制是社会主义制度优越性的重要体现，慈善行动是社会主义集体主义行动的重要表现。① 应该通过各种途径和方式加强公民教育。在学校教育和学生思想道德教育中，应该进一步加强公民道德教育与慈善意识教育的内容。让全体公民充分认识慈善事业的重要意义，积极支持慈善事业的发展。

二是用完善的法制引领慈善事业发展。应该在现有法制建设的基础上进一步细化和完善法律法规的内容，制定与相关法律法规相配套的实施细则，明确规范不同主体的权利与义务，激励与约束相结合，尤其是要明确和细化相关支持措施。在《中华人民共和国慈善法》颁布后，应该制定和出台实施细则。

三是加强慈善人才的培养。应该加强教育部门、人社部门、民政部门、学校、慈善组织的合作，联合培养慈善人才，理论与实践相结合，全日制教育与非全日制教育相结合。可以考虑在高等学校或职业院校开设与公益慈善相关的专业，设立慈善事业发展专题研修班，在公共管理硕士中增加公益慈善研究方向。

四是加强慈善组织的公信力建设。可以从外部和内部两方面着手，内强能力，外树形象。一方面，建立慈善组织与外界的良好关系，树立良好的外部形象，要求加强慈善组织的信息公开，增强信息透明度，让外界充分了解和监督慈善组织。另一方面，要规范慈善组织的内部管理，完善组织结构和规章制度，规范管理运营，提升内部治理能力，防范因内部管理不当而导致负面问题的出现。

五是充分发挥政府在慈善事业发展中的作用。需要进一步明确政府的职责定位，既不过度干预慈善组织的管理运营，又要加强指导、监督和支持。应该加强宣传教育与引导，提升公众的慈善意识，积极培育慈善文化。进一步加大对慈善事业发展的财政税收政策支持。可以考虑设立慈善发展基金，应加强对慈善事业发展的直接投入，并且加大税收优惠力度，营造良好的慈善环境。应加强政府对

---

① 任平．论马克思主义慈善观．学术研究，2010（5）．

慈善事业发展的宏观顶层设计，加强监督与指导，促进慈善事业的健康发展。

【本章小结】

补充保障是在国家建立的基本社会保障制度之外的，以非政府主导性、非强制性为特征的各种社会化保障机制的统称，它与政府主导的基本社会保障制度一起，共同构成国民生活保障系统。补充保障具体包括补充保险、员工福利与慈善事业等。补充保障的作用主要体现在以下几个方面：补充保障的发展有利于促进社会保障体系的完善，有利于提升社会保障水平，有利于加强人力资源管理，有利于促进社会融合。补充保险是补充保障的重要内容，尤其是在养老保险和医疗保险体系中，存在企业年金、职业年金、补充医疗保险等项目。员工福利也可以称为职业福利，是补充保障的重要内容。对员工福利的概念界定有多种方法，可以从广义和狭义两个层面去理解。慈善事业是基本社会保障体系的重要补充，是社会道德水平的重要体现，有利于充分整合、运用社会资源，缩小收入差距，调节收入分配，促进社会公平。近些年来，我国不断完善慈善事业的法律法规，制定和出台了一些促进慈善事业发展的政策措施，为促进慈善事业的发展发挥了积极作用。我国慈善事业还处于发展过程中，目前还存在诸多问题，比如慈善意识不足、慈善事业发展水平总体较低、相关法律法规与政策不完善、慈善组织的社会公信力不足、慈善专业工作人才队伍严重不足、政府在慈善事业发展中的职责定位不清晰。未来应该从这些方面努力，推动慈善事业的快速健康发展。

【思考题目】

1. 什么是补充保障？补充保障有何作用？
2. 什么是补充保险？补充保险的主要项目有哪些？
3. 企业年金与职业年金的联系与区别在哪？
4. 什么是员工福利？员工福利包括哪些类型？
5. 我国员工福利存在的主要问题有哪些？
6. 什么是慈善事业？我国慈善事业的发展存在哪些问题？

案例讨论

案例一：基本养老金可持续性临考验　企业年金覆盖率能否提高成关键

已经建立并运行12年的企业年金制度仍然覆盖范围较小，养老保障体系仅依靠基本养老保险一支独大的现状增加了可持续性风险。2016年12月24日，在中国社会科学院社会保障论坛暨《中国养老金发展报告2016》发布式上，中国社会保险学会会长、人社部原副部长胡晓义表示，如果长期是一个单一层次或者以单一层次为主的制度架构，它的可持续性是比较差的。

但是，在目前作为基本养老保险补充的年金制度中，职业年金刚刚起步，企业年金覆盖范围较小，都难以发挥第二支柱的作用。对此胡晓义建议，可以考虑提高企业年金的实施强度。胡晓义认为，如果长期依靠单一层次或者以单一层次为主的制度架构，其可持续性较差，未来总体方向可以是适度控制第一支柱或者第一层次的范围，适度增大二三层次的比重。

中国社科院副院长李培林介绍，截至2015年，我国企业年金参与人数2 316万，职业年金覆盖约4 000万，合计不到全国就业人口的8.2%，覆盖范围太窄，企业年金累计结存不到1万亿元，而职业年金也是刚刚起步，第二支柱的资产总额不到GDP的1.5%，而这个比例在OECD（经济合作与发展组织）国家中平均是84%，在非OECD国家中平均是36%。李培林说："总体来看，我国的年金资产规模太小，年金作为第二支柱又窄又小，急需深化改革。"

资料来源：李彪．基本养老金可持续性临考　企业年金覆盖率能否提高成关键．(2016-12-26)[2017-08-16]. http://finance.sina.com.cn/roll/2016-12-26/doc-ifxyxqsk6667783.shtml?cre=sinapc&mod=g.

思考题：

1. 企业年金在养老保险制度中的定位与作用如何？
2. 我国企业年金制度的发展存在哪些问题？未来如何深化改革？

案例二：央企员工自曝福利待遇：单位发钱愁找不到名目

"单位不是没钱发，而是愁找不到名目。"在某电力央企工作的李某向《每日经济新闻》记者透露，"我们单位员工每月都有报销任务，即1 500元的超市购物和1 000元的汽车油票，完成任务就等于报销了2 500元。"据了解，该央企员工应发工资包括基本工资、津贴、奖金、非工资性收入等内容，"基本工资包括岗位工资和技能工资垫付款，而奖金包括绩效工资和月奖"。

小李属于中级职称，按照该企业的14档工资来计算的话，每个月也能拿到几千元的奖金，年底还有年终奖，"其实同其他非垄断性央企来讲，我们最大的差别就是奖金这块"。

"有公开资料称，石油、电力、电信、烟草等行业的员工人数不到全国职工人数的8%，但其收入相当于全国职工工资总额的60%左右。"姜汝祥认为，垄断行业占有全民所有的资源，但其产生的垄断利润并没有转化为公共利益，而是纯粹在内部自行分配，变成企业职工的奖金或福利。

姜汝祥告诉《每日经济新闻》记者："这些央企亏了要国家补，赚了自己用，以中石油为例，外界根本不知道其成本是多少，涨个0.5元，利润就来了。"从以往经验来看，央企不计成本的支出方式比比皆是。姜汝祥认为，一方面它们上报国家亏损，另一方面花起钱来却大手大脚。

资料来源：央企员工自曝福利待遇：单位发钱愁找不到名目．(2010-03-10)[2017-08-16]. http://finance.sina.com.cn/money/lcfa/20100310/09557535225.shtml.

思考题：

1. 如何看待当前我国员工福利的行业差距、人群差距？
2. 如何规范员工福利的发展？

推荐文献

1. 白贵玉，罗润东．知识型员工福利激励与创新绩效关系研究．山东社会科学，2016（5）：175－179.

2. 陈可鉴，郁建兴．慈善的性质与模式．南京社会科学，2015（5）．

3. 陈良瑾．社会救助与社会福利．北京：中国劳动社会保障出版社，2009：294，310.

4. 仇雨临．员工福利管理．上海：复旦大学出版社，2010：7.

5. 丁学娜．中国企业职业福利发展研究．浙江学刊，2016（3）：211.

6. 德斯勒．人力资源管理：第六版．北京：中国人民大学出版社，1999：492.

7. 李怀康．社会保险和职工福利概论．北京：北京经济学院出版社，1990：188－189.

8. 李新建．企业雇员薪酬福利．北京：经济管理出版社，1999：174－175.

9. 刘昕．福利是否需要全部货币化．中国人力资源开发，2001（1）．

10. 任平．论马克思主义慈善观．学术研究，2010（5）．

11. 杨团．慈善蓝皮书：中国慈善发展报告 2015. 北京：社会科学文献出版社，2015：3.

12. 杨艳东．职业福利相关问题研究述评．云南财经大学学报，2009（1）．

13. 杨艳东．中国职业福利发展道路的反思与前瞻．中州学刊，2010（1）：129－132.

14. 郑功成．中华慈善事业．广州：广东经济出版社，1999：6.

第十六章

社会保障基金

【学习目标】

1. 了解社会保障基金的概念、类型、功能；
2. 掌握社会保障基金的筹资原则与筹资方式、来源渠道；
3. 掌握社会保障基金的给付原则、给付形式及基金支出状况；
4. 了解社会保障基金投资运营的必要性与运营模式；
5. 把握我国社会保障基金投资运营的现状；
6. 掌握社会保障基金监管的概念、必要性与模式。

社会保障基金是社会保障制度的物质基础，是社会保障制度的核心组成部分。社会保障制度的建立、运行和持续必须有一定的财力基础作为支付保障，这也是构建社会保障制度的基本条件。可以说，社会保障制度在一定程度上就是围绕社会保障基金的筹集、使用、投资和管理等过程设计的一系列规则和规范。本章包括四个方面的内容：一是社会保障基金概述；二是社会保障基金筹集和支付；三是社会保障基金运营；四是社会保障基金监管。

第一节 社会保障基金概述

一、社会保障基金的概念

社会保障基金（social security fund）一般是指为了实施各项社会保障制度，根据国家相关法律法规、政策建立的所有专项资金的总称，目的是满足劳动者和社会成员在由于年老、疾病、伤残、失业等因素暂时或永久失去劳动能力，或在自然灾害等意外事故发生时的基本生存需要，以及随着经济社会的发展，不断增进社会的福利，满足提高社会成员生活质量的需求。在我国，社会保障基金主要由三部分构成：一是社会保险基金，这是社会保障基金的核心组成部分，包括养老保险基金、医疗保险基金、失业保险基金和工伤保险基金等；二是社会救助基金，是国家用于满足遭受自然灾害、重大疾病、贫困等风险的社会成员的基本生活需求，保障其最低生活水平的资金；三是社会福利基金，是国家根据相关法规，通过各种形式筹集的，用于扶助特殊人群（贫困儿童、残疾人、老年人等）、支持贫困地区发展、服务社会福利事业等的资金；四是补充社会保障基金，即全国社会保障基金（2000 年 8 月设立），也称国家社会保障储备基金，由中央财政预算拨款、国有资本划转、基金投资收益和国务院批准的其他方式筹集的资金构成，专门用于对人口老龄化高峰时期的养老保险等社会保障支出的补充、调剂，由全国社会保障基金理事会（简称社保基金会）负责管理运营。

社会保障基金主要有以下特征：（1）强制性。社会保障基金的筹集、发放、运行和管理都是依靠国家相关法律强制实施。（2）专用性。社会保障基金是专项基金，专款专用，只能用于特定的养老、医疗、失业、生育、工伤、灾害救助、特殊人群福利等领域，不能以任何形式挪作他用。（3）互助性。社会保障基金的建立就是为了让社会成员共担风险。个人和家庭抵御社会风险的能力是有限的，需要在社会保障制度下，通过共同筹资来保障参保人在遭遇风险时的基本生活权利。"我为他人做贡献，他人也为我做贡献"，体现了互助互惠的性质。（4）福利性。社会中的某些弱势群体在获得社会保障基金分配时，并不需要遵循完全的权利和义务对等的原则，即他们不需要付出或者只需付出很少的成本就能获得普遍的社会保障，这就是社会保障基金的福利性，也正是这种福利性使得社会保障制度能够在一定程度上实现社会收入再分配。（5）稳定性。社会保障基金的支付期限较长，且具有预期性，其征缴比例、支付额度、支付方式等都有明确的规定，变化的范围非常有限，以保障资金结构的稳定性。（6）社会性。社会保障基金的筹集和使用在全社会范围进行，筹资社会化、管理社会化、监督社会化已经成为社会保障基金发展的主要趋势。

二、社会保障基金的分类

社会保障基金是一种非常复杂的资金体系，不同的社会保障制度模式、不同的社会保障项目所对应的社会保障基金具有不同的筹资模式和分配模式，管理和运营的方式也复杂多样。从不同的维度，我们可以对社会保障基金进行的分类分析。

按照基金的来源，社会保障基金可分为财政性社会保障基金、社会保险基金和社会福利基金。[①] 财政性社会保障基金主要来源于国家税收，通过财政预算拨款形成，每年我国财政性社会保障和就业支出规模占财政预算的 10%左右[②]，财政性社会保障基金一般用于军人社会保障、公务员部分社会保障项目、最低社会保障、灾害救助、社会优抚、特殊人群社会救助等社会保障项目。社会保险基金主要由雇主和雇员依据法律规定，按照工资的一定比例缴费或缴税形成，也包含部分财政补助。社会保险基金在筹集上遵循国家、雇主和雇员责任分担的原则，分配时也强调权利与义务对等的原则。从来源来看，社会福利基金实际上是一种混合型基金，资金来源的渠道比较多样，既包括国家财政拨款，也包括福利事业收入（如福利彩票），还包括各类社会捐赠，社会福利基金的运用也比较广泛，既包括各类特殊人群的福利事业（比如妇女儿童福利基金、残疾人福利基金、老年人福利基金等），也包括各种社会福利服务（比如社区福利、教育福利等）。

按照社会保障的项目类别，社会保障基金可分为养老保障基金、医疗保障基

---

① 郑功成．社会保障学——理念、制度、实践与思辨．北京：商务印书馆，2000：331.

② 根据统计年鉴国家财政"社会保障与就业支出"指标计算而得。

金、工伤保障基金、住房保障基金、教育保障基金等。养老保障基金是为了确保满足社会成员年老以后的基本生活需求而筹集的资金，包括养老保险金、老年福利基金等。医疗保障基金是为了补偿社会成员就医时的花费而筹集的资金，包括医疗保险基金、生育保险基金、医疗救助基金等。工伤保障基金是为了在劳动者因在工作中遭受意外伤害、患职业病而暂时或永久丧失劳动能力以及死亡时给予劳动者及其家属补偿而筹集的资金。住房保障基金是为了帮助社会成员获得基本的居住条件而提供的资金支持，包括住房公积金、住房补贴资金等。教育保障基金是为了满足公民教育的需求而提供的资金。

按照社会保障基金的筹集和分配方式，社会保障基金可分为积累型社会保障基金和现收现付型社会保障基金。积累型社会保障基金是指通过长期储存形成的基金，并且可以通过投资进行保值增值，其实质是社会保障收益的延迟支付。现收现付型社会保障基金是当期的以收定支的、不做积累和存留的资金。以养老保障基金为例，个人账户部分为积累型基金，社会统筹部分则为现收现付型基金。

三、社会保障基金的功能

社会保障基金是社会保障制度的物质保障，社会保障基金建立的目的就是确保个人和家庭在无法自我维持生存时获得基本的生活保障，帮助社会成员分担社会风险。社会保障基金具有稳定社会、调节收入分配、促进经济发展等社会功能。有了社会保障基金的支持，社会成员在面对各类风险时能够增强信心，增加安全感，也有助于社会的稳定和谐。社会保障基金是一种再分配基金。社会保险基金通过资金的筹集和支付，将分散在各个企业和居民手中的自我保障资金，通过基金征集或税收（缴费）集中起来，并在不同的受保对象之间进行分配，实现风险共担和互助。社会保障基金的筹资、积累和分配过程，能够直接调节国民储蓄和投资，促进经济可持续发展。经济增长主要依靠劳动力、投资总量以及生产力的提高。社会保障基金对劳动力市场有直接的调节作用。社会保障基金通过对劳动力基本生活的保障，有利于稳定劳动力市场，促进劳动力资源的优化配置和生产效率的提高。将社会保障基金中的部分积累型资金进行投资，既有利于社会保障基金的保值增值，也有利于经济发展。

第二节 社会保障基金的筹集与给付

一、社会保障基金的筹集

（一）社会保障基金的筹集方式

社会保障基金的筹集方式与社会保障制度理念、社会保障项目、社会保障筹资模式密切相关。一般而言，社会保障基金的筹集方式包括征税、征费、自愿筹集等几种。

1. 征税

征税是社会保障基金重要的筹资方式。税收具有强制性，从而保证了社会保障基金的来源稳定。财政性社会保障基金都来源于税收，通过征税形成社会保障基金是很多国家尤其是西方国家普遍采用的方式。社会保障基金的征税也有两种方式：一般性税收和社会保障专项税收。一般性税收通过财政预算转移形成社会保障基金，纳税人和社会保障受益人之间并不是一一对应的关系，因而通过这种方式筹集的社会保障基金的互助性最强，再分配效应最明显，社会救助基金、社会优抚基金以及社会福利基金中的财政来源部分都是由一般性税收形成的。社会保障专项税收是为形成社会保障基金而专门进行的征税，一般由雇主和员工共同缴纳，社会保险基金的筹资往往采取社会保险税的形式。社会保障专项税收本质上是雇员工资的一部分，是延期支付的一部分，是雇员在遭受年老、失业或疾病时的经济补偿。社会保障专项税收的纳税人和受益人之间有一定的权利义务关系，缴税是享受社会保障的前提条件。相对于一般性税收形成的社会保障基金，社会保障专项税收形成的社会保障基金的再分配效应较弱。征税筹集社会保障基金强制性强，标准统一，但是不容易进行积累，一般适用于现收现付制。

2. 征费

征费也是一种依法强制筹集社会保障基金的方式，一般用于社会保险基金的筹集。相比于征税，征费的方式虽然具有强制性，但其筹资方式更为灵活，既可以对社会保险项目分类收费，也可以综合收费。通过征费形成的社会保障基金不用经过国家税收系统，不需要通过年度财政预算来进行安排，不以年度财政收支平衡为目标，更有利于社会保障基金的积累，适用于完全基金积累制和部分基金积累制。我国社会保险基金的筹集采用的是征费的方式，即根据不同社会保险项目，个人和单位按照一定的工资比例费率形成个人账户和社会统筹账户。

3. 自愿筹集

这种方式更灵活自由，具有非固定性和非强制性，完全取决于社会成员的意愿。社会福利基金中的部分就来源于公众的自愿筹集，比如购买福利彩票、直接捐赠等。

除此之外，社会保障基金的筹集方式还包括国有资产划拨、强制储蓄等。在实践中，各个国家在筹资方式上一般都存在以上多种方式并存的情况，只是根据不同的社会保障制度安排，各有侧重而已。

（二）不同社会保障基金的筹资来源

社会保障基金的来源与社会保障的筹资责任密切相关。现代社会保障理念认为，国家、雇主和雇员都具有社会保障的筹资责任，因而是社会保障筹资的主体。不同的社会保障项目，国家、雇主和雇员的筹资责任不同，因而筹资的水平也不一样。

1. 财政性社会保障基金

财政性社会保障基金的筹资主体是国家，资金主要来源于国家财政拨款。财政资金主要来源于国家一般税收，也有国家通过征收社会保障税来筹集财政性社会保障基金。理论上，政府应该是各项社会保障基金的筹资主体，但是受到经济、政治等各种因素的影响，各国政府在社会保障项目上的筹资水平具有明显的差异，但是一般来说，社会救助基金、军人社会保障基金等基本都由政府财政来承担。同时，在不同的社会保障项目上，中央财政和地方财政也有不同的责任划分（见表16－1）。

表16－1　2010—2015年我国中央和地方财政社会保障支出状况（亿元）

	2010年	2011年	2012年	2013年	2014年	2015年
中央财政	450.3	502.48	585.67	640.82	699.91	723.07
地方财政	8 680.32	10 606.92	11 999.85	13 849.72	15 268.94	18 295.62
合计	9 130.62	11 109.40	12 585.52	14 490.54	15 968.85	19 018.69
占国家财政支出比例	10.16%	10.17%	9.99%	10.33%	10.52%	10.81%

资料来源：国家统计局．国家数据．[2017－08－16]．http：//data.stats.gov.cn/easyquery.htm? cn=C01.

2. 社会保险基金

社会保险基金主要来源于企业和个人缴费，以及部分财政补贴（见表16－2）。企业对于社会保险基金筹资的责任主要基于两个原因：一是从雇主和雇员的关系来看，雇员处于弱势地位，雇主有责任对雇员的生活、生产环境进行保护，如果雇员在企业的生产活动中受到伤害，企业有责任补偿雇员的损失，并且这一补偿应该被纳入企业的生产经营成本；二是企业的财富主要由雇员来创造，雇员在创造财富的过程中消耗了自己的人力资本，当人力资本逐渐消耗的时候，雇员的风险也在不断增加，因而企业应该缴纳一定比例的社会保险费，形成社会保险基金或企业年金，为雇员在疾病、意外、失业、年老后无法取得工资收入时提供生活保障。个人是社会保障基金的最终受益人，也是社会保障基金的筹资主体。社会保障制度将个体作为筹资主体主要是基于两点原因：一是明确个人在社会保障基金中的筹资责任，并且最终作为社会保障基金分配的重要依据，让个人明确，只有通过劳动和缴费，才能很好地实现自我保障；二是只有个人进行了缴费，才有责任和权利对社会保障基金的运营进行监督。当然，相对于国家和企业，个人的筹资能力相对有限，《国际劳工公约》为了保障工人的权益，对个人的缴费原则也做了规定：工人缴纳社会保险费的前提是，保证工人不能因此而遭受更大的困难，工人缴纳的社会保险费率不能超过总费率的一半。

表 16－2 我国各项社会保险费率、缴费标准

		企业	个人	财政
养老保险	城镇职工基本养老保险	20%	8%	
	机关事业单位养老保险	20%	8%	
	城乡居民基本养老保险		100～1 200 元/年	适当补贴
医疗保险	城镇职工基本医疗保险	6%	2%	
	城镇居民基本医疗保险		儿童/学生 60 元/年	40 元/年
			成年居民 100 元/年	230 元/年
			70 岁以上 120 元/年	440 元/年
			特殊困难群体全部由财政补贴	
	新型农村合作医疗保险		120 元/年	260 元/年
失业保险		1%～1.5%	0.50%	
工伤保险		0.2%～1.9%	不缴费	
生育保险*		0.8%	不缴费	

*生育保险将逐步和医疗保险合并，根据相关政策，合并后生育保险的平均费率为不超过 0.5%。
资料来源：根据相关文件整理而成。

社会保险费率并不是一成不变的，而是按照经济发展水平以及社会保险基金的收支状况进行调整。目前，我国社会保险费率存在的突出问题主要有：一是社会保险费率较高，企业负担较重。2015 年出台的“十三五”规划中明确提出要“适当降低社会保险费率”。二是我国社会保险统筹层次较低，因而不同的省份、不同的城市在各类社会保险费率上存在不一致的情况，这也导致了社会保险转移续接困难。2015 年我国各项社会保险基金规模见表 16－3。

表 16－3 2015 年我国各项社会保险基金规模（亿元）

	累计结余
基本养老保险	39 937
城镇职工基本养老保险	35 345
城乡居民基本养老保险	4 592
城镇基本医疗保险	12 543
城镇职工医疗保险	10 997
城镇居民医疗保险	1 546
失业保险	5 083
工伤保险	1 285
生育保险	684

资料来源：人力资源和社会保障部．2015 年度人力资源和社会保障事业发展统计公报．（2016－05－30）[2017－08－16]．http：//www.mohrss.gov.cn/SYrlzyhshbzb/dongtaixinwen/buneiyaowen/201605/t20160530_240967.html．国家统计局．国家数据．[2017－08－16]．http：//data.stats.gov.cn/easyquery.htm?cn=C01.

3. 社会福利基金

社会福利基金来源的渠道比较多样，包括国家财政拨款、各类社会捐赠以及福利彩票收益等。根据民政部相关统计，2015 年，共接收社会捐赠款 654.5 亿元，接收捐赠衣被 4 537.0 万件，捐赠物资价值折合人民币 5.2 亿元；间接接收其他部门转入的社会捐款 4.3 亿元，衣被 172.5 万件，捐赠物资折款 6 164.4 万

元；中国福利彩票年销售 2 015.1 亿元，筹集福彩公益金 563.8 亿元。[①]

4. 全国社会保障基金

全国社会保障基金主要来源于国家财政，包括中央财政预算拨款、国有资产划拨、彩票公益金等。截至 2015 年年末，财政性拨入全国社保基金资金和股份累计 7 279.38 亿元，其中，中央财政预算拨款 2 698.36 亿元，国有股减转持资金和股份 2 563.17 亿元（减持资金 863.19 亿元，境内转持股票 940.36 亿元，境外转持股票 759.62 亿元），彩票公益金 2 017.85 亿元。[②]

二、社会保障基金的给付原则

（一）社会保障基金给付原则

社会保障基金的给付是社会成员社会保障权益的最终实现，也是建立社会保障制度的最终目的。社会保障基金的给付必须坚持一定的原则，只有这样才能保证所有社会成员的社会保障权益，实现社会保障制度的可持续性。

1. 依法给付原则

社会保障制度是国家立法实施的，社会保障基金的给付也应该遵循法律的原则。社会保障基金的给付条件、给付标准、给付程序都应该依法进行，专款专用，公正公开，体现社会保障基金法制性的原则。

2. 保障性原则

社会保障制度的政策目标主要是满足社会成员的基本生活需求，因而社会保障基金的给付必须体现保障性的原则。在给付标准的制定上要以保障公民的基本生活需要为基本的标准，并在此基础上随着经济社会的发展逐渐提升社会成员的生活质量。

3. 适度性原则

社会保障基金的给付既要遵循保障性的原则，同时在给付时也需要适度，不能超出社会经济发展各方面的承受能力。在制定给付的标准时，既不能过低，也不能过高，要适度，既能够满足社会成员的基本生活需求，也有利于维持社会成员的工作积极性，保证社会保障基金的可持续，推动社会经济持续发展。

4. 公平与效率兼顾原则

不同的社会保障基金项目在给付的形式和标准上存在差异，这是社会保障基金给付公平与效率兼顾原则的体现。在基本的生存保障上，比如社会救助，必须满足公平的原则，制定统一的标准；在社会保险的部分项目上，允许个人通过更多的贡献获取更大的社会保障收益，体现效率的原则。

---

① 2015 年社会服务发展统计公报.（2016－07－11）［2017－08－16］. http：//www.mca.gov.cn/article/sj/tjgb/201607/20160700001136.shtml.

② 全国社会保障基金理事会. 全国社会保障基金理事会基金年度报告（2015 年度）.（2016－06－03）［2017－08－16］. http：//www.ssf.gov.cn/cwsj/ndbg/201606/t20160602_7079.html.

（二）社会保障基金给付形式

从给付形式来看，社会保障基金的给付大致分为三类：货币形式、实物形式和服务形式。① 货币给付是社会保障基金最主要的给付形式，最低生活保障、养老保险金、失业保险金、生育保险金、部分医疗保障金等，基本都是以货币的形式进行给付。实物给付一般适用于社会救助基金，当社会成员遭遇灾害、事故或陷入贫困时，相关部门利用社会救助基金购买救灾、济贫物资，确保其基本的生存需求。服务给付是社会福利基金的主要给付形式，一般由社会服务机构来提供，比如社会中的福利机构提供收养孤儿、照顾老人或残疾人等服务。

从给付的标准来看，社会保障基金的给付支付主要分为两类：受益基准制和缴费基准制。受益基准制（defined benefit system），也称“待遇确定型”，是指社会保障参与者获得的收益取决于事先规定的一些标准，比如参加者的年龄、工龄、养老金的替代率、实际生活需求等，与参加者实际缴费没有关系或者关系不大。受益基准制的适用范围较广，从现行的给付制度来看，大多数社会保障项目都采用的是受益基准制。缴费基准制（defined contribution system），也称“缴费确定型”，是指社会保障参与者获得的收益取决于其缴费水平，即谁出资谁受益，受益水平与筹资贡献挂钩。缴费基准制一般适用于长期性的社会保障项目，比如以基金积累制筹资的项目。受益基准制和缴费基准制各有优缺点，在社会保障制度实践中，这两种给付模式和筹资模式按照不同比例组合，产生了各种类型的混合制，比如我国的养老保险制度，其中社会统筹部分采用受益基准制，个人账户部分采用缴费基准制。

（三）不同类型社会保障基金的支出

1. 财政性社会保障基金

财政性社会保障基金的支出主要包括各项社会保险基金补助、行政事业单位离退休人员养老金、全国社会保障基金、抚恤、退役安置、社会福利、社会救助、医疗保障等（见表16-4）。在支出方式上，除了社会福利和社会救助支出一部分采用购买实物和服务的形式之外，主要是采用货币给付的方式。

表16-4　2015年财政社会保障主要支出（亿元）

财政对社会保险基金的补助	6 596.19
行政事业单位离退休	4 360.95
补充全国社会保障基金	200.00
抚恤	763.37
退役安置	596.43
社会福利	566.72

资料来源：2015年全国一般公共预算支出决算表.（2016-07-20）［2017-08-16］. http://yss.mof.gov.cn/2015js/201607/t20160720_2365732.html.

① 丛春霞. 社会保障基金运行的行为效应研究. 北京：中国社会科学出版社，2013：43.

2. 社会保险基金

社会保险项目是现代社会保障制度的核心，社会保险项目的支付主要以货币支付为主，辅以一定的服务。不同的社会保险项目在待遇给付上存在较大的差异，给付的内容、标准和形式都各不相同。养老保险待遇主要包括养老金、丧葬补助、遗嘱津贴等；医疗保险待遇主要包括医疗费用报销、医疗服务等；失业保险待遇主要包括失业保险金、就业技能培训等；工伤保险待遇主要包括死亡或伤残补助、伤残津贴、供养亲属抚恤金、医疗服务等；生育保险待遇主要包括产假、生育津贴及医疗服务等（见表 16－5)。《2015 年度人力资源和社会保障事业发展统计公报》显示，2015 年五项社会保险（含城乡居民基本养老保险）基金支出合计 38 988 亿元。①

表 16－5　　2015 年我国各项社会保险基金支出情况

	支出（亿元）	享受人数（万人）
基本养老保险	27 929	23 942
城镇职工基本养老保险	25 813	9 142
城乡居民基本养老保险	2 117	14 800
城镇基本医疗保险	9 312	—
城镇职工医疗保险	7 532	—
城镇居民医疗保险	1 781	—
失业保险	736	227
工伤保险	599	202
生育保险	411	642

资料来源：人力资源和社会保障部．2015 年度人力资源和社会保障事业发展统计公报．(2016－05－30) [2017－08－16]．http://www.mohrss.gov.cn/SYrlzyhshbzb/dongtaixinwen/buneiyaowen/201605/t20160530_240967.html. 国家统计局．国家数据．[2017－08－16]．http://data.stats.gov.cn/easyquery.htm? cn=C01.

3. 社会福利基金

社会福利由于资金来源广泛，其待遇的给付内容最为广泛，支付形式也比较灵活。社会福利待遇既包括货币形式的各种福利津贴、福利资助等，也包括各种社会福利服务机构提供的免费或者低收费的针对特殊人群的福利服务等。据民政部门统计，2015 年，有 1 838.4 万人次困难群众受益于社会慈善捐赠。②

---

① 人力资源和社会保障部．2015 年度人力资源和社会保障事业发展统计公报．(2016－05－30) [2017－08－16]．http://www.mohrss.gov.cn/SYrlzyhshbzb/dongtaixinwen/buneiyaowen/201605/t20160530_240967.html.

② 2015 年社会服务发展统计公报．(2016－07－11) [2017－08－16]．http://www.mca.gov.cn/article/sj/tjgb/201607/20160700001136.shtml.

第三节
社会保障基金的投资

一、社会保障基金投资运营的必要性

社会保障基金投资运营是指将储备的社会保障基金通过一定的资金运营方式，保持或增加基金的购买力。为了应对人口老龄化的危机，目前大多数国家都在进行社会保障基金的储备，这种储备性的社会保障基金如果不进行投资运营，很容易因通货膨胀等影响而贬值，导致其未来的购买力降低，从而失去了积累的价值。因而对社会保障基金进行投资运营是非常必要的。

首先，社会保障基金投资运营是保值和增值的需要。通货膨胀是市场经济中的客观现象，这种周期性的经济波动是不可避免的，必然会增加社会保障基金贬值的风险。这种风险主要表现在：一是通货膨胀造成积累储备的社会保障基金本身贬值，购买力下降；二是通货膨胀导致人们生活费用增加，从而导致社会保障基金支出增加；三是影响社会保障基金的筹集，在通货膨胀下延期缴纳的费用实际价值会下降。通货膨胀发生时，这三种风险同时存在，如果不对社会保障基金进行投资运营，维持较高的投资收益率，实现社会保障基金的保值增值，那么这种积累型的社会保障基金将无法实现社会保障制度的目标。

其次，社会保障基金投资运营是经济发展的需要。社会保障基金和资本市场是一种相互依存的关系。一方面，作为储备的社会保障基金，是一种金融资产，金融资产只有投入到资本市场，才能实现保值增值；另一方面，将长期的、稳定的、大规模的社会保障基金投入到市场中，使资本市场可利用的流动资金量增加，也会在一定程度上促进经济的发展。当然，在从资本市场获取收益的同时，社会保障基金也会承受相应的风险，要降低或规避风险，就需要在进行社会保障基金投资运营时谨慎决策、恰当监管。

再次，社会保障基金投资运营是人口老龄化弥补资金缺口的需要。储备型社会保障基金建立的一个主要目的是应对人口老龄化，在老龄化社会到来之后，劳动力人口减少，老龄人口增加，社会抚养负担增加，社会保障基金支出增加。要维持社会保障的待遇水平，势必会增加劳动力人口的缴费率，但缴费率的提高是有限的，过高的缴费率会影响社会保障基金的筹集，增加社会生产成本，影响经济的平稳运行。因而，要预防人口老龄化时期支付危机的出现，对社会保障基金进行投资运营就显得尤为必要。

二、社会保障基金投资运营的模式

社会保障基金是特殊的资金，因而在投资的形式上受到很多的限制，在投资上既要保证社会保障基金的安全，同时还要考虑资金的流动性和盈利性。社会保障基金的投资方式主要有两种：一种是由社会保障基金管理机构直接运作投资，投资的收益和风险完全由社会保障基金管理机构承担；另一种是由社会保障基金管理机构委托专门的投资公司进行投资，投资收益则按委托合同的规定分享。

根据不同的收益和风险，社会保障基金的投资方式主要有以下几种。(1) 存款和政府债券。将社会保障基金存入金融机构是最简单、最稳定的投资方式，最能确保社会保障基金的安全性。这种投资方式虽然风险低，但投资收益也相对较低，如果银行利率低于通货膨胀率，就很难实现保值增值的目标。(2) 企业债券和金融债券。企业债券和金融债券的收益率大于同期银行存款和国债，但是风险也较大，且流动性不如股票。(3) 基金和股票。相对于存款和债券，股票和基金收益高，风险也高，且受市场影响很大。(4) 抵押贷款。即借款人以资金资产作为抵押向社会保障基金贷款，这类投资收益相对较高。(5) 不动产投资，包括投资土地、住宅、工厂等。但是这类投资过程复杂，资金回报时间长，资金流动性很差。在实际的运营过程中，社会保障基金的投资会进行不同比例的组合，对于不同类型的社会保障基金，在投资方式的分配比例上也不一样，一般公共的社会保障基金倾向于安全性更高的投资，私人社保基金则倾向于收益更高的投资。

社会保障基金的管理和投资是非常复杂的过程，在众多的投资方式中选择出最优的投资组合往往十分困难，所以不少国家都规定了社会保障基金投资方式的“数量限制”，即对特定资产类别的投资进行数量或比例限制。通常是对基金投资低流动性、高波动性的风险性资产存在禁止性规定或最高比例限制，同时，对一些低风险的资产，如政府债券，则要求投资最低比例限制。比如我国《全国社保基金投资管理暂行办法》规定，社保基金银行存款和国债投资的比例不得低于50%，其中银行存款的比例不得低于10%；企业债、金融债投资的比例不得高于10%；证券投资基金、股票投资的比例不得高于40%。

三、全国社会保障基金的投资现状分析

我国于2000年8月建立了全国社会保障基金，截至2015年年末，基金资产总额19 138.21亿元，其中，全国社保基金权益15 083.42亿元，累计财政性净拨入7 259.02亿元，累计投资增值7 824.40亿元，自成立以来的年均投资收益率8.82%。①

从历年社保基金的投资渠道来看，银行存款、债券、股票、基金等是最主要的投资方式，但是随着时间的推移，投资渠道也越来越多元化。在社保基金成立初期，银行存款和债券所占的比例最高。2001年，银行存款比例高达64.6%，债券比例为33.6%，股票比例仅为1.6%，投资收益率为1.7%；2002年，银行

---

① 全国社会保障基金理事会．全国社会保障基金理事会基金年度报告（2015年度）．（2016-06-03）[2017-08-16]．http：//www.ssf.gov.cn/cwsj/ndbg/201606/t20160602_7079.html.

存款比例为75.6%，债券比例为22.5%，股票比例为1.0%。从2003年开始，银行存款比例下降，为45.3%。从2004年开始，银行存款和委托投资成为投资的主要方式，2004年银行存款比例为38.3%，委托投资比例为35.8%，股票比例仅为18.2%。[①] 之后，银行存款的投资比例不断下降，到了2010年，银行存款比例仅为21%，之后一直维持在20%左右。股票、企业债券、基金等金融资产比例在2004年开始逐步上升，逐渐接近50%。

从目前我国社保基金的投资情况来看，社保基金的投资比例按照《全国社保基金投资管理暂行办法》的规定进行配置，并保持了一定的稳定性。但是，相比欧美等发达国家，我国社保基金的投资渠道还相对比较单一，银行存款和国债占据的比例相对较高，尤其是对于个人账户，只能投资银行存款和国债，虽然相对来说风险较小，但却不能很好地实现资金保值增值的目标。另外，贷款和不动产的投资还未彻底放开，而这一部分投资在发达国家已经成为社保基金的重要资产配置。社保基金投资渠道的不断多元化，有利于降低投资风险，增加投资收益，实现保值增值。随着我国经济的不断发展、金融市场的不断完善，可以预见社会基金的投资渠道将会不断拓宽，资产组合也会越来越多元。

第四节 社会保障基金监管

一、社会保障基金监管的概念和必要性

社会保障基金监管是指国家设立专门的机构或者授权专门的机构，依照相关法律、法规、政策，对社会保障基金的筹集、投资运营、支付过程进行监督管理。社会保障基金监管是社会保障基金管理过程的重要环节，是防范社会保障基金运营风险、保障社会保障基金安全、实现社会保障基金保值增值的重要手段。

首先，社会保障基金监管是维护公众利益的需要。社会保障基金筹资的主要目的是保障社会成员的基本生活，维护劳动者的合法权益。如果社会保障基金投资失败，社会公众的利益就会受到极大的损害，进而危害社会的安全和稳定，因此对社会保障基金进行监管是社会保障制度设计的必然选择。

其次，社会保障基金监管是保障基金安全的需要。社会保障基金不同于私人基金，其公共属性决定了其对安全性的要求。社会保障基金监管最直接的目的在于控制投资运营的风险，防止社会保障基金管理者对社会保障基金进行不正当经营，或者因经营不善造成基金损失，保障社会保障基金的安全性和收益性。

---

① 王延中，等．中国老年保障体系研究．北京：经济管理出版社，2014：147.

再次，社会保障基金监管是实现社会保障基金保值增值的需要。社会保障基金投资运营的主要目的是实现社会保障基金的保值增值，社会保障基金监管在保障基金安全的同时，通过有效的基金监管，促进社会保障基金投资运营机构完善基金管理和运营环境，提高运营效率，提高投资收益，实现社会保障基金的保值增值。

最后，社会保障基金监管是促进经济发展的需要。将大规模社会保障基金投入商业市场，不仅能够实现社会保障基金的保值增值，还能够为经济发展提供必要的资金，有利于促进经济发展。对社会保障基金进行监管，既有利于优化社会保障基金的资产配置，也有利于有效配置社会资源。比如，将社会保障基金投资于国家支持的相关产业，有利于产业结构调整和升级；投资于公共工程，有利于促进公共事业的发展。

二、社会保障基金监管的主要模式

从监管的主体来看，社会保障基金监管可以分为三种模式：集中监管模式、分散监管模式和集散结合监管模式。[①] 集中监管模式是指国家政府赋予某个专门的、单一的机构监管社会保障基金的权力，并由其履行社会保障基金监督管理的全部职能。这种监管模式集中程度高，将监管权力集中在单个监管机构中，保证了监管目标的一致性，有利于提高监管效率。在这种模式下，政府需要建立一个新的部门来集中行使权力，监管成本较高，且不一定能完全保证监管人员的专业性。分散监管模式是指国家政府赋予两个以上相对独立的机构监督管理社会保障基金的权力，由其行使社会保障基金监管的职能。分散监管属于多主体监管，这些主体分散于现有的政府经济管理部门，具有较高的专业监管技术和经验，但由于监管的主体较为分散，不利于监管信息的获取和共享，从而影响监管的效率。集散结合监管模式是指对不同的社会保障项目采取不同的监管方式，一部分集中监管，另一部分分散监管，这种监管模式集中了集中监管和分散监管的优点，理论上讲是一种理想的监管模式。

从对社会保障投资方式的监管来看，社会保障基金监管模式又可以分为两类：审慎性监管模式和严格限量监管模式。[②] 审慎性监管模式主要针对投资管理人，是指在社会保障基金的投资管理过程中，投资管理人应当达到必要的谨慎程度，具体包括：实行对资产经理人、机构投资人和决策过程的监督；强调投资管理人的诚信义务和投资管理的透明度，要求社会保障基金投资管理人对社会保障基金持有人负有诚信义务；要求投资组合管理采取多样化的方式，目的是分散投资，实现投资的多样化，尽量规避和控制投资风险；允许投资管理人在坚持投资多样化的前提下，实行投资的自由选择，投资管理人对社会保障基金享有充分的

① 武萍．中国社会保障基金运营监管研究．北京：社会科学文献出版社，2015：5.

② 刘海龙，刘富兵，杨继光．社会保障基金资产配置策略研究．北京：科学出版社，2012：30.

资产配置权，鼓励投资管理人之间开展正常、有序的竞争，防止投资管理人操纵市场，避免投资组合趋同。审慎性监管模式对社会保障基金运营的市场环境要求较高，需要发育成熟的金融市场、相当数量的专业人才、充足的基金、丰富的监管经验、健全的法制体系作为支撑。严格限量监管模式主要针对投资方式和渠道，是指对社会保障基金投资类别进行数量或比例限制，如前所述，一般是对社会保障基金投资低流动性、高波动性的风险性资产存在禁止性规定或最高比例限制，同时，对一些低风险的资产，如政府债券，则要求投资最低比例限制，目的是在通过多元化资产配置分散投资风险的同时，尽可能保护社会保障基金免受经营者破产和投资风险的影响。这种监管模式要求监管机构拥有较大的监管权力，并对社会保障基金管理者的投资过程进行严格的监控。

三、社会保障基金监管的主体、方式与内容

（一）社会保障基金监管的主体

1. 政府

政府是社会保障基金的第一责任主体，因而负有社会保障基金监管的主要责任。政府对社会保障基金的监管主要是行政监管，包括设立专门的行政机构对社会保障基金进行管理和监督，制定社会保障基金管理运营的相关政策、法规，审查社会保障基金运营管理过程等。在我国，政府监管主要通过各级社会保障部门、民政部门进行。政府在社会保障基金中同时扮演管理者、监督者、处罚者等多种角色，有利于弥补市场的不足，保证基金的安全，但是行政干预过多影响社会保障基金运营的效率。

2. 金融监管机构

社会保障基金运营的主要方式是利用金融工具进行投资，因而需要专门的金融监管机构来监督社会保障基金的运营过程。金融监管机构对社会保障基金的监管主要包括对社会保障基金投资活动的监管、对社会保障基金委托投资人的监管、对社会保障基金资产负债的监管等。

3. 专业机构

社会保障基金委托投资的中介机构的监管，主要是指会计事务所、资产评估机构、律师事务所、证券机构等参与到社会保障基金投资过程中的各类专业机构的监督。这些中介机构具有独立的法律地位，且专业性很强，有利于提高社会保障基金监管的质量和效率。

4. 社会监督

社会保障基金的来源广泛，且关系着全体国民的利益，所有的利益相关者均有权监督社会保障基金的管理运营状况。社会保障基金的社会监督主体包括社会成员、社会团体、社会组织、新闻媒体等。由于社会监督的主体专业化程度低，且比较分散，所以对社会保障基金监管权力有限，主要侧重于监督。

(二) 社会保障基金监督的方式

社会保障基金监督的方式有两种：现场监督和非现场监督。

现场监督是指社会保障基金监管机构对被监督机构管理社会保障基金状况进行实地调查，以发现一般财务报表和资料中难以发现的隐蔽性问题。根据检查时间，现场监督又分为定期检查和临时检查；根据检查内容，现场监督又分为全面检查和专项检查。现场监督的主要内容包括被监督机构执行社会保障法律法规情况、各项社会保障基金收支状况、社会保障基金管理运营状况等。

非现场监督是指社会保障基金监管机构对手工报送或网络传输的各种报告、报表和数据资料进行检查分析，掌握被监督机构社会保障基金管理和运营状况，及时发现问题，采取防范措施的一种远程监督。① 非现场监督通过对社会保障基金经办机构、运营机构的活动进行全面、动态的监控，随时掌握相关机构和整个基金的运行状况和风险因素，在风险表面化、扩大化和公开化之前及时预警，从而提前防范风险。

(三) 社会保障基金监管的内容②

社会保障基金监管是针对所有社会保障基金的活动和过程，包括社会保障基金的筹集、社会保障基金的运营、社会保障基金的支付、社会保障基金的结余等的监管。

社会保障基金筹集的监管主要包括社会保障征收机构是否依法征收社会保障费用，以及缴费主体（单位和个人）是否依法缴纳社会保障费用。对征收机构监管的内容包括：是否按规定的项目和标准及时、足额征收社会保险费；是否转移或隐瞒基金收入；是否挤占挪用账户基金；是否将收入的基金存入基金专有账户等。对缴费主体监管的内容包括：是否按规定缴纳社会保险费；有无隐瞒工资总额造成少缴或漏缴等。

对社会保障基金运营的监管主要包括社会保障基金运营机构合规性监管、基金投资结构监管、基金收益水平监管、基金流动性监管、基金管理机构内部控制监管等。合规性监管主要是检查社会保障基金运营机构制定的各项规章制度和经营决策是否符合有关法律法规和政策。基金投资结构监管主要是检查基金投资配置情况是否符合相关的投资限制原则。基金收益水平监管是检查社会保障基金运营机构投资收益总体状况，以对该机构预期创造收益的能力进行评估。基金流动性监管是检查社会保障基金能否满足迅速变现的需求。基金管理机构内部控制监管是检查社会保障基金运营机构的自我管理能力和运营的稳健程度，以及是否有一整套控制各部门内在风险的政策和程序。

---

① 劳动和社会保障部．关于开展社会保险基金非现场监督工作的通知：劳社部发〔2005〕13号．(2005-06-10)[2017-08-16]．http：//www.mohrss.gov.cn/gkml/xxgk/201407/t20140717_136087.htm.

② 张左己．社会保障领导干部读本．北京：中国劳动社会保障出版社，2001.

社会保障基金支付的监管主要包括社会保障发放机构是否依法发放社会保障待遇，以及受保人是否依法领取社会保障待遇。对社会保障发放机构的监管包括：是否违规扩大基金开支范围和标准并支付待遇；是否依法及时足额支付各类保险津贴，有无拖欠或截留等。对受保人的监管包括：领取待遇的人员是否已参加社会保险并符合享受的条件；有无多报离退休人数或死亡不报、冒领社会保险金等欺诈的行为。

社会保障基金结余的监管主要是检查社会保障基金是否存入社会保障基金财政专户，实行收支两条线管理。具体包括：社会保障基金经办机构的管理人员有无贪污、私分基金等违法违纪行为；是否发生不可抗拒的基金损失，如盗窃和自然灾害事件；基金管理措施是否安全严密等。

【本章小结】

社会保障基金一般是指为了实施各项社会保障制度，根据国家相关法律、法规、政策建立的所有专项资金的总称。社会保障基金具有稳定社会、调节收入分配、促进经济发展的功能。社会保障筹资的主体是国家、雇主和雇员。财政性社会保障基金的筹资主体是国家，资金主要来源于国家财政拨款。社会保险基金主要来源于企业和个人缴费，以及部分财政补贴。社会福利基金来源的渠道比较多样，包括国家财政拨款、各类社会捐赠以及福利彩票收益等。全国社会保障基金主要来源于国家财政，包括中央财政预算拨款、国有资产划拨、彩票公益金等。社会保障基金的筹集方式包括征税、征费、自愿筹集等。社会保障基金的给付原则包括依法给付、保障性、适度性、公平与效率兼顾。从给付形式来看，社会保障基金的给付大致分为三类：货币形式、实物形式和服务形式。从给付的标准来看，社会保障基金的给付支付主要分为两类：受益基准制和缴费基准制。社会保障基金投资运营是社会保障基金保值和增值、促进经济发展、应对老龄化危机的需要。社会保障基金的投资方式主要有社会保障基金管理机构直接运作投资和委托专门的投资公司进行投资两种，投资渠道包括存款、债券、股票、基金、贷款等。从监管的主体来看，社会保障基金监管可以分为三种模式：集中监管模式、分散监管模式和集散结合监管模式。从对社会保障投资方式的监管来看，社会保障基金监管模式又可以分为两类：审慎性监管模式和严格限量监管模式。

【思考题目】

1. 什么是社会保障基金？社会保障基金有何作用？
2. 社会保障基金的筹资方式和筹资来源渠道有哪些？
3. 社会保障基金的给付原则和给付模式有哪些？
4. 社会保障基金投资的必要性如何？投资渠道有哪些？
5. 我国社会保障基金的投资现状如何？
6. 比较分析社会保障基金的监管模式。

7. 社会保障基金的监管主体有哪些？各自的职能是什么？

案例讨论

案例一：上海社保基金案

自2006年8月开始，上海社保基金案牵出了一连串腐败案，原上海市委书记陈良宇、原上海市劳动和社会保障局局长祝均一、富豪张荣坤皆身陷其中，纷纷落马。

除了上海之外，各地社保基金也是大案频仍。2006年11月24日，国家审计署公布的审计结果显示，审计发现的各地社保违规问题金额达71.35亿元，部分资金无法追回。

社保基金出问题，并非始于今日。据原劳动和社会保障部的官员称，自1998年以来，劳动和社会保障部会同其他部委共进行过5次大检查，其中2000年发现170多亿元被挤占挪用，2004年发现有16个省份有挤占挪用情况。

事实上，国家对社保基金的运用早有明文规定。根据《社会保险基金财务制度》的规定，地方社会保险基金只能购买国债类风险可控产品，“任何地区、部门、单位和个人不得动用基金结余进行其他任何形式的直接或间接投资”。

社保基金的监督与管理职能，多年来集中于地方社保部门一身。该部门身兼政策制定、费用收缴、投资运作、监督查处等数职，自己监督自己，其效果可想而知。此外，一级地方社保部门隶属于一级地方政府，地方政府对于它所属的行政部门拥有决定性的权力。

事实证明，仅仅“建立健全内部控制制度”“建立经常性的监督检查制度”，并不能有效地杜绝此类事件的发生。唯有将社保基金的行政管理与投资运营分离，分设基金行政管理机构与基金投资营运机构，并将社保基金的投资运营交付独立的基金管理公司来完成，才有可能真正防止社保基金变为人人爱吃的“红烧肉”。

资料来源：赵小剑．杜绝挪用社保基金现象应从监管体制入手．南方周末，2007-02-01.

思考题：

社保基金案反映了我国社会保障基金投资监管的哪些问题？

案例二：骗取社会保障基金

四川省资中县陈某，在父亲2013年7月16日去世后，故意将父亲的死讯对有关部门进行了隐瞒，其家人未按规定到派出所办理户口注销手续，也未及时上报死者的死亡材料到相关部门备案。2014年3月底，陈某为了继续骗领其父亲的养老金，委托他人办理了一份虚假的父亲异地领取基本养老金资格验证通知，并于次月通过了资格验证。从2013年8月至2015年3月，陈某共骗领养老金29 344.6元。案发后，陈某向侦查机关如实供述了犯罪事实，并将骗得的养老金全部进行了退还。

资中县人民法院审理后认为，被告人陈某以非法占有为目的，采用虚构事实、隐瞒真相的方法，骗取国家养老金，数额较大，其行为已构成诈骗罪。公诉机关指控的罪名成立。鉴于陈某对侦查机关如实供述犯罪事实，是坦白，依法可以从轻处罚。加之已退赔经济损失，可以酌情从轻处罚。

据此，法院依照《中华人民共和国刑法》第二百六十六条，第六十七条第三款，第七十二条第一、三款之规定，判决被告人陈某犯诈骗罪，判处有期徒刑一年，缓刑一年，并处罚金人民币 4 000 元。

资料来源：何成康，龙艳．资中男子隐瞒父亲死讯骗领养老金　以诈骗罪获刑．(2015－10－08)［2017－08－16］．http：//sc. sina. com. cn/news/m/2015－10－08/detail-ifxirmpz8158375. shtml.

思考题：

1. 案例中的陈某违反了《社会保险法》的哪条规定？

2. 对于陈某的处罚体现了社会保障基金支付的哪些原则？

推荐文献

1. 奈特．风险、不确定性和利润．北京：中国人民大学出版社，2005.

2. 郑功成．社会保障学——理念、制度、实践与思辨．北京：商务印书馆，2000.

3. 武萍．中国社会保障基金运营监管研究．北京：社会科学文献出版社，2015.

4. 丛春霞．社会保障基金运行的行为效应研究．北京：中国社会科学出版社，2013.

5. 刘海龙，刘富兵，杨继光．社会保障基金资产配置策略研究．北京：科学出版社，2012.

6. 曹春．中国社会保障筹资机制改革研究．北京：商务印书馆，2015.

7. 穆怀忠．国民财富与社会保障收入再分配．北京：中国劳动社会保障出版社，2003.

8. 劳动和社会保障部社会保险基金监督司．社会保障基金监管法规文件汇编：续一．北京：中国劳动社会保障出版社，2007.

9. 彭丽萍．社会保障基金信托法律问题研究．北京：法律出版社，2013.

10. 郭士征．社会保险基金管理．上海：上海财经大学出版社，2006.

第十七章

社会保障管理与法制

【学习目标】

1. 了解社会保障立法的原则、形式和内容；
2. 了解社会保障管理的内涵、基本原则及内容；
3. 熟悉社会保障管理的模式及其要点；
4. 掌握中国社会保障管理体制的现状；
5. 分析中国社会保障管理与立法中存在的问题及未来展望。

第一节 社会保障法制

社会保障制度是一种以立法规范为前提，以政府干预为条件的制度安排，世界各国或地区都是通过法律来规范社会保障制度的运行的。社会保障法是指调整一个国家或地区的社会保障关系的法律规范的总和，包括以基本法形式出现的社会保障法，也包括其他法律、法规中有关社会保障的规范，还包括具有法律效力的关于社会保障事项的地方性法规和规章。

一、社会保障立法原则

社会保障立法除了遵循立法的一般原则外，还包括其特有的原则。

一是生存权保障原则。现代社会保障制度以解决国民生存保障问题并促进经济社会协调发展为基本出发点。生存权是现代人权中最为基础的权利，我国在2004年修改《中华人民共和国宪法》的过程中，首次将“国家尊重和保障人权”写入宪法。在大多数国家法律体系中，对于生存权的立法保障主要通过社会保障法律体系实现。

二是公平原则。社会保障制度通过国民收入再分配达到缩小贫富差距、减少贫困的目标，从而促进社会公平，这是现代社会保障制度的内在要求。公平往往是与效率联系在一起的，二者相辅相成、辩证统一。在社会保障发展中，一些福利国家的社会保障制度对经济发展的负效应逐步显现，削弱了社会保障制度的经济基础，这种以牺牲经济发展效率换来的“公平”并非制度建立的初衷。

三是权利与义务相结合原则。社会保障立法应摒弃以往那种单纯强调权利而忽视义务的做法，坚持权利与义务相结合的原则，根据社会保障不同项目的特点，明晰各主体的权利与义务关系。

四是社会共同责任原则。无论社会保障如何改革与发展，社会保障各方主体的责任明确始终与社会保障制度的持续健康发展息息相关。要通过社会保障立法确立社会共同责任原则，使社会风险由国家、企业、个人以及各类社会组织等多元主体共同承担，促进社会保障主体的多元化、筹资渠道的多样化、保障形式的多层次化。

五是与社会经济发展水平相适应原则。在社会保障立法过程中，需要从国家发展实际出发，综合考虑各方责任主体当期的经济承受能力，在坚持社会保障制度健康运行的前提下，充分考虑社会成员对社会保障的客观需求，不能过高，否则财力无法承受；也不能偏低和滞后，否则社会问题和危机难以化解、社会保障功能难以充分发挥、社会成员难以共享社会经济发展的成果。

六是普遍性与特殊性相结合原则。任何一部法律都应该是一种普遍性的规范，基于社会保障多层次的保障目标，社会保障立法也应考虑全体社会成员的利益和需要。同时，我们又必须清醒地认识到阶层及个体间的差异，即同一时期不同阶层的社会成员以及同一社会成员在不同时期对社会保障的需求呈现差异化特征，因而社会保障法律法规的制定需要遵循特殊性原则。

二、社会保障法的形式

社会保障法的表现形式通常为：宪法，法律，行政法规，地方性法规、自治条例和单行条例，行政规章，法律解释，条约与协定。以下就我国的情况展开具体论述。

（1）宪法。宪法是国家的根本大法，同时也是其他法律、法规制定的根本依据。国家在制定社会保障法律、法规和实行社会保障制度的时候，要以宪法为基本依据。现行《宪法》第四十五条规定："中华人民共和国公民在年老、疾病或者丧失劳动能力的情况下，有从国家和社会获得物质帮助的权利。"这些规定构成了中国社会保障法制的基本渊源。

（2）法律。法律分为基本法律和基本法律以外的其他法律，专指由国家最高权力机关及其常设机关，即全国人民代表大会及其常务委员会颁布的规范性文件。前者由全国人民代表大会制定和修改，比较全面地规定和调整国家及社会生活某一方面的基本社会关系；后者由全国人大常委会制定和修改，通常规定和调整基本法律调整的问题以外的比较具体的社会关系。2011 年 7 月 1 日正式施行的《中华人民共和国社会保险法》是我国第一部由全国人民代表大会及其常委会通过的专门社会保障法律。此外，《中华人民共和国老年人权益保障法》《中华人民共和国劳动法》《中华人民共和国残疾人保障法》《中华人民共和国慈善法》对社会保障内容均有涉及。

（3）行政法规。行政法规是国家最高行政机关即国务院制定的规范性法律文件。根据国务院《行政法规制定程序条例》的规定，行政法规的名称分为"条例""规章""办法"三种，国务院根据全国人民代表大会及其常委会的授权决定制定的暂时性行政法规，称为"暂时条例"或"暂行规定"。有关社会保障的行政法规包括《社会救助暂行办法》《劳动保障监察条例》《工伤保险条例》《失业保险条例》等。

（4）地方性法规、自治条例和单行条例。地方性法规是由省、自治区、直辖市的人民代表大会及其常委会制定的规范性文件，一般称为“条例”“规定”“办法”“实施细则”等。民族自治地方的人民代表大会及其常委会有权依照当地民族的政治、经济、文化的特点，制定自治条例和单行条例。如2005年新疆维吾尔自治区颁布的《新疆维吾尔自治区爱国卫生工作条例》、1998年西藏自治区颁布的《西藏自治区实施〈中华人民共和国残疾人保障法〉办法》等。

（5）行政规章。行政规章包括部门规章和地方规章。部门规章是指国务院各部委和某些其他工作部门发布的规范性法律文件，如人力资源和社会保障部2011年颁布的《企业年金基金管理办法》。地方规章是指省、自治区、直辖市人民政府，省、自治区人民政府所在地的市和国务院批准的较大的市以及经济特区市的人民政府制定的规章，如北京市2007年颁布的《北京市城乡无社会保障老年居民养老保障办法》。

（6）法律解释。法律解释一般是指国家机关的规范性解释，包括最高国家权利机关（全国人民代表大会及其常委会）的解释、国家司法机关（最高人民法院、最高人民检察院）的解释、中央国家行政机关（国务院）的解释、地方国家权力机关和行政机关的解释，比如2014年9月1日起正式施行的《最高人民法院关于审理工伤保险行政案件若干问题的规定》等。

（7）条约与协定。中国参加的国际组织（如国际劳工组织、联合国等）所通过的国际条约与协定，经国家最高权力机关批准后，将以中国国内社会保障法的形式而存在，保证得到实施。比如1997年10月27日中国签署的《经济、社会、文化权利国际公约》规定：“缔约各国承认人人有权享受社会保障，包括社会保险”。

三、社会保障法的内容

社会保障法的基本内容包括：社会保障法的主体、客体以及调整对象。

（一）社会保障法的主体

社会保障法的主体，是指在社会保障活动中依法享受权利与承担义务的当事人，主要包括：一是国家或政府。在社会保障活动中，无论在中央层面还是地方层面，政府都发挥着主导作用，是社会保障法律体制中的特殊主体。二是社会保障实施机构。实施机构因承担着组织和实施社会保障项目的责任，而成为社会保障法制关系中的当然主体。三是企业、社会团体及官方机构。它们不但承担着向社会保障机构供款的责任，而且要直接承担诸如职业福利的责任，因此对社会保障有直接的义务与权益，亦是社会保障法制关系中的当然主体。四是城乡居民及家庭（尤其是劳动者）。城乡居民及劳动者在享有社会保障权益的同时，承担一定的缴费责任，因而也是社会保障法制关系中的当然主体。

(二) 社会保障法的客体

社会保障法律制度的客体，是指各关系主体的权利义务共同指向的目标。从社会保障制度的实践内容来看，通常人是社会保障法律制度中最重要的客体，物是部分社会保障法律制度中的特殊客体。

(三) 社会保障法的调整对象

社会保障法的调整对象，主要是国家或政府、企业或集体和社会成员在社会保障中所发生的各种社会经济关系。具体来说，主要包括以下内容：(1) 国家与社会成员之间的关系；(2) 社会保障实施机构与政府之间的关系；(3) 社会保障实施机构与社会成员之间的关系；(4) 社会保障机构与企业、社会团体单位之间的关系；(5) 企业、社会团体及官方机构与劳动者个人之间的社会保障关系；(6) 社会保障运行过程中的管理体制；(7) 社会保障运行过程中的监督机制；等等。

第二节 社会保障管理

社会保障事业的健康发展离不开科学有效的管理，良好的社会保障管理有助于促进社会保障主体权益的有效实现，促进社会保障体系的持续健康发展。

一、社会保障管理的内涵

社会保障作为一项致力于提高国民生活质量和促进社会和谐的社会政策，必须获得高效的管理，才能够满足社会保障主体的权益需求，才能体现社会保障制度的普遍福利性特征。社会保障管理是指国家或政府为了实现社会保障目标和任务，成立专门的机构来制定并实施社会保障相关的法律、政策，通过一定的方式、方法和程序，对各种社会保障事务进行计划、组织、协调、控制与监督的行政工作过程。

社会保障管理具备以下特征属性：(1) 社会保障管理强调的是政府部门的基本社会管理职责；(2) 国家和政府成立专门的社会保障机构，作为社会保障的主管单位；(3) 社会保障管理是社会保障目标的实现途经，包括计划、组织、协调和监督等过程。

二、社会保障管理的基本原则

社会保障管理科学、高效运行要遵循以下几个原则。

一是法制化原则。社会保障管理是社会保障法制的延伸与强化，要求社会保障管理在运行中要严格遵循现行法律、法规政策，并接受社会公开监督。主管部门和经办机构要严格按照法定标准保障社会保障各主体的权益，对于基金的投资运营，也需要通过法律规定来进行责任强化和监管。

二是公开、公正与效率原则。公开是指通过广大社会成员熟知的方式和途径扩大社会保障管理的透明度和开放性，让社会保障权益主体对社会保障事务有更多的知情权，调动他们参与社会保障管理的积极性，也有助于化解社会保障管理中的矛盾纠纷。公正是指社会保障管理机构在执行政策的过程中，维护制度的公正性，公平地对待每一个主体并确保其享受到相应的社会保障权益。效率是指社会保障管理的各个环节之间相互协调，使资源得到有效配置和使用，管理机构的职责明确与否、政令畅通与否、管理成本高低等都是衡量管理效率的基本标准。

三是属地管理原则。社会保障的实施一般是在一定的区域内设置管理部门和业务机构，直接面向社会成员组织实施各项社会保障事务，从而实现区域范围内的风险共担和互助共济。具体而言，社会保障事务通常是在国家法律、法规和中央主管部门统一的规范下，由各地区管理部门和业务机构组织和实施，并由各地区社会保障管理机构承担主要的监管职责，向地方政府直接负责。

四是统分结合原则。社会保障不是封闭运行，而是面向整个社会开放，由政府主导，并通过社会化机制加以实施的制度安排，这也就意味着政府是社会保障制度的最终责任承担者，因而社会保障理论界公认的原则就是政府机构对社会保障事务实行统一集中管理，同时许多国家建立和完善社会保障发展的实践也进一步对此做出了证实。

三、社会保障管理的主要内容

社会保障管理主要包括三个方面的内容。

一是社会保障行政管理。社会保障行政管理是指政府制定社会保障政策法规及对社会保障事务实行管理和监督的过程。社会保障管理的首要任务是在社会保障法律的指导下，制定法规和政策，明确社会保障实施范围与对象、享受保障的基本条件、资金来源、待遇给付标准与方式，规范国家、单位、个人的责任、权利及义务。社会保障法律、法规和政策属于行政立法和制定政策的过程，依据性质的不同，分别由中央和地方承担相应的制定责任。

二是社会保障财务管理。社会保障财务管理是指国家规定的政府部门或管理机构对社会保障财务收支及运行状况进行管理与监督的过程。社会保障基金是社会保障财务管理的核心，是社会保障制度健康持续发展的重要物质基础，通常包括社会保障基金的筹集、给付、投资运营。在许多国家，社会保障基金通常由专门机构管理，由政府、雇主与受益者代表三方组成的机构实行监督。这主要是因为社会保障基金一般由国家、单位或雇主、受益者承担供款责任，作为基金所有权的自然延伸，三方均拥有当然的监督管理权。

三是社会保障对象管理。社会保障对象管理是指对社会保障权益享有对象提供一系列必要服务的过程，通常由社会保障对象所在单位或者在政府部门领导下的社会组织具体实施，以不同社会成员的需求为导向，分别采取不同的管理和服务方式。广义的社会保障对象基本覆盖全体社会成员，因此社会保障管理是一项社会化、群众性的服务工作，涉及人群广、项目多、任务重等，往往需要通过政府组织和引导，依靠工会、社会团体、慈善协会、专业人员和机构以及家庭等社会力量共同完成，聘请志愿者参与也是国际上通行的做法。

四、社会保障管理模式

社会保障管理模式是指不同国家在本国社会经济发展水平、经济制度以及政治制度的影响下采取的不同社会保障管理方式。根据政府介入程度的不同，可以分为政府管理模式、社会管理模式以及私营管理模式。

（一）政府管理模式

政府管理模式是指由政府设立专门机构集中统一管理全国社会保障事务。在这种模式下，政府不仅要负责制定社会保障政策和法规，对社会保障实施的范围与对象、享受保障的基本条件、资金来源、待遇给付标准与给付方式以及各个主体承担的责任、义务、权利等做出具体规定，还要对政策和法规的实施进行检查和监督，受理有关社会保障的申诉、调解，裁决发生的纠纷，同时要对社会保障业务管理负责。政府管理模式又可以分为三类：一是权力高度集中统一的形式，即中央政府设立一个部或一个委员会，下面层层设置机构，实行自上而下的统一管理，英国是采取这种体制的典型国家；二是纵向分权的形式，即中央政府负责制定基本法律和法规，地方政府有较大的独立立法权，可根据自身情况制定具体法规细则，美国采取这样的管理体制；三是横向分权的形式，即社会保障不同项目交由不同部门管理，比如社会保障部门管理养老、失业和工伤等项目，卫生部门管理医疗保险，民政部门管理社会救助等，加拿大和我国的社会保障管理采用这一形式。

（二）社会管理模式

社会管理模式是一种半官方的自治管理模式，是由政府和社会公共组织共同参与的一种社会保障管理体制。在这种模式下，政府行政管理和业务经办分开，社会公共组织负责业务管理，政府负责社会保障立法和监督，并不干涉社会公共组织的正常业务。这里的社会公共组织是区别于政府机构和企业的、具有自治性的、由法律承认的公共团体，如由企业、员工代表共同组成的各种社会保障委员会、理事会或基金会，有的国家政府也参与其中。全国社会保障运作由国家设立统一机构进行管理和监督，具体事务性工作，如保险资格认定、待遇给付、资金缴纳等则由地方（地区）办事机构或者协会等组织负责，参保人如受到不公正对待，有权向国家行政主管部门或司法部门提出上诉。

（三）私营管理模式

私营管理模式是在遵循国家立法和制定政策的基本前提下，由企业化的私营公司承担所有的日常管理工作。这种模式的代表国家是智利。从 20 世纪 80 年代起，智利开始建立以个人账户为基础的私有化的基金积累制养老金体系，政府更多承担法律法规制定以及对私有化养老金制度的担保等，受到一些拉美国家的效仿。

第三节 我国社会保障管理体制及改革思路

社会保障管理体制是指国家管理社会保障事业的组织机构、管理制度和管理方法的总称。

一、我国社会保障管理体制现状

我国现行社会保障管理体制主要是 1998 年政府机构改革时确立的，后续进行了改革和完善。当前，在中央政府机构序列中，管理社会保障事务的职能部门主要是人力资源和社会保障部、民政部、国家卫生和计划生育委员会和财政部，其他有关部门亦不同程度地承担着社会保障管理与监督责任。

（1）人力资源和社会保障部。人力资源和社会保障部是全国劳动和社会保险事务的主管部门，养老保险、失业保险、医疗保险、工伤保险、农村社会保险以及社会保险基金监督等都是其管理范围内的事务。

（2）财政部。财政部涉及社会保障的管理职能包括会同有关部门管理中央财政社会保障和就业及医疗卫生支出，会同有关部门拟定社会保障资金（基金）的财务管理制度，编制中央社会保障预决算草案。

（3）民政部。民政部负责牵头拟定社会救助规划、政策和标准，健全城乡社会救助体系，负责城乡居民最低生活保障、医疗救助、临时救助等，是中央政府管理社会保障的部门之一。

（4）国家卫生和计划生育委员会。国家卫生和计划生育委员会负责协调推进医药卫生体制改革和医疗保障，负责制定医疗机构和医疗服务全行业管理办法并监督实施，负责组织推进公立医院改革，建立以公益性为导向的绩效考核和评价运行机制，建设和谐医患关系，提出医疗服务和药品价格政策的建议，组织制定国家基本药物目录。

（5）其他部门。除上述主管部门外，还有一些政府部门承担着相应的管理与监督职责。如审计署设有专门的社会保障审计司，负责对社会保障事务进行审计监督；国家发展和改革委员会设立有社会发展司等机构，负责制定社会保障的中长期规划等；2000年设立的全国社会保障基金理事会承担着全国社会保障基金的投资运营管理。此外，一些半官方性质的组织和社会团体，如中华全国总工会、中国残疾人联合会等，也不同程度参与社会保障事务管理。

二、我国社会保障管理体制存在的问题

当前我国社会保障管理体制仍然存在诸多有待进一步完善的问题。

一是法制化建设滞后，管理权威性不足。目前，我国社会保障管理更多依据制度性的决定、意见以及部门法规、条例等，存在法制不健全、立法层次低、法律实施机制弱等问题。低层次的法律条文法律效力弱，致使社会保障管理缺乏强制性和长期的可持续性。尽管2011年实施的《社会保险法》提高了社会保障立法层次，但是，完整的社会保障法律规范尚未形成，特别是社会保障的法律实施机制较为薄弱，普遍缺乏对各种违法违规行为的法律制裁措施。

二是多头分散管理，损害公平和效率。总的来看，我国现行社会保障制度是一种多头管理的分散的管理体制，一方面是由于历史遗留因素，另一方面是受地区限制、地域经济发展差异化等影响，导致无法形成统一的管理办法和规范。这种分散管理的局面，既不利于形成公平、统一的社会保障政策，损害制度的严肃性和权威性，又难以有效发挥制度的整体功能，造成管理的高成本、低效率，严重制约了社会保障事业健康发展。

三是统筹层次低，制度功能弱化。我国社会保障管理的统筹层次还比较低，不少项目还处于地市级统筹的层次，而且进一步提高统筹层次的难度较大。从各地实践来看，目前社会保障经办机构的管理能力还不能适应集中管理的要求。较低的统筹层次导致普遍的重复建设和管理的碎片化现象，造成巨大的管理成本。同时，根据“大数法则”，因社会统筹范围较小，基金调剂功能比较有限，因此也弱化了社会保障抵御风险、互助共济的功能。

四是管理服务体系比较薄弱。面对数以亿计的社会保障服务对象，我国社会保障经办服务体系明显不适应。在经费和编制严重不足的情况下，经办机构工作人员经常处于超负荷运转状态，不得不超编使用工作人员。随着跨地区流动人口不断增多，社会保障权益转移接续需求显著增加，加上灵活就业人员及城乡居民参保等因素，进一步增加了社会保障经办服务工作量。此外，由于财政投入不足，当前的社会保障信息化建设和社区管理体系尚无法满足管理服务和居民的社

会保险业务的需要。

五是基金管理存在较多风险点。积累性社会保险保障基金管理是世界各国面临的重大课题。不管将来我国采取何种社会保障筹资机制，都必须认真对待积累性社会保险保障基金管理。特别是近年来，我国社会保障基金随着覆盖面扩大、经济发展而越来越庞大，出现的基金贬值风险以及骗保、套现等违法犯罪的严重问题令人担忧，在社会保障资金支出日益增加的当下，社会保障基金管理的各种风险点，给社会保障制度的平稳运行带来了直接的威胁。

三、中国社会保障管理体制改革的思路建议

科学有效的管理是确保社会保障制度持续健康运行的基础，必须针对现行体制弊端，加快建立中国特色社会保障管理体制。

第一，加快社会保障法制建设。要按照建立更加公平、更加高效、更加可持续的社会保障制度的要求，加快社会保障立法，推动从行政立法向人大立法发展。要在改革试点地区立法先行的基础上，努力为中央立法创造条件，尽快实现以中央立法为主导，以地方立法为辅，相互协调统一，形成符合逻辑的多层次的法律结构。要强化社会保障法律制度的实施机制，尽快建立起相关的社会保障法律责任制度。要借鉴国际经验，建立强有力的社会保障法庭，使当事人合法权益得到充分的司法保护。

第二，切实转变政府职能。要切实转变政府职能，加快推进社会保障行政管理和业务经办职能分离，使主管行政部门从复杂的经办服务事务中脱离出来，集中精力做好政策制定和日常监督。政府要推动建立公平、统一的社会保障管理制度，统一参保对象，保证社会保障管理对象具有广泛性和全民性，进而达到覆盖全民的目标；统一基金统筹和支付，统一强制执行，以实现社会保障基金筹措的社会统筹。

第三，推动社会保障制度适度集中管理。要根据不同社会保障项目的特点，合理划定社会保障行政管理职能和机构，对由多个部门共同管理的社会保险、社会救助、社会福利等项目进行归并，实行适度集中管理。比如对具有现金保障属性的养老保险、失业保险和最低生活保障等项目进行归并，对医疗保险、工伤保险、生育保险、医疗救助等涉及医疗服务保障的项目进行归并等。

第四，加强社会保障管理服务能力。要赋予社会保障经办机构独立的法人地位，将其行政成本列入社会保障基金支出，与服务人群和服务项目挂钩，与事业编制和参公管理脱钩，实现自主发展。要加强经办机构专业化建设，加强队伍建设，以标准化促进专业化，用标准来统一规范各级各类社保经办机构的管理服务。要充分发挥行政机制、互助机制、志愿机制、市场的作用，不断完善覆盖城乡社区居民的社区服务体系，积极推进社会保障服务覆盖社区。加快培养社会工作者队伍，积极推进政府购买服务、社会化运作等方式，从多个方面对社区组织开展社会保障服务给予支持。

第五，健全社会保障基金管理体制。要尽快统一社会保险基金征缴体制，完善基金日常监管，建立财政部门财政专户、社保部门收入户和支出户以及银行现金管理之间相互协调、相互制约机制。要提高社会保障基金监管专业化水平，培育高素质、专业化的行政监管队伍，建立由社会各方代表参加的社会保障监督委员会。要积极探索积累性社会保险基金的市场化投资运营办法。

【本章小结】

现代社会保障立法应当遵循生存权保障原则、公平原则、权利与义务相结合原则、社会共同责任原则、与社会经济发展水平相适应原则、普遍性与特殊性相结合原则。当代中国社会保障法的形式包括中华人民共和国宪法，法律，行政法规，地方性法规、自治条例和单行条例、行政规章，法律解释，条约与协定等。社会保障法的基本内容包括：社会保障法的主体、客体以及调整对象。社会保障管理是指国家或政府为了实现社会保障目标和任务，成立专门的机构来制定并实施社会保障相关的法律、政策，通过一定的方式、方法和程序，对各种社会保障事务进行计划、组织、协调、控制与监督的行政工作过程。社会保障管理的原则主要有：法制化原则，公开、公正与效率原则，属地管理原则，统分结合原则。社会保障管理主要包括三个方面的内容：社会保障行政管理、社会保障财务管理以及社会保障对象管理。根据政府介入程度的不同，社会保障管理模式可以分为政府管理模式、社会管理模式以及私营管理模式。我国社会保障管理部门主要有人力资源和社会保障部、财政部、民政部、国家卫生和计划生育委员会，其他有关部门则是按照法定职责不同程度地参与社会保障事务管理。我国社会保障管理体制的主要问题是法制化建设滞后、多头分散管理、统筹层次低、管理服务体系比较薄弱、基金管理存在较多风险点，应当加快社会保障法制建设、切实转变政府职能、推动社会保障制度适度集中管理、加强社会保障管理服务能力、健全社会保障基金管理体制。

【思考题目】

1. 如何理解社会保障管理法制化的必要性？
2. 简述社会保障法的主要形式。
3. 社会保障管理应该遵循哪些原则？
4. 当前我国社会保障管理的主要问题是什么？
5. 简述我国社会保障管理的部门及其职责。
6. 如何完善当前我国社会保障管理体制？

案例讨论

案例一：退休职工依法让社保管理部门履职

张某于2013年3月13日、10月16日向天津市人力资源和社会保障局，9

月25日向天津市社会保险基金管理中心邮寄信函，主要内容为要求履行法定职责，对其社会保险缴费基数偏低和少缴、漏缴问题进行强制征缴。市社保局于2013年10月26日收到信函后，认为其所述问题不属于该局职责，属于市社保基金中心职责，遂将信件转至该中心办理。该中心于2013年11月29日向张某出具《关于张某信访反映问题的答复》，主要内容为其已经办理退休手续，退休待遇均由其参保所在区的社保局审批确定，且在审批之前已经本人对缴费基数、缴费年限等事项进行了确认，该中心作为社保经办机构，负责依据区县社保局审批结果及有关政策规定按时足额发放退休待遇。张某先是针对市社保局、市社保基金中心分别提起诉讼，因各自答辩不具备相应职责而申请撤诉，后将两单位作为共同被告诉至法院，请求确认市社保局向市社保基金中心转交信件行为违法，撤销市社保基金中心上述答复，判令二被告履行法定职责，对其诉求予以答复。

天津市和平区人民法院一审认为，根据《社会保险费征缴暂行条例》第五条规定，市社保局具有负责全市社会保险费征缴管理和监督检查工作的行政职能，其于2011年10月19日向与其存在隶属关系的市社保基金中心下达文件《关于社会保险举报投诉案件受理查处职责分工的通知》，第二项明确规定"对用人单位未按时足额缴纳社会保险费的举报、投诉，由社会保险经办机构受理查处，逾期仍不缴纳的，由社会保险经办机构提请有管辖权的劳动监察机构实施行政处罚，具体程序由市劳动监察机构与市社会保险经办机构制定"。故市社保局将信件转至市社保基金中心办理并无不当。市社保基金中心应对原告信函要求事宜做出明确处理，但其未在60日内做出答复，且在此前原告起诉该中心不履行法定职责一案中，隐瞒了市社保局下达上述文件的情况，在答辩状中否认其具备相应职责，导致原告认为起诉被告主体有误而申请撤诉，系未履行法定职责并进行推诿。其给原告出具的《关于张某信访反映问题的答复》，在未对原告提出的请求做出明确处理的情况下，直接以信访形式答复显系不妥。遂判决：一、市社保基金中心于本判决生效之日起30日内对原告请求做出处理并将结果书面告知原告，在规定期限内不履行的，从期满之日起按日处70元罚款；二、驳回原告其他诉讼请求。一审宣判后，各方当事人均未上诉。

资料来源：张恩琪诉天津市人力资源和社会保障局、天津市社会保险基金管理中心行政不作为案.（2015-01-15）［2017-08-17］. http：//www.chinacourt.org/article/detail/2015/01/id/1534624.shtml.

思考题：

1. 为什么地方人社局和社保基金中心在责任归属方面出现"踢皮球"现象？

2. 针对部门之间相互推诿责任的行为，我们应该从哪些方面对管理制度和体制加以完善？

案例二：养老工作陷"多龙治水"窘境 中国面临重大挑战

如何应对老龄化社会，已然成为当前中国面临的重大挑战。目前我国在公共政策方面还缺乏充分的准备，管理机构存在职能重叠的现象，一些养老工作陷入“多龙治水”窘境。调整公共政策，集中力量破解养老困局，应成为政府职能和养老体制改革的重要内容。

目前，在我国各地，养老问题的管理工作分散在老干部局、民政局、人力资源和社会保障局、医疗卫生部门、老龄办等多个部门和单位。此外，妇联、青联、工会、残联等机构也或多或少地介入了养老的服务保障和管理工作。由于多头管理，我国养老工作在法律、政策和体制层面缺乏有效协调，配套性差、可操作性不高、执行低效等问题频出。

多头管理还导致了一些政策在论证过程中，由于部门利益之争而在政府各部门间出现不同的声音。比如目前社会热议的延迟退休问题，社会保障资金管理部门因能够缓解资金压力而热烈欢迎，但劳动部门却由于担心挤压年轻人就业而对此犹豫不决。与此同时，不少专家学者提出的关于调整计划生育政策、户籍管理制度以及养老产业发展的建议，也始终在争议和不断讨论中进展缓慢。

老龄人口绝对不是中国社会的负担，只要政府的政策引导、执行到位，他们将很容易释放出人口红利，成为社会消费的新动力，从而带动经济的发展。因此，针对现实存在的计生政策、社保制度和养老产业发展等各个方面的滞后现象，加强养老事业的顶层设计，打破部门间的条块分割，消除养老工作中的“多龙治水”、政策不到位现象，就显得十分必要和紧迫。同时，还应通过加大公共政策创新跟进老龄化步伐和社会变化，培育发展养老服务类社会组织，尽快形成政府与社会联动的养老“合力”。

资料来源：李长安．养老工作深陷“多龙治水”窘境．(2013-10-14)[2017-08-17]. http://opinion.huanqiu.com/opinion_china/2013-10/4442299.html.

思考题：

1. 你认为养老服务方面多头管理的原因是什么？

2. 社会保障其他子项目中还有哪些属于多头管理？会出现哪些弊端？

3. 为避免社会保障多头管理出现的弊端，谈谈你对我国社会保障管理未来发展的建议。

推荐文献

1. 郑功成．社会保障学——理念、制度、实践与思辨．北京：商务印书馆，2000.

2. 郑功成．社会保障学．北京：中国劳动社会保障出版社，2005.

3. 张琪．社会保障概论．北京：中国劳动社会保障出版社，2006.

4. 吕学静．现代社会保障概论．2版．北京：首都经济贸易大学出版社，2008.

5. 孙光德，董克用．社会保障概论．4版．北京：中国人民大学出版社，2012.

6. 何平．深化社会保障管理体制改革问题解析．行政管理改革，2013（2）．

7. 宋晓梧．中国社会保障制度改革．北京：清华大学出版社，2001.

8. 宋士云，吕磊．中国社会保障管理体制变迁研究（1949—2010）．贵州财经学院学报，2012（2）．

9. 罗志先．关于建立集散结合社会保障管理体制的思考．中共中央党校学报，2012（1）．

10. 岳宗福．新中国 60 年社会保障行政管理体制的变迁．安徽史学，2009（5）．

11. 朱德云．我国现行社会保障管理体制的缺陷与完善对策．现代财经（天津财经大学学报），2001（6）．

12. 孙久鹏．中国社会保障管理体制改革方向研究．经济学家，1996（4）．

图书在版编目（CIP）数据

社会保障概论/王延中，龙玉其主编．—北京：中国人民大学出版社，2017.9
新编21世纪社会工作系列教材
ISBN 978-7-300-24602-4

Ⅰ.①社…　Ⅱ.①王…　Ⅲ.①社会保障-高等学校-教材　Ⅳ.①C913.7

中国版本图书馆CIP数据核字（2017）第145247号

新编21世纪社会工作系列教材
社会保障概论
主编　王延中　龙玉其
Shehui Baozhang Gailun

出版发行	中国人民大学出版社		
社　　址	北京中关村大街31号	邮政编码	100080
电　　话	010-62511242（总编室）		010-62511770（质管部）
	010-82501766（邮购部）		010-62514148（门市部）
	010-62515195（发行公司）		010-62515275（盗版举报）
网　　址	http://www.crup.com.cn		
	http://www.ttrnet.com(人大教研网)		
经　　销	新华书店		
印　　刷	北京密兴印刷有限公司		
规　　格	185 mm×260 mm　16开本	版　　次	2017年9月第1版
印　　张	20	印　　次	2017年9月第1次印刷
字　　数	398 000	定　　价	39.90元

关联课程教材推荐

书号	书名	作者	定价
978-7-300-23135-8	社会保障概论新编	丁建定	38.00 元
978-7-300-10905-3	社会福利（第二版）	陈银娥	32.00 元
978-7-300-12095-9	社会工作概论（第二版）	李迎生	49.80 元

配套教学资源支持

尊敬的老师：

衷心感谢您选择使用人大版教材！

秉承“出教材学术精品，育人文社科英才”的出版理念，我社为教材打造配套教学资源，帮助老师拓展教学思路，革新教学方式。相关的配套教学资源，请到人文分社网站（www.crup.com.cn/rw）下载，或是随时与我们联系，我们将向您免费提供。联系人信息：

地址：北京海淀区中关村大街 31 号 211 室　龚洪训 收　邮编：100080

电子邮件：gonghx@crup.com.cn　电话：010-62515637

QQ：6130616/195761402

欢迎您随时反馈教材使用过程中的疑问、修订建议等，让我们与教材共成长。建议一经采纳，即有好书奉送。

如有相关教材的选题计划，也欢迎您与我们联系，我们将竭诚为您服务！

选题联系人：	电子邮件：	电话：
潘宇	pany@crup.com.cn	010-62515634
盛杰	shengj@crup.com.cn	010-62513897

俯仰天地　心系人文

www.crup.cn/rw

中国人民大学出版社 人文分社网站

欢迎登录浏览，了解图书信息，下载教学资源